国家社科基金重大项目

GUO JIA SHE KE JI JIN ZHONG DA XIANG MU

现代统计研究丛著　主编　贺铿

现代统计信息技术

田艳　高集荣　编著

XIAN DAI TONG JI XIN XI JI SHU

中国统计出版社
China Statistics Press

(京)新登字 041 号

图书在版编目(CIP)数据

现代统计信息技术/贺铿主编.田艳,高集荣编著.
一北京:中国统计出版社,2008.9
(现代统计研究丛著)
ISBN 978-7-5037-5522-4

Ⅰ.现…
Ⅱ.贺… ①田… ②高…
Ⅲ.统计一信息技术
Ⅳ.C81

中国版本图书馆 CIP 数据核字(2008)第 125747 号

现代统计信息技术

主　　编/贺　铿
作　　者/田　艳　高集荣
责任编辑/姚　立
封面设计/杨燕超
出版发行/中国统计出版社
通信地址/北京市西城区月坛南街 57 号　邮政编码/100826
办公地址/北京市丰台区西三环南路甲 6 号
网　　址/www.stats.gov.cn/tjshujia
电　　话/邮购(010)63376907　书店(010)68783172
印　　刷/河北天普润印刷厂
经　　销/新华书店
开　　本/700×1000 mm　1/16
字　　数/415 千字
印　　张/27.25
印　　数/1-5000 册
版　　别/2008 年 12 月第 1 版
版　　次/2008 年 12 月第 1 次印刷
书　　号/ISBN 978-7-5037-5522-4/C·2162
定　　价/60.00 元

《现代统计研究丛著》编委会

总　序

《现代统计研究丛著》(以下简写为《丛著》)是国家社科基金重大课题的研究成果。

2004 年,“现代统计研究”在全国哲学社会科学规划办立项以后,于当年 9 月 10～12 日召开专家座谈会,研讨了课题研究思路,课题组进行了初步分工。2005 年 2 月 23 日又在北京召开课题组成员会,认真讨论了研究大纲。2006 年 5 月 6～9 日在西安召开了课题结项与《现代统计研究丛著》出版座谈会,讨论并通过了各本著作的基本内容,决定了关于出版和组建《丛著》编委会的原则。编委会由课题组成员和课题承担单位西安统计研究院的主要负责人组成,主任委员由课题组的组长担任。《丛著》编辑出版中的重大问题由编委会集体研究决定。2007 年 12 月 22 日在北京召开《丛著》主要作者座谈会,确定了各本专著的书名、署名及总序等问题。

“现代统计研究”课题立项时确定的目标是梳理统计学学术思想,阐释统计学的本质及学科边界,促进统计学的发展和应用。

究竟何谓统计学,历来学者立说纷纭。早在 1869 年,现代统计学的主要奠基人之一的 A · Quètelet 在第七次国际统计大会上报告,关于统计学的定义已有 180 种之多。近几十年来,我国还经历了“两门统计学”和“大统计思想”的大讨论。这充分说明,为了促进统计学更好发展,对统计学的学术思想和研究范围进行梳理十分必要。

“现代统计研究”课题组成员对现代统计学的本质意义有大体一致的认识。经过研讨,其基本共识是:统计学是一门方法论科学,包括工作性方法、技术性方法和工具性方法。工作性方法系指统计工作的制度、规范；技术性方法包括统计调查方法和统计分析方法；工具性方法在现代统计学科体系中系指与统计相关的现代信息技术，缩写为SIT。

最终形成的研究成果分为三类：第一类，阐释统计学的性质。着重从现代统计学发展的历史轨迹、学科体系和教育思想等方面进行梳理；第二类，介绍统计学的基本内容、前沿问题和发展趋势。主要介绍与社会经济问题相关的调查分析方法以及国民经济核算理论、指数理论、投入产出分析方法、经济计量学方法和统计信息技术（SIT）等内容；第三类，介绍国内外统计工作制度及规范。《丛著》共有 8 本 10 册专著。

《丛著》主编主要把握指导思想和研究路径。每本专著的基本内容由主编提出，经课题组成员集体研讨，作者决定。在具体学术观点上求同存异。学术观点表达及论证方法由作者（有多个作者的由第一作者）负责。我们认为，学术研究不可强求完全一致，各抒己见有利于学术发展。同时，我们在《丛著》中表达的观点在统计学界是否认同，也不是一厢情愿可以决定的。只有坚持“百花齐放，百家争鸣”的方针，才有可能真正推动现代统计学向前发展。

《丛著》付梓得到了多方面的关心和支持。在此我们对中国统计出版社、西安财经学院、九三学社机关和全国哲学社会科学规划领导小组办公室的领导及相关工作人员表示衷心感谢！

由于时间仓促和我本人水平所限，《丛著》难免存在缺点和错误。我们真诚地期待着读者的批评。

贺　铿

2008 年 3 月

序

《现代统计信息技术》是2004年立项的国家社科基金重大课题——“现代统计研究”的成果之一，由课题承担单位西安财经学院田艳教授负责完成。

信息技术，简言之是生产和使用信息产品的技术。信息、材料和能源被认为是当今社会赖以生存的三大基础资源，信息产品在现代社会中具有十分重要的地位 。现代信息技术以网络、通信和计算机技术为基础，包括信息采集技术、信息传输技术、信息存储技术和信息加工应用技术等。许多人认为，统计信息是社会信息的主体(一般认为，信息可分为自然信息、社会信息和人本身的信息三类)，统计信息产品对认识社会、管理社会有极其重要的作用。随着现代信息技术的发展，统计工作现代化水平越来越高。现代信息技术与现代统计工作的融合逐渐形成了一门新的学科——统计信息技术(SIT，Statistical Information Technology)。《现代统计信息技术》对这个新学科的形成过程、基本内容和发展趋势作了系统研究和探索。我认为，本书不仅会对统计工作的现代化、信息化大有益处，而且会对SIT这个新的学科的建立和发展起着拓荒者的作用。

统计信息技术(SIT)这个名称是2004年10月在贵阳召开的“现代统计研究”课题组专家座谈会上提出来的。会上，专家们对SIT的内涵、研究范围进行了热烈讨论。我们认为,SIT是统计工作方法和统计分析方法与信息技术的融合。SIT的发展与统计信息产品的生产过程——数据采集、整理、传输和存储以及对统计数据的开发利用等统计工作有紧密联系,因此,是属于统计学、统计工作和信息技术的交叉学科。

《现代统计信息技术》的作者是信息技术方面的专家,对统计工作也有一定了解。本书依据我国统计信息化建设的实际水平撰写,反映了统计信息技术的发展状况,是一本对统计实际工作者、统计理论工作者和高等院校统计学专业的学生均有参考意义的好书。但是,对统计信息的采集技术和统计数据的加工与分析技术还有待在实践中进一步发展和完善。我衷心希望统计界的同仁们携手合作,努力为发展SIT这个新兴学科、为大统计学科的发展贡献力量!

贺　铿

2008年8月于北京

前　言

本书所描述的统计信息技术是现代统计方法与现代信息技术的交叉融合，是在统计工作中收集、整理、储存、传输和开发应用统计信息所使用的相关信息技术，涉及的主要内容如下：

1. 统计网络直报技术和电子调查技术：统计网络直报技术是指通过统计网络直报平台，完成各种统计报表，完成集成数据采集、数据上报、数据挖掘、数据分析、图表分析的一体化工作；电子调查技术是指利用电话、计算机以及网络（包括 Internet）完成统计调查任务的相关技术。

2. 统计元数据库技术：元数据就是“数据的数据”，即关于数据的内容、覆盖范围、数据所有者、数据的提供方式、质量和其它特性的信息。统计元数据库是一个涵盖国家统计制度、报表、指标、填报目录、分组、分类标准和制度方法文件等内容的数据库。

3. 统计数据库技术：统计数据库是存储、管理、分析统计数据的数据库系统，是统计数据采集和统计数据传送的归宿，是统计数据存储和统计数据管理的根本手段，是提供数据分析和数据服务的基础。

4. 统计数据仓库技术：统计数据仓库是基于现有的统计数据库上进行的建设开发，它着眼于有效抽取、综合、集成和挖掘已有数据资源，提供有价值的信息，为政府和社会服务。

5. 数据挖掘技术：数据挖掘技术是计算机技术、人工智能技术和统计技术等构成的一种新技术。数据挖掘源于统计分析，又不同于统计分析，是统计分析方法的扩展和延伸。

6. 网络及信息安全技术：统计信息化使传统统计工作转向网络方式，但网络的开放性、病毒侵袭、网络欺诈、信息污染、黑客攻击等问题也对统计信息安全形成严重威胁，因此网络及信息安全技术成为了统计信息技术的重要内容。

7. 统计电子政务：统计电子政务的建设是对传统统计工作的改造，无论是统计工作观念上、技术上、方法上还是流程上的改造都需要通过长期的一个一个信息化工程积累完成。深入进行统计信息资源的整合，完成网络与计算机等现代信息技术与统计管理和服务职能的无缝集成，优化统计工作流程、通过网络完成大量频繁的统计行政管理和日常事务，从而打破时间、空间及部门分割的制约，全方位地为社会及自身提供规范、高效、优质、透明、符合国际惯例的一体化管理和服务已成为现代统计的终极目标。

8. 统计信息系统设计与开发技术：现代社会经济与科学技术发展迅速，统计工作面临内外部环境复杂多变，因此，统计信息系统开发必须十分重视内、外部环境及发展趋势，合理规划系统目标、规模、功能和实施步骤，有效利用先进信息技术方法和现代科学管理成果，建设与我国经济社会发展环境相适应的统计信息系统。

本书系统地描述了统计信息技术涉及的主要内容，明确统计信息技术与信息技术的相关关系，提出我国必须进一步进行统计信息资源的整合，完成现代信息技术与统计管理和服务职能的无缝集成。本书希望能为各级统计部门的统计应用人员和统计信息系统开发人员提供参考，同时也为更多关注和研究统计信息技术的人员提供参考。

本书的第1章、第2章、第3章、第4章、第8章由西安财经学院田艳教授撰写，第5章、第6章、第7章、第9章由中山大学高集荣副教授撰写。在撰写过程中得到西安财经学院、国家统计局计算中心及中国统计学会信息化分会许多专家的指导和帮助，中国统计学会信息化分会副会长胡帆就全书的体系框架结构以及相关内容提出了有益的建议和意见，特别是对第3章中的统计数据库建设部分及第8章中的统计信息资源整合部分给予了具体指导，胡帆研究员还对全书进行了审校，在此表示深深敬意和感谢。

由于信息技术的飞速发展以及现代统计发展的一些新要求，统计信息技术尚需深入研究的问题还有很多，如统计元数据库体系开发技术、统计数据质量控制技术、统计数据库实体的用户管理技术、信息安全新技术（如防水墙、等级保护、信息安全审计、网闸）在统计信息系统中的应用等。同时，对于新型的技术应用我们还需要研究新型的组织保障技术。这些都有待研究，融合到统计信息技术体系中。我们相信随着人们对统计信息技术的不断关注以及不断深入研究，统计信息技术体系将会不断完善。本书只是现代统计信息技术体系研究的一个初步成果，在此恳请同行专家批评指正。我们期待有更多的专家、学者关注统计信息技术的研究，共同完善统计信息技术体系并为我国现代统计建设提供有力的理论和技术支持。

作　者

2008年8月

目　录

第 1 章
概　述

统计科学在20世纪的发展对社会经济发展与科技进步产生了巨大影响。它不仅研究抽象的数量特征，研究数据的收集、整理、分析和表示方法，同时也研究各个不同应用领域的具体数量关系，揭示各个应用领域的特殊规律。统计工作的目的在于获取、识别、处理、转移、传递、分析和应用数量化的信息，为认识事物、掌握规律、预测决策、科学研究和各项管理提供信息支持，统计工作的成果表现为统计产品，即以数据和图表为载体的能够描述客观现象及特定系统的运行状况的信息产品。数量信息是统计的本质和核心，统计的一切活动都是围绕信息而展开的，因此我们说统计科学的本质决定了它从诞生开始就无法与信息技术分离，今天信息技术飞速发展并以惊人的速度改变着整个社会的生活和生产方式，包括统计信息生产方式和统计工作方式，信息技术已经渗透到统计工作的各个环节，统计信息系统应用正在逐步成熟，统计信息化建设在不断完善，统计科学的发展以及统计信息化过程中现代信息技术对传统统计技术进行了极大补充，对传统工作方式也造成很大冲击，这也导致我们需要重新认识和研究许多新的问题、解决新的矛盾和冲突。

当今时代，信息技术的迅速发展和渗透，要求我们对统计方法做出新的拓展，也要求变革现行的传统统计工作模式，未来的统计必然是走统计信息系统和网络统计之路，我们认为统计信息系统将成为现代统计的基本模式，现代统计信息技术必然成为现代统计科学的重要分支，因此应该从系统化、体系化、规范化的角度研究现代统计信息技术。

1.1 统计信息资源概述

1.1.1 信息资源

对于信息资源的概念,自20世纪80年代始,国内外信息专家开始研究并给出了不同的定义,比较典型的观点有:

美国里克斯(Betty R. Ricks)和高(Kay F. Cow)在《信息资源管理》中指出,信息资源包括所有与信息的创造、采集、存储、检索、分配、利用、维护和控制有关的系统、程序、人力资源、组织结构、设备、用品和设置。

美国的霍顿(Forest W. Horten)认为,信息资源在英语中有单复数之分,其概念也有所不同。单数的信息资源(resource)指信息内容本身,复数的信息资源(resources)指各种信息工具,包括信息设备、信息用品、信息设施、信息工作者及其信息处理工具。

德国的斯特洛特·加龙省曼(K. A. Stroetmann)认为信息资源包括信息内容、信息系统和信息基础结构三部分:信息内容包括产生于信息服务或从外部信息源获取的信息,也包括与内容活动有关的理论和方法论信息、管理和操作信息与决策相关的信息,还包括与外部活动有关的交易信息、用户信息和市场信息;信息系统包括系统目标、操作人员、信息内容、硬件、内部规则等;信息基础设施是指一个组织的信息基础结构,它由各种可共享的数据库、计算机硬件设备、数据库管理系统和其他软件、局域网等构成。

我国图书馆与情报学家、信息资源管理专家孟广均教授在1991年提出,信息资源包括所有的记录、文件、设施、设备、人员、供给、系统和收集、存储、处理、传递信息所需的其他机器。

武汉大学信息资源研究中心研究员、武汉大学信息管理学院教授查先进认为,可从狭义和广义两个角度来阐述信息资源的概念。从狭义角度来说,信息资源是指人类社会经济活动中经过加工处理有序化并大量累计后的有用信息的集合,如科技信息、政策法规信息、社会发展信息、市场信息、金融信息等,都是信息资源的重要构成要素。从广义角度来看,信息资源是信息和它的生产者及信息技术集合。也就是说,信息资源由三部分构成:一是人类社会经济活动中经过加工处理有序化并大量积累后的有用信息的集合;二是为某种目的而生产有用信息的信息生产者的集合；三是加工、处理和传递有用信息的信息技术的集合。

著名经济学家，我国数量经济学、信息经济学的创始人乌家培先生也从狭义与广义两个角度来看待信息资源，狭义的信息资源仅指信息内容本身，广义的理解是除信息内容本身外，还包括与其紧密相连的信息设备、信息人员、信息系统、信息网络等。

综合国内外的研究成果，把信息资源分为狭义的信息资源与广义的信息资源更具有代表性。

狭义的信息资源观点把信息资源等同于知识、资料和消息，即只是指信息本身的集合，无论信息资源是以声音、图形、图像等形式表达出来的，还是以文献、实物、数据库等载体记录下来的，其信息内容都是一样的，都是要经过加工处理的、对决策者有用的数据。准确地说，狭义的信息资源仅仅指信息内容，指信息本身或信息的集合。

广义的信息资源观点认为信息资源是一个贯穿于人类社会信息活动中从事信息生产、分配、交换、流通、消费的全过程的多要素集合，包括信息处理的对象——信息(数据)，信息处理的设备——计算机等工具，信息处理的技术——网络、通信和计算机技术等信息技术手段，信息劳动者——信息专业人员。如信息生产人员、信息管理人员、信息分析人员、信息服务人员、信息传递人员等。

狭义的信息资源观点突出了信息本身这一信息资源的核心和实质。信息资源是一种经济资源，因为其中蕴含着的信息具有十分重要的经济功能，而信息生产者、信息技术与设备等信息处理要素只不过是信息资源开发利用的必要条件。

广义的信息资源观点把信息处理的各种要素都纳入信息资源的范畴，更有利于全面、系统地把握信息资源的内涵。信息是构成信息资源的根本要素。人们开发利用信息资源的目的，就是为了充分发挥信息的效用，实现信息的价值。信息效用的发挥和信息价值的实现都是有条件的，信息的收集、处理、存储、传递和应用等都必须采用特定的技术手段即信息技术才能得以实施，信息的有效运动过程必须有特定的专业人员即信息人员才能对其加以控制和协调。信息、信息技术与设备和信息人员构成了完整的信息资源概念体系。

1.1.2 统计信息资源

根据以上信息资源的描述，统计信息资源是指政府综合统计机构、政府部门统计机构和一切社会组织（团体）产生、提供、获取、利用、传播、保存和负责处置的统计信息，以及收集、处理、传输、发布、使用、储存信息内容的技术、设备、网络和人力资源。统计信息资源包括以下内容：

统计信息内容，是由统计部门收集、处理、传输、发布、使用、储存和整理的信息，信息作为事物的状态和特征，它是不以人们的主观认识如何而客观存在的。

统计信息技术和设备，是有组织的处理信息的硬件、软件和物理设备的集合，它是用来收集、处理、传输、发布、使用、储存统计信息的手段和方法，它包括所使用的各种信息技术和设备。

统计信息人员，信息人员是统计信息资源的重要组成部分。统计信息人员包括统计信息的生产者、统计信息的管理者、统计信息的开发者和统计信息的传递者。人作为人类社会信息活动中的主体，既是信息的载体，又是信息的开发者和利用者。因此，统计工作人员本质上应该是统计信息的生产者、管理者、开发者和传递者。

1.2 统计信息概述

1.2.1 统计信息及其特性

统计信息是社会经济信息的主体，反映了社会、经济、科技、环境、人口、教育等方面的运行状况、运行过程和运行规律。统计信息包括研究对象的状态、规模、水平等原始信息；也包括结构、特征、行为、功能等加工的深层次信息，既包括历史、现状的描述信息；也包括未来的预测信息，既包括认识世界的分析信息；也包括改造世界的决策信息；因此统计信息除了具有通常信息的事实性、可压缩性、扩散性、传输性、分享性、增值性和转换性属性之外，还具有以下特性：

数量性：统计信息从数量上反映社会、经济、科技的运行状况和运行规律。

社会性：统计信息源自社会，反过来又作用于社会。

客观性：统计信息是对统计对象的数量方面的客观真实的反映。

时效性：包括及时性和历史性，前者要求统计部门及时的收集、传递和处理不断运动、变化的统计对象的情况；历史性意即考察统计信息的历史价值而强调长期储存统计信息的必要性。

共享性：统计信息可为社会各方同时使用（有偿或无偿）。

再生性：反映统计对象在一定时空条件下所处状态的原始统计信息，经过不同的科学方法的分析加工而产生不同的再生信息。

法律性：作为反映国民经济社会科技总体情况的统计信息具有法律权威，一切社会团体或成员有义务向国家统计部门提供真实的统计数据，同时，统计部门对一切虚报、瞒报、迟报、拒报、伪造、篡改等违法行为可以依法实行法律监督和制裁。

1.2.2　统计信息的表现形式

统计信息是以统计数据为基础，依据一整套科学的统计指标体系，通过对大量的社会、经济和科学技术等统计对象的系统观察，提取有序的、有规律性的数量关系和数量界限，得到所研究对象的变化特性及规律的数量信息。

以数据为主的统计信息主要有以下表现形式：

- 文字报告，包括统计信息手册和统计年鉴。
- 统计表，传统的表现统计资料的基本形式之一，其特点是简明扼要，便于大量数字资料的合理安排和提供，也便于做进一步的比较对照和分析研究。
- 统计图，用图形表示统计资料，其特点是形象鲜明，生动具体，直观性强，借助统计图，可以进行同类指标的比较，揭示总体结构，反映形象的过程和相互之间的依存关系等。
- 统计地理信息系统，即在地理数据的基础上加载统计数据，其特点是方便地表示和分析统计信息的空间分布特征。
- 多媒体表现形式，在信息技术迅速发展下，声音、图像、动画以及录像等作为新的统计资料的表现形式。

1.2.3　统计信息的生命周期

信息从产生到其价值绝大部分甚至全部丧失的时间间隔，是信息从“生”到“死”的轮回，称作信息的生命周期，信息从产生到死亡的生命周期过程要中经历需求、获得、服务、退出四个阶段。统计信息作为特殊的信息在其整个生命周期相对于一般信息的运动过程也有其特殊性，这个过程可以用以下四个环节描述。

1.2.3.1 统计信息的收集

统计信息的收集涉及以下两个方面:一是统计设计,二是统计调查和数据整理。

统计设计是统计信息的孕育阶段,是统计信息运动的开始,是根据统计研究对象的性质和研究目的,对统计工作各个方面和各个环节的通盘考虑。它是从定性认识过渡到定量认识的连接点,主要根据从研究对象信息系统目标出发,确定信息需求,了解客观情况,规定数据范围。这一阶段通常由对象的决策者和建立该信息系统的分析员来具体完成。决策者是该信息的用户,清楚系统的目标,也清楚信息的需要;系统分析员把信息的需要和用途联系起来,用具体的、简单的指标和计量方法将信息进行描述,以便数据的采集。

统计调查和统计整理是按统计设计的要求,对统计对象的信息进行收集、确认、分类和汇总等初级加工,为信息的深加工做准备。统计调查和信息收集阶段根据信息来源和目标的不同,采用广泛(如国家统计局每年统计的社会经济指标)或专项(如某企业生产状况、销售指标)的收集方式,大多由社会的统计调查人员和统计人员,按时间、按地点通过原始报表报送、传真、软盘、E-mail 以及通过 Internet 进行网上直报等方式完成定期报表和不定期的专项报表。

1.2.3.2 统计资料的存储和维护

统计资料的存储和维护包括三个内容,即以什么方式或方法,将什么数据存储在什么地方。

我国统计信息系统采用的双轨制:综合统计系统和部门专业统计系统。综合统计系统由国家统计局、省(区、市)统计局、地(市)统计局、县(市、区)统计局及调查队四个不同层次,众多的统计机构及其计算中心组成,在这多层次、立体信息网络中,不仅有从上到下的制度信息、综合信息,从下到上的统计数据纵向流动,而且包括大量横向流动的统计数据。目前我国采用远程计算机网络和局域网络结构方式。

在统计信息的存储和维护方面需要考虑的是大量的统计数据如何组织(逻辑的或物理的),以什么数据标准(如统计数据分类体系、统计数据编码体系），采用什么数据管理系统，如何保证统计数据的开放性及安全性等。因此，需要应用大量的信息技术（网络技术、软件技术、数据库技术，数据挖掘技术等）解决支持对分布在不同地点的数据或信息进行操作，包括内部的、外部的或远程的数据及信息；支持对不同类型和模式的数据或信息进行操作，包括结构化、半结构化和非结构化的信息类型及文本、数字、声音、图形图像、视频、动画、地图等数据格式。

1.2.3.3　统计资料开发

随着 Internet 的飞速发展，快速获取信息，通过分析把信息变成有价值的情报，已经成为每个组织提高竞争力的重要手段，更多的社会用户希望在大量的统计数据中找出有价值的信息和情报作为各个管理阶层决策时的参考依据，在管理过程中，一旦需要，管理人员可以很快得到方方面面详尽的信息和情报支持，包括历史的、当前的和未来的各种信息，因此，统计资料的开发工作越显重要。

统计资料开发是以原始统计信息为对象，应用一系列科学方法揭示出蕴藏在原始统计信息中的内在关系和规律性。在统计资料开发过程过程中，会使用大量数学模型如预测模型、决策模型和模拟模型，还要用到一些标准的软件包，如数学规划软件包、SAS、SPSS 等。为了使计算机具有强大的处理能力，现在许多信息系统备有数据库、方法库和模型库。方法库中储存许多标准算法；模型库存放针对不同问题的模型；而数据库中存放有一次或二次信息等以应用方便。

这一阶段工作，需要应用信息分析与数据挖掘技术，运用科学的方法，揭示蕴藏在统计信息中的社会经济发展规律，为社会的各种需要服务。

1.2.3.4　统计信息的传输和利用

进入信息时代，信息资源成为组织关键性资源，统计信息也随之成为社会需求的热点。统计信息系统在社会经济管理中，不仅仅是进行统计数据的采集、处理、存储，而且还具有信息咨询、管理、监督和决策支持等重要作用，是国家、部门、单位正常运行不可缺少的经济管理支持手段。因此统计信息系统必须是开放的，随时保持信息的最新状态，准备为用户服务。因此需要考虑的是统计信息的安全性、输出形式的直观性和使用手段的方便性。

根据以上简单的介绍统计信息的基本概念可见，现代信息技术已经渗透到统计信息运动的各个环节，随着我国统计信息化程度的不断深入，统计将越来越依赖信息技术，统计技术将与信息技术高度融合，使得统计学科更具现代魅力而展现强大的生命力。

1.3 统计信息系统概述

1.3.1 统计信息系统概念、特点

从 20 世纪 60 年代简单的管理信息系统 MIS(Management Information System)开始，现代信息系统的研究已走过了四十多年的发展历程。现代信息系统是由计算处理技术、信息和人构成的能高速有效的收集、存储、传输、处理和运用信息的有机整体。从系统的观点来看：信息系统的目的是高速有效的收集、存储、传输、处理和运用信息；其相互关联的组成元素是计算处理技术、信息及相关人员，其中，计算处理技术又涉及计算机硬件技术、软件技术(包括各种算法和数据库技术)、网络通讯技术以及其他辅助技术，信息是指描述客观世界的可通讯的知识、资料和消息，相关人员包括信息的采集者、信息的管理者、信息的开发者和信息的提供者等。统计信息系统和其他信息系统没有本质区别，唯一的区别是在这个系统中运行的信息是社会经济统计信息，因此我们认为统计信息系统是一个为了高效、准确、全面的获取、识别、处理、转移、传递、分析和应用统计信息，以达到认识事物，掌握规律，为各级政府和社会各界提供预测决策、科学研究和各项管理的信息支持的目的，由统计信息技术、统计信息内容以及统计人员组成的有机整体。

统计信息系统的特点是：

1.3.1.1 目的性

高效、准确、全面的获取、识别、处理、转移、传递、分析和应用统计信息，以达到认识事物，掌握规律，为各级政府和社会各界提供预测决策、科学研究和各项管理的信息支持。

1.3.1.2 整体性

统计信息内容、统计信息技术以及统计人员在系统中形成一个整体，三者缺一不可。

(1)统计信息内容是指政府统计机构和一切社会组织(团体)产生、提供、

获取、利用、传播、保存和负责处置的统计信息；

(2)统计信息技术是指获取、识别、处理、传输、分析、发布、使用、储存统计信息内容的统计技术和信息技术，包括统计信息描述技术、统计分析技术、计算机硬件系统、统计应用软件技术、物理设备及网络技术、数据挖掘技术等技术的集合；

(3)统计人员是统计信息系统的主要组成部分。统计人员包括统计信息的设计者、统计信息的采集者、统计信息的管理者、统计信息的开发者和统计信息的提供者。

1.3.1.3 相关性

统计信息技术、统计信息内容以及统计人员是相互关联的；三者的关系表现为统计信息是以社会经济信息为主体，反映了社会、经济、科技、环境、人口、教育等方面的运行状况、运行过程和运行规律，社会经济统计信息的状态和特征，是不以人们的主观认识如何而存在的客观现实。统计人员作为认识的主体，对客观信息的认识过程是再生信息的过程，对客观规律的认识过程，也是知识形成和知识创新的过程，统计信息技术是统计人员对有关客观现象总体数量信息的描述、管理、开发与利用的技术。

1.3.2 统计信息系统组成元素

统计信息、统计信息技术和统计人员是组成统计信息系统的三个基本要素。

1.3.2.1 统计信息——统计信息系统的核心基础

统计信息是社会经济信息的主体，反映了社会、经济、科技、环境、人口、教育等方面的运行状况、运行过程和运行规律。统计信息包括研究对象的状态、规模、水平等原始信息，也包括结构、特征、行为、功能等加工的深层次信息。既包括历史、现状的描述信息，也包括未来的预测信息。既包括认识世界的分析信息，也包括改造世界的决策信息。统计信息除了具有通常信息的事实性、可压缩性、扩散性、传输性、分享性、增值性和转换性属性之外，还具有数量性、社会性、客观性、时效性、共享性、再生性、法律性。就目前我国统计制度及工作方式来看，统计原始信息来源可以分为：政府统计、部门行业统计、企事业单位统计、社会团体专项统计、科研统计和公众个人统计。

1.3.2.2 统计信息技术——统计信息系统的技术支撑

今天以多媒体和网络为代表的当代信息技术贯穿于统计信息采集、处理、传递、存储、分析和运用的所有环节，统计过程逐步电子化和网络化，逐步使用如计算机辅助调查技术、网络调查技术、统计数据库技术、统计网络技术、图像处理与遥感技术、模式识别与图像分析等信息技术。电子数据采集系统、网络数据直报系统、综合统计信息系统、统计数据自动处理系统、大型统计数据库、数据仓库、统计决策支持系统、统计分析软件包、统计地理信息系统、统计信息网站等统计信息系统建设和应用越来越普及。信息技术与统计理论与方法在统计过程中的高度融合，极大的提高了获取、加工和利用信息的能力，推进了统计理论与方法的创新和发展，催生了统计信息技术 SIT(Statistical Information Technology)的研究领域。

1.3.2.3　统计人员——统计信息系统的主体

统计人员是统计信息系统的主要组成部分。信息作为事物的状态和特征，是不以人们的主观认识如何而客观存在的。人作为认识的主体，对客观信息的分析过程，是通过信息获取知识和通过再生信息创新知识的过程，知识作为人类实践的总结，是人们对客观规律认识的结果，人们的意识，从本质上来说，是人脑对客观世界的反映，因此人既是信息的生产者，也是信息的承载者、开发者和利用者。统计人员本质上应该是统计信息的设计者、统计信息的生产者、统计信息的管理者、统计信息的开发者和统计信息的提供者。其中，统计信息设计者完成统计信息标准设计，含设计统计报表体系、编码体系、统计信息质量控制标准体系、统计工作流程及控制体系；统计信息的生产者按信息源完成原始信息调查、收集和整理工作，保证信息的快速、真实、客观、准确；统计信息管理者完成统计信息的编辑、审核、监测、转换、净化、整合、存储、查询等工作；统计信息开发者完成统计信息分析、统计数据挖掘和知识发现工作；统计信息供应者完成统计信息服务工作。

由以上统计信息系统组成元素分析，我们看到统计信息系统是统计信息、统计信息技术、统计人员构成的有机整体，从统计信息系统的角度来看统计工作实质上是统计人员掌握相关统计信息技术对统计信息的作用和操作。

1.3.3　统计信息系统的结构和功能

统计信息系统已经应用于统计的各个领域，系统繁多，随处可见，本节只从概念上描述统计信息系统的结构及功能。

1.3.3.1　统计信息系统结构

统计信息系统从概念上看，应该是一个多维的结构，其中涉及技术、组织、功能、信息支持层次等，在这我们给出一个关于统计信息系统的三维结构模型（见图1—1）。

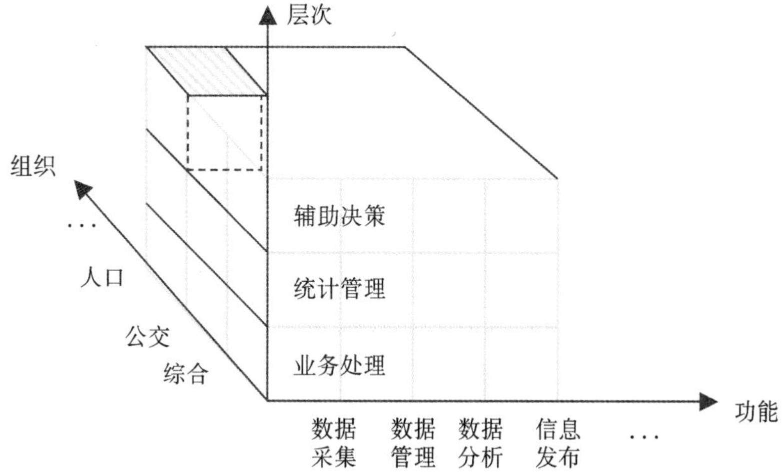

图1—1　统计信息系统三维结构

其中：

层次维：关心的是统计信息的使用深度。业务处理层是使用计算机、网络等现代信息技术代替传统的人工处理统计信息，用以提高工作效率；统计管理层是进行统计业务工作的管理和控制，更好的完成统计的信息管理、咨询和监督职能；辅助决策层是支持政府、社会、企事业单位等进行决策；

功能维：关心统计信息运动过程，分为统计数据采集与处理系统，统计信息存储与管理系统，统计信息分析系统、统计信息发布系统等；

组织维：关心不同统计业务部门处理的不同统计业务数据，如综合统计应用系统、工交统计应用系统、人口统计应用系统等。

1.3.3.2　系统功能

根据以上统计信息系统结构来看，统计信息系统针对不同业务部门完成对统计信息的采集、编辑、存储、传输、处理、分析、查询、检索、输出等，因此一般意义下的统计信息系统应具有如下基本功能：

(1)数据的收集和审核,按统计的科学和统计制度收集和积累资料,并合理组织,一源多用,便于交换和检索。在数据的收集过程中,对收集的数据进行检验、改错。

(2)统计汇总和整理,定期和不定期地对统计报表数据加工汇总,按主题整理当前的和历史的数据。

(3)生成统计报告,具有编辑、排版和打印功能,具有生成统计表格和图形等统计报告功能。

(4)统计分析,对资料进行统计分析,提供社会经济的综合性和专题性的统计分析结果。

(5)预测和决策,系统应具有由统计工作者直接使用的,与数据库自动联系的模型库、方法库及知识库,运用现代数学模型和决策方法,提供多种多样手段进行预测与决策。

(6)提供现代化的统计服务,系统提供统计服务主要包括查询服务、提供统计资料、统计分析和统计预测服务。

统计服务现代化表现为:

- 时效性。根据用户要求,提供快速服务。
- 多样性。用户可获得多种多样的统计服务,如屏幕显示,打印输出、书面资料以及磁介质资料。
- 随机性。系统可以全天候提供服务支持,用户可以随机访问。
- 准确性。提供精准数据,具有辅助检查纠正功能,科学性强。
- 保密性。不同用户访问系统的权限得到限制。数据库独立于用户,用户只能使用数据库资料而不能修改数据库。

1.3.3.3 系统功能模式

从信息技术上说,统计信息系统的功能模式通常采用模块结构。主要由业务处理、基本信息和辅助决策三个模块完成统计信息处理功能,三个模块相对独立,但又有一定联系。

(1)业务处理

主要担负统计业务工作的基本职能。其主要功能子系统含:

①数据收集、传输子系统;

②各专业统计子系统;

③综合统计子系统；

④办公自动化子系统。

(2)基本信息

主要为业务处理和辅助决策提供信息,也可以为各职能业务人员提供直接信息服务。基本信息层由一组数据库群体及其管理维护程序组成,主要数据库有：

①各专业统计数据库,如人口宏观数据库、分县(市)农村社会经济卡片数据库、市场统计信息库、科技统计信息库等；

②综合统计数据库；

③统计法规信息库；

④企业和产品信息库；

⑤国际统计数据库等。

(3)辅助决策层

主要为各级政府、企事业单位及管理人员提供有关决策信息。辅助决策支持系统是系统的最高级功能层次,主要有：

①模型方法库；

②知识库；

③模型方法库管理模块；

④知识咨询管理模块。

1.4 现代统计信息技术

1.4.1 统计信息化建设促进了现代统计信息技术发展

所谓统计信息化就是在统计信息的生产、流通、服务等各项统计活动中,充分利用现代信息技术资源和环境,使科学技术对统计工作的社会效益、经济效益的贡献达到一个较高水平的过程。

早在 20 世纪 70 年代我国就开始将计算机技术引进统计工作了。我国在 1982 年正式恢复国家统计局之前,70 年代部分省市就使用了小型机完成国家一级的年报计算机汇总工作,1982 年,联合国人口活动基金援助我国 20 台 IBM 4331 机和一台 IBM 4341 机用于第三次全国人口普查。从 1983 年国家统计局开始配备微机，1986 年开始了真正意义上的国家统计信息化建设，整个 80 年代，我国从微机起步，用人机结合的方式进行统计数据的处理和分析计算；90 年代，以第四次全国人口普查数据集中处理为代表的“从小到大”，以数据库办公室为代表的数据库建设“大跃进”，在统计应用程序、应用软件开发应用的遍地开花背景下开始考虑统计数据处理的规范化；“九五”时期，以网络建设、网站应用为特征的统计信息工程建设，促进信息交流、信息公开、信息服务；“十一五”时期：尝试以数据中心理念为背景的数据集中管理、以三/四层架构为理念的核心设备资源整合、以国际统计界通行规则为参照的统计应用软件规范化；以牵头建设宏观经济数据库项目为代表，积极参与国家重点电子政务项目建设，推动政府信息资源的开发建设。

经过二十多年的发展，我国统计信息化建设一直从统计信息基础设施建设和统计信息管理应用系统建设两个方面入手，基础建设方面统计系统从使用微机、单机进行统计数据处理，到统计行业规范应用网络，统计信息网基本通达到全国地市级，东部发达省份的网络已经连通到县甚至乡镇，统计的网络环境已经形成；应用系统建设基本实现了统计信息电子采集、网络直报，各地开始建立数据中心，开始进行信息开发和数据挖掘，建立了国家和地方门户网站，为全社会及时提供统计信息查询，为各级政府提供决策咨询。

在今后的相当长时期，统计信息化建设的主要任务应该是统计信息系统的建设、信息资源的开发利用以及统计服务方式的转变，而这三项任务无一例外均需要现代统计技术支撑，使用计算机和网络高效能地大量收集，整理、存储、传递和加工信息，来提高统计信息应用的价值和使用效率；使用多种数学模型和多种计算方法与信息技术结合，提高统计分析和预测水平，为科学决策提供了依据；运用现代数据库与数据中心概念根本上支持统计信息共享，为社会、企业、市场提供综合和专业统计信息服务。

信息化一方面促进了统计实际工作的深刻变革，如实现了办公自动化、数据采集的电子化，报表传输的网络化、数据处理的计算机化、数据挖掘和信息分析的软件化、信息提供的多媒体化等；另一方面又极大地提高了统计工作效率，如极大的丰富了统计信息量、提高了统计信息的传递速度、提高了统计数据的管理能力和水平、提高了统计数据的开发能力和水平、提高了统计数据的表现能力、提高了统计信息的服务质量和水平、促进了统计工作标准化、规范化等。

经过二十多年的统计信息化建设，计算机、网络、数据库等现代信息技术在统计工作中得到广泛的应用，已经从辅助性工作渗透到统计业务的核心工作中，成为整个统计工作不可或缺的部分。可以说，现代信息技术是先进统计生产力的集中体现，是支撑现代统计工作的基础。统计信息化促进了统计实际工作的变革，无疑促进了统计信息技术领域理论研究。

1.4.2　现代统计信息技术

高效、准确、全面地获取、识别、处理、转移、传递、分析和应用统计信息，必须要具有一系列理论、方法和技术做支撑，这就是统计信息技术(SIT)。统计信息技术是统计理论与方法和现代信息技术的高度融合。

统计理论与方法是围绕统计对象而展开的统计设计、统计调查、统计整理、统计分析和统计应用，涉及总体数量信息的获取、处理与变换等过程，统计设计、统计调查、统计描述、统计推断的理论和方法，是结合社会经济信息的特征而产生的描述与测度的理论和方法；各种描述性的、解析性和预测性的统计分析方法，实质是关于统计信息加工和深加工的理论和方法。

信息技术一般认为就是指人类对数据、语言、文字、声音、图画和影像等各种信息进行采集、处理、存储、传输和检索的经验、知识及其手段、工具的总和。从广义上讲，凡是与上述诸方面相关的技术都可以叫做信息技术。按照信息技术的内部构成，可划分为基础技术、支撑技术、主体技术和应用技术。其中基础技术主要指新材料技术和新能量技术；支撑技术主要指电子技术、微电子技术、激光技术和生物技术等；主体技术包括感测技术、通信技术、控制技术等等；应用技术则是指信息技术在人类生产和生活中的各种具体应用，如办公自动化系统、管理信息系统及各类专家系统等等。这种分类方法，可以使人们看到信息技术的全貌，明确其整个体系的构架。在此基础之上，每一大类又可以细分出许多具体的信息技术。现代信息技术一般指感测技术、通信技术、计算机技术和控制技术。所谓感测技术，是指对信息的传感、采集技术；通信技术是传递信息的技术；计算机技术是处理、存储信息的技术；控制技术则是使用与反馈信息的技术。信息技术的核心技术是3C(Computer 计算机技术、Communication 通信技术、Control 控制技术)。

今天以多媒体和网络为代表的当代信息技术贯穿于统计信息采集、处理、传递、存储、分析和运用的所有环节，统计过程逐步电子化和网络化，逐步使用如计算机辅助调查技术、网络调查技术、统计数据库技术、统计网络技术、图像处理与遥感技术、模式识别与图像分析等信息技术，电子数据采集系统、网络数据直报系统、综合统计信息系统、统计数据自动处理系统、大型统计数据仓库、统计决策支持系统、统计分析软件包、统计地理信息系统、统计信息网站等统计信息系统建设和应用越来越普及。信息技术与统计理论与方法在统计过程中的高度融合，极大的提高了获取、加工和利用统计信息的能力，推进了统计理论与方法的创新和发展，催生了 SIT 的研究领域。

1.4.3 现代统计信息技术内容

将现代信息技术与统计理论与方法的高度融合，形成现代统计科学的新的分支——现代统计信息技术，见图 1－2。

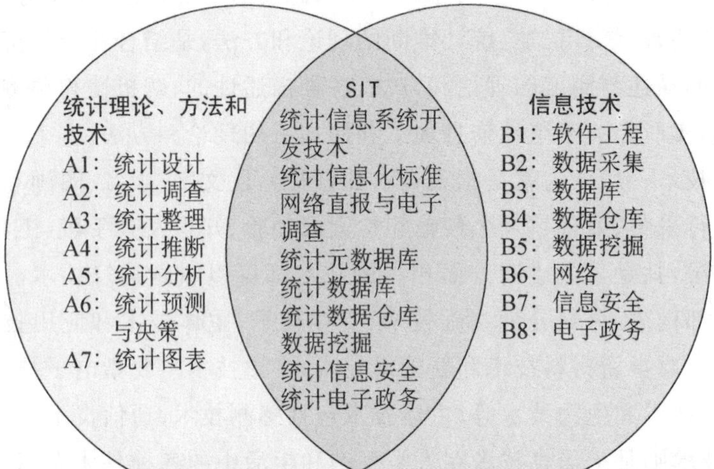

图 1－2 SIT 体系框架

1.4.3.1 统计理论、方法和技术

(1)统计设计的理论、方法与技术

统计设计理论、方法与技术包括：

①整体设计

整体设计是指把认识对象作为一个整体，对整个统计工作进行的全面设计，内容包括：

- 统计指标和指标体系的设计；
- 统计分类与分组的设计；
- 收集统计资料方法的设计；
- 统计各个部门与各阶段工作的协调；
- 统计力量的组织与安排；

②专项设计

专项设计是指作为认识对象一个组成部分的统计设计。

③全阶段设计

全阶段设计是对统计工作全过程的设计。从确定统计内容、统计指标体系开始到分析研究的全过程的通盘安排，内容包括：

- 明确规定统计的目的；
- 确定统计对象的范围，即明确规定统计总体和总体单位的范围；
- 规定统计的空间标准和时间标准；
- 根据统计目的，根据分析研究的要求，制定出调查登记的项目，分类和分组的方法，以及统计指标的计算方法；
- 制定保证统计资料准确性的方法；
- 规定各个阶段的工作进度，时间安排，各个工作阶段的联系和各阶段的基本方法；
- 统计工作全过程的组织工作。

④单阶段设计

单阶段设计是指统计工作过程中某一个阶段的设计。例如统计调查的设计，统计整理的设计，统计专题分析的设计等等。

⑤长期设计

长期设计是指时期较长的统计设计，例如五年以上的统计设计。

⑥短期设计

短期设计是指一个年度或年度之内的统计工作设计。

(2)统计调查理论、方法与技术

统计调查是指根据统计研究的目的，有组织有计划地搜集统计资料的过程。

统计调查理论、方法与技术是指根据统计研究的目的，在准确性、及时性、完整性的原则下有组织有计划地搜集统计资料的过程中所使用的理论、方法与技术。调查的组织形式包括普查、抽样调查、定期统计报表；调查方法包括直接调查法、报告法、采访法、通讯法、实验调查法、网上调查法等。

(3)统计整理理论、方法与技术

统计整理是承上启下的过程，是统计调查的继续也是统计分析的基础。统计整理指对调查所得原始材料进行科学分组与汇总和对以往的材料进行再加工。统计整理的程序是：审核，分组、汇总、制表。

统计审核是指审核资料的完整性、及时性、准确性、历史资料的审查以及资料差错的更正和处理的理论、方法与技术。

统计分组是指根据社会经济现象的特点和统计研究的任务，按某种标志把总体分成若干部分(如划分社会现象的不同类型、揭示社会经济现象的内部结构、分析社会现象间的依存关系)的科学分类的理论、方法与技术。

统计汇总是指在统计分组的基础上，将统计资料归并到各组中去，并计算各组和总体的合计数(包括单位总数和标志总量)的理论、方法与技术。内容包括逐级汇总、集中汇总、汇审汇编、综合汇总、手工汇总以及电子计算机汇总等。

(4)统计推断理论、方法与技术

统计推断理论、方法与技术是指所研究的问题有一个确定的总体，其总体分布未知或部分未知，通过从该总体中抽取的样本(观测数据)做出与未知分布有关的某种结论。目的是利用问题的基本假定及包含在观测数据中的信息，做出尽量精确和可靠结论的理论、方法与技术。

(5)统计分析理论、方法与技术

统计分析理论、方法与技术是指运用特有方法，对客观存在的社会经济现象及与之相关联资料，进行分析研究，透过现象的数量表现来认识事物的本质及发展变化的规律性，从而揭示矛盾，找出原因，提出解决问题的措施的一系列理论、方法与技术。

(6)统计预测与决策理论、方法与技术

统计预测理论、方法与技术是指为了实现特定的目标，根据客观的可能性，在占有一定信息和经验的基础上，借助统计方法，对影响未来目标实现的诸因素进行准确的计算和判断选优后，对未来行动做出决定的理论、方法与技术。

(7)统计图表理论、方法与技术

统计表是集中而有序地表现统计资料的表格，统计图是具体显示统计资料的图形（包括直方图、折线图、饼形图、柱形图、散点图等），统计图表理论、方法与技术是关于实现统计图表的理论、方法与技术。

1.4.3.2　信息技术

（1）系统工程和软件工程技术和方法

系统工程（Systems Engineering）是一门统筹全局综合协调研究系统的科学技术，是系统开发、设计、实施和运用的工程技术，是在系统思想指导下，综合应用自然科学和社会科学中有关的先进思想、理论、方法和工具（当今主要是计算机），对系统的结构、功能、要素、信息和反馈等，运用多学科成果，进行分析、处理和解决实际问题，以达到最优规划、最优设计、最优管理和最优控制的目的。系统工程以运筹学、控制论、信息论、大系统理论和系统学为基础，系统工程的研究对象，主要是复杂的大系统，同时，也应用于统计部门的统计信息系统。

软件工程是一门综合性的交叉学科，它涉及哲学、计算机科学、工程科学、管理科学、数学和应用领域知识，是研究和应用如何以系统性的、规范化的、可定量的过程化方法去开发和维护软件，以及如何把经过时间考验而证明正确的管理技术和当前能够得到的最好的技术方法结合起来。其核心思想是把软件产品看作是一个工程产品来处理。

软件工程的内涵是应用计算机科学、数学及管理科学等原理，借鉴传统工程的原则、方法来创建软件，从而达到提高质量、降低成本的目的。其中计算机科学和数学用于构造模型、分析算法，工程科学用于制定规范、明确样例、评估成本、确定权衡，管理科学用于进度、资源、质量、成本等的管理。

软件工程的目标是研制开发与生产出具有良好的软件质量和费用合理的产品。费用合理是指软件开发运行的整个开销能满足用户要求的程度，软件质量是指该软件能满足明确的和隐含的需求能力的有关特征和特性的总和。软件质量可用功能性、可靠性、易使用性、有效性、可维护性和易移植性六个特性来评价。

软件工程是从管理和技术两方面研究如何更好地开发和维护系统软件的学科。采用工程的概念、原理、技术和方法来开发与维护软件，把经过时间考验而证明正确的管理技术与当前能够得到的最好的技术方法结合起来。

统计信息系统是一个逻辑系统,统计信息系统建设主要工作集中在定义、开发、维护方面。早期用手工作坊式的软件开发方法编制出的统计软件系统,在质量、开发时间、成本等方面无法满足实际应用和统计业务发展需求,无法开发出复杂的、大型的、功能集中的、开放性强的统计信息系统,使软件没有统一的应用平台和标准,重复建设严重,有限的建设资金在重复投资中造成严重的浪费,使统计应用软件多、乱等。解决问题的出路是统计信息系统的研制开发要走软件工程化的道路。

目前有100多条关于软件工程的准则,其中最出名的是著名软件工程专家B. W. Boehm在1983年提出了关于软件工程的准则的7条基本原理:坚持进行阶段评审、实行严格的产品控制、采用现代程序设计技术、可以清楚地审查结果、开发小组成员少而精、承认不断改进软件工程实践的必要性、用分阶段的生存周期计划严格管理。

(2)数据采集技术

数据采集技术(Data Acquisition)是信息技术的一个重要分支,它研究信息数据的采集、存贮、处理以及控制等。客观存在的信息数据通过收集到计算机并进一步予以显示、处理、传输与记录这一过程,即称为“数据采集”,因此数据采集技术包含收集、显示、处理、传输与记录技术,同时还会涉及图像处理技术、遥感技术、模式识别技术与图像分析技术等。相应的系统即为数据采集系统。通常,数据模型、数据质量与采集和记录这些原始数据的各种方法有关。在数据采集初期的严密程度,将决定数据的有效性(如针对某一数据模型要求进行数据采集才能保证数据的有效性)和不同专题之间的一致性,也最终决定了应用系统数据集的质量,而这些数据的质量反过来又影响了数据集在信息分析中的有效性。

(3)数据库与数据库管理技术

数据库是长期储存在计算机内、有组织的、可共享的数据集合。数据库技术是指将数据库中的数据按一定的数据模型组织、描述和储存,使数据具有较小的冗余度、较高的数据独立性和易扩展性,并可为一定范围内的各种用户共享。模式是数据库技术的核心;而模式的本原是“数据模型”,所谓数据模型乃是指构造数据库时所应遵循的规则,以及此后对数据库所能实施的操作的总和。

数据库管理技术包括:

①数据库开发：利用数据定义语言 DDL(Data Definition Language)开发与说明数据内容、相互关系及每个数据库的结构。并把这些信息存储在一个专用的数据定义和说明的数据库中，称为数据字典。数据字典由数据库管理员控制、管理和维护。

②数据库查询：用户使用 DBMS(DataBase Management System)的查询语言询问数据库中的数据。

③数据库维护：数据库日常维护工作包括备份数据库、备份事务日志、备份数据库及其日志间的相互作用、用户、权限管理等、监视系统运行状况，及时处理系统错误、灾难恢复与管理、保证系统数据安全，周期更改用户口令等。

④应用开发：使用数据库开发平台技术，如 PowerBuilder 的数据库操作技术、VC++中使用 ODBC(Open DataBase Connectivity)访问数据库技术、Delphi 中的数据库程序开发技术以及 Web 数据库应用程序设计技术等。

(4)数据仓库技术

数据仓库技术能够满足数据挖掘技术对数据环境的要求。实际上，数据仓库技术所要研究和解决的问题就是从联机事务处理 OLTP(On-Line Transation Processing)系统、异构分散的外部数据源、脱机的历史业务数据中获取数据，处理后为数据分析和管理决策提供应用服务。

数据仓库至今并没有严格的数学理论基础，它更偏向于工程。由于数据仓库的这种工程特性，因而在技术上可以根据它的工作过程分为：数据的抽取、数据的存储和管理、数据的展现等关键技术。

(5)数据挖掘技术

数据挖掘是一个利用各种分析方法和分析工具在海量数据中建立模型和发现数据间关系的过程，这些模型和关系可以用来做出决策和预测。

支持大规模数据分析的方法和过程，选择或者建立一种适合数据挖掘应用的数据环境是数据挖掘的重要技术，数据挖掘应建立在联机分析处理 OLAP(On-Line Analytication Processing)的数据环境基础之上，数据挖掘对大量数据的探索式分析的起点是 OLAP，数据挖掘需要对大量数据进行反复查询操作，关心数据存取方式的方便性与可操作性。

数据挖掘技术和数据仓库技术的协同工作，一方面，可以迎合和简化数据挖掘过程中的重要步骤，提高数据挖掘的效率和能力，确保数据挖掘中数据来源的广泛性和完整性；另一方面，数据挖掘技术已经成为数据仓库应用中极为重要和相对独立的方面和工具。

(6)计算机网络技术

计算机网络技术是指利用通信设备和线路将地理位置不同的，功能独立的多个计算机相互连接起来，以功能完善的网络软件（即网络通信协议、信息交换方式及网络操作系统）实现数据传输和资源共享的相关计算机系统技术。

计算机网络要完成数据处理与数据通信两大基本功能，那么计算机网络从逻辑功能上就可以分为资源子网和通信子网两部分，因此网络技术又涉及资源子网技术和通信子网技术。

资源子网由主计算机系统、终端、连网外设、各种软件资源与信息资源组成；资源子网负责全网的数据处理业务，向网络用户提供各种共享的网络资源与网络服务。

通信子网由通信控制处理机、通信线路与其他通信设备组成，完成网络数据传输、转发等通信处理任务。

(7)信息安全技术

互联网的飞速发展，使人与计算机的关系发生了质的变迁，与此相适应，信息安全的内涵也发生了巨大变化，它既面向数据、设备、网络、环境，也面向使用者，不但包含以前信息安全内涵的延续，例如面向数据的安全概念拥有保密性、完整性和可用性；也包含新内涵内容的提出，例如面向使用者、设备、网络、环境的安全概念拥有可控性、不可否认性、可靠性等等。目前的信息安全已涉及攻击、防范、监测、控制、管理、评估等多方面的基础理论和实施技术，其中，密码技术和管理技术是信息安全的核心；安全标准和系统评估是信息安全的基础。可以说，现代信息安全是一个综合利用了数学、物理、管理、通信和计算机等诸多学科成果的交叉学科领域，是物理安全、网络安全、数据安全、信息内容安全、信息基础设施安全与公共信息安全、国家信息安全的总和。

(8)电子政务技术

电子政务是现代政府管理观念和信息技术相融合的产物，是借助电子信息技术而进行的政府管理活动，就是政府机构应用现代信息和通信技术，将管理和服务两项职能通过网络技术进行集成，在互联网上实现政府组织结构和工作流程的优化重组，超越时间和空间及部门之间的分隔限制，向社会提供优质和全方位的、规范而透明的、符合国际水准的管理和服务。电子政务技术是基于计算机网络技术相对成熟和普及，完成大量政务信息的实时共享和双向交流的技术以及电子政务网站建设技术、电子政务安全技术等。

1.4.3.3. 统计信息技术(SIT)

SIT是统计理论、方法与技术与现代信息技术的交叉融合，是以统计电子政务为目的，在开发统计应用系统中所使用的相关技术，主要涉及统计数据采集与存储技术、统计元数据库技术、统计数据库技术、统计数据仓库技术、数据挖掘技术、网络及信息安全技术和统计信息系统开发的相关技术等。

(1)统计网络直报技术和电子调查技术

统计网络直报技术是指通过统计网络直报平台，完成各种统计报表，包括年报、半年报、季报、月报、周报、日报、实时报、临时报、一次性报等；完成集成数据采集、数据上报、数据挖掘、数据分析、图表分析(曲线图，柱状图，饼状图等)的一体化工作。

电子调查技术是指利用电话、计算机以及网络(包括Internet)完成统计调查任务的相关技术，包括：

①CATI(Computer-Assisted Telephone Interviewing system)

电话调查技术是指利用电脑语音技术，通过电话自动拨号，将调查题目自动送到千家万户，自动收集调查答案的技术以及开发应用电话调查软件系统的技术。

②CAPI(Computer-Assisted Personal Interviewing)

计算机辅助人员访问，简称CAPI，使调查访问更快速、更方便及更精确。

③互联网调查

20世纪90年代，随着互联网在全球范围内的迅速普及，网络调查开始勃兴，并且越来越受到人们的青睐，目前已有的网络调查，主要有以下三种形式：第一种形式是将调查问卷放在互联网主页上，通过网民依据个人兴趣对互联网主页的主动访问与浏览完成问卷；另一种形式是借助电子邮件(E-mail)进行抽样调查，其特点是通过计算机网上自动搜索获取较完整的E-mail地址清单作为抽样框(sampling frame)，然后向抽样框中的E-mail地址发送调查问卷，受访者在收到调查问卷后，可以通过E-mail把填答好的调查问卷回复给研究者；第三种形式的网络调查是基于软件对互联网用户进行“全景”式的调查。

(2)统计元数据库技术

元数据就是“数据的数据”，即关于数据的内容(what)、覆盖范围(where)、数据所有者(who)、数据的提供方式(how)、质量和其他特性的信息。也可以定义为“描述数据”或“诠释数据”。是数据与数据用户之间的桥梁。

统计元数据：指统计中除指标数据外的所有概念，包括调查对象、报表制度、指标、分组的定义、报表及指标的数据格式定义、汇总算法、审核公式的操作规则等。

其中，统计制度元数据库是一个涵盖国家统计制度、报表、指标、填报目录、分组、分类标准和制度方法文件等内容的数据库。

相关技术涉及元数据标准和元数据方案。

(3)统计数据库技术

统计数据库是存储、管理、分析统计数据的数据库系统，是统计数据采集和统计数据传送的归宿，是统计数据存储和统计数据管理根本手段，是提供数据分析和数据服务基础，是综合应用现代计算机的软、硬件技术、网络通信技术，经过分类、整理、汇总等加工，按照一定的数据模型，汇编成计算机可读的、便于修改、管理和检索的统计数据集合。

数据库技术含数据库设计和数据库系统开发技术。

(4)统计数据仓库技术

数据仓库(DataWarehouse)是一个面向主题的(Subject Oriented)、集成的(Integrate)、不可更新的(相对稳定的)(Non-Volatile)、反映历史变化(TimeVariant)的数据集合，用以支持经营管理中的决策制定过程。

数据仓库实际上是提供用户用于决策支持的当前和历史数据的一个环境，它能有效的把分布在网络中不同站点的数据集成到一起，为决策者提供各种类型的、有效的数据分析，起到决策支持的作用，它是一种数据管理技术。

统计数据仓库是基于现有的统计数据库上进行建设开发的，它着眼于有效地抽取、综合、集成和挖掘已有数据资源，提供最有价值的信息，为政府和社会服务。

建设统计数据仓库涉及体系结构的规划和设计、源数据的抽取和装载、目标数据的组织和管理、统计分析预测、统计信息查询等技术。

(5)数据挖掘技术

数据挖掘(Data Mining)是采用数学的、统计的、人工智能和神经网络等领域的科学方法,如记忆推理、聚类分析、关联分析、决策树、神经网络、基因算法等技术,从大量数据中挖掘出隐含的、先前未知的、对决策有潜在价值的关系、模式和趋势,并用这些知识和规则建立用于决策支持的模型,提供预测性决策支持的方法、工具和过程。

数据挖掘技术是计算机技术、人工智能技术和统计技术等构成的一种新技术。数据挖掘来源于统计分析,而又不同于统计分析。数据挖掘不是为了替代传统的统计分析技术,相反,数据挖掘是统计分析方法的扩展和延伸。大多数的统计分析技术都基于完善的数学理论和高超的技巧,预测的准确度还是令人满意的,但对使用者的要求很高。而随着计算机计算能力的不断增强,我们有可能利用计算机强大的计算能力只通过相对简单和固定的方法完成同样的功能。

数据挖掘就是利用了统计和人工智能技术的应用程序,他把这些高深复杂的技术封装起来,使人们不用自己掌握这些技术也能完成同样的功能,并且更专注于自己所要解决的问题。这是典型的统计技术与现代信息技术的融合技术。

(6)统计信息安全

随着统计信息化建设的逐步深入,越来越多的统计工作由传统模式转向网络方式,极大地提高了工作效率,统计工作对网络系统的依赖也日益增强,但应该注意的是网络的另外一面,由于系统的漏洞和网络的开放性,病毒侵袭、网络欺诈、信息污染、黑客攻击等问题也统计信息安全造成严重威胁。统计部门掌握着大量的公共信息资源,信息安全也势必成为统计信息化建设的一个重要内容。

(7)统计电子政务技术

我国自20世纪80年代末期开始,经历了近二十年电子政务的建设发展,随着网络技术的快速发展和信息基础设施的不断完善,电子政务的发展进入快车道,已经突破了部门和地域限制,向交互性和互联网方向发展。国家统计部门作为社会经济信息的主体部门,肩负着为党和政府决策管理提供依据,为企事业单位经营管理提供信息,为社会公众了解国情、参与社会经济活动提供资料,为科学研究、国际合作提供数据的任务,统计电子政务建设必将成为国家电子政务建设的重要组成部分。

实践中，统计电子政务的建设是对现实统计工作的改造，无论是统计工作观念上、技术上、方法上还是流程上的改造都需要通过长期的一个一个阶段的信息化工程项目实施来积累完成。一方面，我国统计部门二十多年各个阶段信息化项目的成功无疑都推进统计电子政务的发展，另一方面，每个信息化项目实施，除了要求统计工作人员掌握信息技术之外，还要求统计工作人员具有与现代化工作手段相适应的意识和思维观念，以便把技术创新与管理创新结合起来，才能更好促进统计电子政务建设。

(8)统计信息系统设计与开发技术

信息系统开发是指根据组织管理的战略目标、内容、规模、性质等具体情况，建立起一套以计算机为基础的软硬件结合的信息系统或信息工程项目。系统开发的核心是软件的开发，还有相关的基础性建设。

信息系统的开发通常要涉及到组织内部各级机构、管理人员和组织面临的外部环境，现代社会经济与科学技术发展迅速，统计工作面临内外部环境复杂多变，因此，统计系统开发者必须十分重视组织面临的内、外部环境及发展趋势，深刻理解统计自身管理体制、管理思想、管理方法和管理手段，充分考虑我国统计现行制度和运行惯例，合理规划系统目标、规模、功能和实施步骤，有效利用先进信息技术方法和现代科学管理成果，建设一个与我国经济社会发展环境相适应的、促进统计水平提高的信息系统。

相关技术涉及统计信息系统开发策略选择、开发方式选择、标准化建设、以及统计信息系统的系统规划、系统分析、系统设计、系统实施、系统运行与评价等技术。

1.4.4 统计信息化内涵

SIT 的发展促进统计信息系统的逐步成熟，使传统的统计方法有了新的内涵，也使我们重新审视统计信息化真正含义，深刻理解现代信息技术渗透到统计流程中必然带来的统计工作的变革。

前已叙述统计信息系统是统计信息、统计信息技术、统计人员构成的有机整体，图 1—3 描述了统计信息系统中统计信息、统计信息技术和统计人员三者的关系，从统计信息系统的角度来看统计信息化实质上是统计人员掌握相关统计信息技术对统计信息的作用和操作。因此统计信息化内容应该由以下三个方面：

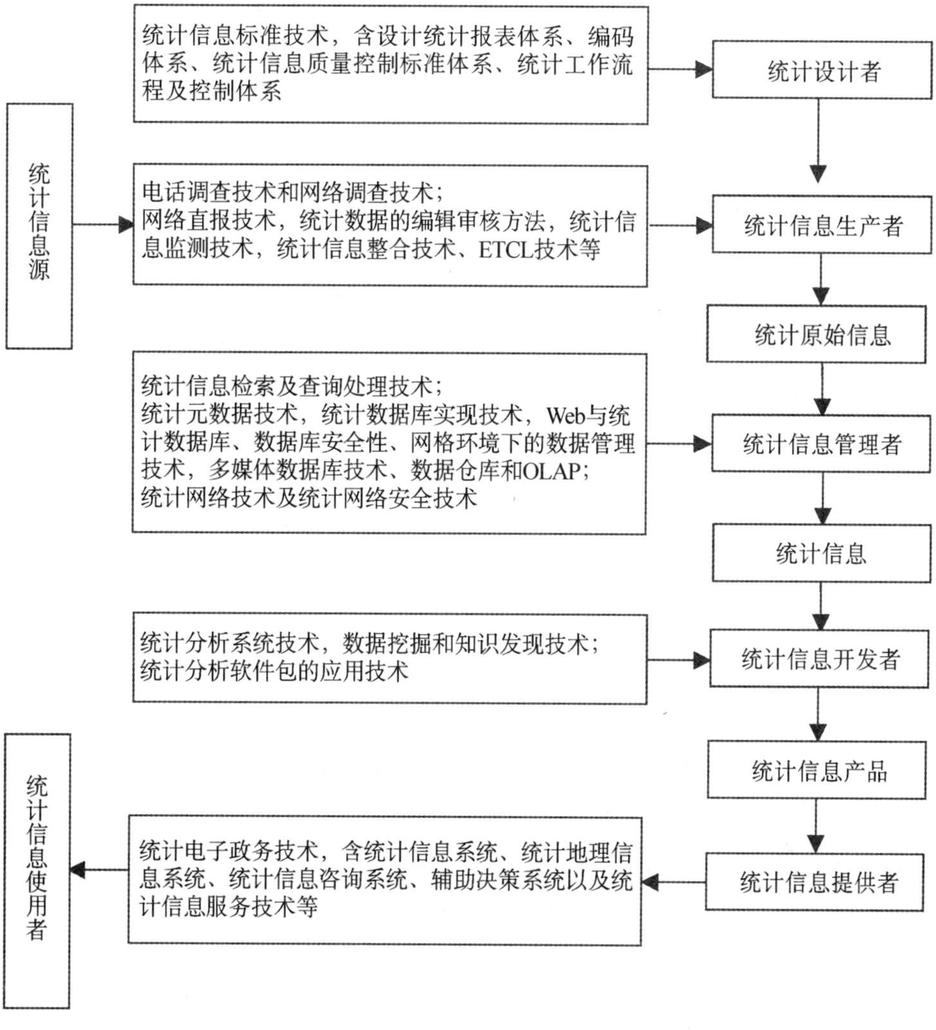

图1—3　统计信息化内涵

1.4.4.1　统计技术信息化

现代信息技术是现代统计业务的辅助工具，统计技术信息化，实际上是在统计工作中将统计理论与方法与现代信息技术的高度融合，形成现代统计科学的新的技术领域——现代统计信息技术。

1.4.4.2　统计管理信息化

管理信息化指用统计信息技术改造传统统计工作模式、方法制度、业务流程和管理方式。传统统计工作模式，按专业设置统计机构和职能，分专业设计和实施统计制度，统计信息资源分散管理与垄断、封锁并存，制约了信息共享；同时统计应用系统建设缺乏网络条件下的统计工作整体的规划和设计，应用软件由各专业分头开发，固化了专业分割，影响了信息生产过程的整合和资源共享。在中国统计现代化的过程中，必须高度认识信息化建设不仅是技术的信息化，更重要的是统计管理部门的规划、组织、控制和协调功能的重新整合，使统计工作流程符合社会信息化和网络化发展的趋势。

统计信息化建设是一个长期的系统工程，在这个系统建设过程中，决策者即领导部门应该制定统计信息系统建设与运行的整体规划。管理者即各统计职能部门完成协调、控制和监督工作，操作者即 IT 部门完成具体技术实现（如系统建设、应用开发、数据管理、安全管理、运维管理等），三个层面的作用缺一不可，各施其职，同时还应该顺应信息时代的要求调整相关的政策、法规、制度、标准、规范以及调整政府统计部门的机构设置，只有这样，才能更好的支持和保障信息化的成功。

1.4.4.3　统计人员信息化

人员信息化是指统计工作人员必须明确自己在统计信息系统中的位置、作用和任务。依从网络统计工作特点，统计设计、统计调查、统计整理、统计分析、决策咨询等不同层次、不同岗位应该掌握相关统计信息技术，以保证统计信息系统整体功能的优化与效率。

1.4.5　统计信息技术发展和应用促进了我国统计信息化建设

统计信息化是指在计算机网络环境下完成统计设计、统计数据的采集、传输、加工、储存和发布等统计信息的生产和管理活动。统计信息化的目的是提高统计机构和人员的工作效能，用相同的投入，获取更多、更快、更准的统计信息，为各级领导和社会各界提供优质、高效的统计产品。统计信息化的核心，是用现代统计信息技术改造传统的统计生产方式和统计生产模式。现代统计信息技术的应用大大促进了我国统计信息化建设水平。

1.4.5.1　基于互联网的统计信息采集处理平台的开发应用解决统计业务数据量日益庞大的问题

信息化社会对统计数据量要求越来越大，传统的统计层层上报、分级处理的模式，庞大的数据处理量（采集、录入、审核）会导致了基层统计人员的严重负担,因此利用现代统计信息技术开发出全新概念的基于互联网的以基层电子报送为目标、集统计数据采集、处理、查询、汇总于一体的应用软件即统计采集处理平台,从根本上解决了统计基层人员越来越无法承受的统计业务数据量日益庞大的问题,基层单位利用互联网就能完成统计数据采集、审核、整理等工作。

1.4.5.2 统计网络环境的实现充分发挥统计资料的共享性和时效性

解决统计数据共享是长期以来统计系统一直关心的问题,各专业、各时期的数据需要及时共享有关资料,传统做法一般是先整理,后共享,并且与数据处理过程是脱节的,真正的共享是统计业务处理全过程的共享,只有在网络统计这种工作模式才可能达到统计的全过程共享,同时,提供及时加工整理数据的能力,大大提高统计资料利用的时效性。

1.4.5.3 统计数据库以及数据仓库的建设提供了充分分析和利用统计数据的基础

统计系统的数据库、数据仓库作为统计数据的基本系统,它们的成功建设,将有利于使用先进技术(如数据挖掘等)对统计数据多视角深层次分析,进行提炼、挖掘,进行跨时期、跨地域的多类纵横对比分析,从而深度开发和利用统计信息,为各级领导和社会各界提供优质、高效的统计产品,进行各级政府和企事业单位的辅助决策。

1.4.5.4 统计信息技术的发展使得统计应用系统能够完成越来越多、越来越复杂的统计业务工作

网络技术、数据库技术的迅猛的发展,程序设计语言也日新月异,计算机软硬件平台的逐步优化和完善,所有技术上的突破,都使得原本复杂,甚至不可能实现的统计功能,现在可以很容易实现。

1.4.5.5 统计信息技术的深入应用促进统计方法和制度的改革

统计信息技术的应用,使"一套表"制度得以实现;实现所有基层数据由层层上报向网上直报转变,克服数出多门和数据不真实的现象;建立面向社会各界的数据库,实现了信息资源的充分共享;逐步建立统计数据中心和统计数据仓库,支持高效深度分析开发利用统计数据;统计信息系统的应用也使的统计信息的发布变得公开透明。因此,变革传统的统计生产方式和统计生产模式有了坚实基础和实现的条件,我国统计方法制度改革势在必行。

第 2 章

统计数据采集与整理技术

统计数据采集技术是统计信息技术的一个重要组成部分,统计数据采集是信息分析和处理的源头、基础和前提,通过科学正确的技术手段获取所需的信息,才能有助于对信息的正确处理和分析,才能得到有用的结果。

统计数据整理技术就是根据统计的目的,将统计的原始数据进行审核、科学的分类和汇总,或对已经过加工的综合统计数据进行再加工,成为可供统计分析用的描述现象总体综合特征的统计数据的技术。

2.1 统计数据采集概述

数据采集在信息工作中的地位和作用是不言自明的。数据采集确保信息的质量。质量差的数据经处理后产生的输出信息的质量也是差的,这种情形可概括为"垃圾进,垃圾出(garbage in, garbage out)",因此,数据采集是非常重要的一步。

2.1.1 统计数据采集

数据采集,是指根据特定的目标和要求,将分散蕴涵在不同时空域的有关信息,通过特定的手段和措施,采掘和汇聚的过程。

统计数据采集是指采集社会工作和生产活动中的统计数据,统计数据的采集一般又分为两个阶段:第一,制定具有中国特色的国民经济核算制度和经济、社会、科技统计指标体系及统计报表;会同相关部门制定国家统计标准和统计分类、目录；制定和审核国家统计项目和部门统计项目。第二，根据统计需求或设定的目标，正确地获取信息，提取其中有用的信息为目标服务。

统计数据采集的主要任务是采用现代信息技术，实现与信息管理部门现行系统的接口，从信息管理部门的各种数据源中获取相关统计数据。

2.1.2 统计数据来源

信息广泛存在于自然界和人类社会，信息来源，即信息源，是组织或个人为满足其信息需要而获得信息的来源，这里是从信息使用者的角度来说。从绝对意义上看，只有信息产生的"源头"，才能称为信息源。统计数据的来源主要有两种：一种是通过直接的调查获得的原始数据，一般称之为第一手或直接的统计数据；另一种是别人调查的数据，并将这些数据进行加工和汇总后公布的数据，通常称之为第二手或间接的统计数据。

第一手或直接的统计数据来源，这类数据来源是指通过各种各样的调查获取数据。

第二手或间接的统计数据来源主要来自于国内外公开出版的或公开报道的各种出版物。公开出版的或报道的社会经济统计数据主要是国家和地方的统计部门以及各种报刊媒介。

2.1.3 统计数据采集渠道

目前我国统计数据来源主要有以下几个渠道：

2.1.3.1 政府统计

政府统计部门是国家宏观调控体系中的一个组成部分，承担着管理统计事务，提供统计信息，进行统计咨询，实行统计监督的职能。政府统计部门根据国家经济发展需求，通过各级国家机关、企事业单位层层下达统计要求采集统计信息，长期以来，尤其是改革开放以来，政府统计部门组织开展了大量的统计调查，为国家实行科学决策提供了重要的依据，为社会公众了解国情、国力，提供了大量信息。

2.1.3.2 部门行业统计

业务部门按照行业管理需要建立行业统计指标体系并依据《中华人民共和国统计法》、《中华人民共和国统计法实施细则》进行的搜集、整理统计信息，运用各种统计方法，系统、准确、及时地反映部门行业的生产、经营管理和发展情况，提供统计资料，发布行业信息，做好统计咨询服务，发挥统计监督作用。

2.1.3.3 企事业单位统计

统计工作是提高企事业单位管理工作质量的一项重要基础性工作，对企事业单位而言，建立和完善一套既科学合理又行之有效的统计工作制度，通过统计及统计数据反映与企业生产经营活动有关的方方面面，能为企业经营管理和战略决策提供依据。

2.1.3.4 社会团体专项统计

社会团体专项统计是调查组织者为了某一特定目的专门进行的统计调查工作，包括了专项调查设计、组织收集和整理特定的统计资料以及进行专项分析研究，并提供专项统计信息和统计报告，为各级党政部门宏观决策、企业生产经营和社会公众服务。

2.1.3.5 公众个人统计

随着社会和人的非物资需求的发展，规范社会公众信息已经成为建设和谐社会的基本要件，特别是对涉及到公众切身利益的数据信息，由于公众极高的关切度及与社会稳定密切的关联度，会有相对权威的专门机构负责收集、汇总、分析和对外发布此类数据信息，以尊重社会公众的知情权、建议权、监督权。

2.1.4 统计数据采集范围

统计数据采集的范围有三种类型：内容范围、时间范围和地域范围。

2.1.4.1 内容范围

根据统计的目标和需求，采集具有一定相关性的特征的信息所确定的范围。

2.1.4.2 时间范围

这是指在信息发生的时间上，与需求具有一定相关性的范围，这是由信息的历史性和时效性所决定的。

2.1.4.3 地域范围

这是指在信息发生的地点上，根据与信息采集目标与需求具有一定相关性的范围。这是由信息的地域分布特征和信息采集的相关性要求所决定的。

统计信息的来源和范围，有来源于企业或组织内部的，行业内部的，社会团体的，也有来源于如经济系统、社会系统以及社会成员，它们不局限于一个企业或组织内部，而是一个国家整体。

2.1.5　统计数据采集原则

采集统计数据必须遵循以下原则，这些原则是保证数据采集质量最基本的要求。

2.1.5.1　真实性原则

真实是统计信息的中心价值，“不出假数，真实可靠”是统计工作的基本原则。数据采集真实性是指采集的数据必须是真实对象或环境所产生的，必须保证数据来源是可靠的，必须保证采集的数据能反映真实的状况。温家宝总理曾向统计人员“约法三章”：一、讲真话、报实数，如实提供统计资料；二、遵守职业道德，不编造虚假数据；三、坚持原则，敢于抵制和大胆揭发在统计上的弄虚作假。温总理的“约法三章”，使统计人员从遵守职业道德上保证统计数据的真实性。

2.1.5.2　准确性原则

准确是统计数据的生命，提高统计数据质量是统计工作永恒的主题。要确保统计数据质量，就必须建立科学的数据评估监测体系，提高统计设计水平，使每项统计调查更加科学、合理，使采集到的数据与应用目标和工作需求的关联程度比较高，采集到数据的表达准确无误，相对于企业或组织自身来说具有适用性，是有价值的。关联程度越高，适应性越强，就越准确。准确性原则保证数据采集的价值。

2.1.5.3　实时性原则

数据采集的实时性是指能及时获取所需的信息，一般有三层含义：一是指数据自发生到被采集的时间间隔，间隔越短就越及时，最快的是数据采集与数据发生同步；二是指在企业或组织执行某一任务急需某一数据时能够很快采集到该数据，谓之及时；三是指采集某一任务所需的全部数据所花去的时间，花的时间越少谓之越快。实时性原则保证数据采集的时效。

2.1.5.4　再生性原则

信息是可以进行浓缩、集中、概括以及综合，在数据的加工过程中要保持信息的本质，排除一些纯属干扰的、冗余的数据，提炼有价值信息。

2.1.5.5　传输性原则

是指可以利用电话、网络、卫星等进行数据传输，传输形式包括数字、文字、图形、图像、声音等，现代信息传输即方便又经济，统计数据的可传输性加快了统计信息的交流，有利于充分发挥统计信息、咨询、监督三大职能。

2.1.5.6　共享性原则

随着市场经济的迅速发展，反映社会经济信息的统计数据，其社会关注度越来越高，统计信息的提供也必须充分满足社会需求，数据共享将有利于统计信息成为社会的一种资源，有利于充分发挥统计信息、咨询、监督三大职能。

2.1.5.7　法律性原则

《中华人民共和国统计法》是统计工作的根本大法，是统计工作最有力的保障，在《中华人民共和国统计法》中，规范了国家机关、社会团体、各种经济组织以及公民在统计活动中的行为，规定调查对象必须依法申报统计资料、各级组织必须准确及时完成统计任务，赋予了统计工作的合法性和规范性，保障了统计资料的准确性、及时性和全面性。

2.1.6　统计数据收集的过程

2.1.6.1　数据收集程序

数据收集是借助于科学方法发现和记载事实的艺术，是一项复杂严肃的技术性较强的工作，数据收集的基本程序如下：

(1)制定数据收集计划

数据收集计划应包括以下三个内容：一是确定收集数据的内容；二是选择数据的来源；三是明确数据的收集方法。

(2)设计数据结构

数据是事物运动中数量关系的客观反映，信息是以数据形式反映出来的，原始信息大多是各式各样的数据，在进行数据收集之前，要按照收集数据的目的和要求，设计出合理的数据结构，数据结构包括两方面内容：一是分类，如是消费资料还是生活资料，是工业品还是农产品等；二是数据项，即指标，如产值、产量、品种等。

(3)完成数据收集

数据的具体收集过程完成四项项工作：按数据收集的计划收集数据；在收集的过程中，发现新问题、新情况追踪收集；采用对活动现场进行直接调查时，还要间接的从文献资料中收集历史的和现实有关的信息资料，以保证数据的完整性和系统性；对收集好的信息进行分析。

(4)提供信息资料

信息资料的提供，指的是将所获得的信息以文字等形式整理出来，如调查报告、资料汇编、统计报表等，提供给用户。

2.1.6.2　确定收集对象

我们要收集的资料是对一定事物、客体、现实或过程的某些属性或特征的描述与说明，因此要确定收集单位即收集其属性的单位（属性所有者），一般是从事经济活动的社会机构或个人，收集单位的总体叫收集对象。根据信息需求的目的确定收集单位和收集对象。

2.1.6.3　确定收集提纲

为了保证收集的数据具有真实性、精确性、完整性、系统性和可用性，需要制定一个指导实际收集的切实可行的收集提纲。收集提纲通常要规定收集客体的属性以及这些属性的描述方式。

考虑收集方案时，要考虑需要和可能，应注意以下几点：

(1)资料收集的方便性和精确性；

(2)合理利用属性之间的关系：在制定收集提纲时，可将有依赖关系的属性都收集起来（全部收集），也可以只收集其中一部分，其余可由已经收集的资料推算出来（部分收集）；

(3)尽可能的收集便于综合利用的属性；

(4)尽量降低收集工作的费用。

确定属性的描述方式：属性要由值来表示，属性值分成数值型和文字型两大类型。

制定调查表：调查表是系统地记载需要调查的问题和调查项目的表式。它用来反映调查的具体内容，为调查人员询问和被调查者回答提供依据，是实现调查目的的一种主要工具。调查表应由以下几个部分组成：

- 被调查者的基本情况
- 调查内容本身
- 调查表填表说明
- 编号

从调查形式上分，统计上常用的是一览表和单一表两种不同表式，前者将许多个调查单位和相应的调查项目依次在一张表里登记调查；后者将一个调查单位的所有调查项目登记在一张表上。从调查方式分开放式和封闭式调查表，前者指调查的问题不列出所有答案，而由被调查者自由作答的调查表，后者是调查表中提出的问题，已设计好各种可能的答案，被调查者从中选定一个或几个现成答案。

2.1.6.4 资料收集

收集提纲制定好后，收集工作就可以进行了。

资料按来源分成原始资料（第一手资料）和现成资料（第二手资料）。前者是直接向收集对象收集到的资料，后者是对他人、他单位已收集的或积累的资料进行再收集。

（1）现成资料的收集

现成资料的收集主要是各种可读、可视听的文字、声像资料以及计算机存储资料的收集。

（2）原始资料的收集

原始资料主要是从直接调查实际对象中所取得的第一手资料。获取这种资料的方法有：询问法、观察法、测量法、实验法和各种专门调查法。

询问法有分为：面谈调查、邮寄调查、电话调查、留置调查、日记调查。

观察法是调查者在现场对调查对象的情况直接观察记录，取得第一手资料的方法。

测量法是一种利用各种仪器、仪表或其他工具收集数据的直接调查方法。

实验法是用实验的方法获得数据。

专门调查法是出于特定目的，针对特定问题按收集提纲的要求专门组织的调查。专门调查按调查对象的范围可分为普查、重点调查、典型调查和抽样调查。

2.2 统计调查方法

统计调查方法有许多种类型，主要包括：普查、重点调查、典型调查和抽样调查等。

2.2.1 普查

2.2.1.1 普查的概念

普查是指一个国家或一个地区为详细地了解某项重要的国情、国力而专门组织的一次性、大规模的全面调查，其主要用来收集某些不能够或不适宜用定期的全面调查报表收集的信息资料，以搞清重要的国情、国力。如我国 2001 年组织实施的第五次全国人口普查。

2.2.1.2　普查的特点

普查有以下两个特点：

(1)普查比任何其他调查方式、方法所取得的资料更全面、更系统；

(2)普查主要调查在特点定时点上的社会经济现象总体的数量，有时，也可以是反映一定时期的现象。

2.2.1.3　普查的作用

(1)为制定长期计划、宏伟发展目标、重大决策提供全面、详细的信息和资料；

(2)为搞好定期调查和开展抽样调查奠定基础。

2.2.1.4　普查的优缺点

(1)优点：收集的信息资料比较全面、系统、准确可靠；

(2)不足：涉及面广、工作量大、时间较长，而且需要大量的人力和物力、组织工作较为繁重。

目前，我国所进行的普查主要有：人口普查、农业普查、工业普查、第三产业普查、基本单位普查等。

2.2.2　重点调查

2.2.2.1　重点调查的概念

重点调查是一种非全面调查，它是在调查对象中，选择一部分重点单位作为样本进行调查。重点调查主要适用于那些反映主要情况或基本趋势的调查。

2.2.2.2　重点单位的选取

重点调查的重点单位，通常是指在调查总体中具有举足轻重的、能够代表总体的情况、特征和主要发展变化趋势的那些样本单位。这些单位可能数目不多，但有代表性，能够反映调查对象总体的基本情况。

选取重点单位，应遵循的两个原则，一是要根据调查任务的要求和调查对象的基本情况而确定选取的重点单位及数量。一般来讲，要求重点单位应尽可能少，而其标志值在总体中所占的比重应尽可能大，以保证有足够的代表性;二是要注意选取那些管理比较健全、业务力量较强、统计工作基础较好的单位作为重点单位。

2.2.2.3 重点调查的特点

重点调查的主要特点是:投入少、调查速度快、所反映的主要情况或基本趋势比较准确。

2.2.2.4 重点调查的作用

重点调查的主要作用在于反映调查总体的主要情况或基本趋势。因此,重点调查通常用于不定期的一次性调查,但有时也用于经常性的连续调查。

2.2.3 典型调查

2.2.3.1 典型调查的概念

典型调查也是一种非全面调查,它是从众多的调查研究对象中,有意识地选择若干个具有代表性的典型单位进行深入、周密、系统地调查研究。

进行典型调查的主要目的不在于取得社会经济现象的总体数值,而在于了解与有关数字相关的生动具体情况。

2.2.3.2 典型调查的特点

典型调查的优点在于调查范围小、调查单位少、灵活机动、具体深入、节省人力、财力和物力等。其不足是在实际操作中选择真正有代表性的典型单位比较困难,而且还容易受人为因素的干扰,从而可能会导致调查的结论有一定的倾向性,且典型调查的结果一般情况下不易用以推算全面数字。

2.2.3.3 典型调查的类型

一般来说,典型调查有两种类型:一种是一般的典型调查,即对个别典型单位的调查研究。在这种典型调查中,只需在总体中选出少数几个典型单位,通过对这几个典型单位的调查研究,用以说明事物的一般情况或事物发展的一般规律。第二种是具有统计特征的划类选点典型调查,即将调查总体划分为若干个类,再从每类中选择若干个典型进行调查,以说明各类的情况。

2.2.3.4 典型调查的作用

典型调查的作用主要有以下两点:

(1)在特定的条件下用于对数据的质量检查;

(2)了解与数字相关的生动具体情况。

2.2.4 抽样调查

2.2.4.1 抽样调查的概念

抽样调查是一种非全面调查，它是从全部调查研究对象中，抽选一部分单位进行调查，并据以对全部调查研究对象做出估计和推断的一种调查方法。显然，抽样调查虽然是非全面调查，但它的目的却在于取得反映总体情况的信息资料，因而，也可起到全面调查的作用。

根据抽选样本的方法，抽样调查可以分为概率抽样和非概率抽样两类。概率抽样是按照概率论和数理统计的原理从调查研究的总体中，根据随机原则来抽选样本，并从数量上对总体的某些特征做出估计推断，对推断出可能出现的误差可以从概率意义上加以控制。在我国，习惯上将概率抽样称为抽样调查。

2.2.4.2 抽样调查的特点

抽样调查有以下三个突出特点：

(1)按随机原则抽选样本；

(2)总体中每一个单位都有一定的概率被抽中；

(3)可以用一定的概率来保证将误差控制在规定的范围之内。

2.2.4.3 抽样调查的主要常用的名词

(1)总体：是指所要研究对象的全体。它是根据一定研究目的而规定的所要调查对象的全体所组成的集合，组成总体的各研究对象称之为总体单位。

(2)样本：样本是总体的一部分，它是由从总体中按一定程序抽选出来的那部分总体单位所组成的集合。

(3)抽样框：抽样框是指用以代表总体，并从中抽选样本的一个框架，其具体表现形式主要有包括总体全部单位的名册、地图等。

抽样框在抽样调查中处于基础地位，是抽样调查必不可少的部分，其对于推断总体具有相当大的影响。

(4)抽样比：抽样比是指在抽选样本时，所抽取的样本单位数与总体单位数之比。

对于抽样调查来说，样本的代表性如何，抽样调查最终推算的估计值真实性如何，首先取决于抽样框的质量。

(5)置信度：置信度也称为可靠度，或置信水平、置信系数，即在抽样对总体参数做出估计时，由于样本的随机性，其结论总是不确定的。因此，采用一种概率的陈述方法，也就是数理统计中的区间估计法，即估计值与总体参数在一定允许的误差范围以内，其相应的概率有多大，这个相应的概率称作置信度。

(6)抽样误差：在抽样调查中，通常以样本做出估计值对总体的某个特征进行估计，当二者不一致时，就会产生误差。因为由样本做出的估计值是随着抽选的样本不同而变化，即使观察完全正确，它和总体指标之间也往往存在差异，这种差异纯粹是抽样引起的，故称之为抽样误差。

(7)偏差：所谓偏差，也称为偏误，通常是指在抽样调查中除抽样误差以外，由于各种原因而引起的一些偏差。

(8)均方差：在抽样调查估计总体的某个指标时，需要采用一定的抽样方式和选择合适的估计量，当抽样方式与估计量确定后，所有可能样本的估计值与总体指标之间离差平方的均值即为均方差。

2.2.4.4 几种具体的抽样方式

(1)简单随机抽样

简单随机抽样也称为单纯随机抽样，是指从总体 N 个单位中任意抽取 n 个单位作为样本，使每个可能的样本被抽中的概率相等的一种抽样方式。

简单随机抽样一般可采用掷硬币、掷骰子、抽签、查随机数表等办法抽取样本。在统计调查中，由于总体单位较多，前三种方法较少采用，主要运用后一种方法。

按照样本抽选时每个单位是否允许被重复抽中，简单随机抽样可分为重复抽样和不重复抽样两种。在抽样调查中，特别是社会经济的抽样调查中，简单随机抽样一般是指不重复抽样。

简单随机抽样是其他抽样方法的基础，因为它在理论上最容易处理，而且当总体单位数 N 不太大时，实施起来并不困难。但在实际中，若 N 相当大时，简单随机抽样就不是很容易办到的。首先它要求有一个包含全部 N 个单位的抽样框；其次用这种抽样得到的样本单位较为分散，调查不容易实施。因此，在实际中直接采用简单随机抽样的并不多。

(2)分层抽样

分层抽样又称为分类抽样、或类型抽样，它首先是将总体的 N 个单位分成互不交叉、互不重复的 k 个部分，我们称之为层；然后在每个层内分别抽选 n_1、n_2、……、n_k 个样本，构成一个容量为 i 个样本的一种抽样方式。

$$n = \sum_{i=1}^{k} n_i$$

分层的作用主要有三：一是为了工作的方便和研究目的的需要；二是为了提高抽样的精度；三是为了在一定精度的要求下，减少样本的单位数以节约调查费用。因此，分层抽样是应用最为普遍的抽样技术之一。

按照各层之间的抽样比是否相同，分层抽样可分为等比例分层抽样与非等比例分层抽样两种。

实际上，分层抽样是科学分组与抽样原理的有机结合，前者是划分出性质比较接近的层，以减少标志值之间的变异程度；后者是按照抽样原理抽选样本。因此，分层抽样一般比简单随机抽样和等距抽样更为精确，能够通过对较少的样本进行调查，得到比较准确的推断结果，特别是当总体数目较大、内部结构复杂时，分层抽样常能取得令人满意的效果。

(3)整群抽样

整群抽样是首先将总体中各单位归并成若干个互不交叉、互不重复的集合，我们称之为群；然后以群为抽样单位抽取样本的一种抽样方式。

整群抽样特别适用于缺乏总体单位的抽样框。应用整群抽样时，要求各群有较好的代表性，即群内各单位的差异要大，群间差异要小。

整群抽样的优点是实施方便、节省经费；缺点是往往由于不同群之间的差异较大，由此而引起的抽样误差往往大于简单随机抽样。

(4)等距抽样

等距抽样也称为系统抽样、或机械抽样，它是首先将总体中各单位按一定顺序排列，根据样本容量要求确定抽选间隔，然后随机确定起点，每隔一定的间隔抽取一个单位的一种抽样方式。

根据总体单位排列方法，等距抽样的单位排列可分为三类：按有关标志排队、按无关标志排队以及介于按有关标志排队和按无关标志排队之间的按自然状态排列。

按照具体实施等距抽样的作法，等距抽样可分为：直线等距抽样、对称等距抽样和循环等距抽样三种。

等距抽样的最主要优点是简便易行，且当对总体结构有一定了解时，充分利用已有信息对总体单位进行排队后再抽样，则可提高抽样效率。

(5)多阶段抽样

多阶段抽样,也称为多级抽样,是指在抽取样本时,分为两个及两个以上的阶段从总体中抽取样本的一种抽样方式。其具体操作过程是:第一阶段,将总体分为若干个一级抽样单位,从中抽选若干个一级抽样单位入样;第二阶段,将入样的每个一级单位分成若干个二级抽样单位,从入样的每个一级单位中各抽选若干个二级抽样单位入样,……,依此类推,直到获得最终样本。

多阶段抽样区别于分层抽样,也区别于整群抽样,其优点在于适用于抽样调查的面特别广,没有一个包括所有总体单位的抽样框,或总体范围太大,无法直接抽取样本等情况,可以相对节省调查费用。其主要缺点是抽样时较为麻烦,而且从样本对总体的估计比较复杂。

(6)双重抽样

双重抽样,又称二重抽样、复式抽样,是指在抽样时分两次抽取样本的一种抽样方式,其具体为:首先抽取一个初步样本,并搜取一些简单项目以获得有关总体的信息;然后,在此基础上再进行深入抽样。在实际运用中,双重抽样可以推广为多重抽样。

双重抽样的主要作用是提高抽样效率、节约调查经费。

(7)按规模大小成比例的概率抽样

按规模大小成比例的概率抽样 PPS(Probability Proportionate to Size Sampling),它是一种使用辅助信息,从而使每个单位均有按其规模大小成比例的被抽中概率的一种抽样方式。其抽选样本的方法有汉森－赫维茨方法、拉希里方法等。

PPS 抽样的主要优点是:使用了辅助信息,减少抽样误差;主要缺点是:对辅助信息要求较高,方差的估计较复杂等。

上述各种抽样方式均为随机抽样方式。此外还有非随机抽样方式,即按照调查人员主观设立的某个标准抽选样本的抽样方式,如偶遇抽样、立意抽样、配额抽样等。(摘自国家统计局网站《专项调查知识》,国家统计局企业调查总队 戚少成,叶植材,林云玉)

在实际中最常用的方法:抽样调查和普查,两者的差别在于抽样调查只调查总体中的一部分单元,而普查则调查总体中的所有单元。与普查相比,抽样调查可以更为经济、迅速地提供数据,并较容易进行监控。

2.2.5　数据收集的方式

不论何种调查方法，都可采用不同的数据收集方式，并常常利用调查问卷或调查表来收集数据。

利用问卷或调查表收集数据的方式主要有：

2.2.5.1　自填法

自填式方法，是指被调查者在没有访员协助的情况下完成问卷。

自填式方法也可使用计算机辅助调查(CASI)，这时，要将电子格式的问卷传送给被调查者，被调查者使用计算机填写问卷。

自填法的特点：

(1)所需费用较低，但同时它要求问卷结构严谨，有清楚的说明；

(2)通常这种方法适用于受过比较好的教育的被调查者；

(3)比较好管理，有助于减少回答误差；

(4)还可以方便被调查者回答敏感问题；

(5)这种方法的回答率通常低于访员协助式方法；

(6)问卷应尽量简短，所花费的时间也较长。

2.2.5.2　电话调查

电话调查，是指访员通过电话协助被调查者完成问卷。采用纸张方式时称为纸笔式电话访问(PATI)；采用计算机辅助方式称为计算机辅助电话调查(CATI)。

电话调查的特点：

(1)电话调查的费用和回答率介于面访调查和自填式调查之间；

(2)速度较快(在各种数据收集方法中是最快的)；

(3)适合于总体和样本在地理上比较分散的情况；

(4)适用于文化程度较低的调查总体；

(5)管理起来比较容易；

(6)它具有需要立即处理的性质。不管人们当时正在做什么，他们都会急切的去接听电话。

2.2.5.3　访员面访法

访员面访，是指以个人接触的方式，由访员协助被调查者完成问卷。当采用纸张式数据收集方式时，这种方法称为纸笔式面访(PAPI)；当采用计算机辅助方式时，称为计算机辅助式面访(CAPI)。

访员面访法的特点：

(1)面访调查的回答率最高；

(2)费用也最高；

(3)访员可以进行直接观察；

(4)管理人员很难对面访进行监督。

2.3 现代统计数据采集技术

电子数据采集是以计算机互联网技术、电话通讯技术、媒体监视技术、数据库技术等信息技术为主要技术方式的数据采集方式。电子数据采集技术包括电子报送系统及相关技术、电话调查及相关技术、网络调查及相关技术等。

2.3.1 电子报送系统

2.3.1.1 电子报送

E-sent 电子报送系统是通过挖掘 Internet 网络优势，结合 mail 的底层技术、安全防范技术，从而实现了基于不同地域、时间、任务的数据交换。

目前上报单位的网络呈报是由各单位按需求状况自行设计的网络报送软件，数据的真实性及其时效性通过行政命令得到保证。

政府统计、部门行业统计、企事业单位统计、社会团体专项统计大多可采用电子报送方式。人们可以通过操作客户端软件并借助于 Internet 使用 E-sent 系统，因为 Internet 无处不在，所以 E-sent 可以让使用者随时随地地使用系统并进行数据文件的传送，这种新的工作方式既方便了工作，节约了报送成本，还提高了工作效率，提升了服务形象，加强了管理，方便了上下级之间的交互沟通。

2.3.1.2 电子报送优点

(1)快捷高效

传统的报送方式需要专人当面报送，所有的下属单位全部正确无误地报送上来需要很长时间。E-sent 的使用，是在网络环境下完成数据报送，通过系统自动审核判断，分析报送是否符合基本要求，然后进行有区别的处理。

(2)实用性强

政府及企业用户可以通过 Internet 直接在网上录入、审核、报送统计报表,而不需将统计报表交送到统计部门,统计工作人员可以很方便地从网络服务器中的数据库中对已报送的报表进行审核、查询、汇总等,对未报送报表的单位及时进行催报。

(3)稳定

E-sent 中的使用单位的名称、地址由上层单位统一管理、提供,因此用户的地址高度固定,不会因为单位地址变更而出现使用混肴。

(4)安全性高

报送系统可根据不同类别的操作员,确定不同的使用权限,并分配各自的用户名和对应的登录密码,报送单位只能访问和填写本单位的报表,不能访问其他单位的数据,而政府统计部门可以访问全部单位的数据,并可以对数据进行审核,这样就确保数据的保密性。也可使用申请数字证书,确定用户身份,根据数字证书和数字签名来验证身份,可以安全、方便地进行客户验证和信息传送。通过这种数字证书方式,提供了信息交换过程的安全保障,有效防止他人非法登录。

2.3.1.3　电子报送系统的功能

“统计信息采集处理”系统的逻辑结构分为三级,即系统管理级、专业管理级和普通用户级。其相应的功能权限如下:

(1)系统管理员可具有以下功能:

- 定义报表;
- 定义并生成报表审核规则;
- 生成在线上报系统;
- 生成离线上报系统;
- 新增、修改、删除需上报的用户及相关信息并设置上报报表;
- 有权分配用户、报表权限,设置数据共享;
- 提供多种数据备份、恢复及导入、导出机制等。

(2)统计专业用户具有以下功能:

- 修改、删除、新增上报的用户及相关信息;
- 普通统计人员即可快速完成复杂的报表程序的设计;
- 用户采用最简单的操作生成复杂的汇总表,且所生成的汇总表可以直接满足印刷要求；

- 可以根据需要对用户、报表重新分组；
- 设置报表，并对上报报表进行各种查询。

(3)上报用户具有以下功能：

- 在线上报、查询、打印统计报表；
- 离线填报、在线上报的方式报送数据。

2.3.1.4 电子报送系统功能模块

通用统计电子报送系统包括两大部分：生成子系统和报送子系统。

生成子系统包括：

- 定义报表模块；
- 生成报表审核规则模块。

报送子系统包括：

- 在线上报系统模块；
- 离线上报系统模块。

2.3.2 电话调查技术(Holy Investigator)

电话调查是调查人员利用电话这种通讯工具，同被调查者进行语言交流，从而获取信息，采集数据的一种调查方法。而计算机辅助电话调查系统是利用现代网络技术、软件技术和语音技术来完成收集某一特定调查目的统计信息的系统。电话调查是在20世纪70年代后期和面对面调查一起发展起来的，20世纪80年代，电话调查开始变得很普遍，且成为许多场合中各种调查方法的首选，同时，因为它具有为其他调查方式所不具备的对调查质量进行全面监控的优点，如它为研究者提供了更多的控制调查质量的机会(包括抽样、被调查人的选择、问卷题项的提问、计算机辅助电话访谈CATI和数据录入等)，常常成为各种调查方式的首选。

2.3.2.1 电话调查的发展历史

1876年3月10日贝尔发明了电话，在1927年，柯乐利调查公司进行了第一次大规模的电话调查，在44个城市访问了30000个电话样本，进行广播收听率的研究。

CATI系统发展最早在美国，第一个市调组织早在1970年已出现。他们发现在市调领域预先处理是重要的；在将调查反应立即输入计算机时，同时也可以在调查结束时马上得到图表，累积计数回答的特征，问卷内容之分析可以更精确更有效率。

1941年到1960年这二十年里，美国的电话普及率由37%上升到78%，又由于美国特殊的国情——重视民主政治与重商主义，使得电话调查在检讨公共政策和营销行为研究两方面，逐渐扮演起重要的角色。学者也发现，在研究一些较小的群体，例如律师阶层、某类病的患者、某份刊物的订户等的时候，电话调查更为方便实用。

进入20世纪60年代以后，采用电话调查这种方式进行正式的社会，经济，政治研究开始增多，但总体说来，发展仍嫌缓慢。70年代以后，与电话调查方法有关的研究以及探讨电话调查的学术论文开始猛增，这与这一阶段美国的电话普及率达到新高有关——美国半数州的电话普及率超过95%。80年代，特别是90年代以后，电话调查在发达国家已成为最重要的调查方式。特别是电脑科技的引入，计算机与电话调查相结合，形成计算机辅助电话调查系统CATI(Computer-Assisted Telephone Interviewing System)，从而极大地改变了传统电话调查的模式，使电话调查有了更广阔的应用空间。面对这种情景，近几年，国外对CATI系统的研究又出现一个高潮。

对于我国来讲，电话调查才刚刚兴起，但是，随着我国电话普及率的提高，在入户调查越来越困难的客观现实下，电话调查无疑具有广阔的应用前景。而且，将计算机引入电话调查，可以充分地发挥计算机的优势，改进电话调查抽样设计，加强对调查过程的监控，提高原始数据质量，并且便于数据的分析与管理，因此电话调查对于丰富我国的统计调查方法具有十分积极的意义。

2.3.2.2　电话调查的优缺点

(1)电话调查的优点

①由于采取随机拨号的方式，样本对总体的代表性强，数据结果可以直接推论到总体，适合于那些需要计算发生率、认知度、市场总量、自然人群分布的项目；

②访问质量高，所有访问员都在督导的直接监督之下，而且又有全部的访问录音于与督导的远程在线监看监听，保证了访问质量；

③速度快，省掉了入户访问与街访中需要的问卷跳问、问卷邮寄、复核、录入等过程，不需要全部访问，研究人员可以拿到各天的数据；

④费用省，不需要研究人员、督导人员出差，而且由于访问速度快，费用也会大大缩减。

(2)电话调查的缺点

①缺乏与被访者面对面的沟通，总让客户感到有点遗憾；

②只能在一定的范围使用，在有实物测试的情况下就不能使用电话调查；

③由于时间的限制，因此不适合复杂内容的调查，比较理想的电话访问不要超过25分钟，最长不要超过45分钟；

④无法访问到没有电话的单位或个人；

⑤电话调查的被访问者不容易被甄别，因此电话调查的客观性较差；

⑥拒访情况较多；

⑦无法了解被访者当时的态度，难以辨别答案的真伪。

2.3.2.3　电话调查的应用范围

电话调查的应用范围通常包括：热点问题或突发性问题的快速调查、关于特定问题的消费者调查、针对特殊群体的调查等。

2.3.2.4　电话调查的形式

目前有传统的电话调查和计算机辅助电话访谈两种。

传统的电话调查：使用的工具是普通的电话、普通的印刷问卷和普通的书写用笔。经过培训的调查员按照调查设计所规定的随机拨号的方法，拨通电话，遵照问卷和培训的要求筛选被访问对象，然后对合格的调查对象对照问卷逐题逐字提问并将答案记录下来。

计算机辅助电话调查：计算机辅助电话调查使用一份按计算机设计方法的问卷，利用电话向被访者进行访问，整个访问过程按计算机所设定的程序进行。经过培训的调查员按照屏幕上指示的程序进行工作，自动随机拨号系统会根据研究人员事先设计好的抽样方案自动拨号并保存拨号记录，调查员按屏幕上显示的问答题进行访问，并将所得数据随时录入计算机，计算机会根据答案自动跳答相关问题，也会自动检测答案的一致性和适当性。

另外，最近又出现了一种使用内置声音回答的电话IVR系统，被称为全自动电话访问系统。该系统可以利用专业录音来代替访问员逐字逐句读出问题及答案，被访问者可以通过电话键盘记录自己的答案。

2.3.2.5　计算机辅助电话调查系统

计算机辅助电话访问CATI是随着信息业的蓬勃发展及计算机信息处理及通讯技术应用于传统的电话访问方式所得到的产物，即运用计算机系统来帮忙电访员和管理者执行电话访问调查及基本资料之收集的系统。

2.3.2.6　计算机辅助电话调查系统功能

现在大多数调查软件产品都提供一整套强大的号码库、调查题库、调查卷库的生成、管理工具以及强大的统计输出功能，一般都具有如下功能：

(1)调查问卷设计

用一种方式是提供统一XML问卷格式和统一的数据表示格式；提供了统一的XML问卷格式，做到一次设计，任意使用；提供统一的数据格式，为数据的统一分析和整合提供了高效、便捷的手段。

另一种是提供图形模式编写问卷、对象导向题目编辑、设定题目选项、设定各种单选复选规则、对选项进行分值设定、集成输入验证规则。

(2)抽样方法选择

目前CATI的抽样方式有三大类：

- 电话号码本抽样法STD(Sampling Telephone Direction)；
- 随机拨号抽样法RDD(Random Digit Dialing)；
- 综合随机拨号与电话号码本之抽样方法。

(3)调查问卷控制

防止IP重复提交、可设定电话调查的开始时间、结束时间、次数、电话振铃的次数、选用何种调查库等调查参数，系统软件在拨叫号码时可以识别是否是传真机、留言机决定是否重拨、可设定提交后的显示页、问卷密码前置、即时开关问卷、即时开关数据等。

(4)电话访查处理

利用电脑语音技术，通过电话自动拨号，电访员依计算机屏幕上的问题读给受访者，并将受访者的回答借着计算机键盘输入或自动收集调查答案。输入答案后可以实时修正编辑上的错误和明显的矛盾，亦可实时作线上检误以减少答案的误差和提高时效。

(5)在线统计分析

可以进行调查结果统计分析，可按照日期、部门、局向、尾数、问题类别、问题组和问题等类别整理归纳，可进行拒访统计、访谈时间统计、显示一张答卷所有内容以及显示多个答卷、频率频数分析、可以以柱图、饼图等图表方式显示统计结果。

(6)结果导出和报告自动生成系统

数据导出至相关分析软件数据库、生成报告。

(7)其他相关功能

如项目管理、审核、声音管理、配额管理、监看监听等。

2.3.3 网络调查技术

网络调查是传统调查理论与互联网技术的结合,它是指在互联网上针对特定的问题进行的调查设计、收集资料和分析等活动。

2.3.3.1 网络调查的出现

20世纪90年代,随着互联网在全球范围内的迅速普及,网络调查开始勃兴,并且越来越受到人们的青睐,甚至在一定范围内呈现出取代传统调查方法而成为一种主流调查方法的趋势。正是由于社会学调查研究通常以个体作为研究单位、受访者或资料提供者,因此借助以个人行为为主体的互联网进行网络调查研究,有其先天的优势。凭借这一优势,即使在互联网发展水平仍然有限的今天,网络调查就已呈现出诸多相对于传统调查方法的独特优点与价值,它不仅提供了调查研究的新方法,而且有利于拓展和深化传统的调查研究方法。然而,由于网络调查迄今只有一个较为短暂的历史,因此尚有不少需要改进的局限与问题。

2.3.3.2 网络调查的方式

目前已有的网络调查,主要有以下几种形法:E-mail法、Web站点法(IntemetPhone法、Net-meeting、OICQ网络寻呼机或在聊天室选择网民进行调查、BBS电子公告牌上发布调查信息、采取IRC网络实时交谈等方式)以及基于软件对互联网用户进行"全景"式的调查。

Web站点法是将调查问卷放在互联网主页上,通过网民依据个人兴趣对互联网主页的主动访问与浏览完成问卷,这也是目前在网络调查中被广泛运用的方法。这种形式的网络调查,依赖和取决于访问者的自愿填写。由于网络的匿名性特征,这种形式的网络调查有其独特的优点,就是能够充分体现网民的真实想法与意愿。但是,目前互联网的发展水平十分有限,其缺点也是十分明显的,这就是无法进行随机抽样,而且问卷的回收率也完全取决于网民对问题的兴趣。因此，在条件许可时，研究人员可以通过互联网视讯会议功能或BBS，将不同地域的网民虚拟地组织起来，以便网民在研究者的指导下填答问卷，以提高抽样的随机性，保证问卷的回收率。

借助电子邮件(E-mail)进行抽样调查，这也是目前网络调查中被经常使用的方法。其特点是通过计算机网上自动搜索获取较完整的E-mail地址清单作为抽样框(sampling frame)，然后向抽样框中的E-mail地址发送调查问卷，受访者在收到调查问卷后，可以通过E-mail把填答好的调查问卷回复给研究者。这种形式的网络调查在对较为复杂、无法用标准化问卷体现的问题进行调查时较为有效。只要问卷设计合理，操作恰当，借助E-mail进行的网络调查，不仅问卷回收率较高，而且往往事半功倍，并且研究者还能够根据研究需要随时作进一步的深入调查。

基于软件对互联网用户进行"全景"式的调查。与第一种基于网站的网络调查不同，这种形式的网络调查是基于用户的。较为著名的有法国NetValue公司对网民网上行为的调查。NetValue调查的主要特点是通过"计算机辅助电话调查"获得互联网用户的基本人口资料，然后从抽出的样本中招募自愿受试者，让用户下载软件到自己的计算机中，以记录用户所有的网上行为，包括用户访问的网站、收发电子邮件等。

2.3.3.3　网络调查的优点与不足

(1)互联网调查的优点

①速度快和效率高

网络调查问卷的发放、填答、提交均在网上进行，由于互联网上信息传输速度极快，一份调查问卷几乎可以在第一时间同时传送到任何受访者那里，这保证了调查者在非常短的时间内就能获得大量的调查结果。而且网络调查对问卷回收的监控也十分方便，与传统调查不同，一旦研究人员将调查问卷输入互联网，对问卷的网络管理便同时开始，研究者可以随时了解到网络资料收集、处理和分析情况，并且及时发现问题、修改问卷，这使网络调查比传统调查方法在时间上更为快捷。

②便捷性和低费用

只需要一台能上网的计算机即可开展调查，通过站点发布电子调查问卷，由网民自愿填写，然后通过统计分析软件进行信息整理和分析，省却了传统调查中的印刷问卷、派遣人员、邮寄、电话、繁重的信息采集与录入等工作与费用,既方便又便宜。因此实施网上调查不需要问卷调查员,节省了传统调查中耗费的大量的人力和物力。

③无时空、地域限制

网络调查不受时空的限制,可以24小时向天南海北、世界各地进行调查,抽样框相当大,调查范围也相当广泛。这就与受区域制约的传统调研方式有很大不同。

④可靠性和客观性

实施网上调查,调查问卷的填写是自愿的,不是传统强迫式,因此填写者一般对调查内容有一定兴趣,回答问题相对认真些,加上回答是在匿名的状态下进行的,因此有可能不受访问者或其他外在因素干预或误导,轻松而从容地回答问题,这在很大程度上保证了受访者的回答是在对问卷作了认真思考之后做出的,从而保证了调查结果的客观性和真实性。同时,网上调查还可以避免传统调查中访问调查时人为错误(如访问员缺乏技巧,诱导回答问卷问题)导致调查结论的偏差。与传统调查方式相比,传统调查所必需的资料录入由统计软件所取代,亦减少了资料录入过程中容易产生的遗漏、错误等问题,在统计软件的配合下,大量的标准化的统计分析工作可以在短时间内准确完成,在很大程度上保证了网络调查结果的可靠性,减少了传统调查研究中由于统计而产生的误差。

(2)互联网调查的不足

①被调查者的分布不均匀,被调查人群有相对集中的现象

虽然互联网的发展速度极为迅捷,但相对于全球总人口而言,目前网民的人数仍相当有限,而且分布极不平衡。同时,无论是互联网本身的发展水平,还是网民的网上行为,也都尚不成熟。样本分布上的这种不均衡状态,自然会在很大程度上限制网络调查的抽样框的随机性、全面性与完整性。

②伴随着互联网安全性问题,网上调查也存在着安全性问题

由于网络调查只有一个相对较短的历史,因此在调查经验上还存在着不少的不足之处,而且目前的网络调查在软件及硬件方面存在诸多安全性问题,这在一定程度上限制网络调查的完整性及准确性。

③互联网的开放性有可能影响被调查者资料的真实性

网络调查与传统调查一样，极有可能涉及网络用户的隐私，从而构成对用户隐私的侵犯与伤害，用户有可能采用非真实信息。另外网络调查的隐匿性较离线调查高，网络调查的这一特点也可使被访者在填答问卷时的态度随意，从而使填答内容不真实。

无论是网络联机调查，还是借助 E-mail 进行网络调查，网站都是调查问卷的载体，研究人员与受访者只有通过这一交流平台才能沟通，因此，全面、深入的网络调查，在很大程度上有赖于网站本身的发展。然而，目前中国互联网的发展水平仍十分有限，而且由于网站本身的商业利益，目前大多数的网络调查具有浓厚的商业色彩或技术色彩，这使得网络调查的结果难免有失实之处。在互联网发展仍然有限的今天，如何吸引更多网民参与网络调查，对于网络调查来说，也是一个亟待解决的问题。

目前，由于网络调查还刚刚起步，因此其调查技术规范和调查行为规范都尚待建立与完善。例如在调查技术规范方面，如何通过互联网有效地抽样，怎样的抽样框是有效的，网络调查问卷的格式应该如何设计等问题，还需要理论和经验积累。

2.3.3.4　网络调查的技术保证

互联网的超文本链接，亦为网络调查的广泛性提供了技术上的保证。借助互联网的超文本链接优势，网络调查能够广泛联络大量网站进行联合问卷调查，从而使问卷能在相当广泛的范围内被回答。

2.3.4　遥感技术

人类通过大量的实践，发现地球上每一个物体都在不停地吸收，发射信息和能量，其中有一种人类已经认识到的形式——电磁波，并且发现不同物体的电磁波特性是不同的。遥感就是根据这个原理来探测地表物体对电磁波的反射和其发射的电磁波，从而提取这些物体的信息，完成远距离识别物体。

2.3.4.1　遥感技术发展史

遥感作为一种空间探测技术，至今已经经历了地面遥感、航空遥感和航天遥感三个阶段。广义的讲，遥感技术是从 19 世纪初期(1839 年)出现摄影术开始的。19 世纪中叶(1858 年)，就有人使用气球从空中对地面进行摄影。1903 年飞机问世以后，便开始了可称为航空遥感的第一次试验，从空中对地面进行摄影，并将航空像应用于地形和地图制图等方面，从此揭开了当今遥感技术的序幕。

随着窨技术、无线电电子技术、光学技术和计算机技术的发展,20 世纪中期,遥感技术有了很大发展。遥感器从第一代的航空摄影机,第二代的多光谱摄影机、扫描仪,很快发展到第三代固体扫描仪;遥感器的运载工具,从飞机很快发展到卫星、宇宙飞船和航天飞机,遥感信息的记录和传输从图像的直接传输发展到非图像的无线电传输。

1957 年 10 月 4 日前苏联发射了人类第一颗人造地球卫星,标志着遥感新时期的开始。1959 年前苏联宇宙飞船“月球 3 号”拍摄了第一批月球像片。20 世纪 60 年代初人类第一次实现了从太空观察地球的壮举,并取得了第一批从宇宙空间拍摄的地球卫星图像。这些图像大大地开扩了人们的视野,引起了广泛关注。

现代遥感充分发挥航空遥感和航天遥感的各自优势,并融合为一个整体,构成了现代遥感技术系统。为进一步认识和研究地球,合理开发地球资源和环境,提供了强有力的现代化手段。

2.3.4.2 我国遥感技术的发展和应用

我国疆域辽阔,地形复杂,自然资源丰富,我国又是一个发展中国家,经济建设和发展急需遥感技术对于在土地、森林、矿产、水利等自然资源与环境方面提供及时准确的各种信息。

20 世纪 50 年代,我国组织了专业飞行队伍,开展了航空摄影和应用工作。60 年代,我国航空摄影工作已初具规模,完成了我国大部分地区的航空摄影测量工作,应用范围不断扩展。70 年代及 80 年代,随着国际上空间技术和遥感技术的发展,我国的遥感事业空前地活跃。经 80 年代及 90 年代初的发展,我国相继完成了从单一黑白摄影向彩色、红外、多波段摄影等多手段探测的航空遥感的转变。遥感技术的迅速发展,使我们不仅可以直接接收、处理和提供卫星的遥感信息,而且具有航空航天遥感信息采集的能力。

北京大学等高校完成了山西省农业资源遥感综合调查,以及内蒙古草场资源遥感调查;以中国科学院系统为主要力量完成了黄土高原遥感综合调查,及“三北”防护林遥感综合调查等。这些调查的完成不但为区域的治理开发及规划提供了重要科学依据,而且在遥感技术的应用方法方面取得重大成果和重要进展,产生明显的社会经济效益。充分显示了我国遥感的特色,以及我国在遥感应用方面的水平。

2.3.4.3　当前遥感技术发展主要特点

随着遥感技术的发展，获取地球环境信息的手段越来越多，信息越来越丰富。因此，充分利用这些信息，建立全面收集、整理、检索以及科学管理这些信息的空间数据库和管理系统，加快进行遥感信息机理研究，研制定量分析模型及实用的地学模型，进行多种信息源的信息复合及环境信息的综合分析等，构成了当前遥感发展的前沿研究课题。

在遥感应用的深度和广度不断扩展的情况下，微波遥感应用领域的开拓，遥感应用成套技术的发展，以及地球系统的全球综合研究等成为当前遥感发展的又一动向。具体表现为，从单一信息源（或单一传感器）的信息（或数据）分析向多种信息源的信息（包括非遥感信息）复合及综合分析应用发展；从静态分析研究向多时相的动态研究，以及预测预报方向发展；从定性判读、制图向定量分析发展；从对地球局部地区及其各组成部分的专题研究向地球系统的全球综合研究方向发展。同时，在社会日益对遥感应用提出更高要求的现实情况下，充分利用遥感及非遥感手段获得的丰富地理信息，也促成和推动了地理信息系统 GIS(Geographical Information System)的发展以及推动了遥感与地理信息系统的结合。

地理信息系统（GIS）是20世纪60年代初发展起来的一种新技术，它是以地理分析和应用为目标，在计算机软、硬件支持下，进行地理空间信息（或数据）的输入存储，查询检索，分析处理及输出显示的技术系统，地理信息系统（GIS）是一种管理和分析空间数据的有效工具。因此，由遥感手段获取的丰富信息资源有赖于地理信息系统（GIS）加以科学地管理，遥感的应用亦有赖于地理信息系统提供多种信息源（非遥感信息）进行信息复合及其综合分析，以提高遥感识别分类的精度，遥感的定量分析更需地理信息系统提供应用模型，以及专家系统的支持等。因此，可以说，地理信息系统是遥感的进一步发展和延伸，成为遥感从实验阶段向生产型商品化转化历程中的又一新进展，成为当前遥感发展的又一个新动向。

2.3.4.4　遥感技术在统计中的应用展望

2006年10月，国家统计局发布了国家高技术研究发展计划（863计划）地球观测与导航技术领域“国家统计遥感业务系统关键技术研究与应用”重点项目课题研究招标，投入近1.3亿元人民币，计划用4年的时间研究关于统计遥感业务系统。

该项目针对国家统计业务对现代空间技术的重大需求，根据统计业务的特点和3S(RS、GPS和GIS)技术在统计业务运行中的应用基础和可实现性，以农村社会经济调查、人口普查与抽样调查、固定资产投资、经济普查与基本单位统计等业务领域为重点，突破统计遥感应用关键技术和系统集成技术，开展研究和业务化运行系统建设。用先进技术改造传统的统计方式，逐步改进统计调查手段，有效提高统计工作效率，提高统计数据的展示和分析水平，延伸和拓展统计调查领域，增强统计数据的客观性、可靠性和科学性，全面提升统计决策服务和社会服务水平。

项目重点研制国家统计遥感信息共享与服务平台、粮食作物种植面积遥感测量与估产系统、农村抽样调查空间化样本抽选与管理系统、农村社会经济统计信息空间管理与分析系统、投资项目遥感动态监测与管理系统、人口普查与调查信息空间统计管理与分析系统、经济普查与基本单位统计遥感应用系统。

相信随着研究的深入及遥感技术的发展，我国的统计调查领域将会得到极大的延伸和拓展，统计数据的展示和分析水平将有效提高，统计数据将更加客观、可靠、全面，统计决策服务和社会服务水平也会全面提升。

2.4 统计数据的整理技术

从调查所获得的原始资料通常总是杂乱，分散，零星而无序的。因而还不能反映事物的本质和变化规律性。要完成统计的任务还必须对统计的原始资料进行整理，使之条理化、系统化，从而去粗存精，去伪存真，由此及彼，由表及里地进行科学的加工，才能在此基础上进一步进行统计分析，认识到事物的本质，掌握事物发展变化的规律性。统计数据的整理就是根据统计的目的，将调查所得到的原始资料进行审核、科学的分类和汇总，或对已经过加工的综合统计资料进行再加工，使统计原始数据成为可供统计分析用的描述现象总体综合特征的统计数据。

2.4.1 数据的审核与鉴别

数据的审核与鉴别是对已经筛选的资料做进一步的检查，发现数据中的错误，确定其真实性、合理性、全面性和适用性。审核与鉴别是数据汇总或作其他处理之前的重要环节。

为了保证资料的可靠性，应该注意：

● 科学地设计收集方案，防止不真实。

● 作好宣传解释工作，制定相关政策、法律，保证数据的真实。

● 提高收集提纲设计者的设计水平，提高收集人员的知识水平。

2.4.1.1　原始数据的审核

(1)审核的内容

● 完整性审核：检查应调查对象是否有遗漏以及所有的调查项目或指标是否填写齐全(一般指名录与报表)。

● 准确性审核：检查数据是否真实反映客观实际情况，内容是否符合实际，检查数据是否有错误，计算是否正确等；如范围检查等。

● 及时性审核：检查所获得的资料是否符合调查的时间。

(2)审核数据准确性的方法

● 逻辑检查(也叫做一致性检查)：从定性角度，审核数据是否符合逻辑，内容是否合理，各项目或数字之间有无相互矛盾的现象，主要用于对定类数据和定序数据的审核。

● 计算检查：检查调查表中的各项数据在计算结果和计算方法上有无错误，主要用于对定距和定比数据的审核。

2.4.1.2　二手数据的审核

(1)适用性审核，弄清楚数据的来源、数据的口径以及有关的背景材料，确定这些数据是否符合自己分析研究的需要。

(2)时效性审核，应尽可能使用最新的统计数据，确认是否必要做进一步的加工整理。

2.4.2　数据的筛选

筛选是对从各种途径获得的大量信息所进行的选择，对审核过程中发现的错误应尽可能予以纠正，当发现数据中的错误不能予以纠正，或者有些数据不符合调查的要求而又无法弥补时，需要对数据进行筛选。

筛选的目的是为了提高信息的准确性和适用性，其实质是对信息的检测与评估。

数据筛选的内容是将某些不符合要求的数据或有明显错误的数据予以剔除以及将符合某种特定条件的数据筛选出来，而不符合特定条件的数据予以剔出。

筛选的方法：

- 重新分析信息需求，根据所收集的信息与我们关心的问题或要完成的任务是否相关而决定取舍。
- 检查重复，要剔除在内容和类别上有一定重复的信息。
- 检查时间，保证信息的时效性。
- 效用评价，根据经验和知识，对收集到的信息进行初步评价，淘汰那些使用价值不大或无效的信息，保留有重要意义的信息。
- 对于含糊或混乱的信息，要进一步收集。

2.4.3 信息的分类

信息的分类是将信息按一定的标准即属性和特征加以区别，分门别类，把陆续收集到的、无次序的、彼此原为没有关联的信息，整理成有条理的一组信息或信息体系，便于合理地存储和组织信息，信息管理人员可按用户要求迅速查找和提供信息，同时，方便编辑报道、咨询服务和管理，提高信息服务的质量和效率。

分类可按以下集中方式分：按信息的内容分，按信息所属地域分、按信息的形式分、按信息产生的时间或反映事物属性的时间分、按特殊标准分。

信息的分类体现科学性、系统性、逻辑性和实用性。

2.4.4 信息的分组

分组是汇总同类数据的又一种方法，它是分析研究事物的一般方法。分组是按照一定标志进行的，分组标志从性质上分为品质标志和数量标志，品质标志是反映事物属性的，数量标志的反映可以是单项式的也可表现为组距式。

统计分组是根据统计的研究任务和社会经济现象的最本质特征，将所研究的事物、对象，按照重要的变动标志区别为不同的类型或性质不同的组。即将有关信息按一定的标志和要求，分成在性质上相异的若干组，使组与组之间有着比较明显的差距，组内具有一定的同质性。统计分组有利于认识矛盾的组成部分，观察和分析各种事物的矛盾运动。

分组要根据研究的目的、要适应研究对象的特征和要结合现象所处的历史条件进行。

2.4.4.1　统计分组的概念和作用

统计分组就是根据事物的内在特点和统计任务的要求，对所研究的统计对象按照一定的标志划分为若干个部分或组。把统计对象中那些性质相同的单位集中在一起，把不同性质的单位分在不同的部分或组中。分组以后组内各单位性质相同，组与组之间性质不同。

统计分组具有下列作用：

(1)区别现象的类型

把某些标志相同的单位划分在同一组内，把标志不同的单位分在不同的组内，就可以区分现象的类型。对各类型的组计算它们的数量特征就可以对总体的不同组或部分进行分析。

(2)揭示现象的结构

用某一标志将性质不同的单位进行分组，就可以计算各组的统计指标在总体中所占的比重，就可以反映现象的内部结构。

(3)反映现象与现象之间的依存关系

按照有关指标对现象进行分组可以分析该因素对其他因素的影响程度和因果关系。

2.4.4.2　统计分组的方法

(1)分组标志和分组界限

分组标志就是将总体区分为不同组别的标准和根据。一个总体一般都具有多种特征，要根据研究的需要，选择出适当的标志作为分组标志。对于同一批资料若采用的分组标志不同就有可能得出相异甚至相反的结论。标志选择不当，分组结果就不能正确地反映总体的性质特征。

分组界限就是要在分组标志的变异范围内划定各相邻组间的性质界限和数量界限。任何事物的标志都包含着许多变异，都可以任意划定界限，但如果划分不当，就会混淆组间的性质差别。

总体单位的标志有品质标志和数量标志两种，因此分组标志也有品质标志和数量标志两种。

(2)按品质标志分组和按数量标志分组

品质标志就是反映事物属性差异的标志，它不能用数量来表示。按品质标志分组就是将总体划分为若干个性质不同的组成部分。按品质标志分组一般比较简单，划分各组之间的界限一般没有什么困难。然而，若存在着两种性质的变异间的过渡状态，就会使分组变得不容易。

数量标志就是反映事物数量差异的标志。按数量标志分组就是在数量标志下的变异范围内划定各组界限，将总体划分为性质不同的若干组成部分。但如何正确选择数量界限是按数量标志分组中的关键。

按数量标志分组与按品质标志分组的不同之处在于数量标志下的变异表现为许多不等的变量值，它们能准确地反映现象数量上的差异，却不能明确地反映现象性质上的区分。因而根据变量值大小来划分各组的界限就不十分容易。但事物性质的区分也确实可以通过事物数量的差异来表现，关键就在于必须懂得何处是决定事物质量的数量界限。要决定数量界限就应当根据统计分组的原则，先研究确定总体在已选定的数量标志的特征下有多少性质不同的组成部分，然后再研究确定各组成部分之间的数量界限。

(3)统计分组体系

统计分组时只按一个分组标志对总体进行分组往往不能满足要求，这时就需要用多个分组标志进行多方面的分组。统计分组按采用的分组标志的多少不同，可以分为简单分组和复合分组。

简单分组又称为单一分组，就是对被研究对象总体只按一个标志进行分组。简单分组只能反映现象在某一个标志特征方面的差异情况，而不能反映现象在其他标志特征方面的差异。

复合分组就是对同一个总体选择两个或两个以上标志层叠起来进行的分析。复合分组对总体选择两个以上的标志进行层叠分组，可以从不同角度了解总体内部的差别和关系，因而比简单分组能更全面，更深入地研究问题。

社会经济现象通常是很复杂的，需要从各个方面进行观察和分析研究，以获得对事物的全面的认识，这通常就需要采用一系列相互联系、相互补充的标志对现象进行多种分组，这种分组结合起来就构成一个体系，在统计上叫做分组体系。根据统计分析的要求而拟定的统计分组体系能帮助我们从各种不同角度加深对统计总体数量表现的认识。

2.4.5　统计汇总

对收集到的数据资料，首先要进行科学的加工整理，把说明个体的原始资料变成总体的综合资料，进行统计汇总，有利于得到正确的客观的结论。

统计汇总的步骤：确定对调查资料分组；在分组的基础上计算各组和整个总体及有关标志的合计数；把汇总图表化，概括的说明这些现象的本质和规律性。

2.4.6　统计图表

统计表是把统计汇总的数据填入适当的表格，这种表格叫统计表。统计表是用来说明经济活动的信息的综合特征的表格。它能扼要、生动、具体的用数字说明事物内在的联系。

综合特征不同的统计表，能对大量社会经济现象从数量上多方面、系统地进行比较、分析和研究，用以表明有关经济现象的量变，说明经济活动的有关规律。

统计图是利用几何图形和地理略图来明显表示有关信息统计资料的图形，统计图表现统计资料的优点为：生动、鲜明、清晰、具体和形象。常见的统计图有：条形图、方形图、圆形图、曲线图、象形图、统计地图。不同的统计图可以用来：进行指标之间的比较；表明总体的结构及其变动；说明现象在时间上的发展；表明现象的分配情况和现象之间的依存关系；表明现象的执行计划情况，说明现象在地区间的分布情况。

2.5　数据采集处理平台简介

数据采集处理平台是指采用现代先进信息技术开发的以电子报送为目标，集统计数据采集、处理、查询、汇总于一体的应用软件。这类软件基于网络和数据库技术，采用了先进信息技术实现了统计报表描述的标准化。这类软件功能完备、简便实用、安全高效，能够满足各种统计需求，同时也提供了完善的通用数据处理功能。以下附录简单介绍统计电子报送系统案例和电话调查系统功能案例。

附录一、统计电子报送系统案例

国家统计局SARP2000统计应用系统介绍

20世纪80年代末，为了克服统计软件多乱现象，减轻基层工作人员负担，提高统计报表处理水平，国家统计局计算中心组织专项课题组，研制开发了一套“通用统计报表数据处理软件SARP(Statistical Annual Report Processing)”。多年来，国家统计局计算中心对该系统软件多次进行改造、完善、升级，DOS版本下的SARP改造、升级三次；2000年，将SARP DOS版移植到Windows系统下，升级为Windows版SARP，后又做了两次改造、完善，使SARP在功能、效率、稳定性上，都有了明显提高，无论是哪个专业的报表、是普通统计表还是问卷调查表、报表上是数字型还是字符型信息，都可以利用SARP系统软件进行处理。

SARP是根据统计业务流程，兼顾统计业务人员习惯而设计的通用系统软件，只须经过培训并掌握使用方法和技能，就可以轻松地利用它来完成报表处理工作。

SARP2000功能概述

“通用统计报表数据处理软件SARP2000V3.0”(以下简称SARP)是由数据录入、数据编辑、报表处理等部分组成的，是常规调查数据处理和普查数据处理的工具软件。

SARP系统包括以下主要内容：

1. 专业环境

SARP系统的使用采用构建处理环境的方法。用户在正确安装SARP系统后，即可使用。当用户准备进行某一种调查问卷的处理或进行某一类相关调查表的处理时，需要为该处理过程建立处理环境。处理环境以专业的方式建立，并记录在SARP系统中。

2. 指标词典

指标词典包括所创建的调查对象或调查专业的所有指标，其主要目的是作为数据录入的汉字提示和报表输出的汉字。此外，随着统计制度的改革，统计指标也相应的会发生变化。因此，独立的指标词典有利于程序的使用及维护。

指标词典库分专业建立，是该专业各表使用的公共信息库。指标词典库包含该专业所有用到的指标，其表述格式简单，只有：指标代码、指标名称、计量单位。

用户在进行报表创建前、制表输出前应首先建立指标词典库，报表创建、输出的主栏指标汉字和宾栏指标汉字是通过指标代码调用词典库来进行的，也就是说，主栏指标汉字和宾栏指标汉字必须先登录在词典库中。

3. 报表

报表是 SARP 系统的主要处理对象。SARP 系统中所有的数据处理工作都是围绕报表来完成的。

按照报表存放的数据类型，报表分为单记录报表和多记录报表，即定长表和不定长表，其中定长表又分为单位字典表和其他数据表。SARP 系统中，数据表按单位字典表、定长表、不定长表划分。单位字典表是 SARP 系统的核心，所有的数据处理将围绕单位字典表进行。

按照报表存放的数据内容，数据报表分为基层报表和综合报表，其中基层报表存放原始调查数据，综合报表存放综合单位填报数据或从基层报表加工的数据。

4. 审核和计算

审核是按照具体的平衡关系，对报表中的数据进行审查。这是对数据进行质量控制的一个重要手段。计算是指对报表中数据进行运算的加工处理。许多分析资料都要通过计算来得到。

5. 汇总

SARP 系统将报表的汇总工作按“叠加”、“分组”进行划分。叠加汇总是将某一单位所属的下一级单位数据对应叠加，得到该单位的汇总数。分组汇总是汇总单位的汇总数按其行、列划分，每行(或列)均是由该单位下属单位满足一定条件叠加而来的，即行(或列)不同，条件亦不同。“叠加”汇总是无条件叠加，“分组”汇总是以多个条件进行叠加。

6. 制表

制表是用户统计数据处理的后期阶段，统计资料的整理和积累，统计表的上报，统计数据的提供和分析，都得通过制表来实现。

(案例来自国家统计局计算中心 SARP2000“软件使用手册”)

附录二、电话调查系统案例

计算机辅助电话调查系统(FJS－CATI)功能简介

台湾辅仁大学统计学系为配合电话调查而开发的计算机辅助电话调查系统(Computer-Assisted Telephone Interviewing System, CATI),简称 FJS-CATI,是以 Windows95 的窗口界面为作业环境,为台湾目前操作最简便的计算机辅助电话调查系统(CATI),运用计算机系统来帮忙电访员和管理者执行电话访问调查及基本资料之收集。电访员戴者耳机式电话坐在计算机终端机或微电脑前,调查的问题显示在计算机屏幕上,电访员可依计算机屏幕上的问题读给受访者,并将受访者的回答借着计算机键盘输入。

在 FJS-CATI 系统中,问题的用字和分类,以及问题的输入、优先权的选择都利用计算机控制,输入答案后可以实时修正编辑上的错误和明显的矛盾,亦即可实时作线上检误,不仅可减少人员抄录答案的误差更可缩短访问时间以争取时效。

一、FJS-CATI 系统功能简介

操作简单不仅是本套 FJS-CATI 系统的特点,功能强大更是 FJS-CATI 系统的最大特点。当初在研发 FJS-CATI 系统时所朝向的目标既是针对访员的操作方便,管理者的问卷设计、抽样方法、统计分析及监督管理的方便,并且将所有在电话访问时可能遇到的问题事先设想好并且解决。

FJS-CATI 系统利用 Turbo C＋＋语言,在 Windows 95 及 Windows NT 之作业环境下开发完成,而系统特色可分为五大部分:A. 问卷、B. 样本、C. 访查、D. 实时分析、E. 其他。

FJS-CATI 之功能简介如下:

A. 问卷

1. 图形模式编写问卷(WYSWYG)
2. 对象导向题目编辑
3. 可设定同一题目选项或不同题目间选项之互斥逻辑
4. 处理单选,复选,复选跳题规则
5. 可设定各种单选,复选跳题规则

6. 随机选择
7. 随机选项
8. 线上加减题目
9. 线上加减选项
B. 样本
1. 外挂抽样方法
2. 主机分派调查样本
3. 样本数据更新
4. 建立最小抽样区域
C. 访查
1. 计算机自动拨号
2. 免持听筒
3. 忙线/无人接听定时重拨
4. 依问卷逻辑可实时检误
5. 可对单一问题作线上提示
6. 无法回答暂时跳题
7. 约访自动提示
8. 访员绩效记录
D. 即时分析
1. 拒访统计
2. 访谈时间统计
3. 统计资料显式
4. 输出至SAA资料格式
E. 其他
1. 主机可随时监视任何单一工作站
2. 主机可随时传送讯息至每一访谈工作站
3. 计算机语音拨出并接收电话按键输入
4. 可扩充回传(Fax Back)功能

二、FJS-CATI系统安装及使用简介

FJS-CATI系统安装方式只要执行install的批次档,则可轻而易举地将系统安装于 F:\CATI 的目录底下。若欲安装至 D 槽,则只要先执行 setup 的批次档,则可安装于 D:\CATI 的目录底下,而安装完成的系统内的档案内容包含[Projecs]及[History]两个目录及 9 个档案:Analysis. exe,Back. exe,Cati. exe,Catictrl. exe,Worker,User. dat,Bwcc32. dll,OOP,PPP。

以上各执行档亦可在 Windows95 桌面上建立快捷方式以方便使用。

FJS-CATI 系统使用方式分为四部分:一、调查访问主程序之使用;二、分析结果程序之使用;三、问卷设计及调查结果之安装;四、广播窗口及样本数之设定。其中第一部分的 FJS-CATI 访问主程序是显示于电访员的屏幕上,第二、三、四部份则是设计给管理者管理问卷及调查之用。然而在使用本套 FJS-CATI 系统时屏幕的分辨率须设定为 640 * 480dpi 才能以全屏幕显示。

使用略。

(本案例来自《计算机辅助电话调查之研究》"由统计的观点发展 FJS-CATI 系统",作者系台湾辅仁大学统计系谢邦昌教授)

第 3 章

统计数据库技术

数据库技术是20世纪60年代开始兴起的一门信息管理自动化的新兴学科，是信息技术的主要支柱之一，数据库技术关心的是：如何科学地组织和存储数据，如何高效地获取和处理数据，如何更广泛、更安全地共享数据。今天数据库技术在统计中有着广泛的应用。统计信息的收集、组织、存储、加工、传播、管理和使用都以数据库为基础，利用数据库可以为政府、企事业单位、社会公众提供及时的、准确的、相关的统计信息，满足这些用户的各种不同的需要，数据库技术已成为统计信息技术的核心技术，是统计信息系统的重要基础。

3.1　数据库技术概述

数据库技术是一门融数据库设计、数据库管理系统、数据库应用开发技术与数据处理技术为一体的计算机系统技术。

3.1.1　数据库概念

数据库技术是研究数据库的结构、存储、设计、管理和使用的一门软件学科。数据库技术是一种计算机辅助管理数据的方法，它研究如何组织和存储数据，如何高效地获取和处理数据。

3.1.1.1　数据

数据(Data)是数据库中存储的基本对象，是用来记录信息的可识别的符号，是信息的具体表现形式，表现形式不仅包括数字和文字，还包括图形、图像、声音等。它们都可以经过数字化后存入计算机。

3.1.1.2 数据处理

数据处理是将数据转换成信息的过程，包括对数据的收集、存储、加工、检索、传输等一系列活动。其目的是从大量的原始数据中抽取和推导出有价值的信息，作为决策的依据。

可用下式简单的表示信息、数据与数据处理的关系：

信息＝数据＋数据处理

数据是原料，是输入，而信息是产出，是输出结果。“信息处理”的真正含义应该是为了产生信息而处理数据。

3.1.1.3 数据库

数据库 DB(DataBase)，顾名思义，是存放数据的仓库。只不过这个仓库是在计算机存储设备上，而且数据是按一定的格式存放的。

人们收集并抽取出一个应用目的所需要的大量数据之后，应将其保存起来以供进一步加工处理，进一步抽取有用信息。在科学技术飞速发展的今天，人们的视野越来越广，数据量急剧增加。过去人们把数据存放在文件柜里，现在人们借助计算机和数据库技术科学的保存和管理大量的复杂的数据，以便能方便而充分地利用这些宝贵的信息资源。数据库就是长期存储在计算机内的、有组织的、可共享的数据集合。数据库中的数据按一定的数据模型组织、描述和储存，具有较小的冗余度、较高的数据独立性和易扩展性，并可为各种用户共享。

数据库的描述除了包含用户的源数据外，还包含数据库自身结构的描述，这种描述又称为数据字典(或数据目录、或元数据)。还有索引(用来表示数据之间的关系和提高应用性能)和应用元数据等共四种数据。

3.1.2 数据管理技术的发展

数据库是数据管理的产物。数据管理是数据库的核心任务，内容包括对数据的分类、组织、编码、存储、检索和维护。随着计算机硬件和软件的发展，数据库技术也在不断地发展。

从数据管理的角度看，数据库技术到目前共经历了人工管理阶段、文件系统阶段和数据库系统阶段。

3.1.2.1 人工管理阶段

人工管理阶段是指计算机诞生的初期(20世纪50年代后期),这个时期的计算机主要用于科学计算。从硬件看,没有磁盘等直接存取的存储设备;从软件看,没有操作系统和管理数据的软件,数据处理方式是批处理。

这个时期数据管理的特点是:

(1)数据不保存

该时期的计算机主要应用于科学计算,一般不需要将数据长期保存,只是在计算某一课题时将数据输入,用完后不保存原始数据,也不保存计算结果。

(2)没有对数据进行管理的软件系统

程序员不仅要规定数据的逻辑结构,而且还要在程序中设计物理结构,包括存储结构、存取方法、输入输出方式等。因此程序中存取数据的子程序随着存储的改变而改变,数据与程序不具有一致性。

(3)数据不能共享

数据是面向程序的,一组数据只能对应一个程序。

多个应用程序涉及某些相同的数据时,也必须各自定义,因此程序之间有大量的冗余数据。

数据的组织方式必须由程序员自行设计。

(4)数据不具有独立性

一组数据对应于一个程序,数据是面向应用的,即使两个程序用到相同的数据,也必须各自定义、各自组织,数据无法共享、无法相互利用和互相参照,从而导致程序和程序之间有大量重复的数据。

程序依赖于数据,如果数据的类型、格式、或输入输出方式等逻辑结构或物理结构发生变化,必须对应用程序做出相应的修改。

人工管理阶段的特点如图3—1所示。

3.1.2.2 文件系统阶段

20世纪50年代后期至60年代中期,已经有了磁盘、磁鼓等直接存取存储设备,操作系统中也已经有了专门的数据管理软件,一般称为文件系统。在文件系统中,把数据按其内容、结构和用途组织成若干个相互独立的文件。

这个时期数据管理的特点是:

(1)数据可以文件形式长期保存在存储设备上供用户使用

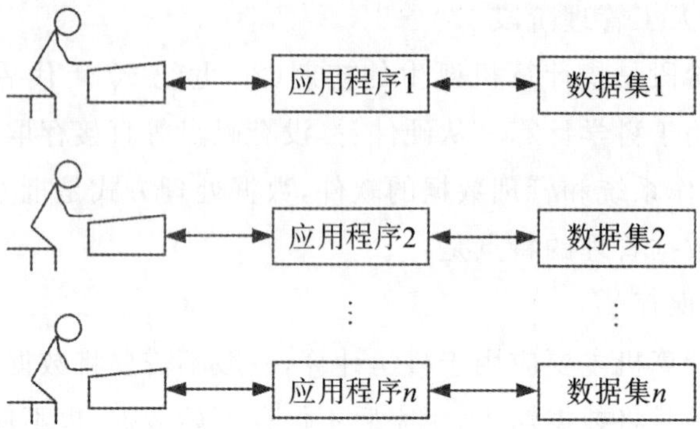

图3－1 人工管理阶段

由于计算机大量用于数据处理，用户可随时对文件进行查询、修改、插入和删除等操作，所以数据需要长期保留，以便于反复操作。

(2)文件系统可对数据的存取进行管理

文件系统把数据组织成相互独立的数据文件，利用“按文件名访问，按记录进行存取”的管理技术对数据进行管理。程序员只与文件名打交道，不必明确数据的物理存储，大大减轻了程序员的负担。

(3)文件形式多样化

由于已经有了直接存取的存储设备，文件也就不再局限于顺序文件，还有了索引文件、链表文件等，因而对文件的访问可以是顺序访问，也可以是直接访问，更便于存储和查找数据。

(4)数据共享性差，冗余度大

在文件系统中，一个文件基本对应一个应用程序，文件仍然是面向应用的，当不同的应用程序使用相同的数据时，也必须建立自己的文件，而不能共享数据，因此数据的冗余度大。

(5)数据无集中管理

其安全性、完整性得不到可靠保证。并且在数据的结构、编码、输出格式等方面难以做到规范化和标准化。

(6)程序与数据间有一定独立性

由专门的软件即文件系统进行数据管理，程序和数据间由软件提供的存取方法进行转换，数据存储发生变化不一定影响程序的运行。

文件系统阶段程序和数据之间的关系如图3－2所示。

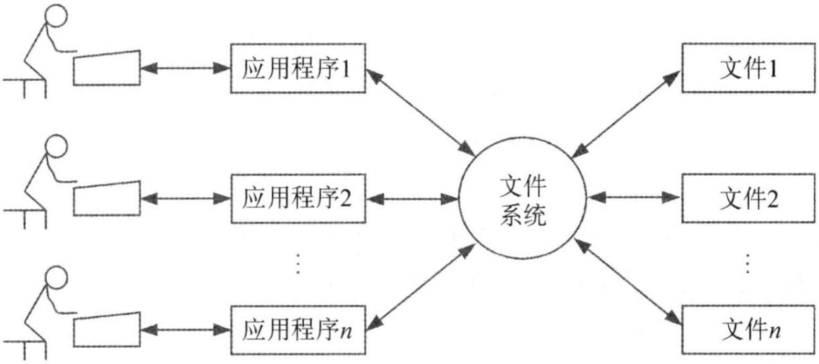

图3－2　文件系统阶段

由图3－2可以看出，文件系统中的数据和程序虽然具有了一定的独立性，但还很不充分，每个文件仍然对应于一个应用程序，数据还是面向应用的。要想对现有的数据再增加一些新的应用是很困难的，系统不易扩充，一旦数据的逻辑结构改变，必须修改应用程序。并且，各个文件之间是孤立的，不能反映现实世界事物之间的内在联系，各个不同应用程序之间也不能共享相同的数据，从而造成数据冗余度大，并容易产生相同数据的不一致性。

3.1.2.3　数据库系统阶段

20世纪60年代后期以来，数据库系统应用越来越广泛，数据处理量急剧增长，数据共享要求越来越强烈，在这一阶段发展中，数据库中的数据不再是面向某个应用或某个程序，而是面向整个企业（组织）或整个应用，数据库技术应运而生，出现了统一管理数据的专门软件系统——数据库管理系统DBMS（DataBase Management System）。

数据库系统阶段的特点是：

（1）采用复杂的结构化的数据模型

数据库系统不仅要描述数据本身，还要描述数据之间的联系。通过描述将全组织的各种数据组织到一个结构化的数据库中，使整个组织的数据不是一盘散沙而是表现出数据之间的有机关联。

（2）较高的数据独立性

数据独立性是指数据和程序彼此独立，数据存储结构的变化尽量不影响用户程序的使用，含逻辑独立性和物理独立性两个方面。

数据的逻辑独立性是指当数据的总体逻辑结构改变时，数据的局部逻辑结构不变，由于应用程序是依据数据的局部逻辑结构编写的，所以应用程序不必修改，从而保证了数据与程序间的逻辑独立性。

数据的物理独立性是指当数据的存储结构改变时，数据的逻辑结构不变，从而应用程序也不必改变。

数据与程序的独立，把数据的定义从程序中分离出来，从而简化了应用程序的编制，大大减少了应用程序的维护和修改。

(3)数据共享性高、冗余少

这是数据库系统阶段的最大改进，数据不再面向某个应用程序而是面向整个系统，当前所有用户可同时存取库中的数据。

这样便减少了不必要的数据冗余，节约存储空间，同时也避免了数据之间的不相容性与不一致性。

(4)数据控制功能

由于数据库系统是多个用户同时存取数据库中的数据，有时是同时存取数据库中同一个数据，因此数据库系统还提供统一的数据控制来保证：数据的安全性，以防止数据的丢失和被非法使用；数据的完整性，以保护数据的正确、有效和相容；数据的并发控制，避免并发程序之间的相互干扰；数据的恢复功能，在数据库被破坏或数据不可靠时，系统有能力把数据库恢复到最近某个时刻的正确状态。数据库系统阶段的程序和数据之间关系可用图 3－3 表示。

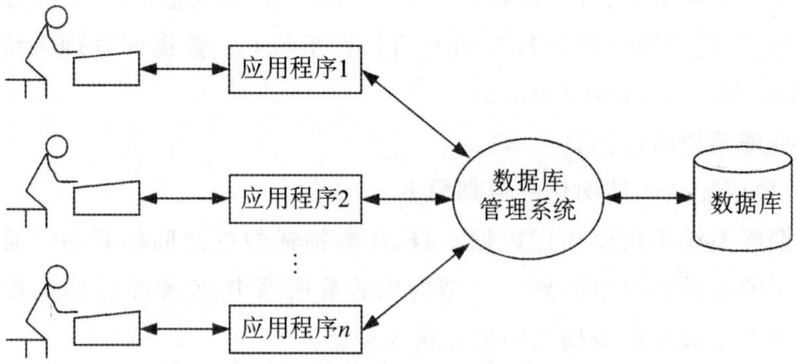

图 3－3　数据库系统阶段

目前,数据库已经成为现代信息系统的不可分割的重要组成部分,具有数百万甚至数十亿字节信息的数据库已经普遍存在于科学技术、工业、农业、商业、服务业和政府部门的信息系统。

3.1.3 数据模型概述

3.1.3.1 数据模型概念

模型(Model)是对复杂的现实事物或事件特征的模拟和抽象。

数据模型(Data Model)是模型的一种,是数据库中提供信息表示和操作手段的形式框架。

一个好的数据模型应满足三方面的要求:一是能比较真实地模拟现实;二是容易为人所理解;三是便于在计算机上实现。

从用户的观点和计算机的观点来对数据和信息建模,将模型分成概念模型和数据模型两个层次。概念模型用于数据库设计,数据模型用于数据库系统实现。

概念模型涉及以下概念:

(1)实体(Entity)

客观存在并可相互区分的事物叫实体。如学生张三、工人李四、计算机系、葡萄酒等。不同的实体以其拥有的特征表示和标识。

(2)属性(Attribute)

属性是实体所具有的某一特性。一个实体可以由若干个属性来刻画。例如,学生可由学号、姓名、年龄、系、年级等组成。

(3)域(Domain)

域是属性的取值范围。例如:性别的域为(男、女),月份的域为1到12的整数。

(4)联系(Relationship)

联系是实体之间的相互关联。如学生与老师间的授课关系,学生与学生间有班长关系。联系也可以有属性,如学生与课程之间有选课联系,每个选课联系都有一个成绩作为其属性。

不管实体间的联系有多复杂,他们都是由"个别"的联系组合成的;无非是"一对一"、"一对多"、"多对多"三种基本联系类型。

- 一对一联系:它表现为主表的每一条记录只与相关表中的一条记录相

关联。例如:人事部门的人员表与劳资部门的工资表中的人的记录为一对一的关系。

● 一对多联系:表现为主表中的每一条记录与相关表中的多条记录相关联。例如:学校的系别表中的系别,学生表中的学生是一对多的关系,一个系中有多个学生,一个学生只能在一个系就读。

● 多对多联系:一个表中的多个记录在相关表中同样有多个记录与其匹配。例如:学生表和课程表的关系,是多对多的关系,一个学生可以选修多门课程,一门课程可以供多个学生选修。

三种基本联系的组合可以构造出数据库中数据的各种联系形式(数据模型)。图 3—4 给出了数据联系的一个实例。

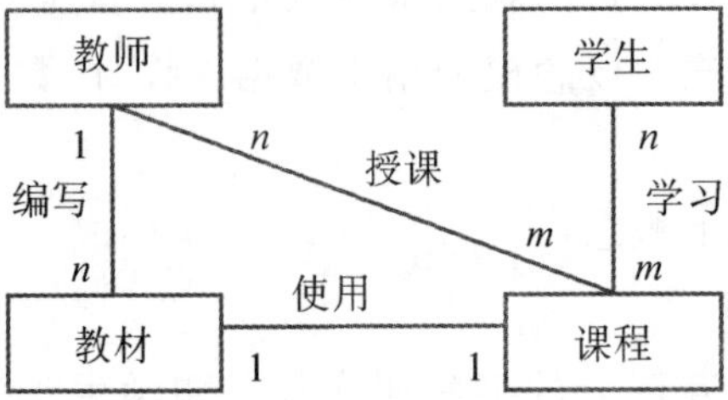

图 3—4 数据联系实例

ERM(Entity Relationship Model)依然是大多数数据库设计者所采用的图形数据建模工具。Peter Chen 于 1976 年在一篇里程碑式的论文中第一次介绍了 E-R 数据模型。ERM 给出了数据库结构中实体及其关系的图形表示方法。正是这种图形数据表示方法使 ER 图成为概念级别上流行的数据建模工具。

用 E-R 数据模型描述现实世界,不必考虑信息的存储结构、存取路径以及存取效率。该模型是面向现实世界,而不是面向机器的实现。它与传统数据模型相比更便于直接描述现实世界,且具有直观、自然、语义丰富、易于向关系数据模型转换等优点。因此,E-R 数据模型在数据库的设计中得到了广泛使用。

E-R 模型通常用 ERD(Entity Relationship Diagram)表示。图 3—5 给出了一个 E-R 模型实例。

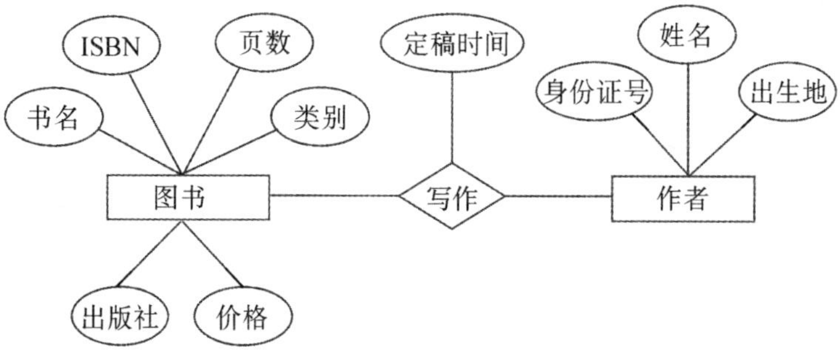

图 3—5　包含实体集"图书"和"作者"的 E-R 图

3.1.3.2　常用的数据模型

数据模型的任务是规划数据和数据间的联系；定义数据存储和对数据操作的规则。也即数据模型由数据结构、数据操作和数据的约束条件三部分组成。

● 数据结构。数据库规定了如何把基本的数据项组织成较大的数据单位，以描述数据的类型、内容、性质和数据之间的相互关系。它是数据模型最基本的组成部分。

● 数据操作。数据操作是指一组用于指定数据结构的任何有效的操作或推导规则。数据库中主要的操作有查询和更新(插入、删除、修改)两大类。数据模型要给出这些操作确切的含义、操作规则和实现操作的语言。

● 数据的约束条件。数据的约束条件是一组完整性规则的集合，它定义了给定数据模型中数据及其联系所具有的制约和依存规则，用以限定相容的数据库状态的集合和可允许的状态改变，以保证数据库中数据的正确性、有效性和相容性。

由于表示联系的方法不同，就有不同结构的数据模型。迄今为止，常用的数据模型主要有三种：层次模型、网状模型和关系模型。

(1)层次数据模型

层次模型是按照层次结构的形式组织数据库中的数据的，是以"一对多"的基本联系为主体构造成的数据模型，即用树(Tree)型结构表示实体以及实体之间的联系。每个结点表示一个记录类型，结点之间的连线表示记录类型之间的联系。每个记录类型可以包括若干个字段(记录类型描述的是实体，字段描述的是实体的属性)，见图 3－6。

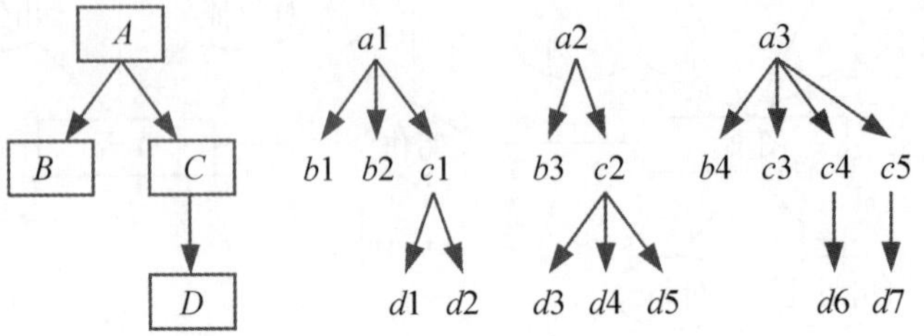

(a) 型　　(b) 型

图 3－6　层次数据库

层次模型的特点：

● 查询任何一个给定记录时，只有按其路径查看才能显示出它的全部含义，没有一个子记录可以脱离双亲记录而存在；

● 每个子结点只有一个双亲结点，而且只有一个结点没有双亲结点，称为根结点；

● 层次数据库系统只能处理一对多的实体关系。

层次模型的数据操纵与完整性约束：

层次模型的数据操纵主要有查询、插入、删除和修改。进行插入、删除、修改操作时要满足层次模型的完整性约束条件。层次结构规定除根结点外，任何其他结点不能离开其双亲结点而孤立存在。进行插入操作时，如果没有相应的双亲结点值就不能插入它的子结点值。在删除一个记录时，其子记录也将被自动地删除。

层次模型的优点：

● 结构简单，便于理解和实现；

● 层次模型 DBMS 对层次结构的数据有较高的处理效率；

● 由于是双亲—子女关系，在双亲结点和子结点之间始终存在着链接。由于子结点总是自动地引用其双亲，所以层次模型提升了数据库的完整性。

层次模型的缺点：

● 层次模型缺乏直接表达现实世界中非层次型结构的复杂联系的能力。如多对多的联系只能通过引入冗余数据或引入虚拟记录的方法来解决；

● 查询子结点必须经过双亲结点，对插入或删除操作有较多的限制；

● 数据库难于管理。如对数据库结构的任何改变，都有可能要求修改所有访问该数据库的应用程序。

(2)网状数据模型

网状模型是一种比层次模型更具有普遍性的模型，即用图(Graph)型结构表示实体以及实体之间的联系。它允许多个结点没有双亲结点，允许结点有多个双亲结点，还允许两个结点之间有多种联系(称为复合联系)。网状模型可以反映实体间存在的更为复杂的联系，而层次结构可视为网状结构的一个特例。

网状模型是以“多对多”的基本联系为主体构造成的数据模型；是一种“网络”结构，见图 3—7。

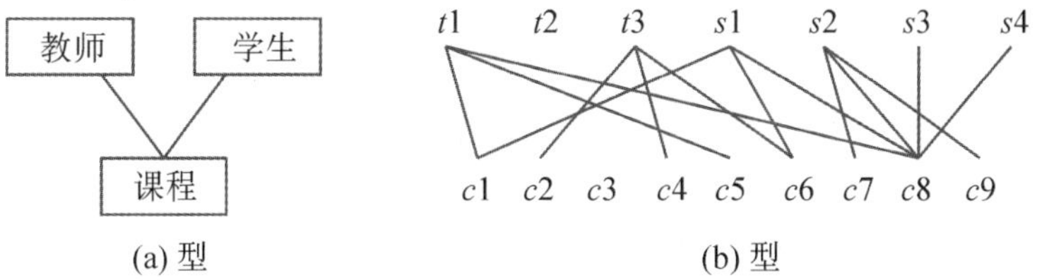

图 3—7　网状数据库

网状模型的优缺点：

● 能够更为直接地描述现实世界；

● 具有良好的性能和较高的存取效率；

● 数据结构比较复杂，不便于终端用户掌握；

● 其数据定义语言 DDL(Data Description Language)、数据操作语言 DML(Data Manipulation Language)较为复杂，用户掌握使用较为困难；

● 数据独立性较差，因为应用程序存取数据库的数据时必须选择适当的存取路径，这不但加重了编程人员的负担，而且也影响到数据独立性。

(3)关系数据模型

关系模型是用二维表描述实体以及实体之间的联系。在关系模型中把二维表称为关系，表中的列称为属性，列中的值取自相应的域(Domain)，域是属性所有可能取值的集合。表中的一行称为一个元组(Tuple)，元组用关键字

(Keyword)标识。

无论是对现实世界实体的描述，还是对实体之间联系的描述，关系模型都采用统一的数据结构——二维表。这种数据表示的一致性给关系数据库的数据定义和数据操纵带来了极大方便。

层次模型和网状模型是构造式的数据模型，它们是基于“树”和“图”的；而关系模型则不同，它基于数学中的关系、集合、数理逻辑等数学理论。简单而言，关系就是一个“平面表”（又称“二维表”）。

图 3－8 给出了一个关系表实例。

教师

代码	姓　名
Z1	陈　文
Z2	高　扬
Z2	李明飞

任课

代码	课号	课室	时间
Z1	C1	a102	一 1-2
Z2	C2	b202	二 3-4
Z2	C3	a304	三 3-4
Z3	C1	c206	四 5-6
Z3	C4	b301	五 7-8
Z3	C5	a303	六 7-8

课程

课号	名称
C1	英语
C2	数学
C3	地理
C4	历史
C5	政治

修课

学号	课号	成绩
S1	C1	95
S1	C2	80
S1	C4	78
S2	C1	90
S2	C2	89
S3	C1	85
S3	C2	70
S3	C3	60
S4	C5	85

学生

学号	姓　名
S1	张　三
S2	李　四
S3	王　五
S4	赵　六

图 3－8　关系数据库示例

关系模型的优点：

● 关系模型具有坚实的理论基础。在层次、网状和关系三种常用的数据模型中，关系模型是唯一可数学化的数据模型。关系的数学基础是关系理论，对二维表进行的数据操作相当于在关系理论中对关系进行运算。因此，在关系模型中数据模型的定义与操作均建立在严格的数学理论基础上，这为关系模型的研究提供有力的支持。

● 二维表不仅能表示实体，而且能方便地表示实体之间的联系，所以说它有很强的表达能力，这是层次模型和网状模型所不及的。

● 简单。关系模型的基本结构是二维表，数据的表示方法统一、简单，便于在计算机上实现。另外，它向终端用户提供的是简单的关系模型。用户通过这种模型表达用户的请求，而不涉及系统内的各种复杂联系。

● 数据独立性高。关系模型中去掉了用户接口中有关存储结构和存取方法的描述，即关系数据模型的存取路径对用户透明，数据库中数据的存取方法具有按内容定址的性质，故有较高的数据独立性。这为关系数据库的建立、扩充、调整和重构提供了方便。

(4)面向对象模型

面向对象数据模型(Object-Oriented Data Model，简称 OO 模型)是面向对象程序设计方法与数据库技术相结合的产物，用以支持非传统应用领域对数据模型提出的新需求。它的基本目标是以更接近人类思维的方式描述客观世界的事物及其联系，且使描述问题的问题空间和解决问题的方法空间在结构上尽可能一致，以便对客观实体进行结构模拟和行为模拟。

在 OO 模型中，基本结构是对象而不是记录，一切事物、概念都可以看作对象。一个对象不仅包括描述它的数据，而且还包括对它进行操作方法的定义。另外，OO 模型是一种可扩充的数据模型，用户根据应用需要定义新的数据类型及相应的约束和操作，而且比传统数据模型有更丰富的语义。因此，OO 模型自 20 世纪 80 年代初提出后，受到人们的广泛关注。

3.1.4 数据库的发展

按照数据模型发展的主线，数据库技术的形成过程和发展可以划分为三个阶段：第一代的网状、层次数据库系统；第二代的关系数据库系统；第三代的以面向对象模型为主要特征的数据库系统。

3.1.4.1 第一代数据库系统——层次和网状数据库管理系统

第一代数据库的代表是 1969 年 IBM 公司研制的层次模型的数据库管理系统 IMS 和 20 世纪 70 年代美国数据库系统语言协会 CODASYL 下属数据库任务组 DBTG 提议的网状模型。层次数据库的数据模型是有根的定向有序树，网状模型对应的是有向图。层次数据库是数据库系统的先驱，而网状数据库则是数据库概念、方法、技术的奠基。

第一代数据库具有如下共同点：

(1)支持三级模式(外模式、模式、内模式)，保证数据库系统具有数据与程

序的物理独立性和一定的逻辑独立性

数据库的三级模式是外模式(子模式)、逻辑模式、内模式(物理模式)。

外模式(External Schema)及用户数据库:对各个用户或程序所涉及到的数据的逻辑结构和数据特征的描述。以子模式为框架的数据库为用户数据库。

逻辑模式(Schema)及概念数据库:对数据库中数据的整体逻辑结构和特征的描述。以逻辑模式为框架的数据库为概念数据库。

内模式(Internal Schema)及物理数据库:数据的内部表示或底层描述。以物理模式为框架的数据库为物理数据库。

(2)用存取路径来表示数据之间的联系

数据库不仅存储数据而且存储数据之间的联系。数据之间的联系在层次和网状数据库系统中是用存取路径来表示和实现的。

(3)有独立的数据定义语言

第一代数据库系统使用独立的数据定义语言来描述数据库的三级模式以及二级映象。格式一经定义就很难修改,这就要求数据库设计时,不仅要充分考虑用户的当前需求,还要了解需求可能的变化和发展。

(4)导航式的数据操纵语言

导航的含义就是用户使用某种高级语言编写程序,一步一步的引导程序按照数据库中预先定义的存取路径来访问数据库,最终达到要访问的数据目标。在访问数据库时,每次只能存取一条记录值。若该记录值不满足要求就沿着存取路径查找下一条记录值。

3.1.4.2 第二代数据库系统——关系数据库管理系统(RDBMS)

1970年,IBM公司的研究员 E. F. Codd 在题为《大型共享数据库数据的关系模型》的论文中提出了数据库的关系模型,为关系数据库技术奠定了理论基础。到了20世纪80年代,几乎所有新开发的数据库系统都是关系型的。

真正使得关系数据库技术实用化的关键人物是 James Gray。Gray 在解决如何保障数据的完整性、安全性、并发性以及数据库的故障恢复能力等重大技术问题方面发挥了关键作用。

关系数据库系统的出现,促进了数据库的小型化和普及化,使得在微型机上配置数据库系统成为可能。

关系模型具有以下特点：

- 关系模型的概念单一，实体和实体之间的联系用关系来表示；
- 以关系数学为基础；
- 数据的物理存储和存取路径对用户不透明；
- 关系数据库语言是非过程化的。

3.1.4.3　新一代数据库技术的研究和发展

目前已从多方面发展了现行的数据库系统技术。我们可以从数据模型、新技术内容、应用领域三个方面概括新一代数据库系统的发展。

(1)面向对象的方法和技术对数据库发展的影响最为深远

20世纪80年代，面向对象的方法和技术的出现，对计算机各个领域，包括程序设计语言、软件工程、信息系统设计以及计算机硬件设备等都产生了深远的影响，也给面临新挑战的数据库技术带来了新的机遇和希望。数据库研究人员借鉴和吸收了面向对象的方法和技术，提出了面向对象的数据库模型(简称对象模型)。

面向对象数据库是数据库技术与面向对象程序设计相结合的产物，它是面向对象方法在数据库领域中的实现和应用，它既是一个面向对象的系统，又是一个数据库系统。

当前有许多研究是建立在数据库已有的成果和技术上的，针对不同的应用，对传统的DBMS，主要是RDBMS进行不同层次上的扩充，例如建立对象关系(OR)模型和建立对象关系数据库(ORDB)。

(2)数据库技术与多学科技术的有机结合

数据库技术与多学科技术的有机结合是当前数据库发展的重要特征。计算机领域中其他新兴技术的发展对数据库技术产生了重大影响。传统的数据库技术和其他计算机技术的结合、互相渗透，使数据库中新的技术内容层出不穷。数据库的许多概念、技术内容、应用领域，甚至某些原理都有了重大的发展和变化。建立和实现了一系列新型的数据库，如分布式数据库、并行数据库、演绎数据库、知识库、多媒体库、面向对象的数据库、移动数据库等，它们共同构成了数据库大家族。

分布式数据库系统。

在20世纪70年代后期之前，数据库系统多是集中式的。网络技术的进步为数据库提供了分布式的运行环境，从主机—终端体系统结构发展到客户/服务器(Client/Server)系统结构。分布式数据库系统是数据库系统和计算机网络技术紧密结合的产物。

数据库技术与网络技术的结合分为紧密结合与松散结合两大类，分布式DBMS分为物理上分布、逻辑上集中的分布式数据库系统和物理上分布、逻辑上分布的分布式数据库结构两种。

物理上分布、逻辑上集中的结构是一个逻辑上统一、地域上分布的数据集合，是计算机网络环境中各个节点局部数据库的逻辑集合，同时受分布式数据库管理系统的统一控制和管理，即把全局数据模式按数据来源和用途合理分布在系统的多个节点上，使大部分数据可以就地就近存取，用户不会感到数据是分布的。

物理上分布、逻辑上分布的结构是把多个集中式数据库系统通过网络连接起来，各个节点上的计算机可以利用网络通信功能访问其他节点上的数据库资源。数据一般由两部分组成：一是本地节点数据，二是本地节点共享的其他节点的有关数据。这种运行环境中，各个数据库系统的数据库有各自独立的数据库管理系统集中管理，节点间的数据共享由双边协商确定。这种数据库结构有利于数据库的集成、扩展和重新配置。

(3)面向专门应用领域的数据库技术的研究

为了适应数据库应用多元化的要求，在传统数据库基础上，结合各个专门应用领域的特点，研究适合该应用领域的数据库技术，如工程数据库、统计数据库、科学数据库、空间数据库、地理数据库、Web数据库、XML数据库等，这是当前数据库技术发展的又一重要特征。

同时，数据库系统结构也由主机/终端的集中式结构发展到网络环境的分布式结构，随后又发展成两层、三层或多层客户/服务器结构以及Internet环境下的浏览器/服务器和移动环境下的动态结构。多种数据库结构满足了不同应用的需求，适应了不同的应用环境。

第三代数据库主要有以下特征：

- 支持数据管理、对象管理和知识管理；
- 保持和继承了第二代数据库系统的技术；
- 对其他系统开放，支持数据库语言标准，支持标准网络协议，有良好的可移植性、可连接性、可扩展性和互操作性等。

第三代数据库支持多种数据模型(比如关系模型和面向对象的模型),并和诸多新技术相结合(比如分布处理技术、并行计算技术、人工智能技术、多媒体技术、模糊技术),广泛应用于多个领域(商业管理、GIS、计划统计等),由此也衍生出多种新的数据库技术。

新三代数据库系统所采用的对象数据模型具有很强的描述复杂对象的能力及诸如能包含更多的数据语义信息等优点,它能适应当前对复杂对象进行描述、管理,如对多媒体数据进行描述和管理的需求,并适应某些特殊的应用,如工程数据、空间数据的管理。所以有人预言,数据库的未来将是面向对象的时代,但对象数据库技术现在还不够成熟,如它还缺少理论基础;数据库语言还缺乏形式化基础,也还没有统一标准等。

从20世纪80年代以来,数据库技术在商业领域的巨大成功刺激了对数据库技术需求的迅速增长,数据库技术也得到了极大的发展,其特征表现在:各种学科技术的内容与数据库技术的有机结合,从而使数据库领域中新内容、新应用、新技术层出不穷,形成了当今的数据库家族,如面向对象数据库、分布式数据库、工程数据库、演绎数据库、知识库、模糊数据库、时态数据库、统计数据库、空间数据库、并行数据库、多媒体数据库等。它们都继承了传统数据库的理论和技术,但又不是传统的数据库。

与传统数据库的概念和技术相比,当今数据库的整体概念、技术内容、应用领域,甚至基本原理都有了重大的发展和变化,从而使得传统的数据库,即面向商业与事务处理的数据库仅仅成为当今数据库家族中的一个成员;当然,它也是在理论和技术上发展得最为成熟、应用效果最好、应用面最广泛的成员,其核心技术、基本原理、设计方法和应用经验等仍然是整个数据库技术发展和应用的基础。

数据库家族的出现是源于技术的发展和应用需求的驱动。数据库技术发展的基础可以涉及到两种原动力:一种是方法论的发展,另一种是与多种技术的结合。方法论的发展较典型的代表是:面向对象数据库(OODB)技术、分布式数据库(DDB)技术和多媒体数据库(MDB)技术的发展和形成。

当前数据库技术的发展呈现出与多种学科知识相结合的趋势,凡是有数据产生的领域就可能需要数据库技术的支持,它们相结合后就会出现一种新的数据库成员而壮大数据库家族。

3.1.4.4 数据库的优势

(1)可以使数据尽可能不重复(具有最小冗余度),而且人们可以随时将收集到的信息存入数据库,需要时方便地在数据库中查询;

(2)以最优方式服务于一个或多个实用程序,因而数据可以共享;

(3)数据库管理系统(DBMS)可以保证为用户数据安全保密,且当他们同时使用数据库时对数据提供保护;

(4)信息更新速度快,动态信息库已达到日更新和时更新的程度;

(5)可以提供各种检索手段。由于数据库可以结合各种字段进行检索,其检索途径远比手工检索工具多得多。

3.1.4.5 数据库的分类

按国际上通用的分类方法,数据库分为以下三大类:

(1)参考数据库(Reference databases),是能指引用户到另一信息源获取原文或其他细节的数据库,如文摘索引库、图书馆机读目录库、企业名录库、产品数据库等;

(2)源数据库(Source databases),指能直接提供所需原始资料或具体数据的数据库,包括数值数据库(Numeric databases)、全文数据库(Full text databases)、术语数据库(Terminological databases)和图像数据库(Graphic databases),具体的如各种统计数据库、含有图片或照片的产品目录库、资料库等;

(3)混合型数据库(Mixed databases),能同时存贮多种类型数据的数据库。

3.1.5 数据库系统概述

3.1.5.1 数据库系统 DBS(DataBase System)

数据库系统是指引进数据库技术后的计算机系统。数据库系统由硬件系统、数据库集合、数据库管理系统及相关软件、数据库管理员 DBA(DataBase Administrator)和用户等五部分组成,是实现有组织地、动态地存储大量相关数据,提供数据处理和信息资源共享的便利手段。

硬件指系统所有的物理设备,如计算机、存储设备、网络等。

数据库集合指存储在数据库中的事实集合。数据是产生信息的关键原料,好的数据才有可能产生更好的信息,它是一个数据库系统的“质量”基础。

软件指系统内所有程序的集合,如:操作系统、DBMS、数据库系统开发工具等。其中，数据库管理系统 DBMS 是位于用户与操作系统之间的一层数据管理软件，它为用户或应用程序提供了访问数据的方法，包括数据库的建立、对数据的操纵、检索和数据控制。

数据库管理员 DBA 的主要职责是负责数据库的规划、设计、维护和监控。DBA 需要对各个应用的数据需求做全面的规划、设计和集成，负责对数据库中数据的安全性、完整性以及系统恢复进行实施与维护，并且不断地调整数据库内部结构，保持系统的最佳状态与最高效率。

终端用户是使用应用程序的人员，包括日常业务操作人员和高级用户。其中高级用户可以运用从数据库获取的信息做出战略和战术上决策。

数据库系统可用如图 3－10 所示。

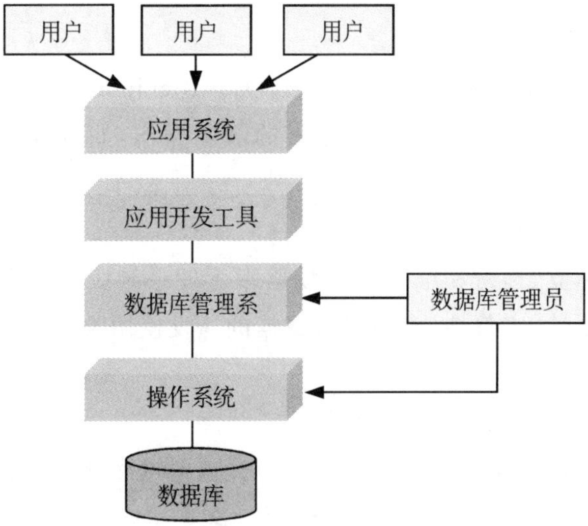

图 3－10　数据库系统

在一般不引起混淆的情况下常常把数据库系统建成为数据库。

数据库系统是数据处理的核心机构，信息系统、办公自动化系统、决策支持系统等都是使用了数据库系统或数据库技术的计算机应用系统。目前数据库技术的应用范围不断扩大，不仅应用于事务处理，且进一步应用情报检索、人工智能、专家系统、计算机辅助设计等，涉及到非数值计算各个方面的应用。

数据库应用系统是指系统开发人员利用数据库系统资源开发出来的，面向某一类实际应用的应用软件系统。很多信息系统属于数据库应用系统。信息系统可分为面向外部、实现信息服务的开放式信息系统，和面向内部业务和管理的管理信息系统两大类。从实现技术角度而言，都是以数据库为基础和核心的计算机应用系统。

3.1.5.2 数据库管理系统 DBMS

数据库管理系统是完成科学地组织和存储数据，高效地获取和维护数据任务的一个系统软件。它是位于用户与操作系统之间的一层数据管理软件。

数据库管理系统的主要功能包括以下几个方面：

(1)数据定义功能

DBMS 提供数据定义语言 DDL(Data Definition language)，用户通过它可以方便地对数据库中的数据对象进行定义。

(2)数据操纵功能

DBMS 还提供数据操纵语言 DML(Data Manipulation Language)，用户可以使用 DML 操纵数据实现对数据库的基本操作，如查询、插入、删除和修改等。

(3)数据库的运行管理

数据库在建立、运行和维护时由数据库管理系统统一管理、统一控制，以保证数据的安全性、完整性、多用户对数据的并发使用及发生故障后的系统恢复。

(4)数据库的建立和维护功能

它包括数据库初始数据的输入、转换功能，数据库的转储、恢复功能，数据库的重组织功能和性能监视、分析功能等。这些功能通常是由一些实用程序完成的。

数据库管理系统是数据库系统的一个重要组成部分。

3.1.5.3 数据库产品及在中国的应用

DBMS 产品：

Oracle

IBM DB2

SQL Server

Sybase ASE

Informix

前台开发工具：

PowerBuilder

Delphi

Visual C++

C++ Builder

数据库在中国的发展：

20 世纪 80 年代：Foxbase 开始普及，Oracle、Informix、Sybase 等大型数据库系统开始引进；

20 世纪 90 年代：Oracle、Informix、Sybase、SQL Server、DB2 等开始应用；

2000 年之后，KDD(knowledge Discovery in Databases)技术开始应用。

3.2 统计数据库概念

统计数据是国家社会经济信息的主体，也是企业经营管理信息的主体，同时也是科学研究信息的主体，所以统计数据库建设是国家和企业信息化发展的重要环节；统计数据库应用系统是现代统计建设的关键部分，因此统计数据库技术的研究对统计数据库的应用开发具有重要意义。

统计数据库技术是与统计处理对象即统计数据的特征和一般处理功能相关的技术，由统计数据库、统计数据库管理系统、统计应用开发技术与统计数据处理技术组成的计算机应用系统技术。

统计数据库系统则是使用统计数据库管理系统建立的包含统计数据资源的数据库系统，统计数据库管理系统是目前国内外数据库和统计应用领域研究的一个重要领域。

3.2.1 统计数据库概念

数据库技术被应用到特定的领域中，出现了工程数据库、地理数据库、统计数据库、科学数据库、空间数据库等多种数据库，使数据库领域中新的技术内容层出不穷。

统计数据是人类对现实社会各行各业、科技教育、国情国力的大量调查数据。采用数据库技术实现对统计数据的管理，对于充分发挥统计信息的作用具有决定性的意义。

统计数据库管理系统 SDBMS(Statistical Data Base Management System)研究起步于上世纪 80 年代。1981 年美国科学家艾瑞·舒沙尼(Arie Shoshani)博士在数据库方面的研究中，发现统计数据的存储和管理的一些独有特征，并在第 7 届国际大规模数据库 VLDB(Very Large Data Bases)年会上合作发表论文:《SUBJECT:一种目录驱动的大规模统计数据库组织与存取系统》，提出了针对统计数据的特殊存储策略 SUBJECT 方法。虽然论文中涉及了统计数据库的称谓，但是统计数据库并没有作为单独的研究对象明确提出。

1982 年艾瑞·舒沙尼再次在国际 VLDB 会议上独立发表多篇论文，其中《统计数据库:特性、问题和若干解决方法》(Statistical Databases: Characteristics, Problems, and Some Solutions)，正式提出了统计数据库系统由于统计数据的本质(多维性、语义性、层次性、变化性、冗余性等)带来的诸多问题，并提出了若干解决方案，这些概念和方法为之后蓬勃兴起的统计数据库研究指明了方向，奠定了基础。

艾瑞·舒沙尼之后的研究发现科学研究与科学实验中的众多数据性质与统计数据一致或者类似，所以引进了科学数据库(Scientific Database)的概念，扩充了研究领域，形成延续至今的科学与统计数据库(SSDBM: Science and Statistical DataBase Management)研究方向。

艾瑞·舒沙尼以及其他科研人员之后的关于科学与统计数据库的长期研究成果主要涉及统计语义数据模型、查询语言、时间型数据处理、高效率数据存储与存取算法、统计与 OLAP 数据库、科学与统计数据库应用技术等。

我们这里所谈的统计数据库 SDB(Statistical DataBase)，是指专门用于统计、分析的一种数据库系统。其主要目的是用来对统计数据进行存储、统计(如求数据的平均值、最大值、最小值、总和等等)和分析的数据库系统。

统计数据库是存储、管理、分析统计数据的数据库系统，是统计数据采集和统计数据传送的归宿，是统计数据存储和统计数据管理根本手段，是提供数据分析和数据服务基础，是综合应用现代计算机的软、硬件技术、网络通信技术，经过分类、整理、汇总等加工，按照一定的数据模型，汇编成计算机可读的、便于修改、管理和检索的统计数据集合。

一般说来统计数据库的描述除了源数据外，还包含描述统计数据库自身结构的统计元数据、统计指标的描述以及统计表的描述等。其中，源数据包含宏观经济数据库、国民经济运行情况进度数据库、基本单位名录数据库、人口数据库及相关的综合和专题数据库等。

3.2.2　我国统计数据库的发展及现状

随着我国社会信息化程度提高，我国统计信息化也不断深入发展。统计信息化的发展改变了传统的统计方式，适应了社会的发展，提高了工作效率，尤其是促使统计数据库建设的成熟，在各行各业形成了各自的统计数据库，方便了人们的需求。

自1986年国家统计局统计信息自动化系统开始建设以来，我国统计数据库发展经历了四个发展阶段：

第一阶段：1986～1990年为技术选型阶段。鉴于当时统计信息系统技术力量不足、确定以应用开发为主，统计数据库建设采用商品化关系型DBMS为基础开发，选用ORACLE为全统计系统多用户系统环境下的DBMS，选用DBASE为PC个人微机环境下的DBMS。

第二阶段：1988～1993年为数据库建设阶段。为了探索数据库建设的方法、数据库建设与统计信息处理管理各个环节的关系，进行了综合统计数据库、农村县卡数据库、固定资产投资数据库、工业统计数据库、商业统计数据库、工业月报数据库、固定资产投资月报数据库、国际统计数据库、人口普查数据库等结合实用要求的数据库建设。

第三阶段：1993～1995年为全面建设大型统计数据库系统试验阶段。经过一系列数据库的建设后，开始进行全面的大型统计数据库系统建设准备，进行了国家统计局年季月报、抽样调查、大型普查与专项调查的信息量分析，初步制定了国家统计数据库系统总体方案，初步设计了国家统计数据库系统指标体系编码标准方案，提出了宏观、微观、专项等各类统计数据库的主要逻辑设计方法，制定了全系统统计数据库建设的技术规范。国家统计年报宏观库和国家统计年报微观库推行在客户/服务器结构下的应用系统开发，实验了C/S网络环境下大型统计数据库建设途径。

第四阶段：1996年至今为网络环境数据库建设阶段，建设了C/S结构下的工业普查数据库、统计年报微观库、基本单位普查数据库，建设了网络环境下各业务单位共享的综合进度数据库，逐步开始了web服务器上Internet/Intranet 环境下使用的数据库应用开发。

当前，在国家统计局在长期历史数据积累基础上，经过专业化处理组织形成了一个综合、有序的庞大数据库——《国家统计局公共数据库》，它全面反映国家经济和社会发展情况。该数据库包括年度经济社会数据和进度经济数据两部分。其中，年度经济社会数据公布中国国民经济与社会发展状况主要统计指标的历年数据资料，涵盖行政区划和自然资源、国民经济核算、人口、就业和社会保障、投资和房地产、能源、财政收支、物价、城镇住户、农村住户、城市建设、环境保护、农业、工业、建筑业、运输邮电、国内贸易、对外经济、旅游、金融业、教育、科技、文化体育卫生、国际比较等方面的内容，是研究中国大陆地区经济社会发展动态及趋势的最好参考资料。进度经济数据公布中国最新的主要宏观经济月度统计数据，涵盖工业生产、交通运输、物价指数、国内外贸易、固定资产投资、居民收入及支出等国民经济各方面发展的信息，具有全面性、及时性、权威性等特点，能够帮助用户及时、准确地了解中国经济动态。

《国家统计局公共数据库》系统融合了统计系统多年来在数据库建设中的积累成果，建成的数据库系统能够使社会各界用户方便、灵活地使用。

3.2.3 统计元数据库概念

3.2.3.1 元数据基本概念

元数据（Metadata），其英文含义是“structured data about data”，“data which describes attributes of a resource”或“information about data”，简单说就是“数据的数据”，即关于数据的内容（what）、覆盖范围（where）、数据所有者（who）、数据的提供方式（how）、质量和其他特性的信息。也可以定义为“描述数据”或“诠释数据”。是数据与数据用户之间的桥梁。有广义元数据和狭义元数据之分。广义元数据指帮助查找、存取、使用和管理资源的信息；而狭义元数据指一种专门用于定义和描述其他数据特征和属性的特定数据，它提供了一种定义元素的规范结构。

3.2.3.2 元数据分类

描述性元数据（Intellectual Metadata）：用来描述、发现和鉴别数字化信息对象，主要描述信息资源的主题和内容特征。

结构性元数据（Structural Metadata）：描述数字化信息资源的内部结构。

存储控制性元数据（Access Control Metadata）：描述数字化信息资源能够

被利用的基本条件和期限，以及这些资源的知识产权特征和使用权限。

评价性元数据(Critical Metadata)：描述和管理数据在评价体系中的位置。

保存性元数据：以保存资源对象为目的，描述资源对象长期保存的有关属性。

管理性元数据：以管理资源对象为目的，包括资源对象的显示、注解、使用、长期管理等方面的内容。

3.2.3.3　元数据的作用

(1)确认和检索(Discovery and verification)，主要致力于如何帮助人们检索和确认所需要的资源。

(2)著录描述(Cataloging)，用于对数据单元进行详细、全面的著录描述，数据元素囊括内容、载体、位置与获取方式、制作与利用方法甚至相关数据单元方面等，数据元素数量往往较多。

(3)资源管理(Resource Administration)，支持资源的存储和使用管理，数据元素除比较全面的著录描述信息外，还往往包括权利管理(Rights/Privacy Management)、电子签名(Digital Signature)、资源评鉴(Seal of Approval/Rating)、使用管理(Access Management)、支付审计(Payment and Accounting)等方面的信息。

(4)资源保护与长期保存(Preservation and Archiving)，支持对资源进行长期保存，数据元素除对资源进行描述和确认外，往往包括详细的格式信息、制作信息、保护条件、转换方式(Migration Methods)、保存责任等内容。

3.2.3.4　元数据结构

(1)总体结构定义方式

一个 Metadata 格式由多层次的结构予以定义：

● 内容结构(Content Structure)，对该 Metadata 的构成元素及其定义标准进行描述。

● 句法结构(Syntax Structure)，定义 Metadata 结构以及如何描述这种结构。

● 语义结构(Semantic Structure)，定义 Metadata 元素的具体描述方法。

(2)内容结构

内容结构定义 Metadata 的构成元素，可包括：描述性元素、技术性元素、管理性元素、结构性元素(例如与编码语言、Namespace、数据单元等的链接)。

(3)句法结构

句法结构定义格式结构及其描述方式,例如元素的分区分段组织、元素选取使用规则、元素描述方法、元素结构描述方法、结构语句描述语言。

有时,句法结构需要指出元数据是否与所描述的数据对象捆绑在一起、或作为单独数据存在但以一定形式与数据对象链接,还可能描述与定义标准、DTD结构和Namespace等的链接方式。

(4)语义结构

语义结构定义元素的具体描述方法,例如 描述元素时所采用的标准、最佳实践(Best Practices)或自定义的描述要求(Instructions)。

有些元数据格式本身定义了语义结构,而另外一些则由具体采用单位规定语义结构。

3.2.3.5 统计元数据库

在统计数据库中Metadata是关于宏数据(Macro Data)和基本数据(Micro Data)的数据,它没有标准属性即没有固定格式。

统计元数据关于数据相关的属性、结构、应用环境、处理过程、流程控制、用户角色等定义和描述信息。它来自制度方法设计和应用工作规范,包括调查对象、报表制度、指标、分组的定义、汇总算法、审核公式等。关系到整个统计业务系统的结构和运行。一般情况下,统计元数据应该包括以下内容:

- 数据语义定义,数据项的定义及诠释。
- 数据结构定义,数据结构包括原始业务数据结构和数据中心内各类数据存储的结构,同时也包括元数据自身的数据存储结构。
- 应用环境定义,应用环境涉及的相关信息,包括逻辑主机定义,以及数据存储主机、核心应用主机、WEB应用主机等。
- 处理过程定义,如处理对象、处理逻辑、执行者定义等。
- 流程控制定义,定义各个处理过程的运行次序和相互依赖关系。
- 用户角色定义,主要包括用户注册、身份认证、使用权限及维护权限管理等。

我国统计元数据库分为在线工作和发布两个系统,既可以在线完成统计调查项目的新建、修订、审批、排版、汇总和管理工作,还可以向用户提供有关统计制度方法的相关信息。

(1)统计元数据库的在线工作系统规定统计调查项目设计与管理工作流程各个环节的操作要求，使设计与管理工作进一步规范，减少人为因素的影响，避免统计调查项目管理的随意性，从而提高决策的民主性、工作的科学性和管理的规范性。

(2)统计元数据库的发布系统是为社会公众提供统计制度方法的有关文件和信息，可以帮助社会公众更好地了解统计工作，解读统计数据。

3.2.3.6　统计元数据库作用

统计元数据库是现代统计信息系统的一个基础组成部分。

(1)统计元数据库是统计工作规范化、标准化的基础。

以信息技术为手段进行的统计信息系统建设是现代统计的基础建设，而统计元数据库则起着统计信息体系建设的基石作用。

统计元数据最基本的用途就是管理统计数据，从而实现统计数据的查询、阅读、交换和共享。只有阿拉伯数字构成的数据，没有对这些数据的定义和描述，其数据是无法使用的。统计元数据库遵照统计元数据的定义，将与统计调查项目相关的制度、报表、指标、填报目录、分组等各类统计元数据有机结合，为各类用户提供有效服务，也便于对信息资源的整合、管理和保存。

统计元数据将提供统计数据交换的标准，是各专业各部门数据相互匹配及存储的基础。一方面通过统计元数据惟一性控制着所有统计数据的采集、处理和管理，减少指标的重复交叉问题；另一方面通过统计元数据的说明、口径、生命周期等内容诠释，使用户更好地使用统计数据。

在影响统计数据质量的因素中，统计调查指标名称、口径以及分类方法的频繁变动就是其中的一个重要因素，影响了数据的连续性和历史可比性。此外，各专业间指标含义的不一致，也对数据汇总带来一定的麻烦。采用元数据管理模式，保障了同一指标含义、口径、范围的统一，促进了数据质量的提高。

统计元数据库在统计信息体系中的基石地位，以及最终实现通过元数据库管理控制统计业务工作自动化流程的目标，决定了元数据库中的所有元素的惟一性、规范性和标准性，这必将推进我国统计规范化、标准化的进程。

(2)统计元数据库发布系统使统计工作的透明度进一步提高。

元数据库发布系统建立的目的在于将大量分散的资料在新的层次上系统

地加以收集和整理，以数据库的形式保存，使统计制度方法信息管理规范化，制度方法的工作成果得到充分有效地利用，逐步发挥统计制度方法信息的科学价值和社会价值。

统计元数据库的发布系统为社会公众提供统计制度方法的有关文件和信息，可以帮助社会公众更好地了解统计工作，解读统计数据，使统计工作的透明度进一步提高。

统计元数据是使统计数据充分发挥作用的重要条件之一。它可以用于许多方面，包括统计数据收集、数据发布、数据分析、数据转换等。统计元数据对于促进统计数据的管理、使用和共享有重要的作用。

3.3　统计数据库技术

3.3.1　统计数据库设计技术

3.3.1.1　统计数据库特点

研究统计数据的自身特点将为成功地设计统计数据库提供极为重要的思路。

统计数据库主要用于统计数据的存储以及进行统计分析和归纳。它与常规数据库有许多不同之处。

(1)统计数据在存储上具有以下的基本特性：

①统计数据具有多维性。虽然一般统计表都是二维表，但统计数据实际上是多维的。多维性是统计数据最基本的特点。如统计数据“1998年美国商业及服务业进口额10506亿美元”是由1998年、美国、商业及服务业、进口额、10506、亿美元构成，可以称它们为指标元。缺少其中任何一个指标元，指标的含义就会变化或不清。

②统计数据具有大量性。统计数据的纵向历史性和横向广泛性造成统计数据的大量性。一方面，统计数据是历史发展的积累，随着时间的推移，以往的历史数据不会失去存在的意义，而是进行统计分析、统计预测的基础。另一方面，统计数据所记录的对象可能横向涉及到各行业的各种事物，而且随着统计手段的加强和统计能力的提高，统计的范围在不断拓展。而且统计数据是在一定时间(年度、月度、季度)期末产生大量数据，故入库时总是定时的大批

量加载。经过各种条件下的查询以及一定的加工处理,通常又要输出一系列结果报表,这是统计数据的“大进大出”特点。

③统计数据具有分类属性和统计属性。统计数据库中的数据按语义可以分为两类:一类是用来统计分析的计量数据;另一类是用于说明计量数据的参数数据。统计数据具有“二合一”性也即指统计数据是分类属性和统计属性的统一体,是不可分割、缺一不可的。否则,便会出现不知所云的现象。

④统计数据分类属性的层次性。分类属性具有复杂的层次结构。这种层次结构可以用树形结构来表示。每条从根到叶的路径对应一组分类属性的值,确定一个统计属性值。

⑤统计数据分微数据(Micro Data)和宏数据(Macro Data),微数据描述的是个体或事件的信息,而宏数据是综合统计数据,它可以直接来自应用领域,也可以是微数据的综合分析结果。

⑥统计数据具有时间属性,任何统计量都离不开时间因素,而且经常需要研究时间序列值,所以统计数据又有时间向量性。

(2)统计数据库中的对于存储数据的统计运算也有其基本特点:

①汇总数据常常有大量相同的值(通常为零),只要将分类属性进行适当的排列,就可以将汇总属性中零值或相同的值聚合在一起,这就有利于对这些稀疏数据进行压缩。

②统计运算往往只涉及一个或少数几个属性上的数据。如有常规数据库所采用以记录为单位对数据进行存储。这样每次存取就要存取整个记录,而实际使用只是其中一小部分,这是不合适的。所以应当在存储格式上采用与常规记录格式完全不同的格式。

③所支持的运算与常规数据库也不一样。它除了一般的检索外还需要支持大量的统计运算和其他特有的操纵。

④统计数据库所保存的数据一般都反应已发生事件的记录。它们都是很稳定的,一般都不需要随时进行更新。在个别情况下即使要进行更改其频率也是很低的,而且更改前后的数据一般都需要记载下来。

⑤用户可抽取较小的数据集合以构成汇总集合。汇总集合通常可以采用类似选择操作的运算以选出有用的记录,可用类似投影操作的运算以选出有用的属性。

⑥随着用户对所关心问题的观察角度不同，统计数据查询出来后常有转置的要求。

3.3.1.2 统计数据库设计的相关技术

(1)数据模型

为了适应统计数据的特点，应当采用与常规数据库不同的数据模型。

表示实体类型及实体类型间联系的模型。它可分为两种类型：概念数据模型和结构数据模型。

• 概念模型：这是一种独立于计算机系统的模型。它不涉及信息在系统中的表示，只是用来描述某个特定组织所关心的信息结构。概念模型强调语义表达功能，它是现实世界的第一层抽象。

概念模型是对真实世界中问题域内的事物的描述，不是对软件设计的描述。概念模型不依赖于具体的计算机系统，他是纯粹反映信息需求的概念结构。

• 结构数据模型：它是直接面向数据库的逻辑结构，是现实世界的第二层抽象。这类模型涉及到计算机系统和数据库管理系统，所以称为“结构数据模型”。结构数据模型应包含：数据结构、数据操作、数据完整性约束三部分。它主要有：层次、网状、关系三种模型。

由于在实际应用中人们遇到的统计数据往往比较复杂，它们不能简单地用上述模型来支持。统计数据库中存储的统计数据既具有层次型特点也有关系型特点，一般会根据具体应用给出一种新的混合模型，可以支持统计数据。

(2)统计数据的物理组织

统计数据的多维性和稀疏性对数据的物理组织提出了很多新的要求，其中主要的技术包括：

• 数据压缩：统计数据库需要数据压缩的原因是统计数据库中分类属性数常常很多，有时可达数百个，而且分类属性之重复出现的频率极高，使得分类属性的多维空间十分稀疏，因此数据压缩和解压缩是多维数据物理组织的重要技术。

数据压缩的优点有：能减少存储空间、增加数据传输率、加强保密性、减少后备副本和恢复费用等；其缺点是：需要支付压缩及还原的开销，破坏了数据的固有特性，降低可靠性，需要存储有关压缩的技术的数据，有时会使数据长度不能预定。由于统计数据库中往往有大量的相同的数据(如零值)相邻地集结在一起，对于这种数据采用标头压缩技术最为合适。标头压缩技术的基本思想是采用标头来标明所存数据串的类别，即标明是集结在一起的数据还是随机数据，是压缩前的数据顺序数，还是压缩后数据串末尾所处的字节数。这样压缩后对相邻地集结在一起的许多相同的数据可只存放一个数据。从而达到压缩的目的。标头压缩技术也可分为用于多相邻接数据和变长度数据的双计数压缩方案，以及单邻接数据和定长度数据的单计数压缩方案等。

● 多维数据的物理组织：统计数据库的多维性使得多维数据结构成为统计数据库中重要的物理组织方法。

● 时序数据：统计数据的任何统计量都离不开时间因素，时间属性是统计数据的一个最基本的属性，从这个角度看，统计数据是时序数据。人们对时序数据的许多研究成果如时序数据操作（时序连接）、时序数据模型等都可以用到统计数据库之中。

3.3.2　统计元数据库技术

元数据是描述有关数据集合的轮廓的数据，包含数据集合的生成者，生成的时间、生成的理由等信息，由于统计数据库数据量大，数据复杂，用户很容易把这方面的信息遗忘而影响使用，因此元数据的组织是很重要的。

在许多国家许多行业，对元数据的研究和使用已经比较深入，不少国家和国际性组织已经发布实施元数据内容标准，并开发了许多元数据操作工具。当前，国内的北京大学数字图书馆以及国家基础地理信息系统也有比较成功的应用经验。我国统计信息化"十一五规划"也将统计元数据库建设作为重点工作，目前初步确定了资源描述的对象——统计制度、统计指标、统计分组、统计填报目录、计量点位等统计元数据，并对不同统计元数据的描述元数进行了初步设计。

本节也仅对统计元数据库建设涉及内容进行粗略的介绍。

3.3.2.1　元数据的常用形式

元数据也是一种数据，在形式上与其他数据没有区别，它可以以数据存在的任何一种形式存在。

元数据常用形式是填写了数据源和数据生产工艺过程的文件卷宗，也可以是用户手册。它们提供的简洁的元数据容易阅读，并且可以联机查询。更主要的形式是与源数据内容标准相一致的数字形式。这些形式均可以用文本形式建立、存储和使用；另一种形式是用超文本链接标示语言 HTML(Hypertext Markup Language)编写的超文本文件，用户可以用网络浏览器查阅使用元数据。

3.3.2.2 元数据标准

元数据可以组织成为若干等级，从简单的数据基本情况列表，到各个数据集的详细说明文件。最基础等级的元数据可以支持建立一个部门、或一个地区所拥有数据的目录。最详细等级的元数据可以保证潜在用户能够就数据是否满足其需求做出正确的决定。建立元数据是数据生产者的责任。

然而，信息技术产品的数据处理和管理工具的快速增加，已经引起元数据内容和处理的不同，并且没有考虑元数据的共享。唯一能够在不同数据管理软件间交换元数据的途径是统一的元数据标准。元数据标准能够使数据生产者和用户一起着手处理有关元数据交换、共享和管理的问题。元数据标准的研制与实施已引起各国广泛重视，许多国家不但已经完成标准的制定，开发了多种操作工具软件，建成了大量的元数据库，并已投入使用，而且多次召开国际学术讨论会，对元数据的理论、实施、应用及标准化的有关问题进行讨论。例如：

A. 美国 FGDC 元数据标准

B. 电器和电子工程师协会(IEEE)

C. 美国国家航空和宇宙航行局(NASA)DIF 标准

D. 美国国际地球科学信息网络中心(CIESIN)的元数据标准

E. 澳大利亚新西兰土地信息委员会(ANZLIC)元数据核心元素标准

F. 英国 Dublin 元数据核心元素标准

G. 北京大学数字图书馆中的应用元数据标准体系

H. ISO 11915 地理信息——元数据(CD)

I. FGDC 地理空间数据元数据内容标准(CSDGM)v. 2.0

J. 中国可持续发展信息共享元数据标准方案

都柏林核心元数据元素集(DCMES)已经被以下国际标准化组织批准为国际标准：

IETF(Internet Engineering Task Force) RFC 2413[RFC2413]

CEN 工作组协议 CWA 13874[CWA13874]

ISO

IETF RFC2413

被以下国家批准为国家标准：澳大利亚、芬兰、丹麦、英国、美国：NISO 标准 Z39.85－2001[Z3985]

DC 元数据的各类推荐方案已经被翻译成 33 种语言。

3.3.2.3　统计元数据方案

元数据标准是经过标准化组织认可的元数据方案，元数据方案多指对于元数据标准的具体应用。

在我国统计元数据库建设中应借鉴国外的相应标准，设计出既符合中国国情，又能与国际接轨的元数据标准与元数据库，进一步推动中国统计信息系统标准化的发展。

我国统计元数据库涵盖国家统计制度、报表、指标、填报目录、分组、分类标准和制度方法文件等内容。

参照国内外行业元数据的相应标准，统计信息系统元数据方案应该具备以下内容如下：

(1)术语：用于描述统计元数据标准内容的基本术语。如：

- 元数据(Metadata)：是关于数据的数据，即关于数据的内容、质量、状况和其他特性的信息。也可译为描述数据或诠释数据。
- 元数据元素 (Metadata Element)：元数据最基本的信息单元。
- 元数据实体 (Metadata Entity)：同类元数据元素的集合。
- 元数据子集 (Metadata Section)：相互关联的元数据实体和元素的集合。
- 数据集 (Dataset)：相关数据的集合。
- 信息交换网站 (Clearinghouse)：数据生产者、管理者和用户之间的分布式、电子连接的数据网络交换站点。
- 数据志 (Lineage)：数据继承信息，包括获取或生产数据使用的原始资料说明、数据处理中的参数、步骤等情况及负责单位的有关信息等。
- 引用文献(Citation)：数据集引用或参考使用的资料、数据集、模型、文献等。

(2)统计元数据层次结构和性质：说明统计元数据的隶属关系和性质。

①元数据层次结构：元数据元素是元数据的最基本的信息单元，元数据

实体是同类元数据元素的集合,元数据子集是相互关联的元数据实体和元素的集合。在同一个子集中,实体可以有两类即简单实体和复合实体,简单实体只包含元素,复合实体既包含简单实体又包含元素,同时复合实体与简单实体及构成这两种实体的元素之间具有继承关系。

②元数据性质:元数据子集、实体和元素可具有三种性质。

● 必选(Mandatory,M)——元数据的核心内容,适用于各种被描述对象,是元数据文件必须包含的子集、实体或元素。

● 一定条件下必选(Conditional,C)——针对不同的被描述对象特征,在满足一定条件时,元数据文件所必须提供的子集、实体或元素。

● 可选(Optional,O)——该子集、实体或元素是可选的,由用户决定是否将其包含在元数据文件中。

(3)统计元数据分类和特征:描述统计元数据的类属和每一类元数据的特征。

①统计元数据分类:统计制度、统计报表、统计指标、填报目录、分类标准和制度方法文件等。

②元数据基本特征如下:

● 名称:赋给元数据实体或元素的标记。

● 定义:对元数据实体和元素的说明。

● 性质:说明元数据实体或元素是否总是出现,或有时出现的描述符。

● 条件:说明何种条件下元数据子集、实体或元素是必选的。如果对所说明的条件回答是肯定的,那么该子集、实体或元素就是必选的。

● 数据类型:表示元数据元素的一组不同的值,例如"文本"、"整型"、"短语"、"坐标串"、"实型"和"日期"。

● 值域:指定每个元数据元素的取值范围。

(4)统计元数据内容:按照统计元数据分类和每一类特征设计统计元数据具体内容。

(5)统计元数据扩展原则与方法:元数据内容不能满足某种应用的需要时,可以按规定的原则进行扩充。如:扩展的类型、扩展的原则、扩展方法等。

3.3.3　我国公共统计数据库应用系统的建设

统计数据库应用系统是指在统计数据库基础之上开发的数据库管理系统

（也常常被称为统计应用系统）。将数据库及软件系统两个部分分别设计，分别选用不同的开发平台，各自形成一套完全不同的系统，这将有利于构造我国先进的统计应用系统。

我国统计应用系统建设始于上个世纪80年代中期，经过二十多年的发展，建立了不少统计数据库及其应用系统；国家元数据库的建立已有重大进展，为建立统计应用系统的统一信息标准创造了基本条件。目前，我国统计数据库系统建设的思路为：

● 统计数据库建设定位：公共数据库，顾名思义，定位于政府共享与社会公共服务，而非业内人士工作之用；由定位专一、独立运行、相辅相成的统计数据库体系各功能性数据库应用模块组成。

● 统计数据库制度依据：以为公共数据库量身定制的综合数据制度和工作规范为基础，共建共享。

● 统计数据库数据内容：以发布指标体系为框架，以综合发布数据为主要内容，数据结果相对稳定。

● 统计数据库系统界面：用户查询界面力求简单、便捷、友好、负责，提示、注释尽可能丰富、易懂。

3.3.3.1　统计应用系统开发原则

（1）整体规划原则

信息系统总体规划的目的是制定系统的目标和完成的任务，使系统达到合理分配和利用信息资源（统计信息、统计信息技术、统计信息人员）；找出现有的工作流程中的问题，促进信息技术的应用，提高经济效益和工作效率。

（2）数据规划原则

统计数据库系统是利用信息技术对统计数据进行收集、分组、存储、加工、传输、应用的系统，统计数据是核心，只有数据的统一规划才能更好地发挥统计信息的作用。我们知道，统一数据规划有利于信息共享、减少数据冗余、统一数据口径，保持数据的一致性，同时有利于挖掘信息和综合利用信息，避免造成信息孤岛和减少“数据死库”。

（3）信息规范原则

一个成熟信息系统的建设，必须是标准先行，首先建立一套规范的信息标准体系，包括统计指标描述标准；数据采集、处理、存储和查询标准；软件开发标准。

(4)技术适应性原则

统计应用系统是集统计理论与方法与以计算机、网络为代表的信息技术的结合体。在应用统计系统开发过程中必须充分考虑统计信息技术的发展，包括数据库、数据仓库、数据挖掘技术的发展，使统计应用系统具有较好的移植性和扩展性。

3.3.3.2 统计数据库系统结构

统计数据按加工次序分为：

原始数据，也称为微观数据，是指由个人、家庭自然人，企事业基本单位(包括产业活动单位)法人填报的各专业普查、调查报表所形成的不可再分解的微观原始调查所得数据以及其他微观数据；

加工数据，也称为中观数据，是指介于原始与综合之间，整理合并掉填报者微观主体标识，不包含或不直接涉及基本单位、家庭及个人秘密或隐私的经加工整理的中观数据；

综合数据，也称为宏观数据，主要指各种年鉴包含的宏观的综合指标、综合数据或综合的专业数据。二十年来的数据库建设，使统计数据的结构愈加混乱，需要以统一规范的、非调查用综合表式制度加以规范，这不仅重要，而且必要，是综合类统计数据库的关键保障。

统计数据库系统构成：

(1)专业原始数据库系统：完成数据集中存储、管理，提供发布数据，提供内部应用数据，含专业原始数据库和专业原始数据库管理系统。

专业原始数据库包括原始的基层数据和原始的综合数据，含普查基础数据、年报基础数据、部门行业基础数据和其他行政记录基础数据；该数据库对专业原始数据提供长期、安全的管理维护，支持统计数据库体系的建设和应用。

专业原始数据管理系统：对应了专业原始数据管理的业务逻辑，面向基础性调查数据的集中管理、维护。从技术上讲，根据数据目录和管理制度，以数据库等技术系统对专业原始数据提供长期、安全的管理环境和维护系统。根据数据管理的制度和原则，建立统计数据管理系统，支持专业原始数据的接收下载、导入导出、整理维护、加载更新等管理功能，即交换子系统和ETCL子系统。

(2)主题数据库系统，供专业统计人员使用的综合数据库应用环境，含专业工作数据库和主题数据库管理系统。

专业工作数据库是以专业原始数据、基础数据和综合类加工、分组数据形成的专业主题数据库，支持数据处理之后深入的数据分析和数据查询，分别支持专业内部和跨专业、跨部门的专业综合数据按授权的共享查询，并支撑综合应用数据库，如经济主题数据库、社会主题数据库、区域主题数据库、部门统计数据库、国际统计数据库。

主题数据库管理系统：业务上的专业工作数据库对应的就是统计数据库体系当中的主题数据库系统。除了现行专业组合出来的相关主题外，还应该包括国际统计数据库、部门统计数据库、地方统计数据库等。

从技术上讲，以专业原始数据（包括专业原始数据、基础数据和专业综合数据）为数据来源，使用数据仓库、元数据库构建技术，建设、形成专业性的主题数据库系统或数据仓库系统。针对专业原始数据和基础数据，该系统主要支持数据处理阶段后专业内部针对基层数据深入的分析汇总和结构查询，针对专业综合数据，该系统主要支持跨专业、跨部门的综合数据共享查询，支持综合应用库的建设和应用。

主题数据库系统应该是微中观主题数据仓库的建设，定位是面向统计生产和内部研究（分析与评估）。由于某些主题数据可能是海量级的，因此，需要持续的投入开发与更新应用支撑软环境（非基础设施），同时需要新的业务流程的配套，特别是建立起数据交换、整理、管理系统及工作机制，加大行政投入配套，组织功能、岗位设置的配套。

(3)综合应用数据库系统，是为社会公众、不同的用户群体提供数据服务的系统，含公共发布数据库和相关的综合数据库应用系统。

公共发布数据库，定位是公共服务、是统计最终产品和服务过程。综合类数据拟按主题、内部生产渠道、发布时间、发布前密级管理等要素归类为“表”，并以此形成政府公共信息目录。

综合数据库管理系统，是以常规的数据库管理系统对综合指标、综合数据进行管理，形成以应用查询服务功能为主的公共发布数据库系统。该系统以专业工作数据库为数据来源，根据共享程度及安全域划分，分别在逻辑隔断的内网运行管理，或在外网运行管理。因此该系统设计要便于操作、便于监督；查询方式，以易懂、简捷、效率为优先考虑；同时主体架构的设计，要充分考虑开放性和可扩充性，比如，要考虑不同统计部门同构链接的需要，要考虑增加多种来源后的多种发布形式问题，如年鉴频道、部委频道、国际频道等。

(4)基础支撑库系统，含统计调查项目管理数据库、基本单位名录库等元数据管理系统，地理信息和遥感信息等基础信息管理系统，为统计工作和其他数据库提供基础性应用支撑。(见图 3—11)

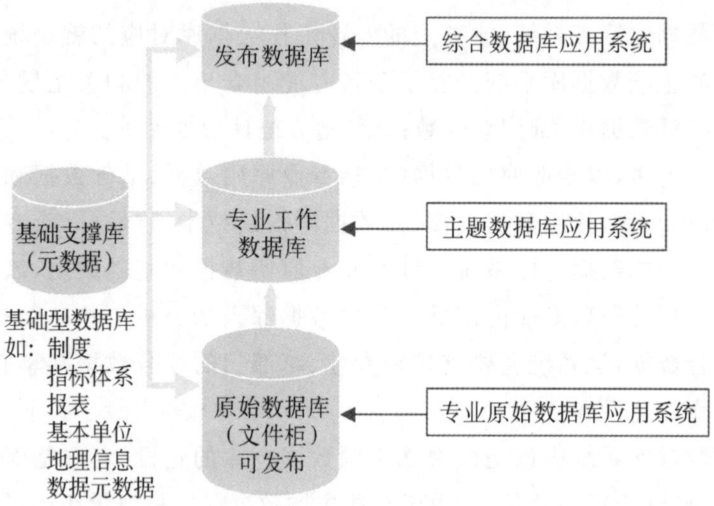

图 3—11 统计数据库系统结构

3.3.3.3 我国统计数据库应用系统建设现状

数据库应用系统是建立在数据库基础之上的应用系统，随着时间的推移，统计数据如长河流水，源源不断，为充分使用和开发数据，我国把数据库应用系统建设工作与常规的数据处理工作以及统计日常业务工作有机地结合起来，从而确保数据库应用系统建设的实用性与延续性，以及保证建成一个“活”的统计数据库系统。

建设统计数据库应用系统含两个基础工作：

● 建立统计数据库。采用将数据库的指标与数据分离开来，并通过映射关系将二者联系起来的方法。指标以一种比较易于扩充的方式存储，利于指标的修改和扩充；数据以一种简单而标准的格式作为中间文件进行存储，例如文本格式，便于数据的整理和再加工。

● 建立应用系统。应用系统建设应选定可靠而实用的技术平台，数据库平台选用标准的、功能强大的数据库系统，如 ORACLE、SYBASE 等系统，并利用该数据本身的管理功能完成数据库的管理工作，前台开发应选择能读取标准数据库且多媒体功能较强的开发平台进行开发工作。

统计数据库应用系统建设内容：

(1)指标体系设计

该部分根据数据发布内容和范围，确定数据粒度，经过规范化调整，确认整理形成公共数据库指标体系，含主题、分类以及年度与进度指标。

①指标编码体系设计

统计指标是对统计业务具体数据内容进行分类的名称，指标体系编码设计是根据统计制度规定及发布内容和范围，按照系统的方案确定出各级指标唯一数字编码的方法。指标编码的意义：便于反映统计指标间的逻辑关系、保证统计数据的唯一性、便于处理和分类、节省存储空间以及提高处理速度等。

②指标编码方法

目前国家统计局公共数据库指标编码参照金宏工程相关标准规则试编，采用树状层次结构(图 3－12 给出了指标代码的结构图)。指标代码是从根结点(年报主题、进度主题(季度主题、月度主题))到指标叶结点的路径编码。为保证指标代码的唯一性，采用定长定位编码方法对整个指标体系的六个层次指标进行编码。

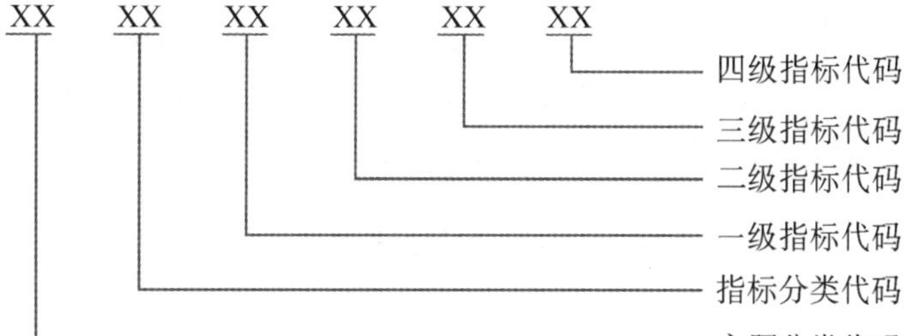

图 3－12　指标代码结构图

其中，第一层次的两位编码(如前所述)代表主题分类编码，第二层次的两位编码代表指标分类编码；第三到第六层次，从第五位开始每两位一组的四组数字分别代表一、二、三、四级指标代码。

(2)综合数据报表设计

该部分首先确定数据结构，即各业务部门根据指标体系、设计规范和数据规划要求，形成初步的工作报表，然后确认指标、分组、计量单位等内容，调整结构格式，最终集中整理形成一套综合数据报表的工程化制度文档。然后，根据指标体系、综合数据报表、系统功能需求，组织计算机技术人员开发编制数据库系统软件，进行系统开发。

①综合数据报表

是指可供公开发布的数据按一致的统计主题、生产渠道、综合提交单位、分类与粒度、安全等级、提交时间组成的工作报表。数据报表有统一报表编码，具体内容包括：主题标题、指标构成、分组分类、计量单位及诠释，以及来源、提交时间、发布前密级、发布时间、发布范围、责任人等，经批准后以制度形式规范执行 。

②综合数据报表命名及编号规则

报表名称命名原则是：尽可能通过报表名称，最大限度的把报表信息展示完全。综合数据报表编号采用定长定位方法，为六个层次的结构，具体见图 3－13：

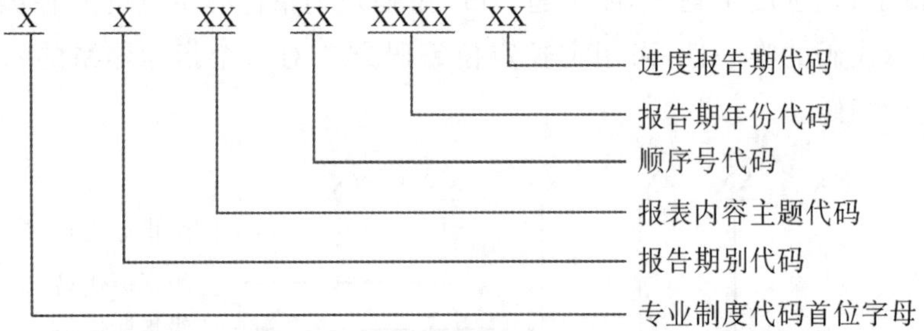

图 3－13 综合数据报表编号结构图

其中：

第一层次(X)为一位英文大写字母，代表所在专业调查制度代码(如 A、B、C、D、E、…X 等)；

第二层次(X)为一位数字，代表期别，年报为 1、季报为 2、月报为 3；国际统计另定；

第三层次(XX)为两位数字，代表各专业对应公共数据库指标体系(分年报、进度)的主题编号；

第四层次(XX)为两数字，代表报表在确定前三段属性编码基础上的报表顺序码，以满足同类报表续表和多表的编码，由各业务单位自定；

第五层次(XXXX)为四位数字，代表年份，报告期或截至期年份，如：2005；

第六层次(XX)两位数字，代表进度期别，季度的为01～04，月度的为01～12，含义包括当期或截止当期累计，或统计专业含义的季度、月度。如同年份的各季度或各月的综合数据报表空表样式格式完全一样，其季度编号、月度编号可用同等位数的“X”代表；填充了真实数据的进度报表，其季度或月度编号要如实编号，不得缺省。

六段间用半角横线“－”隔开；报表样式中，表号在先，表名在后，同行。

(3)数据整理、录入、审核与发布

统计数据的整理和录入由各业务相关部门、相关人员根据最终表式、制度规则和整理流程要求完成，并做好注释注解、报备手续，形成电子文档；再经审核人专业审核，提交相关文件管理系统，文件管理系统对综合数据整理报表按照规定的表号、责任部门、提交时间、发布时间、发布范围、发布前密级实行目录管理，并定时检录报告数据提交情况。以表为单位进行结构性审核、内容审核、奇异值审核，以业务部门为单位进行一致性审核、综合性审核、完整性审核，最后，综合审核人对各业务部门提交的数据进行综合性审核，通过综合性审核的综合数据报表进入相关文件管理系统的内部加载“预发布”程序，即加载到内部综合统计工作数据库，供内部按管理权限审查和查询；审核无误并到达发布时间，由系统自动将发布内容按安全管理程序“贴”到公共数据库。

3.4　统计数据中心技术

3.4.1　统计数据中心概念

3.4.1.1　数据中心概念

数据管理技术的发展可以大体归为三个阶段：人工管理、文件系统和数据库管理系统。

人工管理阶段，计算机系统不提供对用户数据的管理功能。用户编制程序时，必须全面考虑好相关的数据，包括数据的定义、存储结构以及存取方法等。程序和数据是一个不可分割的整体。数据脱离了程序就无任何存在的价值,数据无独立性,数据不能共享,致使程序与程序之间存在大量的重复数据,浪费了存储空间。

文件系统阶段,随着计算机处理的数据量的增加,数据的存储、检索和维护问题成为紧迫的需要,数据结构和数据管理技术迅速发展起来。软件领域出现了操作系统和高级软件。操作系统中的文件系统是专门管理外存的数据管理软件,文件是操作系统管理的重要资源之一。数据以"文件"形式可长期保存在外部存储器的磁盘上,程序与数据之间具有"设备独立性",数据不再属于某个特定的程序,可以重复使用,即数据面向应用。但是文件结构的设计仍然是基于特定的用途,程序基于特定的物理结构和存取方法,因此程序与数据结构之间的依赖关系并未根本改变。

数据库管理系统阶段,数据管理技术进入数据库系统阶段克服了文件系统的缺陷,提供了对数据更高级、更有效的管理。这个阶段的程序和数据的联系通过数据库管理系统来实现,数据库系统阶段有自己独特的优势,概括起来有:数据冗余明显减少,实现了数据共享;有较高的数据独立性;数据库系统为用户提供了方便的用户接口,用户可以使用查询语言或终端命令操作数据库,也可以用程序方式(如用C一类高级语言和数据库语言联合编制的程序)操作数据库;在应用系统开发上仍以程序系统为出发点。

我们知道对应用软件系统的开发策略,一直有两种不同的方法和理论:就是以程序系统为出发点还是以数据系统为出发点来开发应用系统,数据管理的前三个阶段系统开发都是以程序系统为出发点,注重业务的处理流程和步骤,以及处理过程中各个步骤之间的逻辑关系,而数据仅仅是程序系统分析的产物。

著名美国信息系统专家詹姆斯·马丁(James Martin)在20世纪80年代中期就提出了计算机信息系统是以数据为中心的原理,写出了许多数据集成的理论和方法专著。其中《信息工程与总体数据规划》提出了"数据中心原理",其主要原理是:

(1)只要企业的性质和目标不变,它的数据类就是基本稳定的。

(2)任何业务管理的瞬间,都是对这些数据类的数据输入(数据的增加、修改或删除等)和数据输出(数据的检索、打印或使用等)。

(3)系统的开发应该面向数据,因为数据是稳定的。系统的开发不应该面向处理过程,因为对数据的加工处理过程是多变的。

由此可见,只有经过科学的规划和设计,用 DBMS 建立具有共享性和一致性的、本来意义上的数据库,即“主题数据库”,以主题数据库为主的数据环境才是集成化的数据环境,在这种数据环境中才能开发和运行集成化的信息系统。

3.4.1.2　统计数据中心

统计数据中心是对政府综合统计的基础数据实行集中、全集、全程的管理。

统计数据中心是一个利用当今先进信息技术手段,以统计数据收集、数据开发等数据管理、数据处理、数据服务为核心业务的专业数据管理系统。它需要集成信息基础设施管理、信息系统建设、数据管理和服务的功能。统计数据中心应具备以下基本要素:

(1)对海量的数据进行存储备份;

(2)对数据进行集中的存储和管理;

(3)对不同的数据资源进行采集,并进行智能化的整合与管理;

(4)方便与各类应用系统对接,提供任意格式的数据。

因此,以建设统计数据中心为目标,通过统计数据中心应用系统的建设来统一规范统计应用系统,使得统计应用系统具有通用性、一致性。

数据中心建设,包括:

- 以数据规划和元数据为核心的统计标准。
- 对当前业务数据的抽取、转换、净化、加载(英文简称 ETCL)和后期整理维护。
- 完备的统计信息内容审计、用户权限、共享范围管理的机制保障。
- 建设存储备份系统和专用机房为基础支撑,为综合应用提供准确、系统、丰富、权威、可靠的基础数据集、主题数据集和数据应用目录。

3.4.2　统计数据中心功能

统计数据中心以数据管理和服务为核心业务,在技术方面,要建立完整的数据加工、管理、服务所必需的软硬件设备,建立进行集中与分布相结合的数据管理和应用体系。确保数据的正确性、完整性、一致性和及时性。统计数据中心应该是统计所有数据的管理、加工与服务的中心。

统计数据中心主要功能大致为：

- 存储统计系统各专业每月、每年定期的综合性统计信息资料。
- 存储分地区、分行业、分经济类型、分时点、分时期等多种分组统计信息资料。
- 存储包括宏观经济、产业经济、专题类、区域经济、行业经济等相关数据。
- 存储各类普查(经济普查、人口普查、农业普查)等重大国情国力调查的元数据库和综合数据。
- 存储各类抽样调查数据等。
- 合理的分类及专业化的加工处理,使指标结构贴近于分析应用。
- 数据表格与多种图像相结合,为用户有效地利用数据进行深加工分析提供便利。
- 具备更新维护功能,便于添加新一时期的统计资料。
- 建立基于统计指标体系和规范报表制度的数据中心的元数据库。

通过数据中心建设可以规范统计的数据采集处理与管理业务平台,从而为规范统一统计数据库体系与数据深层次、多角度分析提供良好的基础。

统计数据中心管理的基本职责为：

- 统计数据资源总体规划与元数据统一设计管理。
- 统计元数据库体系开发建设。
- 统计数据质量控制与编辑规则。
- 统计数据库实体的开发、维护及技术管理。
- 统计数据集(库)实体的安全管理。
- 统计数据集(库)实体的用户管理。
- 统计数据集(库)实体的内容维护、更新与变更管理。
- 统计数据集实体的流程、交换、导入/导出操作的控制管理。
- 统计数据的共享应用和公共服务的协调与支持。

第 4 章

数据仓库技术

数据仓库是近年来兴起的一种新的数据库应用。我国许多机构组织，建立或发展自己的信息系统都在原有的数据库基础上建立数据仓库。本章简要介绍数据仓库技术。

4.1　数据仓库概述

4.1.1　数据仓库的概念

数据仓库实际上是提供用户用于决策支持的当前和历史数据的一个环境，它能有效的把分布在网络中不同站点的数据集成到一起，为决策者提供各种类型的、有效的数据分析，起到决策支持的作用，它是一种数据管理技术。

4.1.1.1　数据仓库定义

数据仓库是指从多个数据源收集的信息，以一种一致的存储方式保存所得到的数据集合。业界公认的数据仓库概念创始人 W. H. Inmon 在《建立数据仓库》一书中给出的数据仓库的定义是：数据仓库(DataWarehouse)是一个面向主题的(SubjectOriented)、集成的(Integrate)、不可更新的(相对稳定的)(Non-Volatile)、反映历史变化(TimeVariant)的数据集合，用以支持经营管理中的决策制定过程。在构造数据仓库时，要经过数据的清洗、数据的抽取转换、数据集成和数据加载等过程。面向不同的需求，对数据进行清洗以保证数据的正确性，然后对数据进行抽取，转换成数据仓库所需形式，并实现加载到数据仓库。

对于数据仓库的概念有两个含义：首先，数据仓库用于支持决策，面向分析型数据处理，它不同于企业现有的操作型数据库；其次，数据仓库是对多个异构的数据源有效集成，集成后按照主题进行了重组，并包含历史数据，而且存放在数据仓库中的数据一般不再修改。

4.1.1.2 数据仓库特点

根据数据仓库概念的含义，数据仓库拥有以下四个特征：

(1)数据仓库中的数据面向主题，与传统数据库面向应用相对应。主题是一个在较高层次上将数据归类的标准，每一个主题对应一个宏观的分析领域：如销售状况、人事状况、整个企业的利润状况等。它可以辅助决策集成多个部门不同系统的大量数据。

(2)数据仓库的集成特性，是指在数据进入数据仓库之前，必须经过数据加工和集成，这是建立数据仓库的关键步骤，首先要统一原始数据中的矛盾之处，还要将原始数据结构做一个从面向应用向面向主题的转变，以确保数据仓库内的信息是关于整个企业的一致的全局信息。

(3)数据仓库的稳定性，是指数据仓库反映的是历史数据的内容，而不是日常事务处理产生的数据，数据经加工和集成进入数据仓库后是极少或根本不修改的。

(4)数据仓库是不同时间的数据集合，它要求数据仓库中的数据保存时限能满足进行决策分析的需要，而且数据仓库中的数据都要标明该数据的历史时期。

4.1.2 数据仓库的产生

计算机应用系统的功能从数值计算扩展到数据管理距今已有四十多年了，最初数据管理以文件系统为主，到20世纪80～90年代广泛应用的数据库，经过了二十多年发展，数据库技术在各种应用上获得了极大成功，如联机事务处理(OLTP)的应用。然而，随着计算机技术的飞速发展和企业界不断提出新的需求，当联机事务处理系统应用到一定阶段后，用户便发现单靠拥有联机事务处理已经不足以获得市场竞争的优势，他们需要对其自身业务的运作以及整个市场相关行业的情况进行分析，而做出有利的决策。这种决策需要对大量的业务数据包括历史业务数据进行分析才能得到，传统的数据库系统已经无法满足随着市场竞争的加剧而带来的管理人员对决策分析数据提供的要求,原因之一是传统的数据库系统中缺乏决策分析所需的大量历史数据信息和与决策相关的继承信息,包括企业内外部的历史数据,如行业信息、竞争对手信息等,传统的数据库系统仅仅存储了企业内部的近期的数据;原因之二是传统数据库系统注重事务处理,适应业务单纯、格式单一的应用,企业经过多年信息化建设,应用于各种领域的数据库系统的数据结构不同(有文件系统、层次或网状数据库,以及关系数据库等),开发和处理工具繁多,使得企业或其他组织无法使用现有的传统数据库系统进行处理分析以满足预测、决策分析的需要。因此,预测、决策分析需要一个能够不受传统事务处理的约束,高效率处理决策分析数据的支持环境,为了满足管理人员预测、决策分析的需要,在传统数据库的基础上产生了能够满足预测、决策分析需要的数据环境——数据仓库(DataWarehouse)。

数据仓库中存储的是经过集成的信息。通过集成,来自各数据源的相关数据被转换成统一格式,以便进行基于业务数据的决策分析,我们称它为联机分析处理 OLAP(On-Line Analytical Processing)。联机事务处理需要对业务数据进行增、删、改等事务处理操作和简单的统计汇总,对数据的存取操作频率高而每次操作处理的时间短;联机分析处理在分析处理环境中,需要使用数据(历史的、现在的)进行各种复杂分析,如长期趋势分析和数据开采等,应用程序可能需要连续几个小时,从而消耗大量的系统资源。

数据仓库的建立可使企业的信息环境划分为两大部分:操作环境和信息提供环境(或分析环境)。操作性数据库负责数据的日常操作性应用,数据在操作环境中不再使用时,若它对分析有用,就将其归到数据仓库中。数据仓库存储旧的、历史数据,留作分析性应用。在分析环境中,数据很少变动,因而数据仓库没有日常的增删改等操作,只有存取和装入操作,专用于各种复杂分析,为高层决策者服务。由此可见,数据仓库的产生可以集成企业范围内的数据同时也便于进行支持高层决策用的复杂分析。

数据仓库这个概念在 20 世纪 90 年代初被提出来,更多的含义是数据仓库就是一个作为决策支持系统和联机分析应用数据源的结构化数据环境。数据仓库所要研究和解决的问题就是从数据库中获取信息的问题。

4.1.3　数据库与数据仓库的关系

传统的数据库技术是以单一的数据资源,即数据库为中心,进行事务处理、批处理、决策分析等各种数据处理工作,主要数据处理任务划分为两大类:操作型处理和分析型处理(或信息型处理)。操作型处理也叫事务处理,是指对数据库联机的日常操作,通常是对一个或一组纪录的查询和修改,主要为企业的特定应用服务的;分析型处理则用于管理人员的决策分析,经常要访问大量的历史数据。传统数据库系统承担了企业的日常事务处理工作,但难于实现对数据分析处理要求,数据仓库在企业的信息环境中承担实现对数据分析处理要求,两者在组织信息系统发挥着不同的作用。传统数据库系统的重点与要求是快速、准确、安全、可靠地将数据存进数据库,数据仓库的重点与要求就是能够准确、安全、可靠地从数据库中取出数据,经过加工转换成有规律信息之后,再供管理人员进行分析使用。

数据仓库是数据库技术的一种新的应用,用于高层决策的数据仓库需要丰富的数据基础及数据库,存储的数据量庞大。而且到目前为止,数据仓库还是用关系数据库管理系统来管理其中的数据。表4—1列出了数据库与数据仓库的区别。

表4—1 数据库与数据仓库的区别

对比内容	数据库	数据仓库
数据内容	当前值	历史的、存档的、归纳的、计算的数据
数据目标	面向业务操作程序、重复处理	面向主题域、管理决策分析应用
数据特性	动态变化、按字段更新	静态、不能直接更新、只定时添加
数据结构	高度结构化、复杂、适合操作计算	简单、适合分析
使用频率	高	中到低
数据访问量	每个事务只访问少量记录	有的事务可能要访问大量记录
对响应时间要求	以秒为单位计量	以秒、分钟,甚至小时为计量单位

4.2 数据仓库中的数据组织

数据仓库是存储数据的一种组织形式,它从传统数据库中获得原始数据,先按辅助决策的主题要求形成当前基本数据层,再按综合决策的要求形成综合数据层(又可分为轻度综合层和高度综合层)。随着时间的推移,由时间控制机制将当前基本数据层转为历史数据层。数据仓库中逻辑结构数据由三层到四层数据组成，它们均由元数据（MetaData）组织而成。数据仓库中数据的物理存储形式有多维数据库组织形式（空间超立方体形式）和基于关系数据库组织形式（由关系型事实表和维表组成）。

4.2.1 数据仓库的结构

典型的数据仓库的组织结构分为四个级别：早期细节级、当前细节级、轻度综合级、高度综合级，如图 4—1 所示。源数据经过综合后，首先进入当前细节级，并根据具体需要进行进一步的综合从而进入轻度综合级乃至高度综合级，从中可以看出，数据仓库中存在着不同的综合级别，一般称之为"粒度"，粒度越大，表示细节程度越低，综合程度越高。级别的划分是根据粒度进行的。由于数据仓库的主要作用是 DSS 分析，因而绝大多数查询都基于一定程度的综合数据之上的，只有极少数查询涉及到细节。所以应该将大粒度数据存储于快速设备如磁盘上，小粒度数据存于低速设备如磁带上。

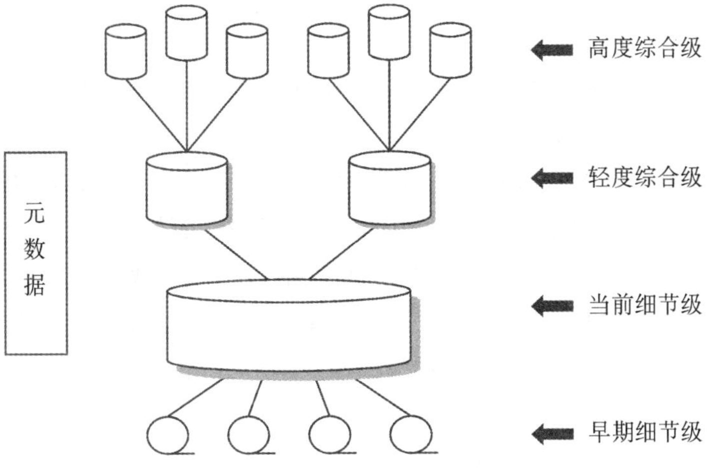

图 4—1 数据仓库的逻辑结构

数据仓库中的几个重要概念：

● 元数据：数据仓库中还有一部分重要数据是元数据（MetaData）。元数据是"关于数据的数据"，如传统数据库中的数据字典就是一种元数据。在数据仓库环境中，主要有两种元数据：第一种是为了从操作型环境向数据仓库环境转换而建立的元数据，它包含了所有源数据项名、属性及其在数据仓库中的转换；第二种元数据在数据仓库中是用来与终端用户的多维商业模型/前端工具之间建立映射，此种元数据称为 DSS 元数据，常用来开发更先进的决策支持工具。

● ETL(Extract Transformation Load 抽取、转换、装载)：用户从数据源抽取出所需的数据，经过数据清洗、转换，最终按照预先定义好的数据仓库模型，将数据加载到数据仓库中去。

● 粒度：粒度是数据仓库的数据单位中保存数据的细化或综合程度的级别。细化程度越高，粒度级就越小；相反，细化程度越低，粒度级就越大。

● 分割：是指将数据分散到各自的物理单元中，存在某种相关性的数据组织在一起，以便能分别独立处理，以提高数据处理的效率。分割的标准可以根据实际情况来定，通常可选择按日期、地域或业务领域来进行分割。

4.2.2 数据仓库的数据组织形式

数据仓库中常见的数据组织形式有简单堆积文件、轮转综合文件、简化直接文件和连续文件。

4.2.2.1 简单堆积文件

简单堆积文件它将每日由数据库中提取并加工的数据逐天积累并存储起来。

4.2.2.2 轮转综合文件

数据存储单位被分为日、周、月、年等几个级别。在一个星期的七天中，数据被逐一记录在每日数据集中；然后，七天的数据被综合并记录在周数据集中；接下去的一个星期，日数据集被重新使用，以记录新数据。同理，周数据集达到五个后，数据再一次被综合并记入月数据集。以此类推。轮转综合结构十分简捷，数据量较简单堆积结构大大减少。当然，它是以损失数据细节为代价的，越久远的数据，细节损失越多。

4.2.2.3 简化直接文件

简化直接文件类似于简单堆积文件，但它是间隔一定时间的数据库快照，比如每隔一星期或一个月作一次。

4.2.2.4 连续文件

通过两个连续的简化直接文件，可以生成另一种连续文件，它是通过比较两个简化直接文件的不同而生成的。当然，连续文件同新的简化直接文件也可生成新的连续文件。

对于各种文件结构的最终实现，在关系数据库中仍然要依靠“表”这种最基本的结构。

4.2.3 数据仓库的数据追加

如何定期向数据仓库追加数据也是一个十分重要的技术。我们知道，数据仓库的数据是来自 OLTP 的数据库中，问题是我们如何知道究竟哪些数据是在上一次追加过程之后新生成的。常用的技术和方法有：

4.2.3.1 时标方法

如果数据含有时标，对新插入或更新的数据记录，在记录中加更新时的时标，那么只需根据时标判断即可。但并非所有的数据库中的数据都含有时标。

4.2.3.2 DELTA 文件

DELTA 文件是由应用生成的，记录了应用所改变的所有内容。利用 DELTA 文件效率很高，它避免了扫描整个数据库，但同样的问题是生成 DELTA 文件的应用并不普遍。此外，还有更改应用代码的方法，使得应用在生成新数据时可以自动将其记录下来。但应用成千上万，且修改代码十分繁琐，这种方法很难实现。

4.2.3.3 前后映象文件的方法

在抽取数据前后对数据库各作一次快照，然后比较两幅快照的不同从而确定新数据。它占用大量资源，对性能影响极大，因此并无多大实际意义。

4.2.3.4 日志文件

最可取的技术大概是利用日志文件了，因为它是 DB 的固有机制，不会影响 OLTP 的性能。同时，它还具有 DELTA 文件的优越性质，提取数据只要局限日志文件即可，不用扫描整个数据库。当然，原来日志文件的格式是依据 DB 系统的要求而确定的，它包含的数据对于数据仓库而言可能有许多冗余。比如，对一个记录的多次更新，日志文件将全部变化过程都记录下来；而对于数据仓库，只需要最终结果。但比较而言，日志文件仍然是最可行的一种选择。

4.3 数据仓库的体系结构

数据仓库系统(DWS)由源数据、数据仓库、仓库管理和分析工具四部分组成。

源数据:数据仓库的数据来源于多个数据源,包括组织内部数据及各种外部数据。

数据仓库:在确定数据仓库信息需求后,首先进行数据建模,然后确定从源数据到数据仓库的数据抽取、清理和转换过程,最后划分维数及确定数据仓库的物理存储结构。存储数据模型和定义数据结构、转换规划、仓库结构、控制信息等用元数据表示,元数据是数据仓库的核心。

仓库管理:包括对数据的安全、归档、备份、维护、恢复等工作,这些工作需要利用数据库管理系统(DBMS)的功能。

分析工具用于完成实际决策问题所需的各种查询检索工具、多维数据的OLAP分析工具、数据开采DM工具等,以实现决策支持系统的各种要求。

4.3.1 数据仓库的体系结构

数据仓库是储存、管理信息数据的一种组织形式,其物理实质仍是计算机存储数据的系统,只是由于使用目的不同,其存储的数据在量和质以及前端分析工具上与传统信息系统有所不同。一个完整的数据仓库应当具备建立、管理和使用全部成分,数据仓库内容按照功能分为以下几部分。

- 元数据。元(Meta)数据是数据仓库的核心,是关于数据的数据,是关于数据和信息资源的描述信息。它通过对数据的内容,质量,条件和其他特征进行描述和说明,帮助人们有效地定位、评论、比较、获取和使用相关数据。

- 源数据。源数据指分布在不同的应用系统中,存储在不同的平台和不同的数据库中的大量的数据信息,是数据仓库系统的基础,是整个系统的数据源泉。通常包括内部信息和外部信息。内部信息包括存放于数据库系统中的各种业务处理数据和各类文档数据,外部信息包括各类法律法规、市场信息和社会信息等。

- 数据变换工具。为了优化数据仓库的分析性能,源数据必须经过变换以最适宜的方式进入数据仓库。变换主要包括提炼、转换。数据提炼主要指数据的抽取,并对抽取数据删去不需要的运行信息,检查数据的完整性和相容性等;数据转换指统一数据编码和数据结构、给数据加上时间标志、根据需要对数据集进行各种运算以及语义转换等。数据变换工具为数据库和数据仓库之间架起了一座桥梁,使源数据得到了增值和统一,最大限度地满足了数据仓库高层次决策分析的需要。

● 数据仓库。源数据经过变换进入数据仓库。数据仓库以多维方式来组织数据和显示数据。属性维和时间维是数据仓库反映现实世界动态变化的基础,他们的数据组织方式是整个数据仓库技术的关键。

● 数据分析工具。数据仓库系统的目标是提供决策支持,它不仅需要一般的统计分析工具,更需要功能强大的分析和挖掘工具,是数据仓库系统的重要组成部分。分析工具主要实现对数据仓库中的数据进行分析和综合。挖掘工具负责从大量的数据中发现数据的关系,找到可能忽略的信息,预测趋势和行为。

数据仓库既是一种结构和富有哲理性的方法,也是一种技术。数据和信息从不同的数据源提取出来,然后把这些数据转换成公共的数据模型并且和仓库中已有的数据集成在一起。当用户向仓库进行查询时,需要的信息已经准备好了,数据冲突、表达不一致等问题已经得到了解决。这使得决策查询更容易、更有效。

图 4－2 给出了数据仓库系统的基本体系结构,整个数据仓库系统是一个包含数据源、数据存储与管理、OLAP 服务器和前端展示四个层次的体系结构。

4.3.1.1　数据源层

数据源层是整个数据仓库系统的基础,含数据源和数据获取系统两个内容。

(1)数据源:为数据仓库提供源数据(sourcedata),他是数据仓库的基础,位于数据仓库构架的最底层,包括各个业务处理子系统的信息,如各种业务系统数据库,联机事物处理系统(OLTP)的操作型(operational)数据,外部数据源等都可以作为数据仓库的数据源。

(2)数据获取:数据仓库如何高效管理数据是区别与面向操作数据库的主要标准。实用工具获取数据,完成按照主题管理数据,聚合数据存放于多维数据库中是数据仓库的核心。

数据抽取(extraction)、转换(transformation)、装载(load)和刷新(refresh)工具的功能是从数据源中抽取数据对数据进行检验和整理,并根据数据仓库的设计要求,对数据进行重新组织和加工,装载到数据仓库的目标数据库中,并且可以周期性地刷新数据仓库以反映源的变化以及将数据仓库中的数据作转储。

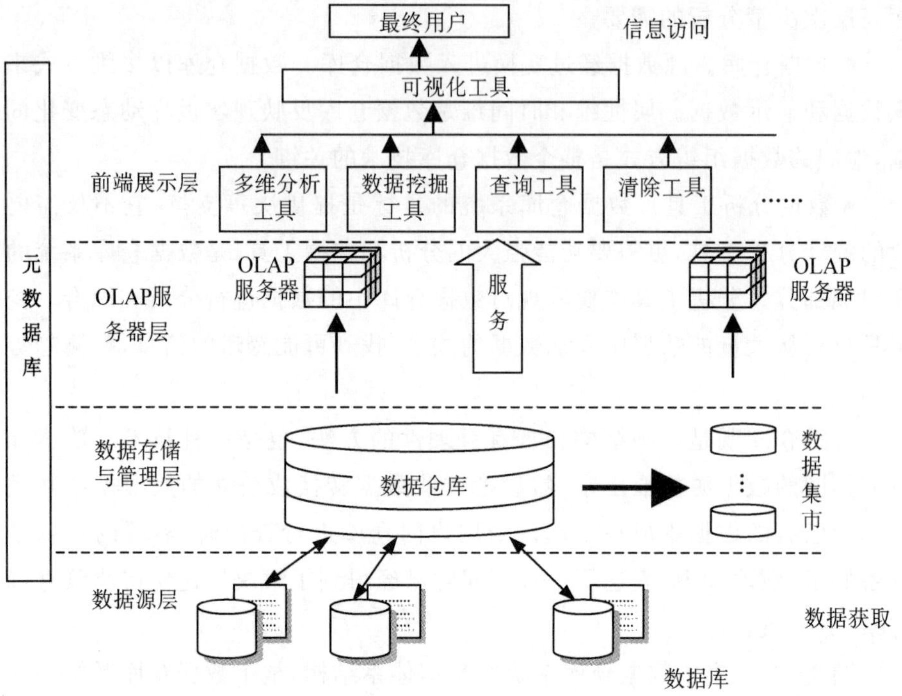

图 4—2 数据仓库系统的基本体系结构

4.3.1.2 数据存储与管理层

数据存储与管理层是整个数据仓库系统的核心，含数据仓库和数据监控与管理系统两个内容。

(1)数据仓库或数据集市(datamarts)，是数据仓库系统的目标数据库(targetdatabase)，存储经检验、整理、加工和重新组织后的数据。它可以是关系数据库(ROLAP)或多维数据(MOLAP)。

元数据库(metadatarepository)用于存储数据模型和元数据，元数据描述了数据仓库中的源数据和目标数据本身的信息，并定义了源数据到目标数据的转换过程。

(2)数据仓库监控(monitoring)和管理(administration)系统：对数据仓库的运行提供监控和管理手段，包括系统资源的使用情况、用户操作的合法性、安全管理、存储管理等多方面的内容。

4.3.1.3 OLAP 服务器层

OLAP服务器层是功能强大的多用户的数据操纵引擎，对分析需要的数据进行有效集成，按多维模型予以组织，以便进行多角度、多层次的分析，并发现趋势。其具体实现可以分为：ROLAP（关系型联机分析处理）、MOLAP（多维联机分析处理）和HOLAP（混合型联机分析处理）。ROLAP基本数据和聚合数据均存放在RDBMS之中；MOLAP基本数据和聚合数据均存放于多维数据库中；HOLAP基本数据存放于RDBMS之中，聚合数据存放于多维数据库中。

4.3.1.4 前端展示层

前端展示层相当于数据仓库的门面，主要包括各种报表工具、查询工具、多维分析工具、数据挖掘工具以及各种基于数据仓库或数据集市的应用开发工具。其中数据分析工具主要针对OLAP服务器，报表工具、数据挖掘工具主要针对数据仓库，近几年来由于互联网的发展，使得分析领域的工具和产品更加注重提供基于Web前端联机分析界面，而不仅仅是在网上发布数据。

4.3.2 数据集市

数据仓库通常是企业级应用，因此涉及的范围和投入的成本非常巨大，使一些企业无力承担。因而，他们希望在最需要的关键部门建立一种适合自身应用的、自行定制的部门数据仓库子集。正是这种需求使数据集市应运而生。数据集市（DataMart）是聚焦在选定的主题上的，是一种小型的部门级别的数据仓库，主要面向部门级业务，是为满足特定用户的需求建立的一种分析型环境。

数据集市除具有数据仓库的基本特征之外，还具有如下特点：

- 规模小，灵活，可以按照多种方式组织。
- 独立数据集市的构建比较快。
- 不同的数据集市可以分布在不同的物理平台上，也可以逻辑的分布在同一物理平台。
- 数据集市提供了分布式数据仓库的思想。

根据数据的来源不同，数据集市分为独立的和依赖的两类。在独立的数据集市中，数据来自一个或多个操作的系统或外部信息提供者，或者来自在一个特定的部门或地域局部产生的数据。依赖的数据集市中的数据直接来自企业数据仓库。

表4－2给出了数据集市与数据仓库的区别。

表4—2 数据集市与数据仓库的区别

对比内容	数据仓库	数据集市
范围	企业级	部门级
主题	企业主题	部门或特殊的分析主题
数据粒度	最细的粒度	较粗的粒度
历史数据	大量的历史数据	适度的历史数据
优化	处理海量数据、数据探索	便于访问和分析、快速查询

4.3.3 数据仓库相关技术

4.3.3.1 数据的抽取技术

数据仓库的数据来源复杂而多样，如有网络传输、文件传递、数据库表、网页等形式，由于数据最终要整合成一体，所以数据源接入时就需要对数据源进行规范化，并对其进行转换、去重、一致化、标准化等处理。数据源的分析和处理保证了进入数据仓库的数据的质量，并可以通过数据探查获取质量评估，量化数据质量，从根本上对数据源进行把关和筛选。

数据的抽取是数据进入仓库的入口。由于数据仓库是一个独立的数据环境，它需要通过抽取过程将数据从联机事务处理系统、外部数据源、脱机的数据存储介质中导入到数据仓库。数据抽取在技术上主要涉及互连、复制、增量、转换、调度和监控等几个方面。数据仓库的数据并不要求与联机事务处理系统保持实时的同步，因此数据抽取可以定时进行，但多个抽取操作执行的时间、相互的顺序、成败对数据仓库中信息的有效性则至关重要。

4.3.3.2 数据集成技术

数据集成是整个数据仓库系统的核心，它涉及到数据建模、ETL、数据质量管理、元数据管理、数据编码与数据字典等技术。

数据仓库中通常存储海量的历史数据，向用户提供快速准确的数据查询与计算分析功能，所以需对数据存储的结构进行合理的建模，以支持高效的查询分析；由于历史数据往往横跨多个年份，数据的统计口径、含义、属性等通常会发生变化，为了使数据可以在时间序列上进行比较分析，需要对数据结构进行特殊设计。一般可采用多维建模技术，运用星型、雪花型、星座型、雪暴型等结构对数据进行建模设计。

数据源的结构和数据在数据仓库中存储的结构不同，并且针对不同应用，数据需要按照不同结构进行组织，这时需要ETL技术对数据进行抽取、转换、加载，它贯穿于数据仓库整个数据加工过程，驱动异构源数据的整合、处理及流动；同时还需考虑ETL工程开发技术，尽可能简化ETL工程维护量，提高ETL执行的效率，从而保证数据仓库更新的及时性。

数据质量的保证主要包括数据质量评估、数据清洗、数据质量监控，发现和处理源数据中存在的数据缺失、不一致、歧义、重复等问题以及保证数据加工过程中不会产生错误。

元数据可以记录了数据的加工处理的过程和数据仓库数据内容与数据结构，通过元数据管理技术，可以方便的进行数据相关分析，追溯影响数据分析结果的因素所在，还可以对整个数据仓库系统进行调度和监控，并且有效辅助数据质量的管理和控制。

数据编码技术为数据与数据、数据与新闻资讯建立关联提供了支持，而数据字典有助于用户快速有效的理解、查询与浏览数据。

4.3.3.3　数据存储与管理技术

数据仓库的真正关键是数据的存储和管理。数据仓库的组织管理方式决定了它有别于传统数据库的特性，同时也决定了其对外部数据表现形式。数据仓库存储的数据复杂且数量庞大，要满足的数据服务需求也是多样的，因此数据仓库的存储与管理技术有以下几个方面：

(1)对大量数据的存储。数据仓库的数据量比传统事务处理大得多，且随时间的推移而累积。目前主要采用关系数据库系统，关系数据库支持数据分割技术，能够将一个大的数据库表分散在多个物理存储设备中，进一步增强了系统管理大数据量的扩展能力。

(2)对复杂查询的处理。在传统联机事务处理应用中，用户访问系统的特点是短小而密集；而在数据仓库系统中，用户访问系统的特点是庞大而稀疏，每一个查询和统计都很复杂，但访问的频率并不是很高，系统需要多处理机系统并行处理这一个复杂的查询请求服务，因此，并行处理技术在数据仓库中比以往更加重要。

(3)决策支持查询的优化。关系数据库而言，针对决策支持的优化涉及数据库系统的索引机制、查询优化器、连接策略、数据排序和采样等诸多部分。

(4)支持多维分析的查询模式。用户在使用数据仓库时的访问方式与传统的关系数据库有很大的不同。对于数据仓库的访问往往不是简单的表和记录的查询,而是基于用户业务的分析模式,即联机分析。如图4—3所示的矩阵或向量,并将其制成图表或输入数理统计的算法。

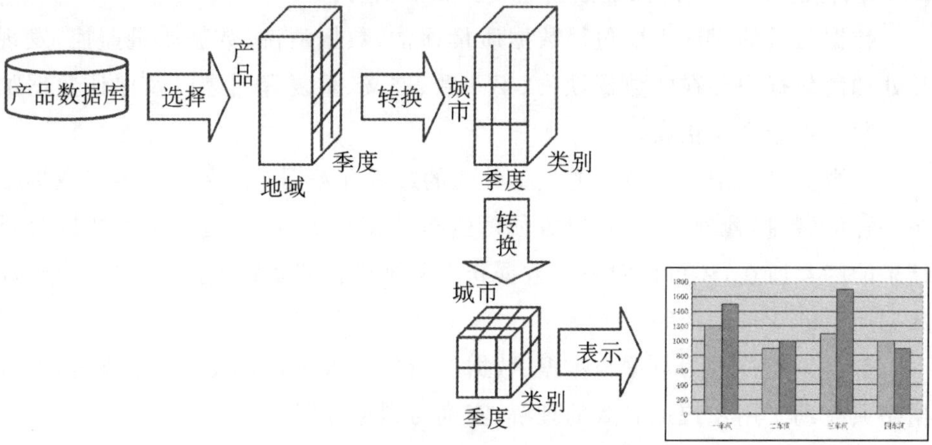

图4—3 联机分析数据处理示意图

多维数据库是一种以多维数据存储形式来组织数据的数据管理系统,它的特点是将数据想象成多维的立方体,用户的查询便相当于在其中的部分维(棱)上施加条件,对立方体进行切片、分割,得到的结果则是数值,它不是关系型数据库,在使用时需要将数据从关系数据库中转载到多维数据库中方可访问。采用多维数据库实现的联机分析应用我们称之为MOLAP。几年前,数据仓库专家们发现,关系数据库若采用"星型模式"来组织数据就能很好地解决多维分析的问题。"星型模式"是数据库设计中数据表之间的一种关联形式,它的巧妙之处在于能够找到一个固定的算法,将用户的多维查询请求转换成针对该数据模式的标准SQL语句,而且该语句是最优化的。采用关系数据库实现的联机分析应用称为ROLAP。

在数据仓库的数据存储管理领域,从当今的技术发展来看,面向决策支持扩充的并行关系数据库将是数据仓库的核心。在市场上,数据库厂商将成为数据仓库的中坚力量。

4.3.3.4 OLAP分析技术

联机分析(OLAP)是一种数据动态分析模型,它允许用户通过一种多维结构来访问数据仓库中经过聚合和组织整理的数据。OLAP 最基本的概念其实只有三个:多维分析、数据钻取、立方体运算。

首先,从动态的多维角度分析数据即多维分析,我们通常分析问题时,会从多个角度或者几个角度的组合来进行分析。OLAP 分析最基本的概念:从多个观察角度的灵活组合来观察数据,从而发现数据内在规律。OLAP 将数据分为两种特征,一种为度量数据,用来说明事实,比如进出口金额、销售量等;还有一种为维度数据,用来说明事实的特征和属性,比如进出口商品、产销国等。前者为观察的对象,后者为观察的视角。

其次,对数据进行钻取,以获得更精确的信息,实现从宏观到微观的分析。比如海关进出口数据中产销国分为大洲、国家两个层次,洲包含国家,在分析各大洲产品进出口情况时希望更进一步分析各国家进出口情况,就需要钻取操作,进一步细化的数据带来更精确的认识。

最后,创建数据立方体,可以想象将维度数据放在坐标轴上,度量数据位于几个坐标决定的点,这样就形成一个数据立方体。

OLAP 分析所需的原始数据量是非常庞大的。一个分析模型,往往会涉及数百万条、数千万条甚至更多;而分析模型中包含多个维数据,这些维又可以由浏览者作任意的提取组合。这样的结果就是大量的实时运算导致的时间延滞。OLAP 分析中的重要技术——数据立方体预运算技术解决了分析效率问题。

除此以外,OLAP 通常包括的功能还有数据旋转(变换观察维组合顺序)、数据切片(过滤无关数据,对指定数据进行重点观察),以及对数据进行跨行列运算(如行列差额、同比环比等运算)。

4.3.3.5　前端展现

数据仓库的数据以及分析结果需要用一种灵活的方式展现出来,其中包括报表、查询、数据导出、多维分析、数据可视化、数据挖掘工具等方式,前三种都是较为常见的方式,多维分析在 OLAP 技术部分做了介绍。其中数据可视化就是将数据用颜色或图形的方式展现出来,使用户更为直观的观察数据。数据挖掘强调的不仅仅是验证人们对数据特性的假设,而且它更要主动地寻找并发现蕴藏在数据之中的规律,是人工智能中的一支,它主要使用数学工具和算法对海量数据进行挖掘和处理，发现隐藏在数据背后的事物之间的关系和发展规律，从而达到对未来趋势进行预测、指导人们进行决策的目的。

4.4 数据仓库的建立

数据仓库理论中的一个核心理念就是：事务型数据和决策支持型数据的处理性能不同，数据仓库技术将决策支持型数据处理从事务型数据处理中分离出来，数据按照一定的周期，从事务型数据库中导入决策支持型数据库——“数据仓库”。数据仓库是按“主题”来组织数据的。

4.4.1 建立数据仓库思路

4.4.1.1 设计思路

第一，数据仓库可能要用到很多类型的数据源，历史数据可能很“老”，数据库可能变得非常大。

第二，数据仓库相对于 OLTP（联机事务处理）来说，主要考虑业务驱动(business-driven)的而不是技术驱动的(IT-driven)，需要和最终用户不断地交流，建立的过程采用螺旋式方法，开发过程按生存周期方式工作，反复不断发展丰富数据仓库功能。

设计要点：

- 数据仓库中应该包含细节数据（清理过的）。
- 用户能看到的任何数据都应该在元数据中有对应的描述。
- 考虑当数据量迅速增长到一台服务器放不下时，数据仓库中的数据在各个服务器中如何分配，按主题、地理位置还是时间？这些策略对整个数据仓库的性能影响很大。
- 当选用数据仓库设计工具时应注意：工具支持的元数据格式是否与数据仓库支持的元数据格式相容？不同工具的元数据格式之间能否自由转换？
- 最终用户对数据仓库的使用方式对数据仓库的性能影响很大，在设计数据仓库模型时为了提高性能应将用户对数据仓库的使用方式考虑在内。

4.4.1.2 环境平台选择

在环境支持上主要考虑以下因素：

硬件平台：数据仓库的硬盘容量通常是操作数据库硬盘容量的 2～3 倍；

通常大型机具有更可靠的性能和稳定性，也容易与历史遗留的系统结合在一起；而 PC 服务器或 UNIX 服务器更加灵活，容易操作和提供动态生成查询请求进行查询的能力；选择硬件平台时还要考虑的问题：是否提供并行的 I/O 吞吐？对多 CPU 的支持能力如何？

数据仓库 DBMS：他的存储大数据量的能力、查询的性能和对并行处理的支持能力？

网络结构：数据仓库的实施在那部分网络段上会产生大量的数据通信？需不需要对网络结构进行改进？

4.4.1.3　实现步骤

建立数据仓库的步骤：

- 收集和分析业务需求。
- 建立数据模型和数据仓库的物理设计。
- 定义数据源。
- 选择数据仓库技术和平台。
- 从操作型数据库中抽取、净化和转换数据到数据仓库。
- 选择访问和报表工具。
- 选择数据库连接软件。
- 选择数据分析和数据展示软件。
- 更新数据仓库。

其中：数据抽取、清理、转换和移植含以下功能：

- 数据转换工具要能从各种不同的数据源中读取数据。
- 支持平面文件、索引文件和 legacyDBMS。
- 能以不同类型数据源为输入整合数据。
- 具有规范的数据访问接口。
- 最好具有从数据字典中读取数据的能力。
- 工具生成的代码必须是在开发环境中可维护的。
- 能只抽取满足指定条件的数据和源数据的指定部分。
- 能在抽取中进行数据类型转换和字符集转换。
- 能在抽取的过程中计算生成衍生字段。
- 能让数据仓库管理系统自动调用以定期进行数据抽取工作，或能将结果生成平面文件。

● 必须对软件供应商的生命力和产品支持能力进行仔细评估。

4.4.1.4 开发和管理元数据

元数据是整个数据仓库环境运行和维护的中心,各种软件和工具都要访问这部分数据。

4.4.2 数据仓库系统开发方法

企业数据仓库的建设,是以现有组织系统和大量业务数据的积累为基础。数据仓库不是静态的概念,只有把信息及时交给需要这些信息的使用者,供他们做出改善其业务经营的决策,信息才能发挥作用,信息才有意义。而把信息加以整理归纳和重组,并及时提供给相应的管理决策人员,是数据仓库的根本任务。因此,数据仓库建设是一个工程,是一个过程。

● 传统的软件开发方法是生命周期法

该方法首先需要根据要求说明的内容建立一系列相应的要求,通过基于要求说明的分析定义出未来系统所存在的环境,根据分析过程定义的环境以及环境中的要求说明设计出符合条件的系统。然后系统经过用户的开发和测试最终得到认可。

虽然生命周期法是一个经典的软件开发方法,但它对于数据仓库系统,特别是基于数据仓库的决策支持系统并不合适。原因如下:第一,数据仓库的目标是面向主题,考虑到主题世界的不确定性,数据仓库设计师必须能在没有详细定义系统内每个画面和数据元素的情况下进行数据仓库的开发。传统的生命周期法要求业务决策者能与数据仓库设计师一起讨论并最终列出业务决策者所需要的决策信息,这在实际中并不可能。第二,数据仓库的设计不必要构造一个系统来满足用户的各种业务需要(有时要求甚至是相互矛盾的),企业级系统专门用于处理企业级策略。而生命周期法假定用户团体有一致的系统要求,这在决策系统中十分罕见。第三,由于数据仓库中数据来源有多种信息系统,因此对系统的数据要有一定的限制制约,因此要建立统一数据平台。

实际应用中为了满足数据仓库的构建要求已经使用螺旋式开发方法代替了原来的生命周期法。

● 螺旋式开发方法

该方法不断向外扩展,它的起点较低。开始的几次反复可以看作是对概念的验证，它形成了系统的基础，建立了许多基本的系统基础结构。这一过程限制了内置业务功能的数量。每向外通过一次螺旋，就会添加新的功能，每次经过的螺旋的末尾均为评估阶段，在这个阶段里用户和开发者以协商的方式评估系统发展的状况以及在下次反复中所应添加的功能。螺旋式开发方法具有较好的灵活性和易变性，适应于主题不明确或不确定的需求，它的开发过程如图 4—4 所示，其开发过程基本按生存周期方式工作，分为以下几个阶段：系统定义、需求分析、概念设计、逻辑设计、详细设计、测试、方法总结与复审。

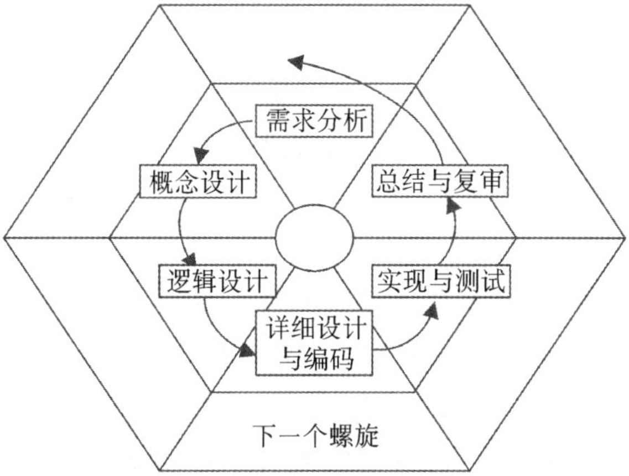

图 4—4　螺旋模型示意图

4.4.2.1　系统设想

设想是最初的设计阶段。是为决策支持和数据仓库（EDW）建立一个长期计划。

（1）设想阶段目标

- 确定在数据仓库及其相关技术的投资是否有保证。
- 确定数据仓库及相关技术在哪些方面能最好地服务于整个组织。
- 为数据仓库建立一个长期的计划。

（2）设想阶段任务

- 完成设想报告：是本阶段的调查报告，主要含组织已有 IT 结构的一个描述，包括已存在的事务处理系统及决策支持系统以及对用户的需求的一个描述。

• 完成数据仓库的长期工作计划：主要是让项目涉及的部门了解此项目何时关系到此部门，并了解项目的大致进度计划。

• 完成数据仓库的实体级数据模型：先建立部门的数据集市，然后建立需要为市场数据集市提供数据的部分综合层。必须建立一个高度概括的组织数据模型版本，获取关键实体和它们之间的关系。

4.4.2.2 需求分析

数据仓库的特点是面向主题，按主题组织数据。所谓主题就是分析决策的目标和要求，因此主题是建立数据仓库的前提。

(1)需求分析目标

为每个正在考虑中的数据仓库版本收集详细的需求。

确定主题、指标、维度、粒度等建立数据仓库的基本要素。

将系统用户纳入开发过程。

(2)需求分析任务

①完成数据仓库应用系统的需求分析，包括以下内容：

a. 主题分析：需求分析的中心工作是提出主题分析，主题是由用户提出的分析决策的目标和需求，此阶段要通过大量的需求调研，把用户提出的需求进行梳理，归纳出主题并分解成若干需求层次，构成主题层次结构。对于在层次结构中的每个主题，需要进行详细的调研，确定要分析的指标，确定用户从哪些角度来分析数据即维度，还要确定用户分析数据的细化或综合程度即粒度。主题、指标、维度、粒度是是建立数据仓库的基本要素。

b. 数据分析：数据仓库是以数据为核心，因此数据的分析非常重要。在确定了分析主题后，数据分析包括以下的工作：

• 数据源分析：分析目前存在哪些数据源，这些数据源的结构、数据之间的关系，并给出详细的描述。

• 数据数量分析：数据仓库对数据数量有一定的最低要求，对数据密度、宽度都有一定的要求，因此需要分析数据源的数据能否达到这些要求。

• 数据质量分析：需要对数据源的数据质量进行分析，确定数据的正确性、一致性、规范性和全面性能否达到要求。

• 环境要求分析：需要对满足需求的系统平台与环境提出要求，包括设备、网络、数据、接口、软件等的要求。

②报表和分析的布局：用户首先需要的是一些固定格式的报表，然后才是一些可定制的报表。通过报表详细布局帮助开发人员了解什么是用户需要的、有关的数据元素。收集报表信息的方法：与关键用户交流，然后让他们画出他们所需要的报表草图，包括如下报表信息：报表名称、报表字段、过滤器、排序顺序、需要的小计和总计、报表的页眉和页脚、报表周期、报表用途的描述及其他相关信息。

③完成逻辑数据模型：这些模型应包含用于建立报表所需要的每个字段，满足用户提出的分析请求。

④用户验收测试标准：在此阶段制定用户验收测试标准，保证后续的开发工作是有的放矢的。

4.4.2.3　概念设计

概念设计的中心工作是在需求分析基础上设计的概念数据模型。概念数据模型是客观到主观之间的桥梁，是与硬件环境、软件选择无关的数据抽象模型。

(1)概念设计目标

● 完成概念数据模型设计，是为下一步建立逻辑模型、物理模型服务的概念性工具。

● 完成数据仓库应用系统的总体设计和应用程序的模块设计。

(2)概念设计任务

①概念数据模型设计

数据仓库是面向主题来组织数据，一个数据仓库有若干个主题，而每个主题又有一个数据集合体做支撑，这个数据集合称为主题域。主题域具有独立性和完备性。采用概念数据模型设计就是要设计主题域的数据结构，包括：

● 主题域的确定：按照需求说明书定义的主题，确定每个主题对应的主题域，并确定能唯一表示主题域一个或一组属性作为主码。

● 主题域的概念数据模型：概念数据模型最常用的表示方法是实体—联系(E-R)法。

● 主题域的数据来源：确定主题域的数据结构与数据源的对应关系，作为建立数据清洗转换规则和元数据的基础。

②系统总体设计

系统总体设计包括了体系结构设计、接口设计和应用程序模块设计三部分：

● 体系结构设计:体系结构设计是设计构成系统的软件和数据的总体框架结构。完整的数据仓库体系结构一般由六个基本层次组成,他们的基本功能如下:数据源层、数据后端处理层、数据仓库及其管理层(包括元数据管理)、数据集市层、数据仓库应用层、数据展示层。

● 接口设计:包括数据源与分析模型的接口、分析模型与应用的接口两部分。前者将操作环境下的业务系统的数据装载入数据仓库环境,即从面向应用和操作的环境生成完整的数据;数据的转换;数据的计算和综合;对现有记录系统的有效扫描,以便以后进行追加。后者数据仓库的应用主要是通过各种分析工具对分析模型的数据进行分析展现,这些工具包括有业务建模与分析处理工具、分析与决策支持工具、报表处理工具、数据挖掘工具等。分析模型与应用的接口,需要建立分析模型的数据结构与工具软件的数据结构的映射关系,使工具软件能访问和检索数据仓库的数据。这些映射关系可以转化为元数据,通过元数据管理工具来管理和维护。

● 应用程序模块设计:对数据仓库应用系统中工具软件未实现的功能,需要进行应用程序开发。为此需要按需求将需要开发的应用程序进行模块设计,确定模块结构图,作为详细设计的依据。

4.4.2.4 逻辑设计

逻辑设计的中心工作是设计逻辑数据模型,逻辑数据模型是用具体的软件结构来实现概念数据模型。目前数据仓库一般是建立在关系数据库基础上,因此数据仓库的设计中采用的逻辑数据模型就是关系模型。

(1)逻辑设计的目标

● 建立星形模型:数据仓库应用系统的数据部分包括了数据仓库、数据集市、多维数据体,它们都具有多维度的特性,需要用到星形模型,它是多维模型与关系模型相结合的建模方法。

● 完成数据清洗、转换、加载(ETL)的设计。

● 完成应用程序的逻辑设计。

(2)逻辑设计的任务

①数据仓库逻辑数据模型设计

● 数据仓库关系表结构的设计

● 星形模型的设计

- 确定粒度层次
- 确定数据分割策略
- 数据仓库关系表结构的其他定义

②数据集市逻辑数据模型设计

③多维数据体逻辑数据模型设计

- 星形模型的设计
- 转换规则定义

④ETL设计

ETL是数据仓库建立的重要环节,它负责将数据源的数据抽取、清洗、转换、汇总,并加载到数据仓库中。ETL设计包括以下内容:

- 设计数据准备区的数据结构
- 定义数据抽取规则
- 定义数据清洗转换规则
- ETL流程设计

⑤应用程序的逻辑设计

应用程序的逻辑设计包括数据结构的设计、处理流程的设计、用户界面的设计和应用程序约束条件设置。

4.4.2.5 详细设计与编码

(1)详细设计与编码目标

- 完成数据仓库的物理数据模型的设计;
- 设计具体的支撑环境和平台;
- 完成应用程序的详细设计,为编码提供依据。

(2)详细设计与编码内容

- 设计系统的环境与平台:包括硬件环境平台和软件环境平台,前者定义服务器、存储、网络等硬件设备的技术要求,设计实现这些技术要求的硬件环境与平台解决方案。后者定义所需的系统软件的技术要求,确定需要的操作系统、数据仓库、OLAP、中间件以及必备的工具软件,设计实现这些技术要求的软件环境和平台解决方案。
- 工具软件的配置:数据仓库应用系统设计需要配备多种工具软件,包括数据仓库工具集、ETL工具、OLAP工具集、数据展示工具、开发工具、接口工具、元数据管理工具等，需根据设计要求选择采用哪些工具软件，同时要确定这些工具软件的选型。

● 物理数据模型设计：物理数据模型设计需要确定数据的存储结构、数据的索引策略、数据的存放位置、存储分配等。

● 数据展示设计：数据仓库应用系统有多种数据展示的设计要求，这些展示要求最终通过数据展示工具加以实现。数据展示设计要将展示要求转换为展示界面，要使展示界面很好地支持数据的各种分析功能如展开、钻取、旋转等操作，支持各种分析图形和图文并茂的展示，有友好的交互性和用户帮助设施。

● 应用程序详细设计和编码：在应用程序的逻辑设计基础上，对每个程序模块进行详细设计，包括模块内部的子模块结构设计，子模块的功能设计，子模块的处理过程、算法、接口和输入输出设计等，最后设计出模块、子模块的编码。

4.4.2.6 实现阶段

在系统投入使用，并将访问工具交付给用户，一个更重要的工作是对用户进行系统培训，确保最终用户如何熟悉地掌握新系统的使用方法。

(1)实现阶段的目标

● 将系统投入使用，确保使用过程中它能可靠地运行。

● 确保用户能熟练地使用和操作系统。

(2)实现阶段的任务

● 完成一个运行的系统；

● 完成对用户的培训；编写培训文档，组织用户培训，关键是要让用户了解数据的含义以及让用户能够自己自定义报表，进行灵活的报表查询。

4.4.2.7 审查和反复阶段

在将产品提交给最终用户后，必须对系统运行的状况和性能情况进行监视，以进行及时的错误修改和性能调整。

(1)审查和反复阶段的目标

● 确保交付的系统的性能不断满足用户的需求；

● 为用户提供一个反馈他们对系统进行改进意见的渠道。

(2)审查和反复阶段的任务

为了不断改进系统，开发人员必须开发许多脚本和文档工具。

至此，数据仓库开发已完成了一个完全的生命周期，此时必须对它做一个总结和复审，对数据仓库是否满足需求做出明确的判断。如果不能满足或出现了新的需求，就需要重新开始，进行一个新的生命周期的设计。数据仓库应用系统就在螺旋式的设计过程不断完善和成长。

4.4.3　数据仓库的逻辑设计

逻辑设计是建立数据仓库的一个重要并且非常必要的步骤。如果不能够明确数据仓库的逻辑结构，那么在物理实现数据仓库时所得到的结果将是不确定的，无法保证其能满足用户的需求，甚至是与构建初衷相悖的。因此，没有好的逻辑设计，数据仓库的建设是没有意义的。

数据仓库的逻辑设计离不开它的逻辑数据模型。所谓模型是指在无法直接利用实际对象建立系统时所采用的一种替代方法，从这个意义上来说，模型代表的是实际对象。在分析和设计过程中模型是十分有用的，其原因有二：

第一，模型中只含有与设计相关的属性，这样就排除了无关信息，而突出了与任务相关的重要信息；

第二，模型有更好的适应性，更易于修改。在分析过程改变了对客户需求的认识时，分析模型则会作出相应的变化以反映这个认识。设计模型时随着对数据仓库设计的回顾与强化逐渐形成的。

逻辑模型设计的目的是对每个要装载的主题的逻辑实现进行定义，并将相关的内容记录在数据仓库的元数据中。在逻辑模型设计阶段，主要完成的工作有：

(1)分析主题域，确定当前要装载的主题

由于数据仓库的开发是一个不断反复，螺旋上升的一个过程，因此进行设计时，一般采取由粗到精，由少到多的策略。也就是说，一开始并不需要设计出一个完善的主题域集合，只是确定几个基本的主题，建立这些主题的通用模型结构(考虑到可扩展性和健壮性)，随着用户的决策需求的不断增加和细化，逐渐扩展主题模型或增加新的主题。因此这一阶段工作就是通过对分析阶段确定的几个基本主题域进行分析，然后选择首要实施的主题域。主题域通常覆盖了企业的某一个方面：例如销售信息，财务信息或者顾客信息。

(2)确定主题域数据模型

在确定了要实施的主题域之后,就要开发主题域的数据模型了。主题域的数据模型包括实体关系图(E-R 图)和相关的元数据。实体关系图描述了不同对象之间的相互关系。而相关的元数据包含了各实体的属性和实体间关系的定义。

(3)开发数据仓库的逻辑数据模型

决策分析最主要的是要能够进行多维数据分析,数据仓库就是为决策提供多维数据环境的。在确定了主题域的数据模型之后,接下来就要进行从主题域数据模型到数据仓库逻辑数据模型的转换工作。在数据仓库中,多维数据可以用两种方法表达:

①在一关系型数据库中用一组二维数据库表;

②一个多维数据库。

不同的多维数据表达方式决定了不同的数据存储方式和数据仓库的逻辑数据模型设计。数据仓库逻辑数据模型也称为实现模型。实现模型可以分为基于关系型数据库的和基于多维数据库的,下面分别对这两种实现模型进行介绍和对比。

首先,基于关系型数据库的实现模型—在关系型数据环境下,通过事实表和相对应的一组维表为业务决策者提供多维环境。基于关系型数据库的实现模型最常见的是星型架构。星型架构的优势在于,它可以以一种简单的结构方式来展示复杂的多维结构。它把信息组织为多个表格,分别叫做事实表(facttable)和维表(dimensiontable)。事实表包含实际的数据,维表则包含指向事实表中数据的指针。星型架构包含了多种星型的模型,例如星型结构、星座结构、雪花型结构等。不同的结构表示了不同对象间的关系。星型架构产生了关系环境下的一个分析空间。所谓分析空间,就是由维所围成的闭合空间,它界定了决策分析的数据范围。下面是星型架构的不同模式:

星型模式:一个基本的星型架构。它由一个事实表和一组对应的维表组成。它自己就是一个独立的整体,代表了某一决策主题。它的分析空间就是这颗星本身——因为它不与其它“星”发生关系。

星座模式:星座是星星的集合。星座结构体现了不同星型结构之间的一对一的关系。通过两颗星共同的维——称为“一致维”,将它们连接成为一个单一的星座，消除了维的复制和同步的要求。同时为业务决策者提供了一种跨越考察（drill-across）各种不同事实表的方式。跨越考察通过共同的维与不同的事实表相关联。

雪花模式：星型架构主题当中的一个变化形式是雪花型。雪花型结构往往被用来反映多对多的关系。在雪花模式中，事实数据表同星型模式中的事实数据表一样，但是，维表则按关系数据库第三范式存储。这种方法产生了更多的表，因为特定的实体将成为关键字。从这个意义上来说，雪花型架构减少了数据仓库结构的直观性。

其次，是基于多维数据库（MDDB）的实现模型。在多维数据库中，用数据立方体来表示数据间的多维关系，它不同于在关系型数据库中用事实表和维表来表示这种多维关系。一般来说，一个数据立方体就是一个分析空间。立方体内的数据是以多维阵列形式存储的，阵列中的每个单元都是由所有维的交叉点构成的。

从决策支持分析员的观点看，多维模型为执行细剖、旋转和其他分析操作提供了更直观的操作命令。这是因为数据在物理上已经被转换过了，并且根据最终用户业务范围内的词表存储在立方体结构中。因此，当用户生成一个查询时，他可以将注意力集中在业务上而不必将注意力集中在计算机性能上，而 SQL 查询则要求这一点。一般来说，在容量极限内，多维分析处理比关系型分析处理快。

由于多维数据库的数据是以多维阵列形式存储，因此，在这样的设计中，不是所有单元都有一个值。例如，在销售系统中，不是每种商品在所有地区都有销售，也不是在所有给定的时间段中有销售。因此，随着数据立方体中维的增加，稀疏性（即空单元的数目）也随之增加，使数据库空间资源浪费严重。现在多维数据库厂商提供了一些技术方案解决了这个问题。例如，用所谓的多立方体设计将逻辑设计分散到多个数据立方体中可以减少稀疏性的影响；有的 MDBMS 产品还运用了特殊的物理存储管理技术（例如数据压缩）和索引方案，以减弱数据稀疏性的影响，并提供迅速访问数据立方体中单元的方法。然而，多维数据库的主要根本问题没有得到解决，也就是多维数据库的最大容量问题。传统观点认为多维数据库的容量限制是几百 GB，而关系型数据库在容量上是没有限制的。一般的，关系型数据仓库的数据量达 TB 级以上是绝对没有问题的。

多维数据库的另一个重要问题在于缺乏标准化——每个 MDBMS 都有自己专有的客户机接口。这些接口通常能提供比 RDBMS 中的 SQL 更强大的数据处理能力，但它们遇到的问题是，每个客户机工具都必须去适应所有接口。MDBMS 的再一个问题是伸缩性——善于处理概括数据，但并不总是适于处理大量的细节数据。

目前多维数据库体系结构尤其适用于访问维数少（一般少于 10 个）的概括数据（一般少于 10～20GB），这里数据访问路径界定较好。然而各种产品的性能和伸缩性都有很大差异。

(4)制定 ETL 策略

ETL 策略是关于工作的总计划，它处理的是诸如如何提取数据以及如何处理数据中的错误之类的问题。ETL 策略一般要考虑以下问题：

①不同的数据格式。在独立开发的系统中，同样的数据元素的格式彼此不同。ETL 策略必须定义一种能够被用户群体所接受的单一格式。另外，转换必须规定为将不同的格式转换为该单一格式。

②坏数据。在将数据从操作环境带到数据仓库时，必须经过净化和校验。数据净化是转换数据时的重要问题。ETL 策略不仅需要处理丢失的或者无效的数据条目，它还必须考虑那些虽然通过了所有编辑检查却仍然不正确的数据。

③不兼容的源系统。组织越大，信息系统的数量越多，系统之间就越可能产生不一致。尽管数据仓库可能时通过特殊相关的数据库实施的，但源系统可能是使用层次式数据库的旧式大型机系统。一些源系统可能通过直接连接或者通过平面文件来向数据仓库输送数据的。在任何一种情况下，随着源系统数量的增多，从中获取数据到数据仓库中的转换工作的复杂性也会增加。

④源系统的改变。由于源系统的数据格式和结构很有可能发生改变，因此 ETL 策略应该能够把握住源系统中元数据的改变并在转换过程中反映出来。

⑤提取与加载窗口。提取过程对源系统的额外加载可能超出它们的处理能力。结果，从源系统提取数据就只能限制在夜间或者不多的非高峰时间。

将数据加载到数据仓库中还会给数据仓库带来不适当的负担，将数据的加载限制为有限的时间窗口。ETL策略必须将这一点考虑在内。

在ETL过程中，最重要的是前两个阶段，也就是抽取和转换阶段。这两个阶段直接决定了数据仓库中数据的有用性。相对来说，装载阶段是一个比较机械的阶段，尽管它所耗的时间在整个ETL过程中是最多的。

4.4.4　OLAP技术

数据仓库建立的最终目的是面向高层的决策支持。虽然目前的研究还集中在数据仓库的创建和维护功能上面，因为这是迈向实用化的第一步的、首要的任务。而当数据仓库创建和维护的理论和方法基本成熟以后，研究的重心将放在数据仓库的有效使用上，即研究如何有效地进行决策支持。

数据仓库中的工具以分析型为主，但仍包括对分析结果的可视化查询工具。分析型工具根据从数据仓库中采掘信息的方式大体上分成验证型(verification)工具和发掘型(discovery)工具两种。验证型工具是用户提出假设，然后利用各种工具通过反复、递归的检索查询以验证假设。多维分析工具(OLAP工具)属于验证型。发掘型工具负责从大量数据中发现隐藏的预测性信息，与验证型的区别在于发掘过程无需或只需很少用户指导。发掘型工具主要是数据挖掘。

联机分析处理OLAP是针对特定问题的联机数据访问和分析的软件技术。它使分析人员、经理、管理人员通过对信息(这些信息从原始数据转换而来，反映了用户所能理解的企业的真实的“维”)的多种可能的观察角度进行快速、一致和交互性的存取以获得对信息的深入理解。

1993年E. F. Codd提出了有关OLAP的十二条准则，对OLAP系统的功能和特征作了详细的描述，对OLAP产品的识别及后来发展方向的确立都有着重要作用。

OLAP的显著特征是提供数据的多维概念视图。数据的多维视图使最终用户能从多角度、多侧面、多层次地考察数据库中的数据，从而深入地理解包含在数据中的信息及其内涵。

OLAP的第二个特征是快速响应用户的分析请求。OLAP系统中不仅能进行开放式存取，而且还提供高效的存取策略。

OLAP的第三个特征是其多维分析功能。OLAP可以提供给用户强大的统计、分析、报表处理等功能。OLAP 的多维分析是指对多维形似组织起来的数据采取切片(Slice)、切块(Dice)、旋转(Rotate)、下钻(Drill-down)、上翻(Roll-up)等各种分析动作,使最终用户能从多角度、多侧面观察数据。

4.4.4.1 基本概念

变量:变量是数据的实际含义,即描述数据是什么。

维:维是人们观察数据的特定角度。如时间维、地区维。

维的层次:维还可以存在细节程度不同的多个描述方面,即维的层次。如,日、月、年是时间维的层次。

维成员:维的一个取值称为该维的一个维成员。如"某年某月某日"是时间维的一个维成员。

多维数组:一个多维数组可以表示为:(维 1,维 2,…,维 n,变量)

图 4-5 所示日用品销售数据是按时间、地区和销售渠道组织起来的三维立方体,加上变量"销售额"就组成了一个多维数组(地区,时间,销售渠道,销售额)。

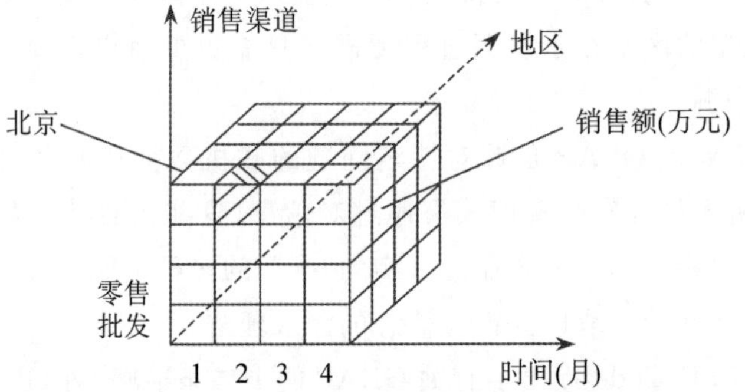

图 4-5 日用品销售

数据单元(单元格):多维数组的取值称为数据单元。

4.4.4.2 OLAP 结构

OLAP 是一种多用户的三层客户/服务器结构,如图 4-6 所示。这种结构的优点在于将应用逻辑(或业务逻辑)、GUI 及 DBMS 严格区分开。复杂的应用逻辑不是分布在网络上众多的 PC 机上,而是集中存放在应用服务器上,由服务器提供高效的数据存取,安排后台处理以及报表预处理。

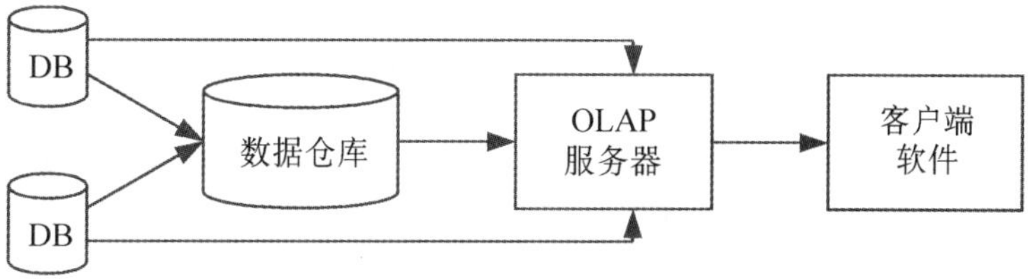

图4—6 OLAP逻辑结构图

根据OLAP服务器端的数据组织方法又可将OLAP分成以下三种结构：基于多维数据库的多维OLAP(MOLAP)、基于关系数据库的关系型OLAP(ROLAP)以及混合型OLAP(HOLAP)。

4.5 统计数据仓库建设

统计部门作为国民经济的信息采集与管理部门，担负着为各级政府、企事业单位及社会公众提供优质服务的责任。统计行业的各个部门拥有大量的统计指标数据，而且统计种类非常繁多，如人口普查数据、工农业普查数据、电信科技数据、环境与发展数据、机械数据等等，大到国民经济指标，小到每户的教育程度，涉及国家经济和人民生活的方方面面。随着社会经济的发展，有关的数据、信息资料会越来越多，数据量也会越来越大，相应的报表制作、信息和数据分析也非常复杂，仅仅利用数据库技术来处理这些数据间的关系往往很有限，也较难支持进行深入的数据分析和数据挖掘，因此建立统计数据仓库就成为现代统计建设的重要环节。

4.5.1 建立统计数据仓库必要性

4.5.1.1 统计数据管理现状分析

(1)指标多、数据量大，缺乏深层次分析利用

统计业务涉及到各行各业和众多企业，各级统计局除了能将这些数据汇总成为统计报表、统计年鉴、市情手册或经济卡片外，缺乏对专业统计数据进行深层次分析、综合、提炼、挖掘和展现的工具，很难对丰富的统计资源进行二次开发和利用，辅助决策的有效信息更少。

(2)数据格式多，一致性差，存在数据冗余现象

统计业务部门相对独立，各自为政，统计数据来源于各专业，数据处理以

完成专业的任务为主，造成专业条块的数据管理模式，缺乏统一的数据库系统。如果要将这些不同部门或不同时期的数据集中起来加以综合利用，就可能出现数据不齐全、不一致或重复现象。

(3)数据来源多，存放分散，缺乏统一管理

统计数据不仅来源于统计局内部各业务部门，还来源于直报企业和其他相关部门，但这些统计数据一般分别存放在各个统计专业数据库中，而且大多只保存近期数据，缺乏集中存放和管理不同专业、不同时期统计数据的有效手段，因此不利于统计数据的进一步加工利用。

(4)数据源复杂，数据库多，缺乏整体规划和统一规范

由于我国统计系统规模庞大、关系复杂、层次多，长期以来形成的急用先上思想使得统计数据管理缺乏整体规划，统计信息收集不规范。各基层数据填报单位各自开发满足自身需要的数据库，难以形成数据的综合分析与利用。

4.5.1.2 建立统计数据仓库是统计信息化的必然选择

随着社会的飞速发展，统计信息也必然成为社会需求的热点，各级政府及社会公众对统计信息的提供会提出更高要求，在决策过程中，一旦需要，决策人员可以很快很方便地在相关统计信息系统中得到关于决策主题的信息和情报支持。更多的社会用户，尤其是企业决策需要统计信息的，希望统计信息资源能实现充分共享与快速交流。

为了对复杂的动态环境作出及时响应，统计信息系统需要在大量的统计数据中找出有价值的信息和情报提供给各级政府及社会公众作为决策时的参考依据，并且支持：

- 对分布在不同地点的数据或信息进行操作(包括内部的、外部的或远程的数据及信息)；
- 对不同时间的数据和信息进行操作(包括历史的、当前的和未来的各种信息)；
- 对不同类型和模式的数据或信息进行操作(包括结构化、半结构化和非结构化的信息类型及文本、数字、声音、图形图像、视频、动画、地图等数据格式)。

而数据仓库的面向主题特性、集成特性、稳定性、不同时间的数据集合特性满足了信息系统的需求，因此建立统计数据仓库成为统计信息化得必然选

择：

(1)统计数据仓库的建立有利于统计数据资源管理，大大提高了统计工作的实效性。

统计数据是国家信息化建设最宝贵的资源，它反映了整个国民经济建设和社会发展的信息，政府统计工作具有全面、及时、准确的特征，具有海量数据基础，面对浩瀚的统计数据，如何安全有效地管理和重组数据，更好地为各级政府、有关部门和社会各界提供服务，成为统计信息化建设的主要问题。

数据仓库的最大特点是速度快、容量大，可扩展性好，数据容量可以线性地、无缝地从GB扩展到TB，同时由于数据仓库空间管理、数据重组、索引等多方面的管理进一步简化，系统业务人员在短短的数分钟内，就能完成各种报表的随机加工整理和绘制统计图形，大大提高了统计工作的实效性。

(2)统计数据仓库建设有利于统计数据资源开发利用。

统计业务涉及到各行各业和众多企业，指标很多，数据量很大，如何有效地对统计数据进行各种深层次分析、综合、提炼和挖掘？如何对丰富的统计数据进行二次开发利用？如何充分利用信息资源更多地为政府宏观决策和企业决策及时提供各种信息和情报？是统计信息化的核心问题。

多年来，统计数据往往是散落在不同类别和不同等级的部门当中，进行决策支持时数据是分散的，不是集成的；是依存于业务的，不是面向分析的，因此统计数据难于充分利用。使用数据仓库技术，使原始数据从业务数据源层集中到数据仓库层，使其从分散到集中，从不集成到集成，这样就保证了数据的一致性和可信性，数据进入到数据仓库后，就可以依据分析主题形成数据集市，进行联机分析。数据仓库面向主题的集成使查询有很强的针对性。在信息挖掘方面，数据仓库中存储了相对久远的历史资料，为挖掘提供良好的基础。数据仓库关于数据的查询分析能力、决策支持分析预测能力以及数据挖掘能力极大的拓展了统计工作外延，提高了统计信息服务质量，使多年来积累的分散的统计数据得以充分利用。

(3)统计数据仓库建设有利于更好发挥统计职能。

统计数据内容涵盖国民经济和社会发展各有关领域，长期的统计工作积累的统计数据指标繁多、数据量大、数据格式多、存放分散、数据关系复杂、数据库多乱、缺乏整体规划和统一规范等，统计数据的服务往往通过统计年鉴、表格、Internet 等方式，一般以报表的形式提供给用户，需要用户自己去从中提取，这一定程度影响了统计信息的共享性、公开性、透明性，影响了统计的服务、咨询和监督职能。数据仓库的基于 Internet/Intranet 的技术能连接到统计系统的大型综合数据库中，在网上定期向社会公众发布准确、及时、全面的统计信息，实现信息共享、公开和透明，使统计系统可以通过公开的统计信息网络很好地服务于企业、服务于社会，将统计职能发挥得更加完善。

4.5.2 统计数据仓库涉及的基本内容

统计数据仓库是基于现有的统计数据库上进行建设开发的，它着眼于有效地抽取、综合、集成和挖掘已有数据资源，提供最有价值的信息，为政府和社会服务。

建设统计数据仓库必然涉及：体系结构的规划和设计、源数据的抽取和装载、目标数据的组织和管理、统计分析预测、统计信息查询等。

4.5.2.1 统计数据仓库体系结构的规划和设计

从技术上来看，统计数据仓库体系结构基本可用四层结构来表达，四个层面分别是：源数据、数据模型、前端应用和系统管理。

- 源数据：数据仓库是对数据源的整合，将分散于各专业的数据组合成一个整体，摸索出它们的规律和特点，搭建一个通用的数据管理平台，使历史数据成为有效的、可延续的、再利用的活档案。统计数据源含现有不同层次的统计数据库，如县级、地市级、省级的数据库，如各种专题数据库、部门数据库、普查数据库等等，由于数据源层次多、关系复杂，因此要在充分分析的基础上建立相关元数据库用以描述统计源的信息和接口规范。

- 数据仓库模型：规划符合中国统计工作的数据仓库模型，该模型能适应统计数据源的变化，适应源数据的抽取和装载。数据仓库是面向主题的，通常可以根据不同主题不分专业建立数据模型。

- 数据仓库前端的应用系统：包括统计分析预测、随机查询、图形化分析和完善的报表功能等。构建决策支持系统，充分体现建设数据仓库的意义。

- 数据仓库的管理系统：完成系统参数管理、ETL 过程监控、ETL 日志管理、前端应用监控、系统元数据管理等。

4.5.2.2 数据的抽取、清洗、集成及装载

分析统计数据的特点：指标繁多、数据量大、数据格式多、存放分散、数据

关系复杂、数据库多乱、历史周期长、横向分析多，利用数据仓库对这些数据进行统一运作，集中管理，把原来相对分散的数据按照不同的主题管理起来。

数据仓库系统中的元数据来自于历年存储在不同地点、不同系统中的数据库，因此数据的抽取、清洗、集成要充分考虑源数据库环境和平台。数据抽取还包括审核历年的指标，抽取与指标相关的有效数据以及集成来自不同数据库的与主题相关的数据。最后，通过网络利用数据加载转换工具将提炼出的有效数据格式转换成目标格式并加载至目标数据库。

4.5.2.3　目标数据的组织和管理

目标数据的工作主要包括：根据建立数据仓库和用户信息的需要，按照确定的主题、粒度和指标范围组织和分割数据；建立数据视图、索引或数据模型，优化系统配置，提高查询和分析处理性能。对于重要的综合统计数据，要按照指标的口径范围和行政区划的变化进行调整。

组织与管理的数据范围包括：常规统计数据（统计年报、季报、月报数据）、各种普查数据、抽样调查和专项调查数据、相关单位提供数据、外部公布数据摘录、地理信息数据及其他数据。

需要有一种软件系统在后台大型服务器或小型机上集中统一存储管理来自不同专业的不同时期的数据信息，前台软件快速灵活解决随机动态的统计分析查询要求。

4.5.2.4　统计分析预测

统计预测主要包括：多维分析、数据挖掘、经济计量分析、数理统计分析等数学模型（经济计量分析包括时间序列、线性分析等分析方法）。

数据挖掘包括：决策树、人工神经元网络、粗糙集、贝叶斯和关联规则等方法。

数理统计分析包括：回归分析、方差分析、相关分析、判别分析、聚类分析等。

数据的联机分析、报表、查询是数据仓库系统的关键所在，是用户步入联机分析的窗口，它必须具备可视性强、操作简便、智能性强等特点，能很好地支持 Web 方式。

4.5.2.5　统计信息查询

建立综合信息服务平台以及 Web 门户网站：根据用户主题决策需求，以一种简便可视的方式生成不同的查询条件，在数据仓库中查询出所需要的信息内容,支持领导者的决策;利用联机分析软件对查询结果进行加工分析,根据不同的内在联系生成不同的排序、分析报表,分析图形(直方图、曲线图、饼图等)以及图表合一的分析;把分析结果以图表的方式打印输出或以文件的方式下载到本地硬盘,进行进一步的脱机分析。由于数据仓库的查询数据量很大,所以就对数据查询提出了更高的要求,要求采用各种复杂的索引技术。

统计信息数据仓库系统的开发和建立,不仅便于党政机关和企事业单位领导从众多复杂的数据中及时、方便地获取有价值的信息,同时也便于专业分析人员快速、准确地进行信息处理和预测分析,对于促进我国国民经济信息的持续、快速、健康发展具有重要的战略意义。

附录

数据仓库主流厂商及产品

数据管理类厂商中主要有:IBM,Informix,Microsoft,NCR,Oracle,Sybase 等。

IBM

作为数据仓库领域中的一支劲旅,IBM 是一家同时拥有硬件和软件的厂商。在数据仓库技术领域,IBM 最注目的是其 SP/2 的 MPP 硬件环境。近年来,它以开放系统管理了大量超过 TB 容量的数据仓库。由于封闭的主机系统一时难以成为数据仓库中心系统的主流,SP/2 等开放的 MPP 环境必然成为主宰。相比之下,IBM 的数据库软件表现平常,其数据仓库核心采用的是 DB2UniversalServer(简称 UDB)的 ParallelEdition。IBM 的优势在于业界的声誉、市场份额、硬件系统和咨询服务。

Informix

Informix 是一家专业的数据库厂商,其关系数据库服务器 DynamicServer 在传统联机事务处理应用中始终占据着稳定而广泛的市场份额。近年来,数据仓库成为该公司重要的发展领域之一。在数据仓库技术上,Informix 主要关注在这么几个方面:第一,并行处理的数据库服务器。Informix 的 ExtendedParallelServer(XPS)专为企业级决策支持系统而设计,采用非共享技术支持群集系统和 MPP 环境，能够提供近线性的性能扩展能力。第二，在并行关系数据库的基础上，Informix 增加了针对决策支持操作的扩展。第三，Informix 提供了 MetaCubeOLAP 中间件，以多层客户/服务器结构实现 ROLAP 解决方案，并在其中集成了基于汇总和采样的查询优化机制。

1998 年底，著名的数据仓库供应商 RedBrick 并入了 Informix，增强了它在数据抽取、数据挖掘以及在行业顾问咨询方面的实力。目前，Informix 将数据仓库看成产品和服务的集合，将整体解决方案命名为 DecisionFrontier。

Microsoft

微软是以其关系数据库 SQLServer 作为它数据仓库核心的。在数据仓库领域，微软的计划是将 Plato（一个 OLAP 服务器）和 DataTransformationServices（数据转换服务，包括数据抽取、转换和装载能力）作为其 SQLServer7.0 数据库的免费组成部分。微软的 OLAP 走的是 ROLAP 的路子，与其数据转换一样，属于常规的解决方案；而并行处理和决策支持扩展则不是 SQLServer 的强项。因此，整个解决方案仍面向中低端，价格取胜是关键。

为此，微软在数据仓库市场中倡导了另一个概念——数据集市（DataMart）。所谓数据集市就是一个面向部门应用的、小型的数据仓库；所采用的技术与数据仓库相似，但存储的内容更加专题化。对于数据集市这样的规模，微软的解决方案便可成为理想的选择。

NCR

NCR 是数据仓库的先驱之一，具有强大的以业务为中心的顾问咨询力量，在传统数据仓库领域有很大的市场。NCR 的数据仓库产品名为 TeradataScalableWarehouse，取超大规模数据之意，面向高端数据仓库市场。NCR 的 Teradata 并非一个开放的数据库系统，它专为数据仓库领域而设计的。但在有关数据仓库性能的 TPC-D 测试中，Teradata 的表现却很平常，它需要更多的并行处理机。Teradata 运行的平台主要是 MPP 环境，操作系统也是 NCR 自己的，直到最近才支持 Unix 和 NT。

NCR 是专注于高端数据仓库的厂商，其 Teradata 在大规模系统和数据量下表现良好。但它的解决方案也面临着挑战：联机多维分析是它的弱项。

Oracle

Oracle 公司早先在数据仓库上的研究集中在 OLAP 多维分析上。数年前，Oracle 收购了名为 IRI 的多维数据库厂商，推出 Express 多维数据库，以 MOLAP 模式提供了联机分析的解决方案。随着近年来 ROLAP 的解决方案渐渐成为主流，在 Oracle 最新推出的数据仓库解决方案 OracleDataMartSuite 中 Oracle 以 Oracle8EnterpriseServer 为数据仓库服务器。

Sybase

早在 1994 年推广 System10 的时候，Sybase 便在数据库的大规模并行联机备份、数据复制、异构数据库互连等方面做了大量工作。在核心领域，Sybase 专门为 MPP 环境设计了 NavigationServer，与 SQLServer 配合构成大规模并行处理环境。1995 年初，Sybase 通过收购 ExpressWay，推出了第一个与大型关系数据库结合的位图索引机制——SybaseIQ。目前，Sybase 推出的数据仓库解决方案名叫 SybaseWarehouseStudio，其中有通过 SybaseIQ 加强的 AdaptiveServer，以及 Power 系列的设计、转换、OLAP 工具。但在实际的应用解决方案中，由于市场的原因，Sybase 往往需要借用第三方的工具。

第 5 章

数据挖掘技术

随着数据库技术的迅速发展以及数据库管理系统的广泛应用,积累的数据越来越多。激增的数据背后隐藏着许多重要的信息,人们希望能够对其进行更高层次的分析,以便更好地利用这些数据。目前的数据库系统可以方便、高效地实现数据的录入、查询、统计等功能,但无法发现数据中存在的关系和规则,无法根据现有的数据预测未来的发展趋势,如何才能不被信息淹没,而是从中及时发现有用的知识,提高信息利用率?面对这一挑战,数据挖掘 DM (Data Mining)技术应运而生,并越来越显示出其强大的生命力。

5.1　数据挖掘的概述

5.1.1　数据挖掘的基本概念

数据挖掘是一门广义的交叉学科,它汇聚了数据库、人工智能、数理统计、可视化、并行计算等不同领域的研究。数据挖掘是一个利用各种分析工具在海量数据中发现模型和数据间关系的过程。

1989 年 8 月,在第 11 届国际人工智能联合会议的专题研讨会上,首次提出了基于数据库的知识发现 KDD(Knowledge Discovery in Database)技术,到 1995 年,在美国计算机年会上首次提出了数据挖掘的概念。数据挖掘的历史虽然较短,从 1995 年提出了数据挖掘的概念以来,它的发展速度很快,加之它是多学科综合的产物,目前还没有一个公认的、完整的定义,人们提出了多种数据挖掘的定义，例如：

SAS研究所的定义（1997年）：数据挖掘是在大量相关数据基础之上进行数据探索和建立相关模型的先进方法。

Bhavani给出的定义（1999年）：数据挖掘是使用模式识别技术、统计和数学技术，在大量的数据中发现有意义的新关系、模式和趋势的过程。

Handetal的定义（2000年）：数据挖掘就是在大型数据库中寻找有意义、有价值信息的过程。

简单的说，数据挖掘（Data Mining）就是从大量的、不完全的、有噪声的、模糊的、随机的实际应用数据中，提取隐含在其中的、人们事先不知道的、但又是潜在有用的信息和知识的过程。

数据挖掘的狭义定义是把数据挖掘视为数据库中知识发现的同义词；数据挖掘的广义定义则认为数据挖掘是数据库中知识发现的一个基本步骤。现在多采用数据挖掘的广义观点：数据挖掘是指采用自动化或半自动化的技术手段，对存放在数据库、数据仓库、电子表格或其他信息库的大量数据进行分析，并发现数据中隐藏的潜在模式的过程。

从广义上理解，数据和信息也是知识的表现形式，但是人们更把概念、规则、模式、规律和约束等看作知识。人们把原始数据看作是形成知识的源泉，就像从矿石中采矿一样。原始数据可以是结构化的，如关系数据库中的数据，也可以是半结构化的，如文本、图形、图像数据，甚至是分布在网络上的异构型数据。发现知识的方法可以是数学的，也可以是非数学的；可以是演绎的，也可以是归纳的。发现了的知识可以被用于信息管理、查询优化、决策支持、过程控制等，还可以用于数据自身的维护。

数据挖掘是从大量数据中发现潜在规律、提取有用知识的方法和技术。数据挖掘不但能够学习已有的知识，而且能够发现未知的知识；得到的知识是既能为人所解，又便于存储和应用，因此从一出现就得到人们广泛的重视。由于蕴藏知识的数据信息大多存储于数据库中，因此数据挖掘又称作数据库中的知识发现KDD。从KDD的名称中可以看出，KDD更强调与数据库的联系。另外，在数据库知识发现的过程中实施知识发现这一步骤也称为数据挖掘，因此有学者认为数据挖掘是KDD的一个环节。

数据挖掘技术是人们长期对数据库技术进行研究和开发的结果。起初的各种数据是存储在计算机的数据库中的，然后发展到可对数据库进行查询和访问，进而发展到对数据库的即时遍历。数据挖掘使数据库技术进入了一个更高级的阶段，它不仅能对过去的数据进行查询和遍历，并且能够找出过去数据之间的潜在联系，从而促进信息的传递。海量数据搜集、功能强大的多处理器计算机以及数据挖掘算法三种基础技术的不断成熟，为数据挖掘技术提供了可靠的保证。超大规模数据库的出现、先进的计算机技术，例如更快和更大的计算能力和并行体系结构、对海量数据的快速访问以及对这些数据应用精深的统计方法计算的能力激发了数据挖掘的开发、应用和研究的兴趣。

数据挖掘经过了这十多年的发展也已经成为一种成熟、稳定且易于理解和操作的技术。

5.1.2　数据挖掘系统结构

基于数据挖掘广义的观点，数据挖掘是从存放在数据库、数据仓库或其他信息库中的大量数据中发现有趣知识的过程。一个典型的数据挖掘系统结构（见图5—1）主要包括以下主要部分：

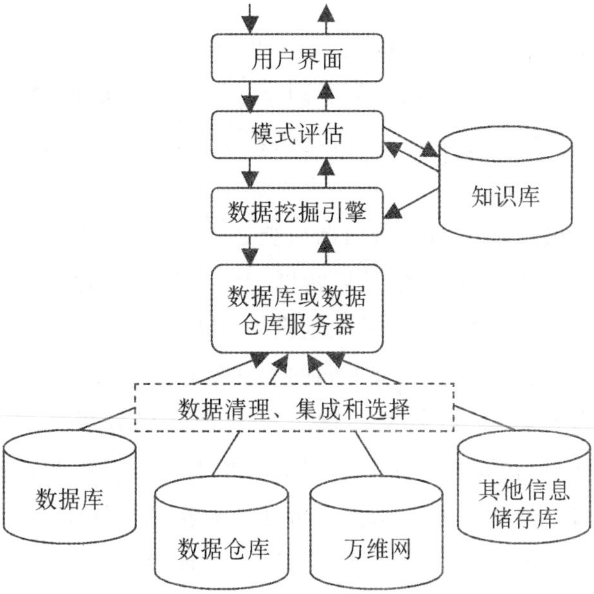

图5—1　典型数据挖掘系统的结构

5.1.2.1. 数据库、数据仓库、万维网或其他信息库

这是一个或一组数据库、数据仓库、电子数据表或其他类型的信息库。可以在这些数据上进行数据清理和集成。

5.1.2.2. 数据库或数据仓库服务器

根据用户的数据挖掘请求,数据库或数据仓库服务器负责提取相关数据。

5.1.2.3 知识库

知识库存放领域知识,用于指导搜索或评估数据挖掘得到的模式兴趣度。这种知识可能包括概念分层,用于将属性或属性值组织成不同的抽象层。用户信念知识也可以包含在内,可以使用这种知识,根据非期望性评估模式的兴趣度。领域知识的其他例子包括附加的兴趣度约束或阈值,以及元数据,例如描述来自多个异构数据源的数据。

5.1.2.4 数据挖掘引擎

数据挖掘引擎是数据挖掘系统的基本部分,通常由一组功能模块组成,用于完成特征化、关联和相关分析、分类、预测、聚类分析、离群点分析和演变和偏差分析等任务。

5.1.2.5 模式评估模块

模式评估模块通过使用兴趣度度量,并与数据挖掘模块交互,使搜索聚焦在有趣的模式上。它可能使用兴趣度阈值过滤已发现的模式。模式评估模块也可以与数据挖掘模块集成在一起,这依赖于所用的数据挖掘方法的实现。

5.1.2.6 用户界面

用户界面模块在用户和数据挖掘系统之间通信,允许用户与系统交互,指定数据挖掘查询或任务,提供信息以帮助搜索聚焦,根据数据挖掘的中间结果进行探索式数据挖掘。此外,该模块还允许用户浏览数据库和数据仓库模式或数据结构,评估挖掘的模式,以不同的形式对模式可视化。

从数据仓库观点来看,数据挖掘可以看作联机分析处理 OLAP(Online Analytical Processing)的高级阶段。然而,通过结合更高级的数据分析技术,数据挖掘比数据仓库系统的汇总型分析处理的狭窄领域走得更远。

一个实用的数据挖掘系统必须具有以下特征:

- 快速的响应能力;
- 处理大数据集的能力;

- 良好的用户界面；
- 良好的扩充能力，极易加入新的数据挖掘算法；
- 自适应的选择和建议较好参数及模型的能力。

尽管市场上已有许多“数据挖掘系统”，但是并非所有的系统都能进行真正的数据挖掘。不能处理大量数据的数据分析系统，最多称作机器学习系统、统计数据分析工具或实验系统原型。一个系统只能够进行数据或信息检索，包括在大型数据库找出聚集值或回答演绎查询，更应归类为数据库系统，或信息检索系统，或演绎数据库系统。

5.1.3 数据挖掘的内容和本质

随着 DMKD(Data Mining & Knowledge Discovery)研究逐步走向深入，数据挖掘和知识发现的研究已经形成了三根强大的技术支柱：数据库、人工智能和数理统计。目前 DMKD 的主要研究内容包括基础理论、发现算法、数据仓库、可视化技术、定性定量互换模型、知识表示方法、发现知识的维护和再利用、半结构化和非结构化数据中的知识发现以及网上数据挖掘等。

数据挖掘所发现的知识最常见的有以下几类：

5.1.3.1 广义知识(Generalization)

广义知识指类别特征的概括性描述知识。根据数据的微观特性发现其表征的、带有普遍性的、较高层次概念的中观和宏观的知识，反映同类事物共同性质，是对数据的概括、精炼和抽象。

广义知识的发现方法和实现技术有很多，如数据立方体、面向属性的归约等。数据立方体还有其他一些别名，如“多维数据库”、“实现视图”、“OLAP”等。广义知识发现方法的基本思想是实现某些常用的代价较高的聚集函数的计算，诸如计数、求和、平均、最大值等，并将这些实现视图储存在多维数据库中。既然很多聚集函数需经常重复计算，那么在多维数据立方体中存放预先计算好的结果将能保证快速响应，并可灵活地提供不同角度和不同抽象层次上的数据视图。另一种广义知识发现方法是加拿大 Simon Fraser 大学提出的面向属性的归约方法。这种方法以类 SQL 语言表示数据挖掘查询，收集数据库中的相关数据集，然后在相关数据集上应用一系列数据推广技术进行数据推广，包括属性删除、概念树提升、属性阈值控制、计数及其他聚集函数传播等。

5.1.3.2 关联知识(Association)

关联知识反映一个事件和其他事件之间依赖或关联的知识。如果两项或多项属性之间存在关联,那么其中一项的属性值就可以依据其他属性值进行预测。最为著名的关联规则发现方法是R. Agrawal提出的Apriori算法。关联规则的发现可分为两步。第一步是迭代识别所有的频繁项目集,要求频繁项目集的支持率不低于用户设定的最低值;第二步是从频繁项目集中构造可信度不低于用户设定的最低值的规则。识别或发现所有频繁项目集是关联规则发现算法的核心,也是计算量最大的部分。

5.1.3.3 分类知识(Classification&Clustering)

分类知识反映同类事物共同性质的特征型知识和不同事物之间的差异型特征知识。最为典型的分类方法是基于决策树的分类方法。它是从实例集中构造决策树,是一种有指导的学习方法。该方法先根据训练子集(又称为窗口)形成决策树。如果该树不能对所有对象给出正确的分类,那么选择一些例外加入到窗口中,重复该过程一直到形成正确的决策集。最终结果是一棵树,其叶结点是类名,中间结点是带有分枝的属性,该分枝对应该属性的某一可能值。

数据分类还有统计、粗糙集(RoughSet)等方法。线性回归和线性辨别分析是典型的统计模型。为降低决策树生成代价,人们还提出了一种区间分类器。最近也有人研究使用神经网络方法在数据库中进行分类和规则提取。

5.1.3.4 预测型知识(Prediction)

预测型知识根据时间序列型数据,由历史的和当前的数据去推测未来的数据,也可以认为是以时间为关键属性的关联知识。

目前,时间序列预测方法有经典的统计方法、神经网络和机器学习等。1968年Box和Jenkins提出了一套比较完善的时间序列建模理论和分析方法,这些经典的数学方法通过建立随机模型,如自回归模型、自回归滑动平均模型、求和自回归滑动平均模型和季节调整模型等,进行时间序列的预测。由于大量的时间序列是非平稳的,其特征参数和数据分布随着时间的推移而发生变化。因此,仅仅通过对某段历史数据的训练,建立单一的神经网络预测模型,还无法完成准确的预测任务。为此,人们提出了基于统计学和基于精确性的再训练方法,当发现现存预测模型不再适用于当前数据时,对模型重新训练，获得新的权重参数，建立新的模型。也有许多系统借助并行算法的计算优势进行时间序列预测。

此外，还可以发现其他类型的知识，如偏差型知识(Deviation)，它是对差异和极端特例的描述，揭示事物偏离常规的异常现象，如标准类外的特例，数据聚类外的离群值等。所有这些知识都可以在不同的概念层次上被发现，并随着概念层次的提升，从微观到中观、到宏观，以满足不同用户不同层次决策的需要。

5.1.4 数据挖掘的功能

数据挖掘通过预测未来趋势及行为，做出前摄的、基于知识的决策。数据挖掘的目标是从数据库中发现隐含的、有意义的知识，主要有预测、关联分析、聚类分析、分类和偏差检测等五类功能。

5.1.4.1 预测(predication)

数据挖掘自动在大型数据库中寻找预测性信息，以往需要进行大量手工分析的问题如今可以迅速直接由数据本身得出结论。

预测是利用历史数据找出其变化规律，建立模型，并由此模型对未来数据的种类及特征进行预测。预测关心的是精度和不确定性，通常用预测方差来度量。

一个典型的例子是市场预测问题，数据挖掘使用过去有关促销的数据来寻找未来投资中回报最大的用户，其他可预测的问题包括预报破产以及认定对指定事件最可能做出反应的群体。

5.1.4.2 关联分析(association analysis)

关联规则挖掘由 Rakesh Apwal 等人首先提出。关联是指两个或两个以上变量的取值之间存在的规律性。数据关联是数据库中存在的一类重要的、可被发现的知识。关联分为简单关联、时序关联和因果关联。

关联分析的目的是找出数据库中隐藏的关联网。有时并不知道数据库中数据的关联函数，即使知道也是不确定的，因此，关联分析生成的规则带有可信度。一般用可信度和支持度两个阈值来度量关联规则的相关性，还可以引入兴趣度、相关性等参数，使得所挖掘的规则更符合实际需求。

5.1.4.3 聚类分析(clustering analysis)

聚类是把数据按照相似性归纳成若干类别，同一类中的数据彼此相似，不同类中的数据相异。聚类增强了人们对客观现实的认识，是概念描述和偏差分析的先决条件。

聚类技术主要包括传统的模式识别方法和数学分类方法。聚类技术主要包括了划分方法、层次的方法、基于密度的方法和基于模型的方法。还有一些聚类算法继承了多种聚类方法的思想。在划分对象时不仅考虑对象之间的距离，还要求划分出的类具有某种内涵描述，从而避免了传统技术的某些片面性。

聚类分析可以建立宏观的概念，发现数据的分布模式，以及可能的数据属性之间的相互关系。

5.1.4.4 分类(classification)

分类就是找出一个类别的概念描述，它代表了这类数据的整体信息，并用这种描述来构造模型，一般用规则或决策树模式表示。分类是利用训练数据集通过一定的算法而求得分类规则。分类可以被用于规则描述和预测。

概念描述就是对某类对象的内涵进行描述，并概括这类对象的有关特征。概念描述分为特征性描述和区别性描述，前者描述某类对象的共同特征，后者描述不同类对象之间的区别。生成一个类的特征性描述只涉及该类对象中所有对象的共性，它将大的任务相关的数据集从较低的概念层抽象到较高的概念层。大的数据集有效的，灵活的特征性描述方法可以分成两类：数据立方体(或 OLAP)方法和面向属性的归纳方法。生成区别性描述的方法很多，如决策树方法、遗传算法等。

5.1.4.5 偏差检测(deviation)

数据库中的数据常存在很多异常记录，我们称之为偏差，在偏差中包括很多有用的知识。从数据库中检测这些偏差很有意义。

偏差包括很多潜在的知识，如分类中的反常实例、不满足规则的特例、观测结果与模型预测值的偏差、量值随时间的变化等。偏差检测的基本方法是，寻找观测结果与参照值之间有意义的差别。

5.2 数据挖掘的常用技术

目前，国内外有许多研究机构、公司和学术组织在从事数据挖掘工具的研究和开发。这些数据挖掘工具采用的主要技术包括聚类分析、决策树、相关规则、神经元网络、遗传算法，以及可视化、联机分析处理 OLAP 等。另外也采用了传统的统计方法。

5.2.1　聚类分析(clustering analysis)

聚类分析主要是根据事物的特征对其进行聚类或分类，即所谓物以类聚，以期从中发现规律和典型模式。聚类分析是数据挖掘的最重要的技术之一。除传统的基于多元统计分析的聚类方法外，近些年来模糊聚类和神经网络聚类方法的研究也取得的较大的进展。

5.2.2　决策树(decision tree)

决策树(decision tree)是一个类似于流程图的树结构。其中每个内部节点表示在一个属性上的测试，每个分枝代表一个测试输出，而每个树叶节点代表类或类分布，如图 5－2 所示，树的最顶层界定就是根节点。

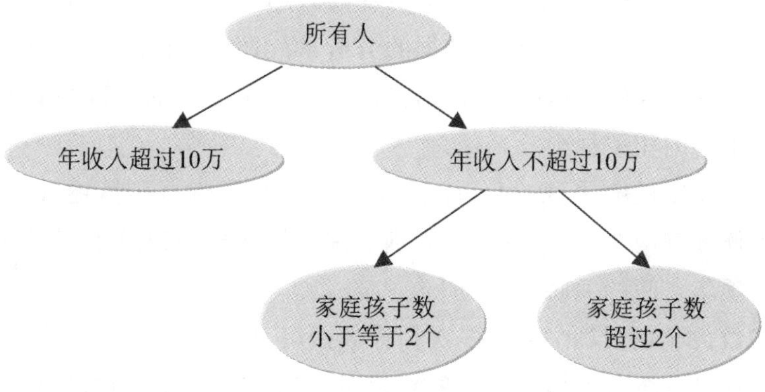

图 5—2　决策树

决策树是建立在信息论基础之上，对数据进行分类的一种技术。首先，通过一批已知的训练数据建立一棵决策树。然后，利用建好的决策树，对数据进行预测。决策树的建立过程可以看成是数据规则的生成过程，因此可以认为，决策树实现了数据规则的可视化，其输出结果也容易理解。例如：在金融领域中将贷款对象分为低贷款风险与高贷款风险两类。通过决策树(如图 5－2)，我们可以很容易地确定贷款申请者是属于高风险的还是低风险的。

决策树方法精确度比较高，结果容易理解，效率也比较高，因而比较常用。

决策树分类是根据不同的重要特征，以树型结构表示分类或决策集合，从而产生规则和发现规律。

决策树模型主要用于预测以及把实例划分为特定的组，通过该模型的使用我们可以将一系列反映潜在顾客群体的数据可靠地应用于某个方案，识别各变量间可能的相互影响，容易理解数据库中的数据特性，简化混杂在一起的属性并通过分类留下有用的属性来预测，挖掘数据以便找出数据集中重要的最终可作一个目标使用的变量。诸如此类的用于特定类型的预测，决策树都有着广泛的应用。决策树还可生成规则，每个节点可以用一系列的规则来表达，规则描述了树中特定节点的功能，在从根节点通往叶结点的路径中有几个节点，就用几个 AND 联结符，同时还可以使用 OR 联结符结合规则。

5.2.3 相关规则(correlation)

相关规则是一种简单但很实用的关联分析规则，它描述了一个事物中某些属性同时出现的规律和模式，相关规则也被称作购物篮分析。例如：超级市场中通过 POS 系统收集存储了大量售货数据，记录了什么样的顾客在什么时间购买了什么商品，通过对销售数据的分析，得出经常出现在同一个购物篮中的商品有哪些。这些数据中常常隐含着诸如：购买面包的顾客中有 90％的人同时购买牛奶的相关规则。

对相关规则任务来说，每一个商品或每一个属性/值对，被称作一个项。相关规则任务有两个目标，一个是识别一些项的集合（如商品的集合），一个是识别这些项集之间的关联规则。

大多数关联规则算法通过多次扫描数据集，得到经常出现的一些项集。

相关规则分析就是依据一定的可信度、支持度、期望可信度、作用度建立相关规则的。

5.2.4 人工神经网络(neural network)

神经网络由于本身良好的鲁棒性、自组织自适应性、并行处理、分布存储和高度容错等特性非常适合解决数据挖掘的问题。

神经网络建立在自学习的数学模型基础之上。它可以对大量复杂的数据进行分析，并可以完成对人脑或其他计算机来说极为复杂的模式抽取及趋势分析。

神经网络系统由一系列类似于人脑神经元一样的处理单元组成，我们称之为节点(Node)。

神经网络中的神经元(用节点表示)通过网络彼此互连,如果有数据输入,它们便可以进行确定数据模式的工作。神经网络有相互连接的输入层、中间层(或隐藏层)、输出层组成,如图5—3所示。中间层由多个节点组成,完成大部分网络工作。输出层输出数据分析的执行结果。例如:我们可以指定输入层为代表过去的商品销售情况、价格及季节等因素,输出层便可输出判断本季度的销售情况的数据。

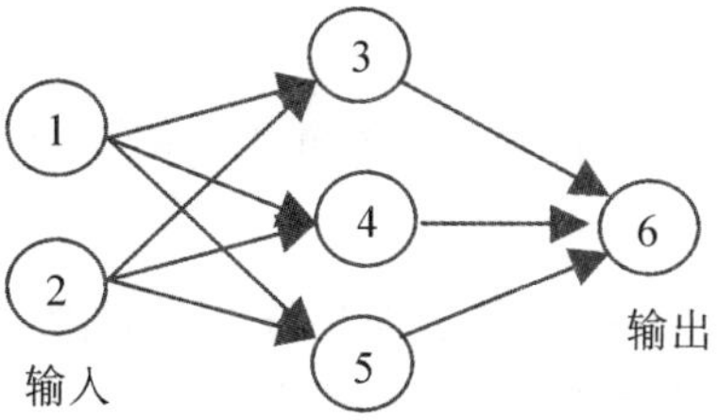

图5—3　一个神经元网络

仿照生理神经网络结构的非线形预测模型,通过学习进行模式识别。粗略的说,神经网络是一组连接的神经单元,其中每个连接都与一个权相联。在学习阶段,通过调整神经网络的权,使得能够预测输入样本的正确类标号来学习。由于单元之间的连接,神经网络学习又称连接者学习。它的优点包括对噪声数据的高承受力,以及它对未经训练的数据分类模型的能力。

基于进化理论,并采用遗传结合、遗传变异、以及自然选择等设计方法的优化技术。根据适者生存的原则,形成由当前群体中最合适的规则组成新的群体,以及这些规则的后代。典型情况下,规则的适合度用它对训练样本集的分类准确率评估。后代通过使用诸如交叉和变异等遗传操作来创建。

人工神经网络是一个迅速发展的前沿研究领域,对计算机科学人工智能、认知科学以及信息技术等产生了重要而深远的影响,而它在数据挖掘中也扮演着非常重要的角色。人工神经网络可通过示例学习,形成描述复杂非线性系统的非线性函数,这实际上是得到了客观规律的定量描述,有了这个基础,预测的难题就会迎刃而解。但是,由于人工神经网络还是一个新兴学科,一些重要的理论问题尚未解决。神经网络方法的缺点是“黑箱”性,人们难以理解网络的学习和决策过程。

5.2.5 遗传算法

遗传算法是一种基于生物进化论和分子遗传学的随机搜索优化算法，是一种仿生全局优化方法。它首先将问题的可能的解按某种形式进行编码，编码后的解称为染色体；随机选取N个染色体作为初始种群，再根据预定的评价函数对每个染色体计算适应值，性能较好的染色体有较高的适应值；选择适应值较高的染色体进行复制，并通过遗传算子，产生一群新的更适应环境的染色体，形成新的种群，直至最后收敛到一个最适应环境的个体，得到问题的最优化解。

遗传算法具有的隐含并行性、易于和其它模型结合等性质使得它在数据挖掘中被加以应用。

Sunil已成功地开发了一个基于遗传算法的数据挖掘工具，利用该工具对两个飞机失事的真实数据库进行了数据挖掘实验，结果表明遗传算法是进行数据挖掘的有效方法之一。遗传算法的应用还体现在与神经网络、粗糙集等技术的结合上。如利用遗传算法优化神经网络结构，在不增加错误率的前提下，删除多余的连接和隐层单元；用遗传算法和BP算法结合训练神经网络，然后从网络提取规则等。但遗传算法的算法较复杂，收敛于局部极小的较早收敛问题尚未解决。

5.2.6 可视化技术(visualization)

可视化技术是数据挖掘不可忽视的辅助技术。数据挖掘通常会涉及较复杂的数学方法和信息技术，为了方便用户理解和使用这类技术，必须借助图形、图像、动画等手段形象地指导操作、引导挖掘和表达结果等，否则很难推广普及数据挖掘技术。

对大批量数据的展现也是数据挖掘的重要方面。就数据可视化系统本身而言，由于数据量很大，很容易使分析人员面对数据不知所措，数据挖掘的可视化工具可以通过富有成效的探索起点并按恰当的隐喻来表示数据，为数据分析人员提供很好的帮助。

数据可视化工具大大扩展了传统商业图形的能力，支持多维数据的可视化，从而提供了多方向同时进行数据分析的图形方法。有些工具甚至提供动画能力，使用户可以“飞越”数据，观看到数据不同层次的细节。

5.2.7 联机分析处理(OLAP)

联机分析处理OLAP(Online Analytical Processing)主要通过多维的方

式来对数据进行分析、查询和报表。它不同于传统的联机事物处理 OLTP (Online Transaction Processing)应用。

OLTP 应用主要是用来完成用户的事务处理,通常要进行大量的更新操作,同时对响应时间要求比较高。而 OLAP 应用主要是对用户当前及历史数据进行分析,辅助领导决策,主要是进行大量的查询操作,对时间的要求不太严格。

采用上述技术的某些专门的分析工具已经发展了十多年的历史,不过这些工具所面对的数据量通常较小。而现在这些技术已经被直接集成到许多大型的工业标准的数据仓库和联机分析系统中去了。

5.2.8　统计分析方法

统计学虽然是一门"古老的"学科,但它依然是最基本的数据挖掘技术。

在数据库字段项之间存在两种关系:函数关系——能够用函数公式表示的确定性关系;相关关系——不能用函数公式表示,但仍是相关确定性关系。对它们的分析可采用统计学方法,即利用统计学原理对数据库中的信息进行分析。可进行常用统计(如求大量数据中的最大值、最小值、总和、平均值等)、回归分析(用回归方程来表示变量间的数量关系)、相关分析(用相关系数来度量变量间的相关程度)、差异分析(从样本统计量的值得出差异来确定总体参数之间是否存在差异)等。

5.3　数据挖掘的基本步骤

在实施数据挖掘之前先制定采取什么样的步骤,每一步做什么,达到什么样的目标,是非常必要的。有了好的计划才能保证数据挖掘有条不紊的实施,并取得成功。

数据挖掘的历史虽然较短,但从 20 世纪 90 年代以来,它的发展速度很快,很多软件供应商、数据挖掘顾问公司以及研究者提供了一些数据挖掘过程模型,来指导他们的用户一步步的进行数据挖掘工作。比如 SPSS 公司和 SAS 研究所提出的方案。

SPSS 公司提出了 5A 的模型,进行数据挖掘,认为任何数据挖掘方法学都由五个基本元素组成:

Assess——正确、彻底的了解业务需求及数据

Access——获取数据，做适当的调整

Analyze——选择适当的分析、验证方法和工具

Act——推荐性、有说服力的原型演示

Automate——提供优秀的自动化软件

SAS研究所认为数据挖掘是对数据进行选择、探索、调整和建模来揭示数据中未知的模式，开发了图形界面的SEMMA来进行数据挖掘：

Sample——抽样：从大量的数据中抽取与探索问题有关的数据子集，这个样本应该包含足够的信息，又易于处理

Explore——探索：对数据子集进行探索，寻找出与期望的关系和未知的模式

Modify——调整：对数据进行探索后，有了初步的了解，就必须对数据进行增减，选择，转化，量化，保证有效进行

Model——建模：应用分析工具，建立模型，进行预测

Assess——评价：评价数据挖掘结果的有效性和可靠性

目前业界关注比较多的模型是CRISP-DM（Cross Industry Standard Process for Data Mining），它是由几家相关开发和应用行业的跨国公司和集团所支持的一个特别兴趣小组在1997年7月到1999年4月间研究后提出的。CRISP-DM强调数据挖掘不只是数据的组织、呈现、数据分析和建模，而是一个从理解企业需求、寻求解决方案到实践检验的完整过程。CRISP-DM过程模型如图5－4所示。

图5－4 CRISP-DM过程模型

我们参照CRISP-DM模型，介绍数据挖掘的基本步骤，虽然这些步骤按顺序排列，但数据挖掘过程并不是线性的，要取得好的结果就要不断反复重复这些步骤。

这些基本数据挖掘步骤包括：

- 确定挖掘目标

- 数据预处理，包括：
  数据采集
  数据选择和清洗
  数据的合并和整合
- 数据准备
- 模型建立
- 模型评价
- 发布

5.3.1　确定挖掘目标

在数据挖掘的初始阶段，最先的同时也是最重要的要求就是了解目标领域数据和业务问题。如果事先没有这种了解，没有任何算法，不管他有多么复杂玄妙，未必能够为你提供有价值的结果，即使有也难以使人信赖他。缺少了这些背景知识，你就没办法明确定义要解决的问题，不能为挖掘准备数据，也很难正确的解释得到的结果。要想充分发挥数据挖掘的价值，必须清晰明确挖掘目标，即决定到底想干什么。这个过程要考虑的因素有：该领域的瓶颈问题是什么，哪些工作可由系统自动完成，哪些工作需要人工处理，系统的目标是什么，追求什么样的性能指标，挖掘模型的可理解性是否重要等，同时还应该包含一个对知识发现项目得到结果进行衡量的标准。当然还应该有整个项目预算和理性的解释。

5.3.2　数据预处理

数据预处理包括：数据采集、数据选择和清洗、数据合并和整合，之后完成加载数据挖掘库。数据预处理是将多文件或多数据库运行环境中的数据进行合并处理，解决语义模糊性，处理数据中的遗漏和清洗脏数据等。数据选择的目的是辨别出需要分析的数据集合，缩小处理范围，提高数据挖掘的质量。

根据数据挖掘目标，建立一个在其上进行数据挖掘的数据集是非常必要的，根据要挖掘的数据量的大小、数据的复杂程度、使用方式的不同，这个数据集可以是一个简单的平面文件或电子表格，也可以是数据库。

通常目标数据集会使用数据仓库技术，但是有时候数据仓库可能不支持对数据进行各种复杂分析所需的数据结构如对数据进行统计查询，多维分析，和各种复杂的图表和可视化等，因此，可以将挖掘的数据存贮在供数据挖掘使用的数据挖掘库中。

参照 CRISP-DM 模型，把建立数据挖掘库分成下面几个内容：

- 构建元数据
- 数据收集
- 数据选择和清洗
- 数据合并与整合
- 加载、维护数据挖掘库

5.3.2.1 构建元数据

元数据是一个描述数据库的数据库。他用于建立实际的数据库和为分析数据和建立模型提供标准，元数据包括数据收集标准和数据描述等。

5.3.2.2 数据收集

确定要挖掘的数据源，用一个数据搜集元数据描述所需的各种不同的数据源。

首先，收集相关的数据，有时需要在公共数据库中获取或向数据拥有者购买。

第二，数据进行描述，描述每个文件和数据库表的内容，可以建立数据描述元数据。

第三，数据进行检查，确认数据的质量，这一步的目的是对数据的本质和质量有所了解，例如是否存在噪音、缺失值、冗余属性、数据不一致、数据过少或过多等。

5.3.2.3 数据选择和清洗

接下来就要选择用于数据挖掘的数据(源数据的子集)，包括属性选择、属性合成、实例选择以及完成除噪音、缺失值得清洗。这与对数据进行采样和选择预测变量是不同的，这里只是粗略的把一些冗余或无关的数据除去，或由于资源的限制、费用的限制、数据使用的限制、和质量问题而必须做出的选择。

5.3.2.4 数据合并与整合

数据合并与整合把来自不同数据源的数据合并到同一个数据挖掘库中，并且要使那些本来存在冲突和不一致的数据一致化。不恰当的一致化是数据质量问题的一个主要来源。不同的数据库间在数据定义和使用上通常都存在巨大的差异。

5.3.2.5 加载、维护数据挖掘库

大多数情况下，用于挖掘的数据应该放到他自己独立的数据库中。如果数据量大并且复杂，那么他通常是一个RDMS，反之只是一个简单的平面文件即可。经过前面所有的搜集、整理之后，现在开始把这些数据实际的加载过来了。挖掘库一旦建好，就需要对他进行维护。需要定期备份；监视他的性能；不时的增加存储空间或提高性能。

5.3.3 数据准备

这是建立模型之前的最后一步数据准备工作。这个步骤包含四个部分内容：选择变量、选择记录、创建新变量、转换变量。

5.3.3.1 选择变量

建立理想的模型依赖于选择合适的变量，通常，根据掌握目标领域知识和情况来正确的选择变量。

5.3.3.2 选择记录

如果数据量确实特别大，进行抽样选择纪录来建立模型是一个很好的方法，只要抽样是真正随机的，否则可以用所有的数据建立一个模型；也可以根据不同的采样方法建立几个模型，然后评价这几个模型选择一个最好的。

5.3.3.3 创建新变量

很多情况下需要从原始数据中衍生一些新的变量作为预测变量。比如，很多变量如果组合起来(加、减、比率等)会比这些变量自身影响力更大。一些变量如果扩大它的范围也会成为一个非常好的预测变量，比如用一段时间内收入变化情况代替一个单一的收入数据。

5.3.3.4 转换变量

某些数据要作转换来适应分析工具和算法。如神经网络要求所有的变量都在0－1之间，因此在这些数据被提交到算法之前就必须先对不在[0,1]内的变量进行映射。同样一些决策树算法不接受数值型变量作为输入，在使用他们之前也要把这些数值映射到“高、中、低”等不同等级上。当然转换方式也在一定程度上影响了模型的准确度。

5.3.4 模型建立

建模阶段在数据准备工作完成之后，根据数据及应用的性质，首先选择合适的建模算法以及该算法的参数。算法选定后，则设计适当的测试方案，然后进行模型训练，最后使用测试方案对模型评估。

5.3.4.1 选择算法

在反复实践的过程中寻找一个合适目标领域的分析模型是非常有意义的。模型可能是一棵决策树、神经网络，甚至可以是传统的统计模型。选择什么样的模型决定了需对数据做哪些预处理工作。如神经网络需要做数据转换，有些数据挖掘工具可能对输入数据的格式有特定的限制等。

5.3.4.2 训练和测试数据挖掘模型

为了保证得到的模型具有较好的精确度和健壮性，必须对模型进行训练和测试，一般思想是把数据至少分成两个部分：一个用于模型训练，另一个用于模型测试。用训练集把模型建立出来之后，可以先在测试集数据上先试验，此模型在测试集上的预测准确度就是一个很好的指导数字，它说明如果将来与训练集和测试集类似的数据用此模型预测时，正确的百分比会有多大。这并不能保证模型的正确性，只是说相似的数据用此模型会得出相似的结果。

5.3.5 模型评估

数据挖掘的结果有些是有实际意义的，而有些是没有实际意义的，或是与实际情况相违背的，这就需要进行评估。评估可以根据用户多年的经验，也可以直接用实际数据来验证模型的正确性，进而调整挖掘模型，不断重复进行数据挖掘。

5.3.5.1 模型验证

模型建立好之后，必须评价其结果、解释其价值。这包括：从测试集中得到的准确率；了解错误的类型和由此带来的相关费用的多少以及实施模型可能花的费用等。

5.3.5.2 外部验证

无论我们用模拟的方法计算出来的模型的准确率有多高，都不能保证此模型在面对现实世界中真实的数据时能取得好的效果。经验证有效的模型并不一定是正确的模型。造成这一点的直接原因就是模型建立中隐含的各种假定。因此直接在现实世界中测试模型很重要。先在小范围内应用，取得测试数据，觉得满意之后再向大范围推广。

5.3.6 发布

根据最终用户的决策目的，对提取的信息进行分析，把最有价值的信息区分出来，并且通过决策支持工具提交给决策者。因此，此阶段不但要把信息通过可视化方法表达出来，还要对信息进行过滤处理，如果不能令决策者满意，需要重复以上数据挖掘的过程，并且在处理的任意阶段，可返回到以前阶段进行再处理。

从以上的处理步骤来看，整个数据挖掘的过程在整体上是顺序执行的，但是实际的过程并不是这么一个简单的线性流程，在实施数据挖掘的过程中会有很多因素需要考虑，如数据本身、相关领域知识、所采用的数据挖掘方法和算法、系统的性能等，各个步骤之间包含了交叉和反复，模式的产生可能是一个曲折的、渐进的、循环的过程。

5.4　数据挖掘与数据分析技术

5.4.1　数据挖掘和 OLAP

联机分析处理(OLAP)是以海量数据为基础的复杂分析技术。它支持各级管理决策人员从不同的角度、快速灵活地对数据仓库中的数据进行复杂查询和多维分析处理，并且能以直观易懂的形式将查询和分析结果展现给决策人员。数据挖掘是从海量数据中，提取隐含在其中的、人们事先不知道的但又可能有用的信息和知识的过程。数据挖掘和联机分析处理分别是数据仓库上获取两种不同目标的数据增值技术，他们是完全不同的工具，基于的技术也不同，另一方面数据挖掘和 OLAP 在应用系统中又具有一定的互补性。

5.4.1.1　OLAP 和数据挖掘的区别

(1)OLAP 分析过程在本质上是一个演绎推理的过程，数据挖掘在本质上是一个归纳的过程。

OLAP 是决策支持领域的一部分，传统的查询和报表工具是告诉用户数据库中都有什么(what happened)，OLAP 则告诉用户下一步会怎么样(What next)或者是如果用户采取这样的措施结果又会怎么样(What if)。也就是分析人员首先建立一个假设，然后用 OLAP 检索数据库来验证这个假设是否正确。为了某个目的，分析人员可以建立一系列的假设，然后通过 OLAP 来证实或推翻这些假设来最终得到自己的结论。数据挖掘与 OLAP 不同的是，数据挖掘不是用于验证某个假定的模式(模型)的正确性，而是在数据库中自己寻找模型从而发现有用的知识，分析人员需要做的就是提供待分析的数据，然后等待结果。

(2)OLAP 和数据挖掘的数据来源和分析方法不同。

OLAP 使用的逻辑数据模型为多维数据模型，在物理实现时，主要有 ROLAP 结构、MOLAP 结构和 HOLAP 结构三种方式。其中 ROLAP 是基于关系数据库的 OLAP 实现，MOLAP 是基于多维数据组织的 OLAP 实现，HOLAP 是基于混合数据组织的 OLAP 实现。常用的 OLAP 多维分析操作有上卷、下钻、切片、切块、旋转等。

数据挖掘的数据来源包括数据仓库、数据库或其他数据源。所有的数据都需要再次进行选择，具体的选择方式与任务相关。挖掘的结果需要进行评价才能最终成为有用的信息，按照评价结果的不同，数据可能需要反馈到不同的阶段，重新进行分析计算。数据挖掘的常用方法包括关联分析、分类和预测、聚类、检测离群点、趋势和演变分析等。

OLAP 大多是限于数据仓库中的数据。数据挖掘既可以分析现存的、比数据仓库提供的汇总数据粒度更细的数据，也可以分析事务的、文本的、空间的和多媒体的数据。

(3)OLAP 和数据挖掘的理论研究切入点不同。

OLAP 技术的研究人员重点研究 CUBE 压缩与计算、实体化视图的选择与维护、多维数据的索引和多维查询处理等技术，以便能够在海量数据上提供秒级的分析请求响应时间。数据挖掘技术研究人员则来自人工智能、统计、数据库界，其研究主要集中在各种挖掘算法和评价方法上，研究可伸缩的数据挖掘方法、基于约束的挖掘方法、复杂数据类型的挖掘等。

5.4.1.2 数据挖掘和 OLAP 的联系

(1)数据挖掘和 OLAP 具有一定的互补性。

在利用数据挖掘出来的结论采取行动之前，也许要验证一下如果采取这样的行动会给企业带来什么样的影响，OLAP 工具能帮助分析结果是怎样的。在知识发现的早期阶段，OLAP 工具还有其他一些用途。可以帮用户探索数据，找到哪些是对一个问题比较重要的变量，发现异常数据和互相影响的变量。这都能帮用户更好的理解数据，加快知识发现的过程。

(2)将这两类技术进行融合，会使分析操作智能化，使挖掘操作目标化。

一方面，联机分析技术可以为数据挖掘提供预期的挖掘对象和目标，避免挖掘的盲目性。另一方面，数据挖掘技术可以使联机分析处理智能化，减少分析人员手工操作的繁杂性，减轻分析人员的负担。

图5—5从数据、信息和知识的角度形象地描述出数据挖掘和OLAP的逻辑关系。

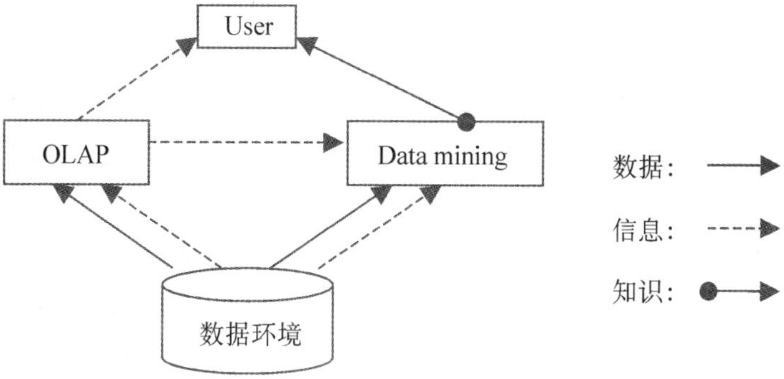

图5—5 数据挖掘与OLAP的关系

5.4.2 数据挖掘与统计分析

数据挖掘技术是计算机技术、人工智能技术和统计技术等构成的一种新技术。

数据挖掘与统计分析是一脉相承的，数据挖掘的许多基本思想和方法都来源于传统统计理论，但又不同于统计分析，它对统计分析方法进行了扩展和延伸；大多数的统计分析技术都基于完善的数学理论和高超的技巧，对使用者的要求很高。随着计算机计算能力的不断增强以及人工智能发展，传统的统计分析变得相对简单和固定，使数据挖掘更具针对性、分析方式更灵活、分析能力更强大。

5.4.2.1 数据挖掘与统计分析的区别

(1)统计分析以数学为基础，所采用的分析方法之前先要证明，数据挖掘作为几门学科的综合，已经从机器学习那里继承了实验的态度，更多注重经验。

(2)统计分析是确定性的分析，它的核心是建立“模型”，而数据挖掘是很偶然的发现，其本质是实验。

很多统计分析提出的是确定性的分析,确定性分析着眼于如何建立一个好的模型。在很多情形下,模型的选择并不都是显而易见的,选择一个合适的模型是不可能的,最合适的计算方法也是不可行的。而数据挖掘是很偶然的发现非预期但很有价值的信息,这说明数据挖掘过程本质上是实验性的,数据挖掘的主要目的是发现,它不关心统计学领域中的在回答一个特定的问题之前,如何很好的搜集数据,数据挖掘假想数据已经被搜集好,关注的只是如何发现其中的秘密。

(3)统计分析主要关注的是分析定量数据,数据挖掘处理的数据是多来源的,分析的要素可能是图像、文本、语言信号,或者完全是科学研究资料。

5.4.2.2 数据挖掘与统计分析的联系

由于数据挖掘和统计分析根深蒂固的联系,一般的数据挖掘工具都能够通过可选件或自身提供统计分析功能。这些功能对于数据挖掘的前期数据探索和数据挖掘之后对数据进行总结和分析都是十分必要的。

(1)统计分析和数据挖掘是相辅相成的过程,统计分析所提供的诸如方差分析、假设检验、相关性分析、线性预测、时间序列分析等功能都有助于数据挖掘前期对数据进行探索,发现数据挖掘的题目、找出数据挖掘的目标、确定数据挖掘所需涉及的变量、对数据源进行抽样等等。所有这些前期工作对数据挖掘的效果产生重大影响。而数据挖掘的结果也需要统计分析的描述功能(如最大值、最小值、平均值、方差、四分位、个数、概率分配等)进行具体描述,使数据挖掘的结果能够被用户了解。

(2)统计分析和数据挖掘一脉相承,又各有优势,因为数据挖掘的许多基本思想和方法都来源于传统统计理论。最典型的就是时间序列分析,可以在这两个领域里找到大量时序分析的论述,并且数据挖掘中时序分析的方法与统计里的时序分析方法相同,比如一元回归等。但是,统计分析中的时序分析并不仅限于此,还有其他一些相关的方法。另外,数据挖掘里的决策树方法等人工智能方法在传统统计理论中是不存在的。最后可以得出结论,那就是数据挖掘的一些基本方法来源于统计分析,针对性更强(比如挖掘中的时序分析针对趋势预测),通过与人工智能等其他技术相结合,产生更灵活有效的分析方式。

5.4.2.3 数据挖掘工具和统计分析工具

数据挖掘技术作为计算机技术、人工智能技术和统计技术等技术构成的一种新技术，通常被集成为计算机工具得以实现，在当前的数据挖掘软件包中被用到的统计分析过程包括：决策树推断、规则推断、最近邻方法（合乎情理的方案）、聚类方法（数据分离）、联合规则（市场篮子分析）、特征提取、可视化、神经网络、贝叶斯可信度网络（图形模型）、遗传算法、自组织图、神经模糊系统。

而标准统计包里的主要部分包括：假设检验、实验设计、响应表面模型、方差分析、线性回归、判别分析、对数回归、广义线性模型、正则相关性、主成分分析、因子分析。

5.5　数据挖掘的现状与面临的问题

5.5.1　数据挖掘的现状

目前数据挖掘技术在市场营销、金融风险预测、产品产量和质量分析、分子生物学、基因工程研究、Internet 站点访问模式发现以及信息搜索和分类等许多领域得到了成功的应用。随着人们对信息需求的增长，数据挖掘技术将逐步深入人们日常生活。

5.5.1.1　数据在积年累月地储存以后，数据量巨增，数据挖掘已成为挖掘信息金矿的核心技术

时至今日，在网络环境的促使下，各行各业每日增加的数据量正以惊人的速度成长，而随着理论与算法成熟及计算机运算能力大幅进步，数据挖掘已成为企业组织挖掘信息金矿的核心技术。

5.5.1.2　数据挖掘结合各种统计方法的软件来分析庞大数据，成为目前国际上统计最热门的话题

随着计算机、网络技术的发展，要获取某一问题的有关数据已经不是非常困难的事情了。但是对于数量大、涉及面宽的数据，靠以往人工汇总报表是无法完成的，而那种由简单汇总、按指定模式去分析的统计方法也无法适应这类数据的分析。因此，数据挖掘结合各种统计方法的软件来分析庞大数据就有了市场需求。

5.5.1.3　有许多不同领域的专家纷纷投入数据挖掘这新领域

数据挖掘是一个发展中的新领域。在范围和定义上、推理和期望上有一

些不同。挖掘的信息和知识从巨大的数据库而来。目前已被许多研究人员视为结合数据库系统与机器学习技术的重要研究领域。

5.5.2 数据挖掘面临的问题

数据挖掘面临的主要问题有三大类:挖掘方法和用户交互的问题、性能问题和存储数据的数据库类型具有多样性的问题。

5.5.2.1 挖掘方法和用户交互问题

挖掘方法和用户交互的问题涉及到数据挖掘技术的多个方面,主要有以下一些内容:

(1)在数据库中挖掘不同类型的知识

由于不同的用户感兴趣的知识类型可能会很不相同,这就要求数据挖掘系统应当覆盖范围很广的数据分析和知识发现任务,包括数据特征化、区分、关联、分类、聚类、趋势和偏差分析以及类似性分析。这些方式可能以不同的方式使用相同的数据库,并需要开发大量的数据挖掘技术。多个抽象层的交互知识挖掘:由于在进行数据挖掘之前很难知道将要挖掘出来的是什么样的知识,因此需要数据挖掘的过程具有交互性。对于大型的数据库,应当使用抽样技术进行交互式的数据探查。交互式挖掘允许用户聚焦搜索模式,根据返回的结果提出和精炼数据挖掘请求,从而使用户可以以不同的粒度和从不同的角度观察数据和发现模式。

(2)结合背景知识

可以使用背景知识或关于所研究领域的信息来指导发现过程,并使得发现的模式以简洁的形式在不同的抽象层表示。关于数据库的领域知识,如完整性约束和演绎规则,可以帮助聚焦和加快数据挖掘过程,或评估发现的模式的兴趣度。

(3)数据挖掘查询语言和特定的数据挖掘

与现在存在大量的高级程序开发语言相比,数据挖掘还缺乏一门统一的高级语言用于描述数据挖掘的过程和结果。关系查询语言(SQL)只能允许用户提出特定的数据检索查询,而对数据挖掘高级语言的要求则更高,它应该能够使用户通过说明分析任务的相关数据集、领域知识、所挖掘的数据类型、被发现的模式必须满足的条件和约束,描述特定的数据挖掘任务。这种语言应当与数据库或数据仓库查询语言集成,使数据挖掘更有效、灵活和优化。

(4)数据挖掘结果的表示和显示

高级语言、可视化表示或其他形式的表示方法可以使知识易于理解，能够被人们直接使用。这要求系统采用有表达能力的知识表示技术，如树、表、规则、图、图表、交叉表、矩阵或曲线。

(5)处理噪声和不完全数据

存放在数据库中的数据可能反映噪声、异常情况或不完全的数据对象，它们可能搞乱分析过程，导致数据与所构造的知识模型过分适应，由此导致所发现的模式精确性很差。这就需要处理数据噪声的数据清理方法和数据分析方法，以及发现和分析异常情况的孤立点挖掘方法。

(6)模式评估——兴趣度问题

数据挖掘方法发现的模式通常数以千计，怎样从中选择出用户感兴趣的模式是一个极具挑战性的问题。

5.5.2.2 性能问题

数据挖掘性能问题主要涉及：

(1)设计数据挖掘算法的有效性和可伸缩性

数据挖掘算法的有效性要求算法的运行时间应尽可能地少，而可伸缩性则要求算法能够适应不同大小的数据库容量，算法的运行时间应尽可能地与数据库的容量保持线性比例的增减关系。

(2)并行、分布式和增量挖掘算法

并行和分布式数据挖掘算法将数据划分成多个部分，这些部分可以并行处理，然后将各个处理结果合并。这种类型的算法可以对付数据库的大容量、数据的广泛分布和一些数据挖掘算法的计算复杂性的问题。而数据挖掘过程的高花费导致了对增量挖掘算法的需求，这种类型的算法和数据库更新结合在一起，它不必随着数据库的更新重新挖掘全部数据，而只需要在原有挖掘结果的基础上修正和加强业已发现的知识。

5.5.2.3 数据库类型的多样性问题

存储数据的数据库类型多样性问题主要有：

(1)关系的和复杂的数据类型的处理

由于数据库类型的多样性，指望一个系统挖掘所有类型的数据是不现实的。为挖掘特定类型的数据，应当构造特定的数据挖掘系统。

(2)由异种数据库和全球信息系统挖掘信息

局域网和广域网(如互连网)提供了大量庞大的、分布式的和异种的数据库。从具有不同语义的结构化的、半结构化的和非结构化的不同数据源发现知识,是数据挖掘技术面临的一个巨大挑战。

5.5.3 实施数据挖掘项目应考虑的问题

数据挖掘项目实施还应考虑以下三方面问题:一是为进行数据挖掘所做的数据准备,二是数据挖掘的各种分析算法,三是进行数据挖掘的人员。

5.5.3.1 数据是数据挖掘应用的依据

数据挖掘最后成功与失败,是否有经济效益,数据准备起到了至关重要的作用。数据准备包含很多方面:一是从多种数据源去综合数据挖掘所需要的数据,保证数据的综合性、易用性、数据的质量和数据的时效性;如果数据可得性和完备性都不高,难以使用数据挖掘。

数据挖掘项目实施的理想起点是建立一个数据仓库,里面保存所有相关数据。如果数据仓库还没有建起来就直接上数据挖掘应用,结果很可能中途夭折,因为数据挖掘前期几乎80%的工作都是在准备数据,把数据整合、抽取、清洗、转换、装载。如果给出的最初数据质量不高,模型再好,最后做出的预测也难如人意。

5.5.3.2 数据挖掘的分析算法

数据挖掘的分析算法主要来自于以下两个方面:统计分析和人工智能(机器学习、模式识别等)。数据挖掘研究人员和数据挖掘软件供应商,在这一方面所做的主要工作是优化现有的一些算法,以适应大数据量。另外需要强调的是,任何一种数据挖掘的算法,不管是统计分析方法、神经元网络、各种树分析方法,还是遗传算法,没有一种算法是万能的。不同的挖掘目标问题,需要用不同的方法去解决。即使对于同一个问题,可能有多种算法,这个时候,需要评估对于这一特定问题和特定数据哪一种算法更好。

5.5.3.3 数据挖掘的相关人员

进行数据挖掘的人员既需要研究改进现有算法和发现新算法。还需要进行数据准备,考虑如何从现有数据中衍生出所需要的指标,这些主要取决于数据挖掘者的分析经验和使用工具的熟悉程度。

数据挖掘需要具备三类不同专长的人员,一是业务分析人员,精通业务,能够解释业务对象，并根据业务对象确定用于数据定义和挖掘算法的业务需求；二是数据分析人员，精通数据分析技术，熟练掌握统计学，能把业务需求转化为具体操作，并为每步操作选择合适的技术；三是数据管理人员，精通数据管理技术，了解数据源，负责数据准备过程。

人们通常把数据挖掘工具看得过份神秘，认为只要有了一个数据挖掘工具，就能自动挖掘出所需要的信息，这是认识上的一个误区。其实要想真正做好数据挖掘，数据挖掘工具只是其中的一个方面，同时还需要对业务的深入了解和数据分析经验。要成功得进行数据挖掘，必须有一些数据挖掘方面的专家，专门从事数据分析和数据挖掘工作。再同其他部门协调，把挖掘出来的信息供管理者决策参考，最后把挖掘出的知识物化。如果管理者没有这方面的意识，数据挖掘和数据分析就很难发挥应有的作用，很容易走向两个极端，一是认为数据挖掘没有用处，二是开始认为数据挖掘是万能的。如此得到的结果往往与初始期望相去太远。

数据挖掘提供的是一个辅助决策的系统，它不能代替决策者进行决策，人在所有的信息系统包括数据挖掘平台中的作用始终是第一位的。

第 6 章

计算机网络技术

21 世纪的一些重要特征就是数字化、网络化和信息化，它是一个以网络为核心的信息时代。这个时代发展最快的并起到核心作用的是计算机网络，计算机网络是计算机技术和通信技术紧密结合并不断发展的一门学科。在以信息化带动工业化和工业化促进信息化的进程中，计算机网络扮演了越来越重要的角色。在这个时代，统计工作也要面临适应国家信息化和全球经济一体化的变化，这要求统计技术手段现代化，需要利用网络实现统计数据采集与报表的无纸化，实现统计数据存储、交换、更新、查询的自动化，最大限度地让社会共享统计数据资源，因此应该充分实现网络环境下的网络统计，即在网络环境下进行统计设计和数据采集、传输、处理、存储、分析、发布，以网络为主渠道，以统计网站为平台，提供多种信息服务。

6.1 计算机网络的形成与发展

世界上第一台电子计算机的诞生在当时是很大的创举，但是任何人都没有预测到五十多年后的今天，计算机在社会各个领域的应用和影响是如此广泛和深远。当 1969 年 12 月世界上第一个数据包交换计算机网络 ARPANET 出现时，也不会有人预测到时隔四十年，计算机网络在现代信息社会中扮演了如此重要的角色。ARPANET 网络已从最初的四个节点发展为横跨全世界一百多个国家和地区、挂接有几万个网络、几百万台计算机、几亿用户的因特网(Internet)。

纵观计算机网络的发展历史可以发现,它和其他事物的发展一样,也经历了从简单到复杂,从低级到高级的过程。在这一过程中,计算机技术与通信技术紧密结合,相互促进,共同发展,最终产生了计算机网络。

从计算机网络的发展,可以分为联机终端网络、分组交换网、开放式标准化网络三代。

20 世纪中以来网络的形成与发展可以划分为四个阶段:

第一阶段(第一代):50 年代,数据通信技术的研究;

第二阶段(第二代):60 年代,ARPANET 与分组交换技术的研究;

第三阶段(第三代):70 年代中期,网络体系结构与网络协议的国际标准化问题;

第四阶段:90 年代,Internet 广泛应用与异步传输模式 ATM 技术的发展。

6.1.1　联机终端网络

第一代计算机网络实际上是以单个计算机为中心的远程联机系统。

自 20 世纪 40 年代世界上第一台数字计算机问世,当时计算机的数量非常少,且非常昂贵。由于当时的计算机大都采用批处理方式,用户使用计算机首先要将程序和数据制成纸带或卡片,再送到计算中心进行处理。

1954 年,出现了一种被称作收发器(transceiver)的终端,人们使用这种终端首次实现了将穿孔卡片上的数据通过电话线路发送到远地的计算机。此后,电传打字机也作为远程终端和计算机相连,用户可以在远地的电传打字机上输入自己的程序,而计算机计算出来的结果也可以传送到远地的电传打字机上并打印出来,计算机网络的基本原型就这样诞生了。

20 世纪 60 年代初期,随着远程终端数量的增多,为了避免一台计算机使用多个线路控制器(multiple line controller),出现了多重线路控制器。它可以和许多个远程终端相连接。这种简单的联机系统也称为面向终端的计算机通信网,是最原始的计算机网络,这种最简单的通信网称为第一代计算机网络。在第一代计算机网络中,计算机是网络的中心和控制者,终端围绕中心计算机分布在各处,而计算机的主要任务是进行成批处理。如图 6－1 所示的该系统常称为联机系统,以区别于早先使用的脱机系统。

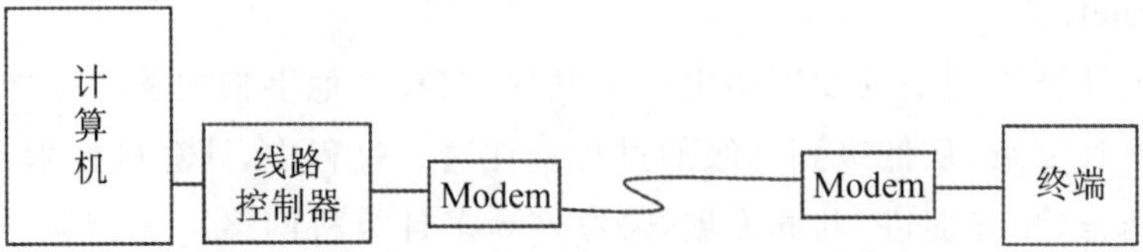

图 6—1 计算机通过线路控制器与远程终端相连

当人们认识到计算机还可用作数据处理时，计算机的用户数量迅速增长。线路控制器对主机造成了相当大的额外开销。人们意识到需要设计另一种不同硬件结构的设备来完成数据通信的任务。这就导致了具有较多智能的通信处理机的出现。通信处理机也称为前端处理机 FEP(Front End Processor)，有时也简称为前端机。前端处理机分工完成全部的通信任务，而让主机专门进行数据的处理。这样就大大提高了主机进行数据处理的效率。图 6—2 给出了用一个前端处理机与多个远程终端相连的情况。

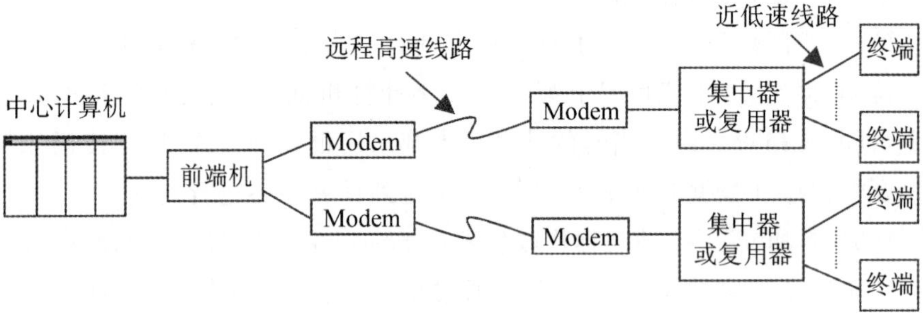

图 6—2 用前端处理机完成通信任务

为了节省通信费用，可在远程终端较密集处加一个集中器。集中器的一端用多条低速线路与各终端相连，另一端则用一条较高速率的线路与计算机相连，如图 6—3 所示。

由于集中器不是简单的多路复用器，而是一个智能复用器，所以在高速线路上它可以利用一些终端的空闲时间来传送其他处于工作状态的终端的数据。这样就明显地提高了线路的利用率，从而降低了通信线路的费用。当集中器距终端较近时，在集中器与各终端之间往往可以省去调制解调器。

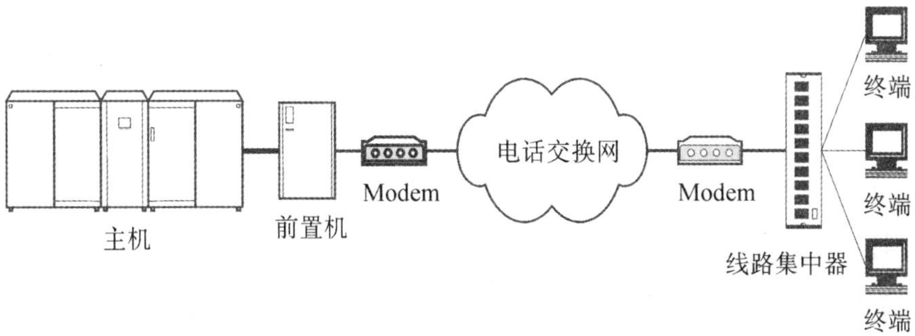

图 6－3　用集中器完成通信任务

6.1.2　分组交换网

第二代计算机网络是多台主计算机通过通信线路互连起来为用户提供服务，产生所谓计算机——计算机网络。

这种计算机网络于 20 世纪 60 年代后期开始兴起。

为了克服第一代计算机网络的缺点，提高网络的可靠性和可用性，人们开始研究将多台计算机相互连接的方法。

在电话出现以后，人们便认识到，在所有用户之间架设直达的线路是非常浪费的，必须靠交换机实现用户之间的互连。一百多年来，电话交换机经过多次更新换代，从人工接续、步进制、纵横制直到现代的程序控制交换机(即程控交换机)，其本质始终未变，都是采用电路交换。从通信资源的分配角度来看，“交换”就是按照某种方式动态地分配传输线路的资源。

电路交换是在通话之前，通过用户的呼叫(即拨号)，由网络预先给用户分配传输带宽(这里指的是广义的带宽，即将时分制的时隙宽度也称为带宽)。用户若呼叫成功，则从主叫端到被叫端就建立了一条物理通路。此后，双方才能互相通话。通话完毕挂机后即自动释放这条物理通路。

当这种通信系统用来传送计算机或终端的数据时，由于计算机数据是突发性地出现在传输线路上，因此线路上真正用来传送数据的时间往往不到10％甚至 1％。在绝大部分时间里，通信线路实际上是空闲的，但对电信局而言，通信线路已被用户占用，因而要收费。例如，当用户阅读终端屏幕上的信息或用键盘输入和编辑一份文件时，或计算机正在处理而结果尚未得出时，宝贵的通信线路资源实际上并未被利用而是白白地被浪费掉了。

另外，采用电路交换，不同速率的终端和计算机之间很难互相通信。这就需要做一些技术上的改进，例如，可使终端与计算机不是直接连通，而是让数据经过缓冲区暂存一下，经过适当变换后再进行发送或接收。

电路交换的另一个缺点是不够灵活。只要在通信双方建立的通路中的任何一点出了故障，就必须重新拨号建立新的连接。这很不适合实时通信特别是紧急的重要信息传送的要求。

上述情况表明，计算机通信需要采用一种新的交换技术，这就是在 20 世纪 60 年代提出来的分组交换。

1964 年 8 月，巴兰(Baran)在美国兰德(Rand)公司的“论分布式通信”的研究报告中最初提出了存储转发的概念。1962～1965 年，美国国防部高级研究计划署 ARPA(Advanced Research Projects Agency)和英国的国家物理实验室 NPL(National Physics Laboratory)都在对新型的计算机通信技术进行研究。1966 年，英国国家物理实验室(NPL)的戴维斯(Davies)首次提出“分组”(packet)这一概念。1969 年 12 月，美国的分组交换网 ARPANET 连接了美国加州大学洛杉机分校、加州大学圣巴巴拉分校、斯坦福大学和犹他大学四个节点的计算机。ARPANET 的成功，标志着计算机网络的发展进入了一个新纪元。

ARPANET 的成功运行使计算机网络的概念发生了根本性的变化。早期的面向终端的计算机网络是以单个主机为中心的星型网，各终端通过电话网共享主机的硬件和软件资源。但分组交换网则以通信子网为中心，主机和终端都处在网络的边缘。主机和终端构成了用户资源子网。用户不仅共享通信子网的资源，而且还可共享用户资源子网的丰富的硬件和软件资源。这种以资源子网为中心的计算机网络通常被称为第二代计算机网络。

在第二代计算机网络中，多台计算机通过通信子网构成一个有机的整体，既分散又统一，从而使整个系统性能大大提高；原来单一主机的负载可以分散到全网的各个机器上，使得网络系统的响应速度加快；而且在这种系统中，单机故障也不会导致整个网络系统的全面瘫痪。

这种计算机——计算机网络比最初的面向终端的计算机网络的功能扩大了很多，成为 20 世纪 70 年代计算机网络的主要形式。

除了像上述 ARPANET 那样的专用分组网外，一些工业发达国家还开始建造公用分组交换网，例如 X. 25 网络，以便为更广大的用户服务。据统计，到 1978 年底为止，全世界就已有共 87 个国家和地区的 214 个公用分组交换网在运行。

6. 1. 3　开放式标准化网络

第三代计算机网络是计算机网络体系。

相互通信的两个计算机系统必须高度协调工作，而这种“协调”是相当复杂的。为了设计这样复杂的计算机网络，早在最初的 ARPANET 设计时就提出了分层的方法。“分层”可将庞大而复杂的问题转化为若干较小的局部问题，而这些较小的局部问题就比较易于研究和处理。

1974 年，美国的 IBM 公司宣布了它研制的系统网络体系结构 SNA(System Network Architecture)。这个著名的网络标准就是按照分层的方法制订的。以后 SNA 又不断得到改进，更新了好几个版本。现在它是世界上使用较为广泛的一种网络体系结构。不久后，其它一些公司也相继推出本公司的一套网络体系结构，并都采用不同的名称，如 DEC 公司的 DNA(Digital Network Architecture)，Apple 公司的 AppleTalk 等。他们的标准互相之间都不兼容，因此在不同公司的产品之间难以互连和互通。

但由于各个公司的网络体系结构是各不相同的，所以不同公司之间的网络不能互连互通。针对上述情况，国际标准化组织 ISO(International Standard Organization)于 1977 年设立专门的机构研究解决上述问题，并于不久后提出了一个使各种计算机能够互连的标准框架——开放式系统互连参考模型 OSI/RM(Open System Interconnection /Reference Model)，简称 OSI。1984 年 ISO 正式颁布开放系统互连参考模型(OSI/RM)，OSI 模型规定将网络分为七层，并规定每层的功能，如图 6－4 所示。OSI 参考模型的出现，意味着计算机网络发展到第三代。

OSI 是一个非常通用的参考模型。ISO 本来期望每个国家有一个网络，由政府运营并使用 OSI 的协议，因此没有考虑广泛的网络互连。

尽管存在着这样那样的缺点，OSI 模型(去掉会话层和表示层)对于讨论计算机网络还是特别有用的。但是 OSI 协议并未流行。

TCP/IP(Transmission Control Protocol/Internet Protocol)是传输控制协议/互连网络协议的缩写，当初是为美国国防部高级研究计划局(DARPA)

应用层	←—第七层
表示层	←—第六层
会话层	←—第五层
传输层	←—第四层
网络层	←—第三层
数据链路层	←—第二层
物理层	←—第一层

图 6—4 OSI 参考模型

设计的，一般称为 ARPAnet，其目的在于能够让各种各样的计算机都可以在一个共同的网络环境中运行。

20 世纪 80 年代初，美国伯克利大学将 TCP/IP 设计在 UNIX 操作系统内核中，1983 年美国国防部 DOD 宣布，将 ARPANET 的 NCP 完全过渡到 TCP/IP，成为正式的军事标准。与此同时，SUN 等公司将 TCP/IP 引入了广泛的商业领域。20 世纪 90 年代中期 WWW 的流行更带来了 Internet 用户爆炸性的增长。现在 Internet 已发展成为世界上最大的国际性计算机互连网络，TCP/IP 成了事实上的国际标准。

6.1.4 Internet(因特网)

Internet 遵循 TCP/IP 参考模型，由于 TCP/IP 仍然使用分层模型，因此 Internet 仍属于第三代计算机网络。随着 Internet 的迅速普及，现在已开始进入网络计算的新时代，就是以网络为中心的时代。

首先是计算机网络向高速化发展。其次是其传输内容由先前主要是数字、文字和程序等数据发展为越来越多的图形、图像、声音和影像等多媒体信息，对实时性、等时性、服务质量等提出了更高的要求。三网融合甚至多网融合是一个重要的发展方向。

这里所说的网络是指“三网”，即电信网络(主要的业务是电话)、有线电视网络(单向电视节目的传送网络)和计算机网络。虽然这三种网络在信息化过程中都起到重要的作用，但其中发展最快的并起到核心作用的是计算机网络。

在 OSI 参考模型推出后，网络的发展道路一直走标准化道路，而网络标准化的最大体现就是 Internet 的飞速发展。现在 Internet 已成为世界上最大的国际性计算机互联网。

计算机网络经过第一代、第二代和第三代的发展，表现出其巨大的使用价值和良好的应用前景。进入 20 世纪 90 年代以来，微电子技术、大规模集成电路技术、光通信技术和计算机技术不断发展，为网络技术的发展提供了有力的支持；而网络应用正迅速朝着高速化、实时化、智能化、集成化和多媒体化的方向不断深入，新型应用向计算机网络提出了挑战，新一代网络的出现已成必然。表 6－1 给出了 20 世纪中以来计算机网络发展的一个描述。

表 6－1　计算机网络发展简史

年代	重要事件	关键技术	发展阶段	主干
50～60's	SAGE 和 SABRAI	on line(联机)	联网尝试	无
1969	ARPANET 诞生	分组交换与分层	网络出现	56 kbit/s
70's	微机和局域网出现、标准化受重视	X.25 和以太网	各自为政	56 kbit/s
80's	TCP/IP 和 Internet	TCP/IP 协议集和 IP 路由	Internet 发展	1.5 Mb/s
90's	Web 信息发布与浏览、因特网商业化	超文本、WDM 技术	Web 成为 Internet 主流	45Mb/s、622Mb/s、多主干
目前	电子商务	信息安全、DWDM 技术	知识经济	>2.5 Gb/s

计算机网络的发展既受到计算机科学技术和通信科学技术的支撑，又受到网络应用需求的推动。如今，计算机网络从体系结构到实用技术已逐步走向系统化、科学化和工程化。作为一门年轻的学科，它具有极强的理论性、综合性和依赖性，又具有自身特有的研究内容。它必须在一定的约束条件下研究如何合理、有效地管理和调度网络资源（如链路、带宽、信息等），提供适应不同应用需求的网络服务和拓展新的网络应用。

6.2　计算机网络的定义、功能及结构

6.2.1　计算机网络的定义

计算机网络就是利用通信设备和线路将地理位置不同的、功能独立的多

个计算机系统互连起来，以功能完善的网络软件（即网络通信协议、信息交换方式、网络操作系统等）实现网络中资源共享和信息传递的系统。

计算机网络是指独立、相互连接的计算机集合。独立意味着每台连网的计算机是完整的计算机系统，可以独立运行用户的作业；相互连接意味着两台计算机之间能够相互交换信息。计算机之间的连接是物理的，由硬件实现。计算机连接所使用的介质可以是双绞线、同轴电缆或光纤等有线介质；也可以是无线电、红外线、微波或卫星微波等无线介质。计算机之间的信息交换具有物理和逻辑上的双重含义。在计算机网络的最底层（通常为物理层），信息交换体现为直接相连的两台机器之间无结构的比特流传输；而在物理层之上的各层所交换的信息便有了一定的逻辑结构，越往上逻辑结构越复杂，也越接近用户真正需要的形式。信息交换在低层由硬件实现，而到了高层则由软件实现。在上述定义中之所以强调联网计算机的“独立”性，主要是为了将计算机网络与主机加终端构成的分时系统，以及与主机加从属计算机构成的主从式系统区分开。

计算机网络的基本特征：

- 网络连接对象：两台以上的计算机。
- 通信介质：介质分为有线和无线。
- 通信协议：通信中各种规定的集合。
- 以资源共享为目的：硬件和软件资源。

6.2.2 计算机网络的功能

计算机网络是一个复合系统，它是由各自具有独立功能而又通过各种通信手段连接起来以便进行信息交换、资源共享或协同工作的计算机组成的。

计算机网络的功能可归纳为资源共享、提供人际通信手段、提高可靠性、节省费用、便于扩充及协同处理等方面。

6.2.2.1 数据通信

现代社会信息量激增，信息交换也日益增多，每年有几万吨信件要传递。利用计算机网络传递信件是一种全新的电子传递方式。电子邮件比现有的通信工具有更多的优点，它不像电话需要通话者同时在场，也不像广播系统只是单方向传递信息，在速度上比传统邮件快得多。此外，电子邮件还可以携带声音、图像和视频，实现多媒体通信。如果计算机网络覆盖的地域足够大，则可使各种信息通过电子邮件在全国乃至全球范围内快速传递和处理。

除电子邮件以外，计算机网络给科学家和工程师们提供一个网络环境，在此基础上可以建立一种新型的合作方式——计算机支持协同工作 CSCW (Computer Supported Cooperative Work)，它消除了地理上的距离限制。

6.2.2.2　资源共享

在计算机网络中，有许多昂贵的资源，例如大型数据库、巨型计算机等，并非为每一用户所拥有，所以必须实行资源共享。资源共享包括硬件资源的共享，如打印机、大容量磁盘等；也包括软件资源的共享，如程序、数据等。资源共享的结果是避免重复投资和劳动，从而提高了资源的利用率，使系统的整体性能价格比得到改善。

6.2.2.3　增加可靠性

在一个系统内，单个部件或计算机的暂时失效必须通过替换资源的办法来维持系统的继续运行。但在计算机网络中，每种资源(尤其程序和数据)可以存放在多个地点，而用户可以通过多种途径来访问网内的某个资源，从而避免了单点失效对用户产生的影响。

6.2.2.4　提高系统处理能力

单机的处理能力是有限的，且由于种种原因(例如机器所处位置的时差，任务的多少)，计算机之间的忙闲程度是不均匀的。从理论上讲，在同一网内的多台计算机可通过协同操作和并行处理来提高整个系统的处理能力，并使网内各计算机负载均衡。

6.2.3　计算机网络组成和结构

计算机网络要完成数据处理与数据通信两大基本功能，那么计算机网络从逻辑功能上就可以分为资源子网和通信子网两部分。

通信子网与资源子网的结构如图 6—5 所示。

资源子网由主计算机系统、终端、连网外设、各种软件资源与信息资源组成；资源子网负责全网的数据处理业务，向网络用户提供各种共享的网络资源与网络服务。

通信子网由通信控制处理机、通信线路与其它通信设备组成，完成网络数据传输、转发等通信处理任务。

一个计算机网络系统主要由以下几个部分组成：

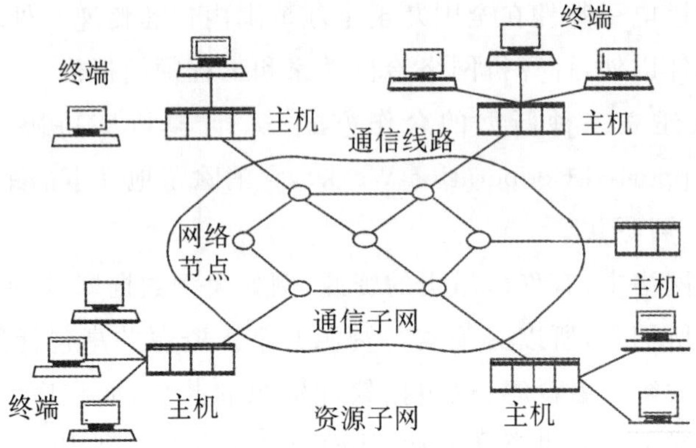

图 6—5 通信子网与资源子网结构

● 网络通信系统。它提供节点间的数据通信功能，这涉及到传输介质、拓扑结构以及网络访问控制等一系列核心技术，决定着网络的性能，是网络系统的核心和基础。

● 网络操作系统。它对网络资源进行有效管理，提供基本的网络服务、网络操作界面网络安全性和可靠性措施等，是实现用户透明性访问网络所必不可少的人—机(网络)接口。

● 网络应用系统。它是根据应用要求而开发的基于网络环境的应用系统。例如，在机关、学校、企业、商业、宾馆、银行等各行各业中所开发的办公自动化、生产自动化、企业管理信息系统、决策支持系统、医疗管理服务系统、电子银行服务系统、辅助教学系统、电子商务系统等各种应用系统。

6.3 计算机网络分类

计算机网络的分类标准很多，比如按网络技术分、按使用协议分、按传输介质、拓扑结构、介质访问方式以及交换方式等等。

6.3.1 网络分类

● 按网络技术分类：以太网、令牌环网、光纤分布数据接口网(FDDI)、异步传输模式网(ATM)、帧中继、数字数据网(DDN)、综合服务数字网(ISDN)、非对称数字用户环线(ADSL)。

- 按使用协议分类：TCP/IP、Novell、Microsoft。
- 按网络的交换方式分类：电路交换、报文交换、分组交换。
- 按网络的拓扑结构分类：星型、总线型、环型、树型、网型。
- 按网络的传输媒体分类：双绞线、同轴电缆、光纤、无线。
- 按网络的信道分类：窄带、宽带。
- 按网络的用途分类：教育、科研、商业、企业等。

6.3.2　按覆盖范围分类

上述分类标准只给出了网络某一方面的特征，并不能反映网络技术的本质。事实上，确实存在一种能反映网络技术本质的网络划分标准，那就是计算机网络的覆盖范围。按网络覆盖范围的大小，我们将计算机网络分为局域网(LAN)、城域网(MAN)、广域网(WAN)和互联网，如表6—2所示。网络覆盖的地理范围是网络分类的一个非常重要的度量参数，因为不同规模的网络将采用不同的技术。

表6—2　计算机网络分类

网络种类	覆盖范围	分布距离
局域网	房间	10米
	建筑物	100米
	校园	1公里
城域网	城市	10公里
广域网	国家	100公里
	洲或洲际	1000公里

6.3.2.1　局域网

局域网LAN(Local Area Network)是专有网络，覆盖范围在几百米到十几公里内办公楼群或校园内的计算机相互连接所构成的计算机网络，如图6—6所示。

计算机局域网被广泛应用于连接校园、公司、工厂以及机关的个人计算机或工作站，以利于个人计算机或工作站之间共享资源(如打印机)和交换信息。

局域网的传输速率多在10M～100Mbps之间(bps是数据传输速率的基本单位，表示每秒传输的比特数)，目前局域网的最快传输速率已经达到

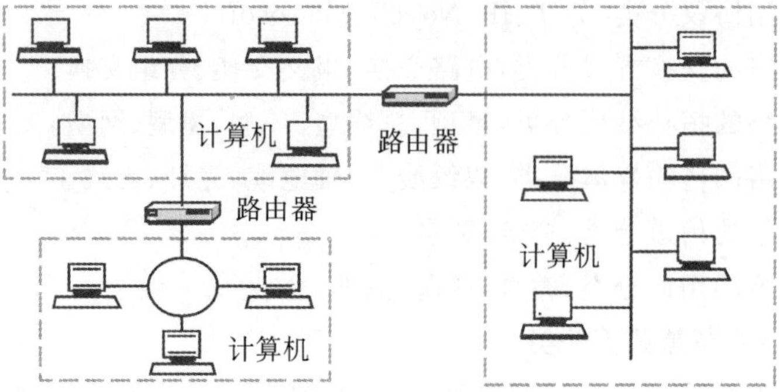

图 6—6 局域网示意图

10Gbps。LAN 组网方便、使用灵活，是目前计算机网络中最活跃的一个分支。

LAN 的覆盖范围是有限制的，这意味着最差情况下的传输时间是有限的，而且可以预先知道其上界。知道了最差的传输时间之后，我们就有可能使用某种特定的设计，若不知道此上界就无法使用这样的设计。而且，这样也简化了网络的管理。

局域网有不同的拓扑结构。常用的有星型结构、总线型结构和环型结构。

6.3.2.2 城域网

城域网 MAN(Metropolitan Area Network)所采用的技术基本上与局域网相类似，只是规模上要大一些。城域网既可以覆盖相距不远的几栋办公楼，也可以覆盖一个城市；既可以是私人网，也可以是公用网，如图 6—7 所示。

城域网既可以支持数据和语音传输，也可以与有线电视相连。最有名的城域网例子是有线电视网，许多城市都有这样的网络。这种系统是由早期的社区天线系统(用于那些条件较差的、通过天线来接收电视的用户)发展起来的。在这些早期的系统中，常常有一个很大的天线放在附近的小山上，然后通过它将电视信号转发到订阅者的家里。小灵通网也是城域网，只不过它是一个无线城域网。

城域网设计的目标是要满足多个局域网互联的需求，以实现大量用户之间的数据、语音及图形等信息的传输。

6.3.2.3 广域网

广域网 WAN(Wide Area Network)可以跨越一个很大的地理区域，通常是一个国家或者一个洲。它可以连接各种局域网和城域网，如图 6—8 所示。

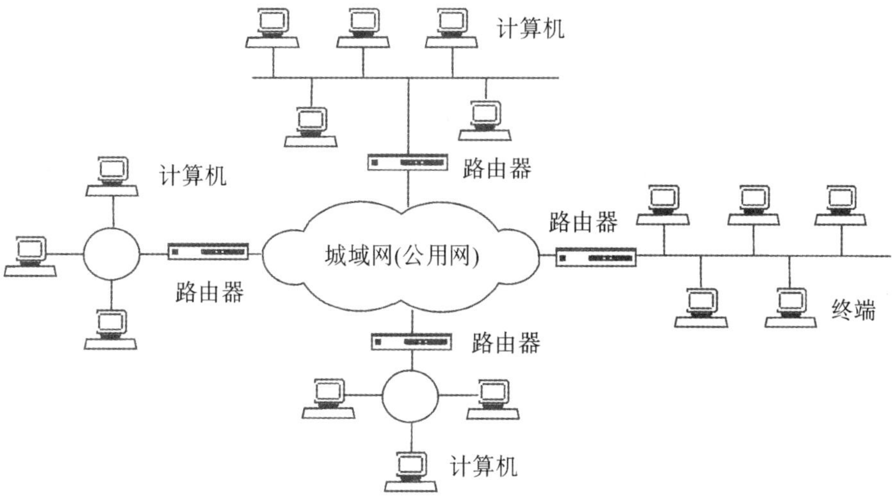

图 6－7　城域网示意图

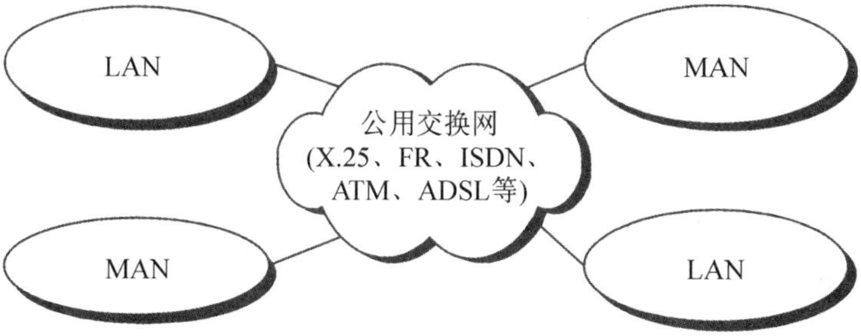

图 6－8　广域网示意图

广域网包含了大量的计算机，在这些计算机上可以运行用户的程序（也就是应用程序）。我们按照传统的叫法，将这些计算机称作主机（host）。这些主机通过通信子网（communication subnet）连接起来。主机是用户所拥有的（比如个人计算机），而通信子网则往往是由电话公司或者 Internet 服务提供商所拥有的。通信子网的任务是承载消息，它将消息从一台主机发送到另一台主机，这就好比电话公司承载了语音，将语音从说话者一方传递到接听者一方。把网络（子网）纯粹通信的方面与应用的方面（主机）分离开，这有助于简化网络的整体设计。

在大多数广域网中，通信子网一般都包括两部份：传输信道和转接设备，见图 6－9。传输信道用于在计算机间传送数据。转接设备是专用计算机，用来连接两条或多条传输线。

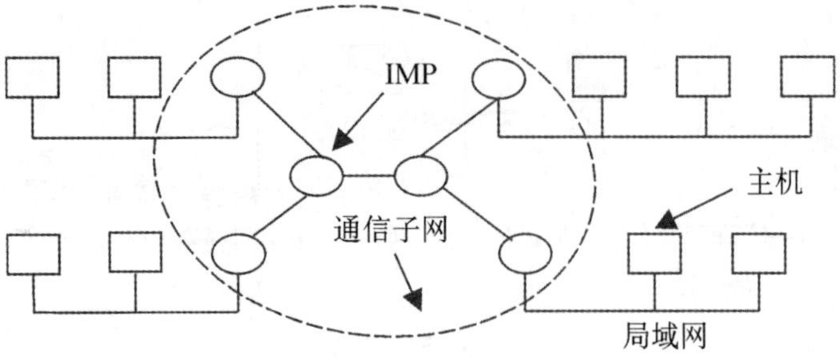

图 6－9 广域网物理结构

绝大多数广域网中，通信子网包含大量租用线路或专用线路，每一条线路连着一对 IMP（Interface Message Processor）。当报文从源节点经过中间 IMP 发往远方目的节点时，每个 IMP 将输入的报文完整接收下来并贮存起来，然后选择一条空闲的输出线路，继续向前传送，因此这种子网又称为点到点（point-to-point）子网、存储转发（store-and-forward）子网。除了那些使用卫星的广域网外，几乎所有的广域网都采用存储转发方式。

广域网最初只是为使物理上广泛分布的计算机能够进行简单的数据传输。主要用于交互终端与主机的连接、计算机之间文件或批处理作业传输以及电子邮件传输等。

在广域网中，可以采用不同的拓扑结构，如星型结构、环型结构、树型结构、网型结构等。广域网也可以使用卫星或地面无线电网方式。每个中间转接站点都通过天线接收和发送数据。所有的中间站点都能接收到来自卫星的信息，并能同时听到其相邻站点发往卫星的信息。

广域网具有规模大、传输延迟大的特点。最广为人知的 WAN 就是 Internet，虽然它的传输速率相对 LAN 要慢的多，但它的优点也是非常明显的，就是信息量大，传播范围广。因为广域网的复杂性，其实现技术在所有网络中也是最复杂的。

6.3.2.4 互联网

目前世界上有许多网络，而不同网络的物理结构、协议和所采用的标准是各不相同的。如果连接到不同网络的用户需要进行相互通信，就需要将这些不兼容的网络通过称为网关（gateway）的机器设备连接起来，并由网关完成相应的转换功能，包括硬件层次上的转换和软件层次上的转换。多个网络相互连接构成的集合称为互联网(internetworking 或者 internet)。我们通常用 Internet(首字母大写，中文也称因特网)来表示特定的、世界范围内的互联网，相比之下，互联网这个术语则用来表达更为广泛的含义。

互联网的最常见形式是多个局域网通过广域网连接起来。实际上，在图6－5中，我们只要将"通信子网"改为"广域网"，就可得到互联网的结构图。

而互联网一般是不同网络的相互连接，如局域网和广域网的连接、两个局域网的相互连接或多个局域网通过广域网连接起来。

6.3.2.5 无线网

数字无线通信并不是一种新的思想。早在1901年的时候，意大利物理学家(Guglielmo Marconi)演示了从轮船向海岸发送无线电报的试验，在试验中他使用了 Morse Code(莫尔斯编码)，即用点和划来表示二进制数字。现代的数字无线系统的性能更好了，但是基本的思想并没有变化。

随着笔记本电脑(Notebook Computer)和个人数字助理 PDA(Personal Digital Assistant)等便携式计算机的日益普及和发展，人们经常要在路途中接听电话、发送传真和电子邮件、阅读网上信息以及登录到远程计算机等。然而在汽车或飞机上是不可能通过有线介质与单位的网络相连接的，这时候就可能会对无线网感兴趣了。

无线网络可以分成以下三大类：

- 系统内部互连
- 无线 LAN
- 无线 WAN

系统内部互连是指通过短距离的无线电，将一台计算机的各个部件连接起来。1998年包括 IBM、Intel、诺基亚、东芝、三星等所有世界著名 IT 厂商共同组织了"蓝牙友好协会"，目的是制订短距离无线电数据传输标准，这项标准就是"蓝牙(Bluetooth)"。

在无线 LAN 中有许多计算机，每台计算机都有一个无线电调制解调器和一个天线，通过该天线，它可以与其他的系统进行通信。通常在天花板上也有一个天线，所有的机器都可以与它通话。然而，如果系统之间的距离足够近的话，那么，它们可以按照点到点的对等配置，直接相互之间进行通信。在小型的办公室和家庭中，无线 LAN 正在变得越来越普及。在其他一些地方，比如老式的办公楼、公司的自助餐厅、会议室等，无线 LAN 也在普及。针对无线 LAN 有一个标准，称为 IEEE 802.11，大多数系统都实现了该标准，现在该标准已经非常普及了。

第三种无线网络用于广域系统中。蜂窝电话所使用的无线电网络是一个低带宽无线系统的例子。从某种意义上讲，蜂窝无线网络就如同无线 LAN 一样，只不过覆盖的距离更大，传输速率低一些而已。无线 LAN 的工作速率可以达到 50Mbps 左右，跨越距离可以到几十米。蜂窝系统的速率低于 1Mbps，但是基站与计算机或者电话之间的距离可以用公里来度量，而不是用米来度量。

无线网特别是无线局域网有很多优点，如易于安装和使用。但无线局域网也有许多不足之处：如它的数据传输率一般比较低，远低于有线局域网；另外无线局域网的误码率也比较高，而且站点之间相互干扰比较厉害。

除了这些低速网络以外，高带宽广域无线网络也正在迅速发展。最初的关注点是，允许家庭或者商业部门通过无线方式高速接入 Internet，绕过电话系统。

几乎所有的无线网络都在某一个点上连接到有线网络中，以便访问文件、数据库和 Internet。实现这种连接有很多种方法，具体方法取决于环境情况。

无线网络是当前国内外的研究热点，无线网络的研究是由巨大的市场需求驱动的。无线网的特点是使用户可以在任何时间、任何地点接入计算机网络，而这一特性使其具有强大的应用前景。当前已经出现了许多基于无线网络的产品，如个人通信系统 PCS(Personal Communication System)电话、无线数据终端、便携式可视电话、个人数字助理(PDA)等。

6.3.2.6 内联网 Intranet/外联网 Extranet

(1)内联网 Intranet

Intranet 是指企业的内部网，是由企业内部原有的各种网络环境和软件平台组成的，例如，传统的客户机/服务器模式，逐步改造、过渡、统一到像 Internet 那样使用方便，即使用 Internet 上的浏览器/服务器模式。在内部网络上采用通用的 TCP/IP 作为通信协议，利用 Internet 的 WWW 技术，以 Web 模型作为标准平台。一般具备自己的 Intranet Web 服务器和安全防护系统，为企业内部服务。

(2)外联网 Extranet

相对企业内部网,Extranet 是泛指企业之外,需要扩展连接到与自己相关的其他企业网。采用 Internet 技术,又有自己的 WWW 服务器,但不一定与 Internet 直接进行连接的网络。同时必须建立防火墙把内联网与 Internet 隔离开,以确保企业内部信息的安全。

6.4　计算机网络拓扑结构

6.4.1　计算机网络拓扑的定义

拓扑学是几何学的一个分支,它是从图论演变过来的;拓扑学首先把实体抽象成与其大小、形状无关的点,将连接实体的线路抽象成线,进而研究点、线、面之间的关系。

计算机网络的拓扑结构是指抛开网络中的具体设备,把像工作站、服务器等网络单元抽象成为"点",把网络中的电缆等通信媒体抽象为"线",从而抽象出了网络系统的几何结构,即为逻辑结构。计算机网络拓扑主要是指通信子网结构。

网络的拓扑结构对于网络的性质、成本、可靠性都有很大的影响。

6.4.2　网络拓扑分类方法

网络的拓扑结构有:星型结构、总线型结构、环型结构、树型结构、网型结构和混合型结构。

图 6－10 给出了网络的常用拓扑结构。

6.4.2.1　星型结构

星型结构的网络要用一台计算机或其他设备作为中心节点,其他的计算机通过线路和中心节点相连接,如图 6－10(a)所示。在一个星型网局域网中,网络上各计算机之间的通信都要通过中央节点的转发完成。

星型结构的特点:星型拓扑结构简单,便于管理和维护;星型结构易扩充,易升级;但是网络的中心节点是全网可靠性的瓶颈,中心节点的故障可能造成全网瘫痪。

6.4.2.2　总线型结构

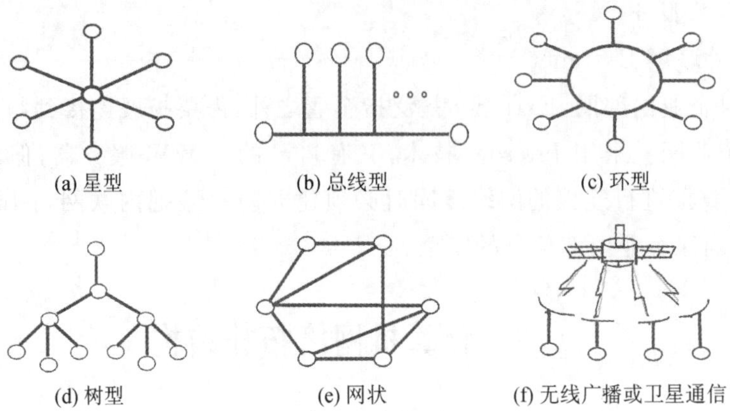

图 6—10 网络拓扑结构

总线型结构中，所有的计算机都使用同一条总线传输数据，出现传输冲突的可能性是很大的，必须用专门的通信协议来保证传输的正常进行，如图 6—10(b)所示。

总线型结构特点：组网比较简单，扩展网络的节点也比较简单。但对网络的维护较难，节点增加时，造成线路竞争，通信率下降。

6.4.2.3 环型结构

环型结构是各个网络节点通过环接口连在一条首尾相接的闭合环型通信线路中，如图 6—10(c)所示。环型结构有两种类型，即单环结构和双环结构。例如：单环结构的网络有令牌环(Token Ring)，双环结构的网络有光纤分布式数据接口(FDDI)。

特点：在环型网络中，各工作站间无主从关系，结构简单；信息流在网络中沿环单向传递，延迟固定，实时性较好；可扩充性和可靠性都差。

6.4.2.4 树型结构

树型结构是星型结构的扩展，或者说是从总线型和星型结构演变来的，它有两种类型，一种是由总线型拓扑结构派生出来的，它由多条总线连接而成。另一种是星型结构的扩展，各节点按一定的层次连接起来，形状像一棵倒置的树，因此称为树型结构，如图 6—10(d)所示。在树型结构的顶端有一个根节点，它带有多分支，每个分支还可以再带子分支。

树型结构的特点：

易于扩展，可靠性高；根节点的依赖性大，根节点出现故障，将导致全网不能工作。

6.4.2.5　网状结构

网状结构是一种不规则的网络结构，这种结构中的每一个节点和另一个之间至少有两条链路，如图6－10(e)所示。大型互联网一般都采用这种结构，例如：我国的教育科研示范网CERNET、国际互联网Internet的主干网都采用网状结构。

网状结构的特点：

每个节点都有冗余链路，可靠性高；因为有多条路径，所以可以选择最佳路径，但路经选择比较复杂；结构复杂，不易管理和维护；适用于大型广域网；线路成本高。

6.4.2.6　混合型结构

混合型网络(Hybrid Network)是由几种结构的组合。

网络拓扑可以根据通信子网中通信信道类型分为两类：点一点线路通信子网的拓扑和广播信道通信子网的拓扑。

在采用点一点线路的通信子网中，每条物理线路连接一对节点。采用点一点线路的通信子网的基本拓扑构型有六类：

- 星型结构(Star Network)
- 总线结构(Bus Network)
- 环型结构(Ring Network)
- 树型结构(Tree Network)
- 网型结构(Net Network)
- 混合型(Hybird Network)

在采用广播信道通信子网中，一个公共的通信信道被多个网络节点共享。采用广播信道通信子网的基本拓扑构型主要有四种：

- 总线型
- 树型
- 环型
- 无线通信与卫星通信型

图6－10(f)给出了无线广播或卫星通信结构。

6.5 计算机网络参考模型

在这节中，我们将讨论两种重要的网络体系结构：OSI 参考模型和 TCP/IP 参考模型。尽管与 OSI 模型相关的协议已经很少再使用了，但是，该模型本身是非常通用的，并且仍然有效，在每一层上讨论到的特性也仍然非常重要。TCP/IP 模型有不同的特点：模型本身并不非常有用，但是协议却被广泛使用开了。

6.5.1 OSI 参考模型

OSI 参考模型是一种重要的网络体系结构。

在网络发展的初期，许多研究机构、计算机厂商和公司都大力发展计算机网络。从 ARPANET 出现至今，已经推出了许多商品化的网络系统。这种自行发展的网络，在体系结构上差异很大，以至于它们之间互不相容，难于相互连接以构成更大的网络系统。为此，许多标准化机构积极开展了网络体系结构标准化方面的工作，其中最为著名的就是国际标准化组织 ISO（International Standards Organization）于 1983 年提出的开放系统互连参考模型 OSI/RM（Open Systems Interconnection/Reference Model），并且于 1995 年进行了修订。OSI 参考模型是研究如何把开放式系统（即为了与其他系统通信而相互开放的系统）连接起来的标准。

OSI 参考模型将计算机网络分为七层，如图 6－11 所示。我们将从最底层开始，依次讨论模型的各层所要完成的功能。

6.5.1.1 物理层

物理层（physical layer）的主要功能是完成相邻节点之间原始比特流的传输。物理层协议关心的典型问题是使用什么样的物理信号来表示数据“1”和“0”；每一位持续多少纳秒（ns）；传输过程是否在两个方向上同时进行；初始连接如何建立；当双方结束之后如何撤销连接；物理接口（插头和插座）有多少针以及各针的用处。物理层是 OSI 模型的低层，涉及网络物理设备之间的接口，其目的是向高层提供透明的二进制位流传输。

物理层的设计主要涉及物理层接口的机械、电气、功能和过程特性，以及物理层接口连接的传输介质等问题。物理层的设计还涉及到通信工程领域内

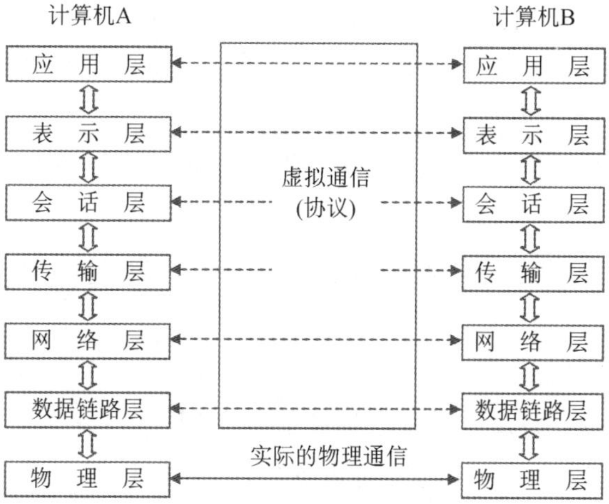

图 6－11　OSI 参考模型

的一些问题。

6.5.1.2　数据链路层

数据链路层(data link layer)的主要功能是如何在不可靠的物理线路上进行数据的可靠传输。数据链路层完成的是网络中相邻节点之间可靠的数据通信。

数据链路层要解决的另一个问题是防止高速发送方的数据把低速接收方“淹没”。因此需要某种信息流量控制机制使发送方得知接收方当前还有多少缓存空间。为了控制的方便,流量控制常常和差错处理一同实现。

因为物理层仅仅接收和传送比特流,并不关心它的意义和结构,所以只能依赖各链路层来产生和识别帧边界。可以通过在帧的前面和后面附加上特殊的二进制编码模式来达到这一目的。如果这些二进制编码偶然在数据中出现,则必须采取特殊措施以避免混淆。

6.5.1.3　网络层

网络层(network layer)的主要功能是完成网络中主机间的报文传输,其关键问题之一是使用数据链路层的服务将每个报文从源端传输到目的端。

在单个局域网中,网络层是冗余的,因为报文是直接从一台计算机传送到另一台计算机的,因此网络层所要做的工作很少。

6.5.1.4　传输层

传输层(transport layer)的主要功能是完成网络中不同主机上的用户进程之间可靠的数据通信。从会话层接收数据,并且在必要时把它分成较小的单位,传递给网络层,并确保到达对方的各段信息正确无误,而且,这些任务都必须高效率地完成。从某种意义上讲,传输层使会话层不受硬件技术变化的影响。

传输层还决定了将向会话层(实际上最终是向网络的用户)提供哪种类型的服务。

6.5.1.5 会话层

会话层(session layer)允许不同机器上的用户建立会话(session)关系。会话层允许进行类似传输层的普通数据传输,并提供了对某些应用有用的增强服务会话,也可被用于远程登录到分时系统或在两台机器间传递文件。

会话层提供的服务之一是管理对话控制。会话层允许信息同时双向传输,或任一时刻只能单向传输。如果属于后者,类似于物理信道上的半双工模式,会话层将记录此时该轮到哪一方。

6.5.1.6 表示层

表示层(presentation layer)完成某些特定的功能,对这些功能人们常常希望找到普遍的解决办法,而不必由每个用户自己来实现。值得一提的是,表示层以下各层只关心从源端机到目标机可靠地传送比特,而表示层关心的是所传送的信息的语法和语义。表示层服务的一个典型例子是用一种大家一致选定的标准方法对数据进行编码。大多数用户程序之间并非交换随机的比特,而是交换诸如人名、日期、货币数量和发票之类的信息。这些对象是用字符串、整型数、浮点数的形式,以及由几种简单类型组成的数据结构来表示。

网络上计算机可能采用不同的数据表示,所以需要在数据传输时进行数据格式的转换。例如在不同的机器上常用不同的代码来表示字符串(如ASCII和Unicode)、整型数(二进制反码或二进制补码)以及机器字的不同字节顺序等。为了让采用不同表示法的计算机之间能进行通信,交换中使用的数据结构可以用抽象的方式来定义,并且使用标准的编码方式。表示层管理这些抽象数据结构,并且在计算机内部表示法和网络的标准表示法之间进行转换。

另外,表示层还涉及数据压缩和解压、数据加密和解密等工作。

6.5.1.7 应用层

应用层(application layer)包含大量人们普遍需要的协议。例如,世界上有成百种不兼容的终端型号。如果希望一个全屏幕编辑程序能工作在网络中许多不同的终端类型上,每个终端都有不同的屏幕格式、插入和删除文本的换码序列、光标移动等,其困难可想而知。

解决这一问题的方法之一是定义一个抽象的网络虚拟终端(network virtual terminal),编辑程序和其它所有程序都面向该虚拟终端。而对每一种终端类型,都写一段软件来把网络虚拟终端映射到实际终端。例如,当把虚拟终端的光标移到屏幕左上角时,该软件必须发出适当的命令使真正的终端的光标移动到同一位置。所有虚拟终端软件都位于应用层。

图6—12给出了应用层数据传输示意。

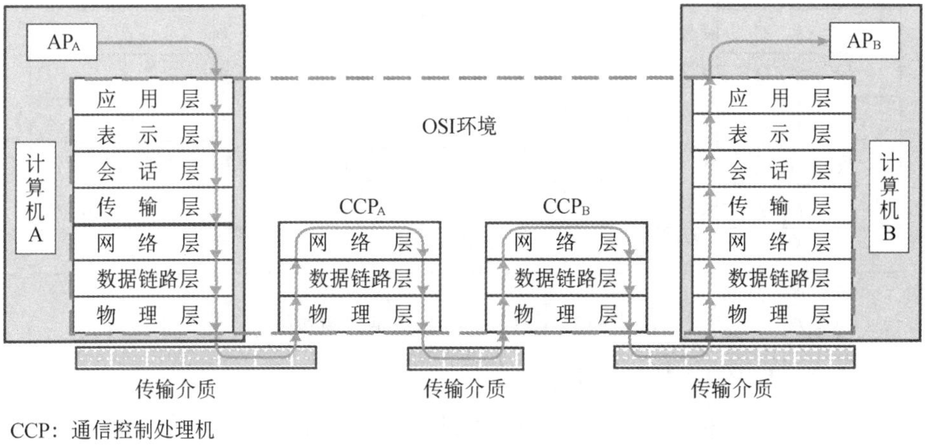

图6—12 应用层数据传输

另一个应用层功能是文件传输。不同的文件系统有不同的文件命名原则,文本行有不同的表示方式等。不同的系统之间传输文件所需处理的各种不兼容问题,也同样属于应用层的工作。此外还有电子邮件、远程作业录入、名录查询和其他各种通用和专用的功能。

联网的目的在于支持运行于不同计算机的进程进行通信,而这些进程则是为用户完成不同任务而设计的。可能的应用是多方面的,不受网络结构的限制。应用层(application layer)包含大量人们普遍需要的协议。

比如，当某个用户想要获得远程计算机上的一个文件拷贝时，他要向本机的文件传输软件发出请求，这个软件与远程计算机上的文件传输进程通过文件传输协议进行通信，这个协议主要处理文件名、用户许可状态和其他请求细节的通信。远程计算机上的文件传输进程使用其他特征来传输文件内容。

由于每个应用有不同的要求，应用层的协议集在OSI模型中并没有定义，但是，有些确定的应用层协议，包括虚拟终端、文件传输、和电子邮件等都可作为标准化的候选。

图6—13给出了OSI模型中的数据传输路径。

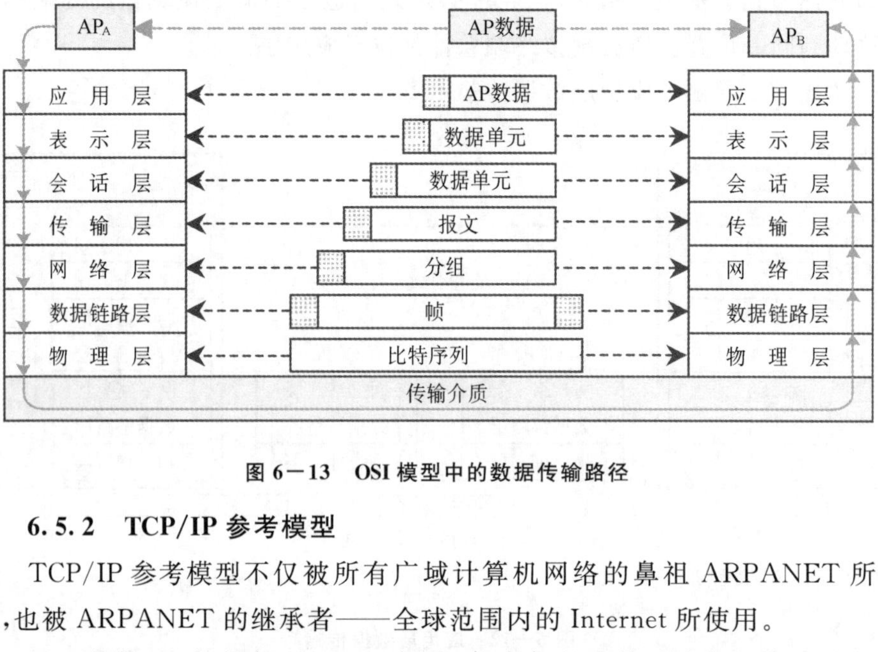

图6—13 OSI模型中的数据传输路径

6.5.2 TCP/IP参考模型

TCP/IP参考模型不仅被所有广域计算机网络的鼻祖ARPANET所使用，也被ARPANET的继承者——全球范围内的Internet所使用。

TCP协议、IP协议都不是OSI标准，但它们是目前最流行的商业化的协议，并被公认为当前的工业标准或"事实上的标准"。

TCP/IP参考模型最早是由Kahn在1974年定义的；1985年Leiner等人进一步对它开展了研究；1988年Clark在参考模型出现之后对其设计思想进行了讨论。

TCP/IP协议特点：

● 开放的协议标准，可以免费使用，并且独立于特定的计算机硬件与操作系统；

● 独立于特定的网络硬件，可以运行在局域网、广域网，更适用于互连网中；

● 统一的网络地址分配方案，使得整个 TCP/IP 设备在网中都具有唯一的地址；

● 标准化的高层协议，可以提供多种可靠的用户服务。

TCP/IP（Transmission Control Protocol/Internet Protocol）是传输控制协议/网际协议，它是微软公司为了适应不断发展的网络，实现自己主流操作系统与其它系统间不同网络的互连而开发的协议，它是目前最常用的一种协议，也可算是网络通信协议的一种通信标准协议，同时它也是最复杂、最为庞大的一种协议。目前 Internet 上的计算机均采用 TCP/IP 协议，UNIX 操作系统也将 TCP/IP 作为它的核心组成部分。

TCP/IP 协议与低层的数据链路层和物理层无关，这也是 TCP/IP 的重要特点。正因为如此，它能广泛地支持由低两层协议构成的物理网络结构。目前已使用 TCP/IP 连接成洲际网、全国网与跨地区网。

TCP/IP 参考模型可以分为四个层次：

● 应用层

● 传输层

● 互连层

● 网络接口层

图 6－14 给出了 TCP/IP 参考模型的对应关系。

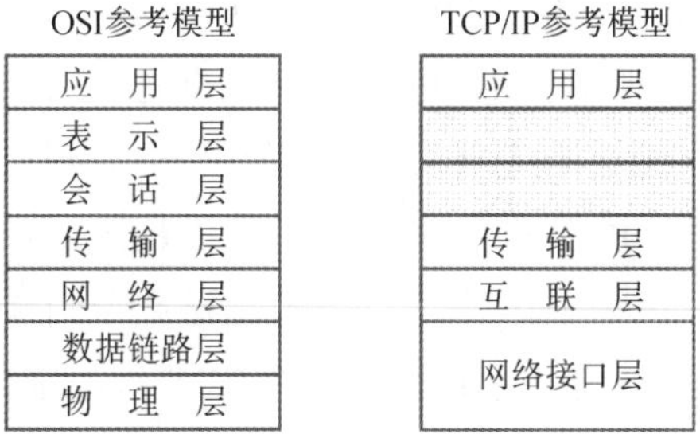

图 6－14　TCP/IP 参考模型

在 TCP/IP 参考模型中，对 OSI 表示层、会话层没有对应的协议。

TCP/IP 参考模型的互连层相当于 OSI 参考模型网络层的无连接网络服务。

6.5.2.1 网络接口层

网络接口层又称为主机－网络层(Host-to-Network layer)。

在TCP/IP的主机－网络层中,它包括各种物理网协议,如局域网的Ethernet、Token Ring、X.25的分组交换网等;一旦这种物理网被用作传送IP数据包的通道,就可以认为是这一层的内容;这正体现出TCP/IP协议的兼容性与适应性,它也为TCP/IP的成功奠定了基础。

在互联层下面是一片空白。TCP/IP参考模型并没有明确规定这里应该有哪些内容,它只是指出,主机必须通过某个协议连接到网络上,以便可以将分组发送到网络上。TCP/IP参考模型没有定义这样的协议,而且不同的主机、不同的网络使用的协议也不尽相同。关于TCP/IP模型的书和文章很少讨论这一层上的协议。

6.5.2.2 互联层

所有这些需求导致最终选择了分组交换网络,它以一个无连接的互连网络层为基础。这一层称为互联层(internet layer),它是将整个网络体系结构贯穿在一起的关键层。该层的任务是,允许主机将分组发送到任何网络上,并且让这些分组独立地到达目标端(目标端有可能位于不同的网络上)。这些分组到达的顺序可能与它们被发送时候的顺序不同,在这种情况下,如果有必要保证顺序递交的话,则重新排列这些分组的任务由高层来负责。这里我们可以将互联层与邮政系统作一个类比。在某一个国家,一个人可以将多封国际信件投递到一个邮箱中,通常情况下,这些信件大多会被投递到目标国家的正确地址,有可能这些信件在沿途会经过一个或者多个国际邮件关卡,但是,这对于用户来说是完全透明的。而且,每个国家有它自己的邮戳,信封大小规格也有所不同,投递的规则也有差异,这些对于用户而言都是不可见的。

互联层的功能主要由IP来提供。除了提供端到端的分组转发功能外,IP还提供了很多扩充功能。例如,为了克服数据链路层对帧大小的限制,互联层提供了数据分块和重组功能,这使得很大的IP数据报能以较小的分组在网上传输。

互联层的另一个重要服务是在互相独立的局域网上建立互连网络,即网际网。网间的报文来往根据它的目的IP地址通过路由器传到另一网络。

6.5.2.3 传输层

在TCP/IP模型中，位于互联层之上的那一层现在通常称为传输层(transport layer)。它的设计目标是，允许源和目标主机上的对等体之间可以进行对话，就如同OSI的传输层中的情形一样。

6.5.2.4　应用层

TCP/IP模型并没有会话层和表示层。由于当时感觉到并不需要它们，所以没有将它们包含进来。来自OSI模型的经验已经证明这种观点是正确的：对于大多数应用来说，这两层并没有用处。

在传输层之上是应用层(application layer)，它包含了所有的高层协议。

6.6　网络组建技术

网络组建是计算机系统的重要组成部分，它是网络应用软件、计算机网络软硬件产品、计算机服务器系统、计算机端主机、数据库与操作系统以及各种中间件技术以及布线工程技术根据用户需求的组合。由于网络和计算机技术的变化非常迅速，从事网络系统组建的工作人员必须随时了解和掌握各种相关产品和技术的最新发展趋势，同时还要对用户需求和用户业务有较为全面的了解。

6.6.1　网络组建的基本原则

网络组建的基本原则可以简述如下。

6.6.1.1　应用第一

无论设计和集成何种网络系统，都必须认真分析用户的应用需求，并根据用户的应用需求设计出满足用户需求的网络系统。一般来说，除了极少数情况之外，绝大部分的用户应用都需要有一定的应用专业知识才能理解，例如金融系统、电信管理系统、企业管理系统等都是如此。而且，用户应用业务大多涉及到用户单位的组织机构、管理方法、业务流程、资源配置等多个方面。网络组建设计人员需要经过较长的时间和业务部门进行反复讨论和协商才能抽象出与网络系统初步匹配的业务流程。然后，随着用户对网络系统的不断熟悉和用户业务的改变，网络系统的应用业务流程也将会被不断地改变。

6.6.1.2　标准化和开放性

计算机网络软硬件产品本身的发展速度非常快，计算机软硬件产品的发展速度也非常快，它们都差不多以每 18 个月处理能力增加一倍，并价格降低一半的速度改变着性能价格比(摩尔定律)。因此，用户在开始建设计算机网络时并不需要花很多的钱建设一个能保证多少年之后都能满足公司或相应组织使用的网络，这只会造成资金和资源的浪费。开始为用户建设网络系统时，先选择应遵循的网络体系结构，也就是网络协议的层次和相应的协议与软硬件产品的类型，从而为网络系统的互连和扩展打下基础。

当前，计算机企业网络组建时的体系结构的选择大都以 TCP/IP 为主。不过，即使是使用 TCP/IP 结构，对于低层的物理层来说，仍然存在着千兆以太网与 ATM，以及快速以太网(100Mbps)与 FDDI 等各种选择。对于 IP 协议来说，也是有采用交换方式还是采用路由方式，以及采用 IPv4 协议还是采用很快就会出现的 IPv6 协议等的选择问题。这些物理网络和低层协议都有各自对应的 IETF 标准，即都符合开放性要求，但选择的不好将会浪费资金并成为国外新产品的试验床。

6.6.1.3　可扩展性和升级能力

除了上述计算机及计算机网络软硬件产品的迅速发展之外，更重要的一点是用户应用业务的不断变化与扩展。这种变化与扩展既有量的增加(例如数据库内容的不断增加)，也有业务本身的增加和变化(例如旧业务的消亡和新业务的追加以及对旧业务的修改等)。这要求所设计的计算机网络系统具有在修改、删除或增加高层应用软件时不对其他应用软件部分产生影响，以及能方便地修改、删除或增加应用软件的能力。另外，计算机网络系统应用业务的数据库和处理的增加，必然要求更大的计算机网络系统的软硬件处理能力。这既可能带来新的软硬件设备扩展(例如计算机台数的增加)，也可能带来设备本身能力的升级(例如操作系统的升级，路由器的升级等)，计算机网络系统应具有这种扩展和升级的能力。

6.6.1.4　实用性和经济性

实用性在于网络系统设计时应以应用为中心，从而使集成的网络系统能产生经济效益。

经济性在于设计计算机网络系统时应根据实际应用需求选择成熟和价格适当的计算机以及网络的软硬件设备。由于计算机与计算机网络产品降价较快，如果超出当前的实际需求选择那些高档的新产品，则只要闲置半年左右就可能使价格损失超过50%之上。另外，新产品往往在可靠性、应用软件支撑工具等方面有所欠缺或需要重新开发。

6.6.1.5 可靠性与安全性

可靠性与安全性原则应贯穿于整个网络系统的设计和开发过程。它包括应用系统的可靠性与安全性，网络与计算机软硬件设备的可靠性与安全性，以及工程实施和管理的可靠性与安全性。

一般来说，网络厂商和计算机厂商及其代理主要强调其产品的可靠性和安全性，这是因为他们的主要目的在于销售他们的产品和占有市场。

从产品的可靠性和安全性的角度考虑，设计者根据应用需要考虑产品的容错能力和抗恶劣环境以及抗事故等应变能力。如果有必要，还应考虑设置双机备份系统。

在安全性方面，既要考虑对用户口令和用户存取权限等的保密和限制能力，又要考虑数据加密的速度和密钥长度以及用户的认证与入网权的监督管理等功能。

从应用系统的角度看，应重视网络软件开发过程的管理以及对网络软件可靠性的验证和测试。

在工程的实施和监督方面，应在设计阶段就制定出严格的检查和监督规范，从而使系统设计的可靠性和安全性能得到保证。

保证系统可靠性和安全性的重要手段之一是建立相应的测试系统与测试结构，对网络系统的应用软件、软硬件产品以及工程实施过程进行严格的管理和测试。

6.6.1.6 灵活性与兼容性

灵活性与兼容性主要针对软硬件产品。无论任何单位，都不可能只选用一家公司的软硬件计算机产品和网络产品。这是因为，尽管大的软件公司都提倡总体解决方案，但是它们仍然不具备研制和开发所有计算机软硬件产品以及计算机网络软硬件产品的能力。这就要求所设计的计算机网络系统能兼容各种不同厂家和不同年代的计算机软硬件产品和网络软硬件产品。

综上所述，设计和集成企业计算机网络系统的基本原则应该是：面向应用，遵照标准，经济实用，安全可靠，严格测试。

6.6.2 网络拓扑设计

网络拓扑设计指根据应用的流量、时延、可靠性等具体要求，设计计算机端系统、网络互连设备以及相应的管理服务器、信息服务器和安全设备与连接线的结构与位置，并使得在网络的成本较低的情况下，实用性、安全性等各方面最好。

目前常用的方法是将整个网络划分为主干网与本地接入网两大部分。其中主干网部分由国家电信部门提供相应的通信信道，并由主干网络运营部门设计网络的拓扑结构，即设计相应的网络管理和运营中心。这些网络管理和运营中心大都以地区和城市为单位设置，并进一步向附近地区扩展。当前，一般全国性计算机网络的主干网大都采用层次化树型结构。

对于 Internet 来说，本地接入网通过 ISP 进行。因此，主干网设计要充分考虑 ISP 的接入问题。

本地接入网又可分为城域网、校园网、企业网以及局域网等类型。其中城域网和校园网都属于在一个城市或校园内，通过网络交换设备以及相应的互连设备与专用的通信信道(例如光纤或电缆)或租用的公共电信信道(例如帧中继或 DDN 信道)，把不同大楼内的局域网进行连接的网络。

网络系统的拓扑设计应将重点放在相应局域网、校园网或城域网的传输数据量与所选择信道的速率的匹配以及在校园网和城域网内部以及相应大楼之间的流量的匹配和楼内各层与各部门之间的设备配置上。具体的网络拓扑结构我们在第一章中已经论述，这里不再进行讨论了。

6.6.3 网络技术选型

6.6.3.1 选型原则

我们在网络系统设计时考虑如下特点：

(1)稳定可靠的网络

只有运行稳定的网络才是可靠的网络，而网络的可靠运行取决于诸多因素，如网络的设计，产品的可靠，而选择一个具有运营此类网络规模经验的网络合作厂商则更为重要。要求有物理层、数据链路层和网络层的备份技术。

(2)高带宽

为了支持数据、语音、视像多媒体的传输能力，在技术上要到达当前的国际先进水平。要采用最先进的网络技术，以适应大量数据和多媒体信息的传输，既要满足目前的业务需求，又要充分考虑未来的发展。为此应选用高带宽的先进技术。

(3)易扩展的网络系统

要有可扩展性和可升级性,随着业务的增长和应用水平的提高,网络中的数据和信息流将按指数增长,需要网络有很好的可扩展性,并能随着技术的发展不断升级。易扩展不仅仅指设备端口的扩展,还指网络结构的易扩展性:即只有在网络结构设计合理的情况下,新的网络节点才能方便地加入已有网络。网络协议的易扩展:无论是选择第三层网络路由协议,还是规划第二层虚拟网的划分,都应注意其扩展能力。

(4)安全性

网络系统应具有良好的安全性,安全管理十分重要。应支持虚拟局域网VLAN(Virtual Local Area Network)的划分,并能在VLAN之间进行第三层交换时进行有效的安全控制,以保证系统的安全性。

(5)容易控制管理

因为上网用户很多,如何管理好他们的通信,做到既保证一定的用户通信质量,又合理的利用网络资源,是建好一个网络所面临的首要问题。

6.6.3.2 主干网网络技术选型

在网络的建设中,主干网选择何种网络技术对网络建设的成功与否起着决定性的作用。选择适合自身网络需求特点的主流网络技术,不但能保证网络的高性能,还能保证网络的先进性和扩展性,能够在未来向更新技术平滑过渡,保护用户的投资。

目前在局域网络上应用最广泛的技术有以太网、快速以太网、FDDI、Token Ring以及最新崛起的ATM(异步传输模式)、千兆以太网等。在这些技术中,千兆以太网以其在局域网领域中支持高带宽、多传输介质、多种服务、保证QoS等特点正逐渐占据主流位置。

6.6.4 设计中的流量分析

流量问题直接影响网络拓扑设计以及网络的效率。设计人员可以采用一种最简单的方法计算网络系统的流量。

该方法以应用业务流程为基础,计算出每个基层单位每天的数据流量和高峰期的数据流量。然后,根据这些基层单位高峰期的数据流量,设置相应的传输线路和网络交换与路由设备,例如10Mbps以太网,100Mbps快速以太网或 1000Mbps 以太网交换机等。

与流量相关的另一个问题是服务器的配置选择和设置问题。如果是仅供内部人员访问的服务器，由于服务器的处理能力与同时访问该服务器的人数、CPU 的处理能力、内存以及高速缓存等因素有关，一般不应使某个服务器的负担设置过重。设计和配置服务器时，应根据业务的流量的多少，采用分布式的方法设置多台服务器。另外，对于不同的应用，最好将它们装置在不同的服务器中，以减轻服务器的负载。例如，域名服务器总是和电子邮件服务器分开的，而计费用服务器也大都使用一台独立的计算机设备。

6.6.5 网络拥塞问题

在网络设计、工程、实施以及扩容维护过程中，都会面临网络拥塞问题。网络拥塞可分为三个方面，即介质访问拥塞，协议和计算机处理能力不够带来的拥塞，以及主干传输线路带来的拥塞。

6.6.5.1 带来网络拥塞问题的原因很多，但主要有以下几点：

(1)介质访问控制协议带来的拥塞与冲突，例如以太网的 CSMA/CD 协议以及令牌环的令牌控制协议，这些都可能带来用户的等待和成为传输瓶颈。

(2)广播信息用广播或组播协议形成信息环路，造成网上信息严重拥塞而致使网络瘫痪。

(3)服务器瓶颈，或访问某一个服务器中的某个主页的某一部分内容的用户过多或过分集中，也将造成服务器处理瓶颈和与该服务器连接的线路拥塞。

(4)路由器、交换机等网络互连设备配置不合理，造成某些部分数据流量过分集中，带来网络拥塞。

6.6.5.2 以上问题可用下述方法解决：

(1)选用以太网交换机代替以太网集线器，提高计算机和网络连接的带宽。通过以太网集线器连接的计算机共享 10Mbps 带宽，而和以太网交换机连接的计算机独享 10Mbps 或 100Mbps 带宽。因此，用交换机代替集线器可以解决由访问控制方式所带来的拥塞和延迟。

(2)对于具有组播和广播功能的应用业务来说，应在普通的 IP 路由器上在增加具有组播和广播控制功能的组播控制路由器，防止信息的循环广播而带来的拥塞。

(3)在分析应用业务的基础上,对于那些相对独立的部分,可将其从物理上分成不同的子网。在子网之间,设置相应的路由器和以太网交换机,由此,我们可以把在局域网内交换的信息通过路由器隔开,限制在以太网交换机连接的局域网范围内。

通过路由器进行子网划分和分流信息,不但减少网络的协议和主干传输网的拥塞,而且还能起到隔离网络用户,防止同一以太网上的局域用户盗用其他用户的IP地址和访问不允许访问的数据库等问题。因此,路由器实际上可以起到网段间防火墙的作用。

(4)同一局域网内连接的用户可采用虚拟局域网(VLAN)技术。

VLAN技术对具有相关性的用户进行分组。正如在前面指出的那样,随着交换机技术的不断发展,人们可以克服以太网物理端口的限制,使用VLAN技术根据应用业务的需要进行相应的逻辑端口划分。而且,这种划分可以摆脱建筑物和空间等物理因素的限制。

VLAN组成的逻辑组必须在一个路由器控制的范围之内,也就是说,VLAN的成员不能跨越路由器。VLAN的建立可为用户带来如下好处:

①改进管理效率。当用户从一个地方换到另一个地方时,只要仍在同一VLAN组内,则无需进行重新配置和设备安装,减少用户开销。

②增加灵活性。用户不必受具体物理网络的限制,可以根据工作需要,加入或退出相应的VLAN。另外,用户还可以根据自己的工作需要,加入不同的VLAN。

③增强网络的安全性。用户可以根据应用需求,对需要保护的资源和服务器设备放入相应的VLAN内。由于其他VLAN内的成员不能直接访问该VLAN的资源,他们只有经过相应的安全检查机制之后才能进入该VLAN,从而VLAN可起到安全保护作用。

④减少拥塞。与VLAN有关的应用数据只能在VLAN内进行交换,从而减少了广播或组播冲突。

(5)设置镜像服务器,减少单个服务器的负载,避免大量的用户在相同的时间带内访问同一服务器。

6.7 网络统计环境建设

6.7.1 信息社会下统计工作网络化

统计是实行科学决策和现代化管理的一项重要基础工作，统计信息是社会经济信息的主体，统计工作的基本职能是信息功能。统计信息作为一种统计产品，也有一个从生产到消费的过程。这个主要过程包括以下五个环节：

- 统计设计：是统计信息的开始。
- 统计调查：这一阶段是对统计对象的信息进行收集。
- 统计整理：这一阶段是统计调查的继续，为信息的深加工做准备。
- 统计资料开发：该阶段对原始信息，按照科学的方法揭示信息中所蕴涵的内在关系和规律性，从而为社会服务。
- 统计信息的提供：将所形成的统计信息产品进行发布和提供，这是统计工作的最终目的。

今天的统计工作在上述五个过程中，无一例外都处于在网络环境下。

在统计调查阶段，随着互联网技术的发展和上网人数的逐年增加，使得网上调查成为可能。这样的方式改变了传统的分发问卷或者上门调查的模式，既节约了成本，又使得数据趋于规范，通过网上调查收集信息只是统计资料收集环节中的一种新途径。在这个环节主要依赖的是互联网技术，通过设计调查问卷网页或者利用电子邮件等方式，收集所需要的信息。

在统计数据处理及资料开发阶段，由于有的数据资料复杂且庞大，加上统计工作的职能划分，势必有些数据不能放在一台机器或者一个部门，这样，在数据整体进行处理时，就带来了很多不便。由于网络的出现，特别是局域网技术的成熟，就使得这个过程变的容易起来，在这个环节，既可以通过数据共享也可以通过远程访问来实现数据的调用和存储，大大节约了处理成本，特别是第三代互联网技术——网格技术的推广和应用，使得信息在共享的基础上，得到协同处理，这是未来信息处理的趋势之一。

在统计信息提供阶段，除了可以利用通常的媒介进行发布外，更多的可以借助互联网这个高科技媒介，将处理好统计信息及时，快速的发布出去，这样既为信息发布提供了新的载体，同时又增强了统计信息的时效性。

6.7.2　我国统计网络系统的发展历程

“微机起步，人机结合，由小到大，逐步发展”，是我国“七五”期间统计信息自动化系统建设的发展目标，进入“九五”时期，国家统计局提出以开放式的统计信息网络建设作为实施国家统计信息系统建设“九五”规划的切入点，以应用促进系统建设的发展。1996年10月，国家统计局机关局域网建成。机关联网的微机达到500多台，计算中心管理的主机服务器、小型机服务器、高速打印机等硬件资料实现全楼共享。省（区、市）及多数地（市）统计局也建立了机关内部局域网。在此基础上，还开通了国家统计局与各省统计局的全国X.25低速广域网。1997年8月，国家统计局接通中国科学院Internet的出口，1999年2月26日，中国统计信息网正式对社会开通。许多省（区、市）统计局开通了本地的统计信息网站，并连接到国家统计局的网站上。目前，国家至省级的广域网正在向增容提速方向发展，省级至地（市）级的正在逐步建立，有的地区已延伸至县级。目前，统计应用系统的开发和建设主要以网络环境下的应用为重点，主要围绕网络环境下统计数据采集、数据处理、数据管理和信息服务等各统计业务环节的应用进行。特别是通过网络环境下的信息采集即上网直报和信息查询这两个环节的开发，带动统计数据处理和管理这两个中间环节的应用开发。在技术上，主要采用先进而又成熟的实用的软件技术和软件工具，如：Internet/Intranet电子业务软件、在线处理（OLTP）和在线分析（OLAP）软件，以及数据挖掘、数据仓库软件等，以使新开发的统计应用信息系统具有较强的先进性和实用性。

目前，我国统计系统已经建立了国家、省、地（市）三级OA系统，形成了较为完整的统计电子办公环境。在统计局进行的全国5000家工业企业经济运行情况和3000家房地产企业经济运行情况调查中，数据汇总、传送和分析都借助了信息通信这个有效的工具，实现了网上在线处理、查询、制表和分析。

6.7.3　网络统计中典型应用系统——统计联网直报

作为我国统计改革工作中的一项重要内容，国家从1999年起，在全国范围内选取既具有行业覆盖率和代表性又能体现其在国民经济中的支柱作用的5000家工业企业，通过全球互联网直接面对国家统计局上报企业生产经营统计数据，初步建立起了5000家工业企业联网直接报送制度。该系统于2001年正式开通后，取得了良好效果。

6.7.3.1 统计联网直报的意义

过去乃至现在，企业报送统计数据是根据企业在地原则，将企业生产经营情况编制成统计报表上报到所属县市统计局，然后由县市统计局汇总后上报到省统计局，最后由省统计局再次汇总后上报到国家统计局。这种逐级上报、层层汇总存在一个问题就是，每级综合单位(除第一级综合单位)都是在低一级综合表的基础上工作，而不掌握原始基层数据，由于汇总层次多，反复重录，不但上报周期长，效率低下，而且容易出现中间层次干扰而导致统计信息失真的现象。采用联网直报，就是将过去企业的统计报表通过纸介质进行传递的逐级上报汇总的方式，转变为通过计算机网络和统计管理信息系统实现企业直接上报的超级汇总方式，从而在国家经济管理部门和信息部门与企业之间，建立一条全新的信息互通渠道。使国家有关部门可以直接从企业快速、便捷地搜集反映经济运行动态的各种信息资料，及时了解企业发展以至经济发展中出现的新情况、新问题，为国家制定政策，进行宏观调控提供依据。同时，企业也可以通过这个网络，及时、准确地了解国家宏观经济形势、相关行业的经济运行情况以及各类经济政策等大量的经济信息，增强企业在市场经济中科学决策的能力。

6.7.3.2 统计联网直报流程框

企业原始统计数据经由CA认证，直接上报进入国家统计局数据库系统，经过计算机管理信息系统的超级汇总后，即可充分满足各级统计部门根据不同的权限获取所需的统计数据的需求。因此，联网直报系统体现了“直接上报、超级汇总、快捷方便、及时准确、各取所需、信息共享”的特点，这种一体化的数据采集、数据处理和信息管理的网络化方式，在今后的使用范围一定会逐步扩大，必然成为未来统计工作的主流方式。图6－15给出了统计联网直报的流程框图。

另外，统计联网直报对企业自身统计工作具有积极的借鉴作用，对于大型工业尤其是下属分支企业地域分散的集团企业来说，在企业总部与下属企业之间采用统计联网直报系统也不啻为一种极佳的解决方案。

6.7.3.3 统计联网直报的新特点

一是报表的载体发生了变化，由纸介质报表转变为电子报表；二是传递手段发生了变化，由过去的邮递、电报、传真或人工报送转变为计算机网络传输；

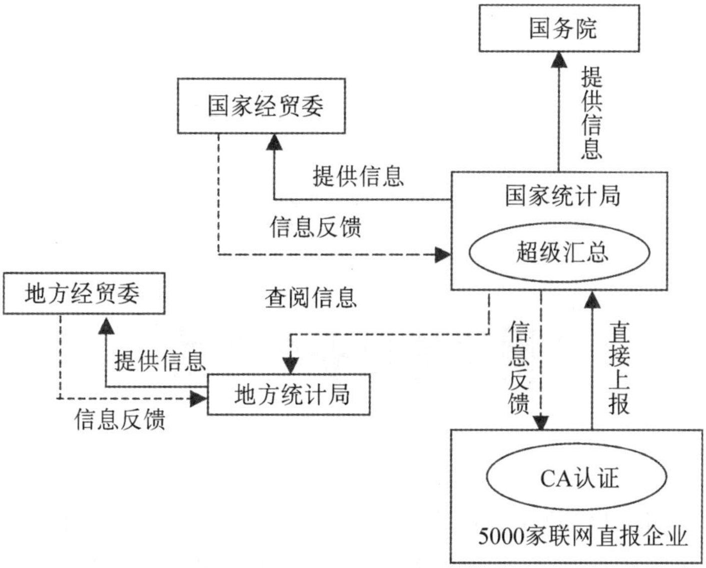

图6—15 统计联网直报流程图

三是数据上报汇总发生了变化,由逐级上报、分级整理、层层汇总转变为直接上报、集中整理、超级汇总;四是数据计算方式发生了变化,由人工计算、检查转变为计算机程序自动计算、平衡校验。图6—16给出了统计联网直报的报送过程。

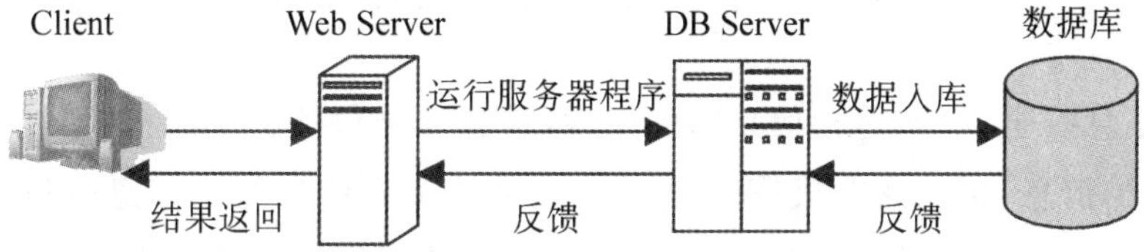

图6—16 统计联网直报报送过程

另外,与传统的计算机联网报送相比,5000家企业联网直报系统基于B/S即浏览器/服务器方式,全部以WEB方式实现,系统采用了胖服务器/瘦客户机的应用系统模型,只需管理服务器端软件,程序运行主要在应用服务器上实现,操作人员不需要安装和运行客户端程序,采用浏览器方式,只要打开浏览器即可填写、上报数据及查询信息,简单易行,便于普通人员掌握,因此客户端的维护工作将大幅度减少,实现了客户端的零维护、零管理。

第 7 章

网络信息安全技术

随着统计信息化建设的逐步深入，越来越多的统计工作由传统模式转向网络模式，极大地提高了工作效率，统计工作对网络系统的依赖也日益增强，但应该注意的是网络的另外一面，由于系统的漏洞和网络的开放性，病毒侵袭、网络欺诈、信息污染、黑客攻击等问题也对统计信息安全造成严重威胁。统计部门掌握着大量的公共信息资源，信息安全也势必成为统计信息化建设的一个重要内容。

7.1 网络信息安全基本概念

"信息安全"最初是指信息的保密性，信息安全包括的范围很大，涉及国家军事政治信息、企业商业机密信息以及公民的个人信息等。信息可以有多种存在方式，可以写在纸上，储存在电子文档里，也可以用邮递或电子手段发送，可以在电影上放映或者说话中提到，无论信息以何种方式表示、共享和存储，都应当适当地保护起来。进入信息时代，大量信息主要被储存在机器里，信息安全主要是设在专用机房内的主机上重要数据的安全，这时信息安全主要是指信息的保密性、完整性和可用性。20 世纪 80 年代以后，特别是进入 90 年代，随着互联网的飞速发展，信息安全的内涵也发生了巨大变化，它既面向数据、设备、网络、环境，也面向使用者，不但包含以前信息安全内涵的延续，例如面向数据的安全概念拥有前述的保密性、完整性和可用性，同时信息安全也包含了更多的新内涵内容,例如面向使用者、设备、网络、环境的安全概念,拥有可控性、不可否认性、可靠性等。目前的信息安全已涉及攻击、防范、监测、控制、管理、评估等多方面的基础理论和实施技术。可以说,现代信息安全是一个综合利用了数学、物理、管理、通信和计算机等诸多学科成果的交叉学科领域,是物理安全、网络安全、数据安全、信息内容安全、信息基础设施安全与公共信息安全、国家信息安全的总和。

7.1.1　网络信息安全的基本概念

7.1.1.1　网络安全的概念

安全的定义是:远离危险的状态或特性,为防范间谍活动或蓄意破坏、犯罪、攻击或逃跑而采取的措施。信息社会里涉及到"安全"词汇时,通常会与网络、计算机、信息和数据相联系,而且具有不同的侧重和含义。

国际标准化组织(ISO)将"计算机安全"定义为:"为数据处理系统建立和采取的技术及管理的安全保护,保护计算机硬件、软件数据不因偶然和恶意的原因而遭到破坏、更改和泄露。"此概念偏重于静态信息保护。

也有人将"计算机安全"定义为:"计算机的硬件、软件和数据受到保护,不因偶然和恶意的原因而遭到破坏、更改和泄露,系统连续正常运行。"该定义着重于动态意义描述。

从静态的观点看,计算机安全主要是解决特定计算机设备的安全问题。如果今天输入到计算机中的数据,任何一段时间之后仍保留在那里,完好如初并没有被非法读取,那么一般地称这台计算机具有一定的安全性。如果存放的程序软件运行的效果和用户所期望的一样,我们就可以判定这台计算机是可信任的,或者说它是安全的。安全问题是一个动态的过程,不能用僵硬和静止的观点去看待,不仅仅是计算机硬件存在形式的安全,还在于计算机软件特殊形式的安全特性。因为自然灾难和有运行故障的软件同非法存取数据一样对计算机的安全性构成威胁。人为的有意或无意的操作,某种计算机病毒的发作,不可预知的系统故障和运行错误,都可能造成计算机中数据的丢失。

实际上,计算机安全的内容应包括物理安全和逻辑安全两方面。物理安全指系统设备及相关设施受到物理保护,免于破坏、丢失等。逻辑安全包括信息完整性、保密性和可用性。完整性指信息不会被非授权修改及信息保持一致性等;保密性是指在授权情况下高级别信息可以流向低级别的客体与主体;

可用性指合法用户的正常请求能及时、正确、安全地得到服务或回应。

计算机网络安全的根本目的就是防止通过计算机网络传输的信息被非法使用。如果国家信息网络上的数据遭到窃取、更改或破坏,那么它必将关系到国家的主权和声誉、社会的繁荣和稳定、民族文化的继承和发扬等一系列重要问题。为避免机要信息的泄露对社会产生的危害和对国家造成的极大损失,任何网络中国家机密信息的过滤、防堵与保护将是网络运行管理中极其重要的内容。有时网络信息安全的不利影响甚至超过信息共享所带来的巨大效益。从企业和个人的用户角度来看,涉及个人隐私或商业利益的信息在网络上传输时,其保密性、完整性和真实性也应受到应有的关注,避免其他人或商业对手利用窃听、冒充、篡改、抵赖等手段侵犯用户的利益和隐私,造成用户资料的非授权访问和破坏。

网络安全的具体含义涉及到社会生活的很多方面,从使用防火墙、病毒防护、信息加密、身份确认与授权等技术,到企业的规章制度、网络安全教育和国家的法律政策,直至采用必要的实时监控手段,应用检查安全漏洞的仿真系统、制定灵活有效的安全策略应变措施和加强网络安全的审计与管理。

网络安全较全面地对计算机和计算机之间相连接的传输线路这个全过程进行管理,特别是对网络的组成方式、拓扑结构和网络应用的进行重点安全管理。它包括了各种类型的局域网、通信与计算机相结合的广域网、以及更为广泛的计算机互联网络。因此保护网络系统中的硬件、软件及其数据不受偶然或者恶意原因而遭到破坏、更改、泄露,系统连续可靠地正常运行,网络服务不中断,成为网络安全的主要内容。

7.1.1.2 网络信息安全的概念

信息和数据安全的范围要比网络安全和计算机安全更为广泛。它包括了信息系统中从信息的产生直至信息的应用这一全部过程。我们日常生活中接触的数据比比皆是,考试的分数、银行的存款、人员的年龄、商品的库存量等等,按照某种需要或一定的规则进行收集,经过不同的分类、运算和加工整理,形成对管理决策有指导价值和倾向性说明的信息。随着信息化社会的不断发展,信息的商品属性也慢慢显露出来,信息商品的存储和传输的安全也日益受到广泛的关注。如果非法用户获取系统的访问控制权,从存储介质或设备上得到机密数据或专利软件,或根据某种目的修改了原始数据,那么网络信息的保密性、完整性、可用性、真实性和可控性将遭到破坏，如果信息在通信传输过程中，受到不同程度的非法窃取，或被虚假的信息和计算机病毒以冒充等手段充斥最终的信息系统，使得系统无法正常运行，造成真正信息的丢失和泄露，会给使用者带来经济或者政治上的巨大损失。

网络信息安全的特征：

(1)从信息的层次来看，包括：

- 信息的完整性：指信息的来源、去向、内容的真实无误，防止数据被非法用户篡改；
- 信息的真实性：指对信息的来源进行判断，能对伪造来源的信息予以鉴别；
- 信息的保密性：指信息不会被非法泄露扩散，或窃取者不能了解信息的真实含义；
- 信息的不可否认性：指信息的发送和接收者无法否认自己所做过的操作行为。

(2)从网络层次来看，包括：

- 信息的可靠性：网络和信息系统随时可用，运行过程中不出现故障，若遇意外打击能够尽量减少损失并尽早恢复；
- 信息的可用性：保证合法用户在需要时可以访问到信息及相关资产，系统可被合法用户访问并按要求的特性使用，即当需要时能存取所需信息；
- 信息的可控性：系统的管理者对网络和信息系统有足够的控制和管理能力；
- 信息的互操作性：网络协议、操作系统和应用系统能够互相连接、协调运行；
- 信息可审查性：准确跟踪实体运行达到审计和识别的目的，对出现的网络安全问题提供调查的依据和手段。

(3)从设备层次来看，含信息质量保证、信息设备备份、物理安全等。

(4)从经营管理层次来看，包括人员可靠性、规章制度完整性等。

由此可见，信息安全实际上是一门涉及计算机科学、网络技术、通信技术、密码技术、信息安全技术、应用数学、数论、信息论等多种学科的综合性学科。

从广义来说，凡是涉及到网络上信息的保密性、完整性、可用性、真实性和可控性的相关技术都是网络信息安全技术。

7.1.2 网络信息安全的来源及控制

7.1.2.1 日益严重的安全问题

信息社会中，信息、信息系统及网络是组织的重要资产。信息的保密性，完整性和可用性对组织保持竞争能力及形象至关重要。但网络及其信息系统也面对来自四面八方越来越严重的威胁，如计算机间谍、计算机病毒、计算机黑客等，拒绝服务及攻击手段变得更普遍、大胆和复杂。组织对网络、信息系统及服务的依赖意味着更容易受到攻击。

(1)主要的信息安全威胁

- 截取：非法用户首先获得信息，再将此信息发送给真实接收者。
- 伪造：将伪造的信息发送给接收者。
- 篡改：非法用户对合法用户之间的通讯信息进行修改，再发送给接收者。
- 拒绝服务攻击：不断对网络服务系统进行干扰，改变其正常的作业流程，执行无关程序使系统响应减慢甚至瘫痪，影响正常用户的使用，甚至使合法用户被排斥而不能进入计算机网络系统或不能得到相应的服务。
- 信息泄露与丢失：敏感数据在有意或无意中泄露出去或丢失。
- 破坏数据完整性：以非法手段窃得对数据的使用权，删除、修改、插入或重复发某些重要信息，以取得有益于攻击者的响应。
- 行为否认：合法用户否认已经发生的行为。
- 非授权访问：未经系统授权而使用网络或计算机资源。
- 传播病毒：通过网络传播计算机病毒，其破坏性非常高，而且用户很难防范。

(2)详细的安全威胁

- 操作系统本身的安全漏洞
- 防火墙存在的安全缺陷和规则配置的不合理
- 来自内部网用户的安全威胁
- 缺乏有效的手段监视、评估网络的安全性
- TCP/IP 协议族软件本身缺乏安全性
- 电子邮件病毒、WEB 页面中存有恶意的 Java/Active X 控件

- 应用服务的访问控制、安全设计存在漏洞
- 线路窃听(通过电磁泄露或搭线窃听等手段获取非法信息)

(3)内部网的安全问题

- IP 地址盗用
- 局域网流量异常,造成网络堵塞
- 病毒、木马
- 内部网的资料泄密
- 内部终端的安全问题
- 内部网的安全审计
- 主机状态监控

(4)信息安全威胁的主要来源

- 自然灾害、意外事故
- 计算机犯罪
- 人为错误,比如使用不当,安全意识差等
- "黑客"行为
- 内、外部泄密
- 信息丢失
- 电子谍报,比如信息流量分析、信息窃取等
- 信息战
- 网络协议自身缺陷,例如 TCP/IP 协议的安全问题等等

事实上,我们知道的关于通过网络的入侵只是实际所发生的事例中非常微小的一部分。相当多的网络入侵或攻击并没有被发现。即使被发现了,由于这样或那样的原因,人们并不愿意公开它,以免公众做出强烈的惊慌失措的反应。绝大多数涉及数据安全的事件从来就没有被公开报道过。

7.1.2.2　网络安全控制

分析信息安全的主要威胁和来源,有统计数据如下:

- 50%～60%的安全事件出自使用不当、使用者缺乏经验、系统维护不到位;
- 15%～20%的安全事件出自内部人员所为,如以前的雇员、系统管理员;

● 10%～15%的安全事件出自灾害，如水灾、雷击、火灾；

● 3%～5%的安全事件出自外部攻击，如业余爱好者、黑客、竞争对手、有组织的智能犯罪。

由此可见，信息安全的大部分威胁来自于人员使用和管理。这样利用技术手段获得的安全是受限制的，因而还应该得到相应管理和程序的支持，选择使用那些安全控制需要事前小心周密计划和对细节的关注。信息安全管理至少需要组织全体员工的参与，同时也应让软、硬件供应商、客户等参与，如果有必要，可以向外界寻求专家的建议。

(1)网络的安全层次

网络安全的层次架构如图 7－1 所示。

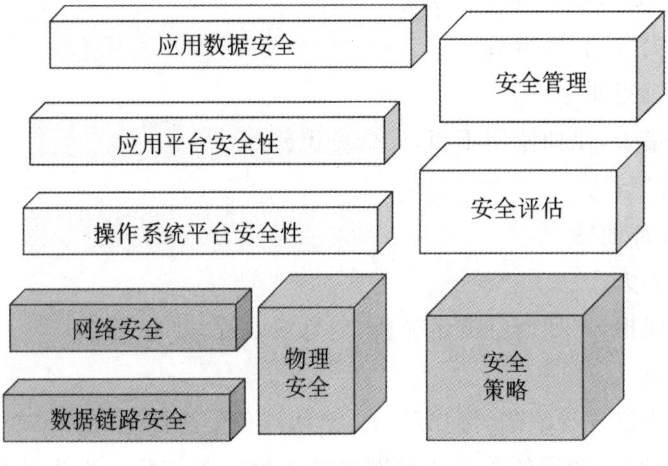

图 7－1 网络安全的层次架构

(2)信息安全策略

信息安全策略是指为保证提供一定级别的安全保护所必须遵守的规则。实现信息安全，不但靠先进的技术，而且也得靠严格的安全管理，法律约束和安全教育。

先进的信息安全技术是网络安全的根本保证。用户对自身面临的威胁进行风险评估，决定其所需要的安全服务种类，选择相应的安全机制，然后集成先进的安全技术，形成一个全方位的安全系统。

严格的安全管理。各计算机网络使用机构、企业和单位应建立相应的网络安全管理办法，加强内部管理，建立合适的网络安全管理系统，加强用户管理和授权管理，建立安全审计和跟踪体系，提高整体网络安全意识。

制订严格的法律、法规。计算机网络是一种新生事物，它的许多行为无法可依，无章可循，导致网络上计算机犯罪处于无序状态。面对日趋严重的网络犯罪，必须建立与网络安全相关的法律、法规，使非法分子慑于法律，不敢轻举妄动。

(3)系统安全机制

网络系统中安全防御方法是由硬件实现或者软件实现，以及两者的共同实现。

安全机制有多种，每种又可以分为若干子类，在计算机操作系统、数据库系统、各类信息系统及网络系统中不尽相同。主要有机密性机制、访问控制机制、认证机制、识别机制、完整性机制、抗抵赖机制、特权机制、恶意程序防御机制、审核机制。

7.1.3　网络信息安全的内容

防止信息财产被故意的或偶然的非授权泄露、更改、破坏或使信息被非法的系统辨识、控制。即确保信息的完整性、保密性、可用性和可控性。信息安全包括操作系统安全、数据库安全、网络安全、病毒防护、访问控制、加密和鉴别等七个方面。

7.1.3.1　操作系统安全

指对计算机信息系统的硬件和软件资源的有效控制，能够为所管理的资源提供相应的安全保护。它们或是以底层操作系统所提供的安全机制为基础构建安全模块，或者完全取代底层操作系统，目的是为建立安全信息系统提供一个可信的安全平台。

7.1.3.2　数据库安全

对数据库系统所管理的数据和资源提供安全保护。它一般采用多种安全机制与操作系统相结合，实现数据库的安全保护。一种选择是安全数据库系统，即从系统设计、实现、使用和管理等各个阶段都遵循一套完整的系统安全策略的安全数据库系统。二是以现有数据库系统所提供的功能为基础构建安全模块，旨在增强现有数据库系统的安全性。

7.1.3.3　网络安全

提供访问网络资源或使用网络服务的安全保护。网络安全管理是为网络的使用提供安全管理,如帮助协调网络的使用、预防安全事故的发生;跟踪并记录网络的使用、监测系统状态的变化;实现对各种网络安全事故的定位,探测网络安全事件发生的确切位置;提供某种程度的对紧急事件或安全事故的故障排除能力。

7.1.3.4 病毒防护

提供对计算机病毒的防护。病毒防护包括单机系统的防护和网络系统的防护。单机系统的防护侧重于防护本地计算机资源,而网络系统的防护侧重于防护网络系统资源。计算机病毒防护产品是通过建立系统保护机制,预防,检测和消除病毒。

防病毒系统是用来实时检测病毒、蠕虫及后门的程序,通过不断更新病毒库来清除上述具有危害性的恶意代码。

网络防病毒具有的特点:

- 全方位、多层次防病毒
- 统一安装、集中管理
- 自动更新病毒定义库

7.1.3.5 访问控制

访问控制是主体对客体的一种访问授权,是保证系统的外部用户或内部用户对系统资源的访问以及对敏感信息的访问方式符合组织安全策略。

访问控制主要包括出入控制和存取控制。

- 出入控制主要是阻止非授权用户进入机构或组织。一般是以电子技术、生物技术或者电子技术与生物技术结合阻止非授权用户进入。
- 存取控制指主体访问客体时的存取控制,如通过对授权用户存取系统敏感信息时进行安全性检查,以实现对授权用户的存取权限的控制。

身份认证技术是对进入系统或网络的用户身份进行验证,防止非法用户进入。

身份认证技术的实现有:

- 智能卡。
- 基于对称密钥体制的 Keberos 身份认证协议。
- 基于非对称密钥体制证书机制。

7.1.3.6　加密

加密技术是为保证数据的保密性和完整性通过特定算法完成的明文与密文的转换。

数字签名技术为确保数据不被篡改而做的签名,不能保证数据的保密性。

虚拟专用网 VPN,是实现数据在传输过程中的保密性和完整性而双方建立的唯一安全通道。

7.1.3.7　鉴别

鉴别目的是对介入信息的传送、存取、处理的人的身份和相关数据内容进行验证,达到保密的要求,一般包括口令、密钥、身份、数据等项的鉴别,系统通过对比验证对象输入的特征值是否符合预先设定的参数,实现对数据的安全保护。这种鉴别技术主要应用于大型的数据库管理系统中,因为一个单位的数据通常是一个单位的命脉,所以保护好公司数据库的安全通常是一个单位网管,甚至到一把手的最重要的责任。数据库系统会根据不同用户设置不同访问权限,并对其身份及权限的完整性进行严格识别。

7.1.4　网络信息安全产品简介

目前,在市场上比较流行,而又能够代表未来发展方向的安全产品大致有以下几类:

防火墙:防火墙在某种意义上可以说是一种访问控制产品。它在内部网络与不安全的外部网络之间设置障碍,阻止外界对内部资源的非法访问,防止内部对外部的不安全访问。主要技术有:包过滤技术、应用网关技术、代理服务技术。防火墙能够较为有效地防止黑客利用不安全的服务对内部网络的攻击,并且能够实现数据流的监控、过滤、记录和报告功能,较好地隔断内部网络与外部网络的连接。但其本身可能存在安全问题,也可能会是一个潜在的瓶颈。

安全路由器:由于 WAN 连接需要专用的路由器设备,因而可通过路由器来控制网络传输。通常采用访问控制列表技术来控制网络信息流。

虚拟专用网(VPN):虚拟专用网(VPN)是在公共数据网络上,通过采用数据加密技术和访问控制技术,实现两个或多个可信内部网之间的互联。VPN 的构建通常都要求采用具有加密功能的路由器或防火墙,以实现数据在公共信道上的可信传递。

安全服务器：安全服务器主要针对一个局域网内部信息存储、传输的安全保密问题，其实现功能包括对局域网资源的管理和控制，对局域网内用户的管理，以及局域网中所有安全相关事件的审计和跟踪。

电子签证机构——CA 和 PKI 产品：电子签证机构（CA）作为通信的第三方，为各种服务提供可信任的认证服务。CA 可向用户发行电子签证证书，为用户提供成员身份验证和密钥管理等功能。PKI 产品可以提供更多的功能和更好的服务，将成为所有应用的计算基础结构的核心部件。

用户认证产品：由于 IC 卡技术的日益成熟和完善，IC 卡被更为广泛地用于用户认证产品中，用来存储用户的个人私钥，并与其他技术如动态口令相结合，对用户身份进行有效的识别。同时，还可利用 IC 卡上的个人私钥与数字签名技术结合，实现数字签名机制。随着模式识别技术的发展，诸如指纹、视网膜、脸部特征等高级的身份识别技术也将投入应用，并与数字签名等现有技术结合，必将使得对于用户身份的认证和识别更趋完善。

安全管理中心：由于网上的安全产品较多，且分布在不同的位置，这就需要建立一套集中管理的机制和设备，即安全管理中心。它用来给各网络安全设备分发密钥，监控网络安全设备的运行状态，负责收集网络安全设备的审计信息等。

入侵检测系统（IDS）：入侵检测，作为传统保护机制（比如访问控制、身份识别等）的有效补充，形成了信息系统中不可或缺的反馈链。

安全数据库：由于大量的信息存储在计算机数据库内，有些信息是有价值的，也是敏感的，需要保护。安全数据库可以确保数据库的完整性、可靠性、有效性、机密性、可审计性及存取控制与用户身份识别等。

安全操作系统：给系统中的关键服务器提供安全运行平台，构成安全 WWW 服务、安全 FTP 服务、，安全 SMTP 服务等，并作为各类网络安全产品的坚实底座，确保这些安全产品的自身安全。

7.2 信息加密技术

密码技术是保护信息安全的主要手段之一。加密技术是一门古老而深奥的学科，古时候便应用在军事、外交、情报等部门。计算机加密技术是研究计算机信息加密、解密及其变换的科学，是数学、计算机、电子与通信的交叉学科，也是一门新兴的学科，它不仅具有保证信息机密性的信息加密功能，而且具有数字签名、身份验证、秘密分存、系统安全等功能。所以，使用密码技术不仅可以保证信息的机密性，而且可以保证信息的完整性和确定性，防止信息被篡改、伪造和假冒。

信息的保密性是信息安全性的一个重要方面。保密的目的是防止敌人破译机密信息。加密是实现信息的保密性的一个重要手段。所谓加密，就是使用数学方法来重新组织数据，使得除了合法的接收者之外，任何其他人都不能恢复原先的“消息”或读懂变化后的“消息”。加密前的信息称为“明文”；加密后的信息称为“密文”。将密文变为明文的过程称为解密。

加密技术可使一些主要数据存储在一台不安全的计算机上，或可以在一个不安全的信道上传送。只有持有合法密钥的一方才能获得“明文”。

在对明文进行加密时所采用的一组规则称为加密算法。类似的，对密文进行解密时所采用的一组规则称为解密算法。加密和解密算法的操作通常都是在一组密钥控制下进行的，分别称为加密密钥和解密密钥。

信息安全的理论基础是现代密码学理论。在现代密码学中，数据加密标准（DES）和公开密钥密码体制是最重要的两个内容。

7.2.1 信息加密技术原理

加解密过程可由图7－2简单地加以描述，其中 Plain. text 为原文件，记为 P，Cipher. text 为加密后的文件，记为 C，Encryption 为加密算法，记为 E，则有 E(P)＝C，即 P 经过加密后变成 C，若我们将 Decrytion，即解密算法记为 D，则 D(C)＝P，即 C 经过解密变成 P，整个过程可写成 D(E(P))＝P。

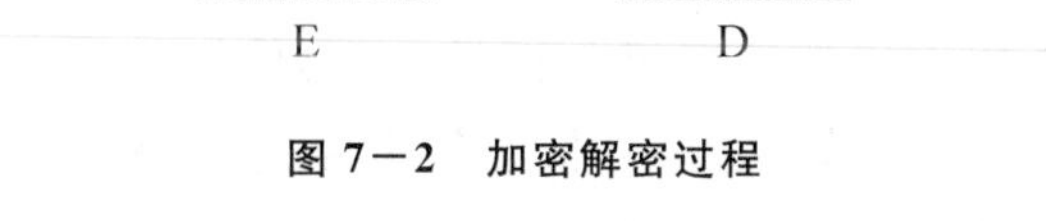

图7—2 加密解密过程

现代的加解密算法一般都是公开的，因此也就要有所谓的 Key，记作 K，即密钥的概念，即加解密一个文件是算法和 Key 的组合，算法可公开，但 Key 不公开，仍可满足保密性的要求，这种情况下，其流程如图7－3所示。即 $E_k(P)=C$，$D_k(C)=P$，$D_k(E_k(P))=P$。

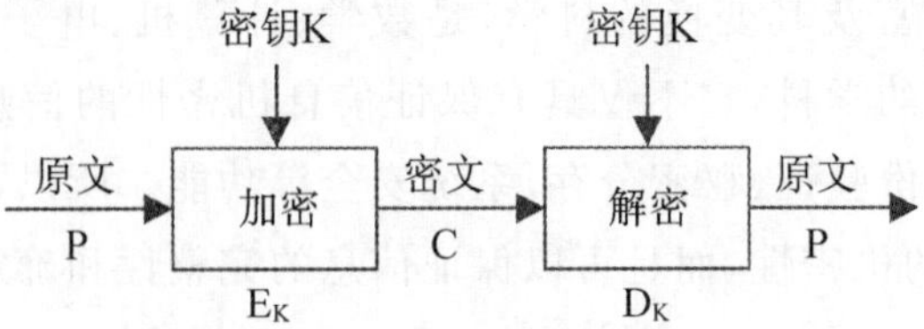

图 7—3 对称性加密解密过程

上面的算法中加、解密所用的 Key 是相同的，这类算法被称为对称性算法，即 Symmetric Algorithm（有时也称为单钥），另一类算法则相反，即加、解密用不同的 Key，如图 7—4 所示。

$E_{K1}(P)=C, D_{k2}(C)=P, D_{k2}(E_{k1}(P))=P$。

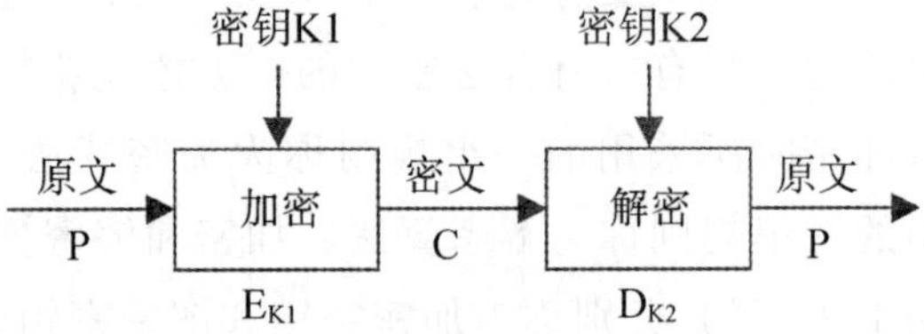

图 7—4 非对称性加密解密过程

这种算法被称为非对称性算法，其中(K1,K2)是成对出现的，用其中一个加密的文件只有用另一个才能解密，反向操作是不成立的。两个 Key 中有一个是保密的，称为私钥(Private Key)，由该对密钥的所有者掌握；另一个是公开的称为公钥(Public Key)，任何人都可以掌握。

一般情况下，管理中心把公钥发布给它的不同客户，让客户利用这个公钥加密要发给管理中心的信息，然后传送给管理中心，管理中心可以用只有自己掌握的私钥对信息解密。这就是非对称加密技术用作信息反馈加密。

7.2.2 密码技术

密码学包括密码编码学和密码分析学，密码体制的设计是密码编码学的主要内容，密码体制的破译是密码分析学的主要内容，密码编码技术和密码分析技术是相互依存、互相支持、密不可分的两个方面。

密码学不仅仅是编码与破译的学问，而且包括安全管理、安全协议设计、秘密分存、散列函数等内容。到目前为止，密码学中出现了大量的新技术和新概念，例如零知识证明技术、盲签名、比特承诺、遗忘传递、数字化现金、量子密码技术、混沌密码等。

从密码体制方面而言，密码体制有对称密钥密码技术和非对称密钥密码技术，对称密钥密码技术要求加密解密双方拥有相同的密钥，而非对称密钥密码技术是加密解密双方拥有不相同的密钥，在不知道特定信息的情况下，加密密钥和解密密钥在计算上是不能相互算出的。

加密技术的要点是加密算法，加密算法可以分为对称加密、非对称加密和不可逆加密三类算法。

7.2.2.1　对称密钥密码技术

对称密码体制是从传统的简单换位，代替密码发展而来的，自 1977 年美国颁布 DES 密码算法作为美国数据加密标准以来，对称密钥密码体制得到了迅猛发展，在世界各国得到了关注和使用。在对称加密算法中，数据发信方将明文（原始数据）和加密密钥一起经过特殊加密算法处理后，使其变成复杂的加密密文发送出去。收信方收到密文后，若想解读原文，则需要使用加密用过的密钥及相同算法的逆算法对密文进行解密，才能使其恢复成可读明文。

对称加密算法的特点是：

- 算法公开；
- 计算量小；
- 加密速度快；
- 加密效率高。

不足之处是：

- 交易双方都使用同样的密钥，安全性得不到保证。

7.2.2.2　非对称密钥密码技术

传统的密码系统的缺点：

（1）密钥管理和分配缺乏安全有效的方法。一个有 n 个用户的通信系统为了在所有的用户之间进行保密通信，需要 n(n－1)/2 个密钥。这就为密钥的管理和分配提出了难题。密钥管理和分配本身存在着安全隐患。

（2）认证困难。传统的密码系统加密密钥与解密密钥相同，因此密钥必须让发送和接收双方知道，这样就难以用来唯一地证实用户身份，不能解决收发双方关于信息真实性的争议。

7.2.2.3　不可逆加密算法

不可逆加密算法的特征是，加密过程中不需要使用密钥，输入明文后，由系统直接经过加密算法处理成密文，这种加密后的数据是无法被解密的，只有重新输入明文，并再次经过同样不可逆的加密算法处理，得到相同的加密密文并被系统重新识别后，才能真正解密。

显然，在这类加密过程中，加密是自己，解密还得是自己，而所谓解密，实际上就是重新加一次密，所应用的“密码”也就是输入的明文。

不可逆加密算法不存在密钥保管和分发问题，非常适合在分布式网络系统上使用，但因加密计算复杂，工作量相当繁重，通常只在数据量有限的情形下使用，如广泛应用在计算机系统中的口令加密，利用的就是不可逆加密算法。近年来，随着计算机系统性能的不断提高，不可逆加密的应用领域正在逐渐增大。在计算机网络中应用较多不可逆加密算法的有 RSA 公司发明的消息摘要算法 MD5(Message Digest 5)和由美国国家标准局建议的不可逆加密标准 SHS(Secure Hash Standard，也称为安全杂凑信息标准)等。信息摘要过程如图 7—5 所示。

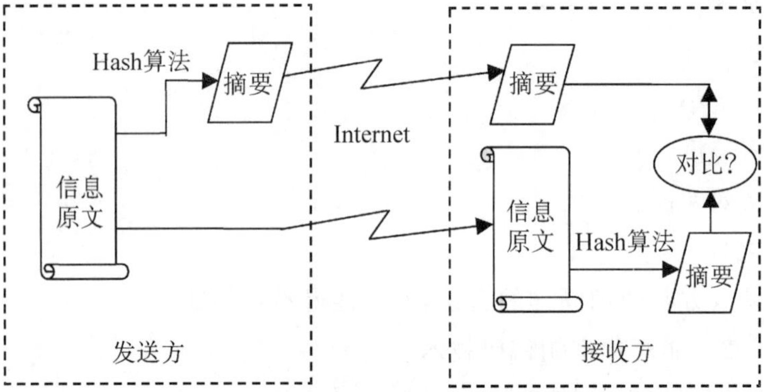

图 7—5 信息摘要过程

7.3 常用的网络安全技术

7.3.1 认证技术

7.3.1.1 认证的概念

在传统的保密通信系统中，密码主要用于信息加密，以防止他人从截获的密文中破译信息。网络信息安全系统的作用已经不仅限于信息加密。它还要能够抵抗他人的主动进攻，即能够鉴别收到信息的真伪、验证用户的身份以及获得信用证据。为了达到这一目的，在网络信息安全系统中产生了各种各样的认证技术。

认证理论是一门新兴的理论，是密码学一种新兴的重要分支。认证系统的目的有两个：第一，信源识别，即验证发信人确实不是冒充的；第二，检验发送信息的完整性，也就是说，即使信息确实是经过授权的信源发送者发送的，也要验证在传送过程中是否被篡改、重放或延迟。在认证理论中一般将信源识别和发送信息的完整性检验两者作为一个整体进行讨论。

认证系统一般有以下几类：

(1)有条件安全认证系统与无条件安全认证系统。

(2)有保密功能的认证系统与无保密功能的认证系统。前者能够同时提供认证和保密两种功能，而后者则只是纯粹的认证系统。

(3)有仲裁认证系统与无仲裁认证系统。

(4)有分裂的认证系统与无分裂的认证系统。

认证技术按使用目的可分为消息认证、身份验证和数字签名三类。消息认证用于接收者验证收到的消息是否是约定的发送者发来并未被篡改的。身份验证用于识别个人身份。数字签名系统用于让发送者留下安全的难于假冒的签名证据，同时也能起到使接收者认证消息发自发送者的作用。

7.3.1.2　消息认证

在一般的通信系统中，即使接收者收到的是密文，也不能肯定消息是发自约定的发送者。因为伪造或篡改密文并不一定需要知道密钥。因此消息认证系统的特殊功能在于能够证实发送者确实知道约定的密钥。它的工作原理是，在通信双方A和B之间建立一个共同的密钥k，A在向B发送消息m时，用k将m转换为密文c，并将m和c一同发给B。B收到报文后，用k和m计算密文，如果与c相同，证明消息确实发自知道密钥k的人，并且中途未被修改。

消息认证也可以采用公开密钥密码来实现，但前提是加密过程和解密过程可以互逆。当A向B发送消息m时，先用消息摘录函数提取m的摘录d，对消息进行摘录的过程就是从整个消息中计算出一个很小的特征信息(摘录

d,长度一般在 128 到 512bit 之间)的过程。在相同的摘录函数下,相同的消息,摘录结果也相同。摘录函数通常用散列(hash)函数实现。一个好的摘录函数具有消息的微小变化会导致摘录的显著变化的特点。

设用户 A 的公开钥为 k,加密算法为 E,秘密钥为 k',解密算法为 D,消息认证过程如下:

(1)A 用消息摘录函数 H 求解欲发消息 m 的摘录 d;

(2)A 用秘密钥 k'和解密算法 D 对摘录 d 加密,即计算 $R=D_{k'}(d)$;

(3)A 将 m 和 R 发送给 B;

(4)B 用公开钥 k 和加密算法 E 对 R 解密,获得 $d'=E_k(R)$;

(5)B 用与 A 相同的消息摘录函数 H 求解收到的消息 m'的摘录 d";

(6)如果 d"=d',则 d"=d'=d,且 m'=m。说明消息来自 A,且中途未被修改。

7.3.1.3 身份验证技术

通信和数据系统的安全性常常取决于能否正确识别通信用户或终端的身份。身份识别技术使识别者能够向对方证明自己的真正身份,确保识别者的合法权益。

在传统方式下,自然人和法人的确立、申报、登记、注册,国家的户籍管理,身份证制度,单位机构的证件和图章等,这些都是社会责任制的体现和社会管理的需要。有了这些传统的识别信息,人们面对法律,才能进行行为的社会公证、审计和仲裁。

随着社会的信息化,不少学者试图采用电子化生物唯一识别信息,如指纹、掌纹、声纹等,进行身份识别。但是,由于代价高,存储空间大,而且准确性较低,不适合计算机读取和判别,只能作为辅助措施应用。而使用密码技术,特别是共钥密码技术,能够设计出安全性高的识别协议。

身份验证系统可以基于共享密钥的方法实现,也可以利用公开密钥密码实现。

(1)共享密钥的方法是让一对通信伙伴 A 和 B 共享一个对称密码 kab,当 A 作为主叫方与 B 通信时,可以按照以下协议进行双向身份验证:

①A 将自己的名字 a 发给 B;

②B 发给 A 一个随机数 x,要求 A 进行加密变换,以确认 A 的身份;

③A 利用共享密钥 kab 对 x 进行加密变换，获得 R_x，并将 R_x 发给 B；

④B 利用共享密钥 kab 对 R_x 解密，获得 x'，如果 x＝x'，A 的身份被验证，转到⑤，否则中途退出；

⑤B 将自己的名字 b 发给 A，表示确认了 A 的身份；

⑥A 发给 B 一个随机数 y，要求 B 进行加密变换，以确认 B 的身份；

⑦B 利用共享密钥 kab 对 y 进行加密变换，获得 R_y，并将 R_y 发给 A；

⑧A 利用共享密钥 kab 对 R_y 解密，获得 y'，如果 y＝y'，B 的身份被验证，转到⑨，否则中途退出；

⑨A 向 B 发送信息。

(2)身份验证系统也可以利用公开密钥密码实现。设用户 A 的公开钥为 k，加密算法为 E_k，秘密钥为 k'，解密算法为 $D_{k'}$，则身份验证系统可以通过以下方法验证 A 的身份：

①系统随机选取一个数 x，计算 $R=E_k(x)$，将 R 传给 A；

②A 计算 $x'=D_{k'}(R)$，并将 x'传给系统；

③系统验证 x'是否等于 x，如果相等，A 的身份得到验证。因为只有 A 能将 R 还原为 x。

7.3.1.4　数字签名技术

签名(Digital Signature)主要起到认证、核准和生效的作用。政治、军事、外交等活动中签署文件，商业上签订契约和合同，以及日常生活中从银行取款等事务的签字，传统上都采用手写签名或印签。随着信息技术的发展，人们希望通过数字通信网络进行迅速的、远距离的贸易合同的签名，数字或电子签名应运而生。

数字签名系统的作用就是实现网络上的安全签名。签名人的签名方法必须向所有人保密，包括向验证人保密。但是验证人又要能够识别签名人的签名。如果采用传统的密码体系，由于加密钥与解密钥相同，验证人既能验证用户签名的真伪，也能伪造签名人的签名。而采用公开钥密码体系，就可以实现安全的数字签名系统。

数字签名是一种信息认证技术。信息认证的目的有两个：一是验证信息的发送者是真正的发送者，还是冒充的；二是验证信息的完整性，即验证信息在传送或存储过程中是否被篡改、重放或延迟等。认证是防止敌人对系统进行主动攻击的一种重要技术。

数字签名是签署以电子形式存储的消息的一种方法，一个签名消息能在一个通信网络中传输。基于公钥密码体制和私钥密码体制都可以获得数字签名，特别是共钥密码体制的诞生为数字签名的研究和应用开辟了一条广阔的道路。

采用公开钥密码体系实现数字签名系统的前提条件是加密过程与解密过程可以互逆，即有 $E_k(D_{k'}(m))=m$。签名与验证过程为，签名人用只有自己知道的算法 $D_{k'}$将签名 s 变换为密文的形式 s'，验证人收到 s'后用签名人公开的算法 E_k 将 s'恢复成签名的明文 s。由于只有签名人自己知道 $D_{k'}$，所以他人是无法伪造 s'的。

数字签名技术是非对称加密算法的典型应用。数字签名的应用过程是：数据源发送方使用自己的私钥，对数据校验和或其他与数据内容有关的变量进行加密处理，完成对数据的合法“签名”。数据接收方则利用对方的公钥来解读收到的“数字签名”，并将解读结果用于对数据完整性的检验，以确认签名的合法性。

7.3.1.5 信息伪装技术

采用普通密码技术开发出来的加/解密系统，对机密文件的处理是将其加密成为密文。显然，这些杂乱无章的密文，会引起公网上拦截者的注意并激发他们破解机密资料的热情。现在，计算技术的飞速发展使得密码破译能力越来越强，因此，常规密码的安全性受到了很大的威胁。单单通过增加密码的长度，来增强加解密系统的机密等级已经不再是唯一可行的方法。

近年来，国际上开始提出并尝试一种新的关于信息安全的概念，即将机密资料隐藏到一般的文件中，然后再通过网络来传递。由于非法拦截者从网络上拦截下来的是伪装后的资料，它们看起来与一般非机密资料没有两样，因而十分容易逃过拦截者的破解。其道理如同生物学上的保护色，巧妙地将自己伪装隐藏于环境中，免于被天敌发现而遭受攻击。这一点是常规加/解密系统所欠缺的，也是信息伪装最基本的概念。

信息伪装又称为信息隐藏，顾名思义就是将机密资料秘密地隐藏于另一非机密文件内容之中。信息伪装形式可为任何一种数字媒体，如图像、声音、视频或一般的文档等等。信息伪装首要目标是隐藏的技术要好，即要使加入隐藏信息的目标媒体产生最小的可见性，使人无法看到和听到隐藏的数据，达到令人难以察觉的目的；而更重要的是绝对不能让机密资料曝光。

数据隐藏类似数据压缩，但不同于传统的加密。数据隐藏的目的不在于限制正常的资料存取，而在于保证隐藏数据不被侵犯和重视。另外，信息伪装必须考虑隐藏的信息在经历各种环境、操作之后而免遭破坏的能力。在图像传递过程中，机密资料若是在非法拦截者破解的过程中消失，则机密资料可以说是安全的，倘若机密资料是在正常的处理传递过程中消失，则机密资料的传递算是失败的、无效的，必须重新传递。一般的多媒体形式的文件，其信息量都非常大，为了节省传递时间，在传递之前都会将传递的信息资料进行压缩处理。因此，信息伪装还必须考虑诸如图像压缩这种非恶意操作造成的威胁，使机密资料对正常的有损压缩技术具有免疫能力。这种免疫力的关键是要使隐藏资料的信息不易被有损压缩破坏，也不易被通常的信号变换操作所破坏。要求隐藏的数据量与隐藏的免疫力是一对矛盾，不存在一种完全满足这两种要求的方法。通常只能根据需求的不同有所侧重，采取某种妥协。从这一点来看，实现真正有效的数据隐藏的难度很大，十分具有挑战性。

7.3.1.6 生物识别技术

人类在追寻文档、交易及物品的安全保护的有效性与方便性经历了三个阶段的发展。第一阶段也就是最初的方法，是采用大家早已熟悉的各种机械钥匙。第二阶段是由机械钥匙发展到数字密钥，如登录上网的个人密码(Password)以及使用银行自动提款机所需的身份识别码 PIN(Personal Identification Number)、身份证(ID Cards)或条形码等，它是当今数字化生活中较为流行的一种安全密钥系统。21 世纪，一种更加便捷、先进的信息安全技术将全球带进了电子商务时代，它就是集光学、传感技术、超声波扫描和计算机技术于一身的第三代身份验证技术——生物识别技术。

生物识别技术是依靠人体的身体特征来进行身份验证的一种解决方案，由于人体特征具有不可复制的特性，这一技术的安全系数较传统意义上的身份验证机制有很大的提高。人体的生物特征包括指纹、声音、面孔、视网膜、掌纹骨架等，而其中指纹凭借其无可比拟的唯一性、稳定性、再生性倍受关注。

20 世纪 60 年代，计算机可以有效地处理图形，人们开始着手研究用计算机来处理指纹，自动指纹识别系统 AFIS 由此发展起来。AFIS 是当今数字生活中一套成功的身份鉴别系统，也是未来生物识别技术的主流之一，它通过外设来获取指纹的数字图像并存贮在计算机系统中，再运用先进的滤波，图像二值化，细化手段对数字图像提取特征，最后使用复杂的匹配算法对指纹特征进行匹配。目前，有关指纹自动识别的研究已进入了成熟的阶段。随着指纹识别产品的不断开发和生产，未来该项技术的应用将进入民用市场，服务大众。到时在 ATM 提款机加装指纹识别功能，持卡人可以取消密码（避免老人和孩子记忆密码的困难），通过指纹直接操作。

除了指纹识别技术外，近年来视网膜识别技术和签名识别技术的研究也取得了骄人的成绩。视网膜识别技术分为两个不同的领域：虹膜识别技术和角膜识别技术。虹膜识别系统使用一台摄像机来捕捉样本，而角膜扫描的进行则是用低密度的红外线去捕捉角膜的独特特征。由于该项技术具有高度的准确性，它将被应用在未来军事安全机构和其他保密机关中。签名识别，也被称为签名力学识别 DSV(Dynamic Signature Verification)，它是建立在签名时的力度上的，分析笔的移动，例如加速度、压力、方向以及笔划的长度，而非签名的图像本身。签名力学的关键在于区分出不同的签名部分，有些是习惯性的，而另一些在每次签名时都不同，DSV 系统能被控制在某种方式上去接受变量。

7.3.2 防火墙技术

7.3.2.1 防火墙的定义

防火墙是在互联网络中广泛应用的一种基本的网络安全技术。因为互联网络是一个开放的网络，任何人都可以很方便地进入，因此当一个网络连到互联网上之后，就必须面对怎样防止自己的内部网络中的信息被窃取，系统被非法侵入或破坏的问题。解决这个问题的基本方法就是在内部网络与外部网络之间设一道屏障阻挡非法访问的进入，防火墙技术由此而产生。

所谓防火墙就是设在网络之间的只让合法访问进入内部网络的一组软硬件装置，使互联网与内部网之间建立起一个安全网关(security gateway)，从而保护内部网免受非法用户的侵入，它其实就是一个把互联网与内部网（通常是局域网或城域网）隔开的屏障，见图 7－6 所示。

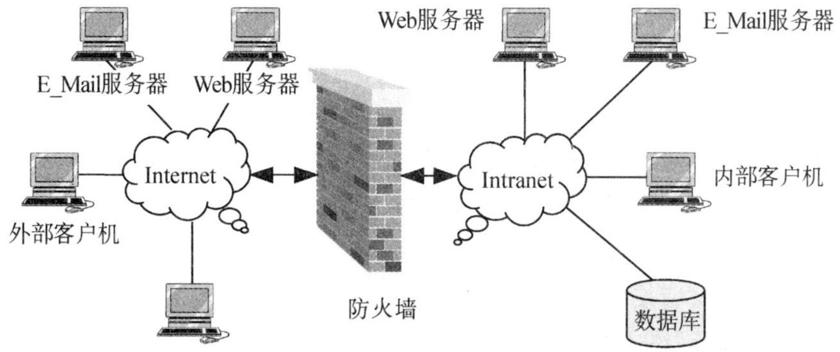

图 7－6　防火墙

防火墙如果从实现方式上来分，又分为硬件防火墙和软件防火墙两类，我们通常意义上讲的硬防火墙为硬件防火墙，它是通过硬件和软件的结合来达到隔离内，外部网络的目的、价格较贵、但效果较好，一般小型企业和个人很难实现；软件防火墙它是通过纯软件的方式来达到，价格很便宜，但这类防火墙只能通过一定的规则来达到限制一些非法用户访问内部网的目的。现在软件防火墙主要有天网防火墙个人及企业版，Norton 的个人及企业版软件防火墙，还有许多原来是开发杀病毒软件的开发商现在也开发了软件防火墙，如瑞星系列、KV 系列、KILL 系列、金山系列等。

硬件防火墙如果从技术上来分又可分为两类，即标准防火墙和双家网关防火墙。标准防火墙系统包括一个 UNIX 工作站，该工作站的两端各接一个路由器进行缓冲。其中一个路由器的接口是外部世界，即公用网；另一个则连接内部网。标准防火墙使用专门的软件，并要求较高的管理水平，而且在信息传输上有一定的延迟。双家网关(dual home gateway)则是标准防火墙的扩充，又称堡垒主机(bastion host)或应用层网关(applications layer gateway)，它是一个单个的系统，但却能同时完成标准防火墙的所有功能。其优点是能运行更复杂的应用，同时防止在互联网和内部系统之间建立的任何直接的边界，可以确保数据包不能直接从外部网络到达内部网络，反之亦然。

随着防火墙技术的发展，双家网关的基础上又演化出两种防火墙配置，一种是隐蔽主机网关方式，另一种是隐蔽智能网关(隐蔽子网)。隐蔽主机网关是当前一种常见的防火墙配置。顾名思义，这种配置一方面将路由器进行隐蔽，另一方面在互联网和内部网之间安装堡垒主机。堡垒主机装在内部网上，通过路由器的配置，使该堡垒主机成为内部网与互联网进行通信的唯一系统。目前技术最为复杂而且安全级别最高的防火墙是隐蔽智能网关，它将网关隐藏在公共系统之后使其免遭直接攻击。隐蔽智能网关提供了对互联网服务进行几乎透明的访问，同时阻止了外部未授权访问对专用网络的非法访问。一般来说，这种防火墙是最不容易被破坏的。

7.3.2.2 防火墙的作用

目前的防火墙技术可以起到以下安全作用：

(1)集中的网络安全

防火墙允许网络管理员定义一个中心（阻塞点）来防止非法用户（如黑客、网络破坏者等）进入内部网络，禁止存在不安全因素的访问进出网络，并抗击来自各种线路的攻击。防火墙技术能够简化网络的安全管理、提高网络的安全性。

(2)安全警报

通过防火墙可以方便地监视网络的安全性，并产生报警信号。网络管理员必须审查并记录所有通过防火墙的重要信息。

(3)重新部署网络地址转换

Internet 的迅速发展使得有效的未被申请的 IP 地址越来越少，这意味着想进入 Internet 的机构可能申请不到足够的 IP 地址来满足内部网络用户的需要。为了接入 Internet，可以通过网络地址转换 NAT（Network Address Translator）来完成内部私有地址到外部注册地址的映射。防火墙是部署 NAT 的理想位置。

(4)监视 Internet 的使用

防火墙也是审查和记录内部人员对 Internet 使用的一个最佳位置，可以在此对内部访问 Internet 的情况进行记录。

(5)向外发布信息

防火墙除了起到安全屏障作用外，也是部署 WWW 服务器和 FTP 服务器的理想位置。允许 Internet 访问上述服务器，而禁止对内部受保护的其他系统进行访问。

目前，全球连入 Internet 的计算机中约有 1/3 是处于防火墙保护之下。但是，防火墙也有自身的局限性，它无法防范来自防火墙以外的其他途径所进行的攻击。例如在一个被保护的网络上有一个没有限制的拨号访问存在，这样就为从后门进行攻击留下了可能性；另外，防火墙也不能防止来自内部变节者或不经心的用户带来的威胁；同时防火墙也不能解决进入防火墙的数据带来的所有安全问题，如果用户从 Internet 下载一个程序在本地运行，那个程序可能就包含一段恶意代码，可能会导致敏感信息泄露或遭到破坏。

7.3.2.3 防火墙的功能

防火墙的有五大功能：

(1)允许网络管理员定义一个中心点来防止非法用户进入内部网络。

(2)可以很方便地监视网络的安全性，并报警。

(3)可以作为部署网络地址变换 NAT 的地点，利用 NAT 技术，将有限的 IP 地址动态或静态地与内部的 IP 地址对应起来，用来缓解地址空间短缺的问题。

(4)是审计和记录 Internet 使用费用的一个最佳地点。网络管理员可以在此向管理部门提供 Internet 连接的费用情况，查出潜在的带宽瓶颈位置，并能够依据本机构的核算模式提供部门级的计费。

(5)可以连接到一个单独的网段上，从物理上和内部网段隔开，并在此部署 WWW 服务器和 FTP 服务器，将其作为向外部发布内部信息的地点。从技术角度来讲，就是所谓的停火区(DMZ)。

7.3.2.4 设置防火墙的要素

(1)网络策略

影响防火墙系统设计、安装和使用的网络策略可分为两级：高级的网络策略定义允许和禁止的服务以及如何使用服务；低级的网络策略描述防火墙如何限制和过滤在高级策略中定义的服务。

(2)服务访问策略

服务访问策略集中在互联网访问服务以及外部网络访问(如拨入策略、SLIP/PPP 连接等)。服务访问策略必须是可行的和合理的。可行的策略必须在阻止已知的网络风险和提供用户服务之间获得平衡。典型的服务访问策略是：允许通过增强认证的用户在必要的情况下从互联网访问某些内部主机和服务；允许内部用户访问指定的互联网主机和服务。

(3)防火墙设计策略

防火墙设计策略基于特定的防火墙，定义完成服务访问策略的规则。通常有两种基本的设计策略：允许任何服务除非被明确禁止；禁止任何服务除非被明确允许。第一种的特点是安全但不好用，第二种是好用但不安全，通常采用第二种类型的设计策略。而多数防火墙都在两种之间采取折衷。

(4)增强的认证

许多在互联网上发生的入侵事件源于脆弱的传统用户/口令机制。多年来，用户被告知使用难于猜测和破译的口令，虽然如此，攻击者仍然在互联网上监视传输的口令明文，使传统的口令机制形同虚设。增强的认证机制包含智能卡，认证令牌，生理特征（如指纹）以及基于软件（RSA）等技术，来克服传统口令的弱点。

7.3.2.5 防火墙的分类

从实现原理上分，防火墙的技术包括四大类：网络级防火墙、应用级网关、电路级网关和规则检查防火墙。

(1)网络级防火墙

网络级防火墙也称为包过滤型防火墙，它是基于源地址和目的地址、应用、协议以及每个IP包的端口来做出通过与否的判断，一个路由器便是一个“传统”的网络级防火墙，大多数的路由器都能通过检查这些信息来决定是否将所收到的包转发，但它不能判断出一个IP包来自何方，去向何处。防火墙检查每一条规则直至发现包中的信息与某规则相符。如果没有一条规则能符合，防火墙就会使用默认规则，一般情况下，默认规则就是要求防火墙丢弃该包。其次，通过定义基于TCP或UDP数据包的端口号，防火墙能够判断是否允许建立特定的连接，如Telnet、FTP连接。

(2)应用级网关

应用级网关能够检查进出的数据包，通过网关复制传递数据，防止在受信任服务器和客户机与不受信任的主机间直接建立联系。应用级网关能够理解应用层上的协议，能够做复杂一些的访问控制，并做精细的注册和稽核。它针对特别的网络应用服务协议即数据过滤协议，并且能够对数据包分析并形成相关的报告。应用网关对某些易于登录和控制所有输出输入的通信的环境给予严格的控制，以防有价值的程序和数据被窃取。在实际工作中，应用网关一般由专用工作站系统来完成。但每一种协议需要相应的代理软件，使用时工作量大，效率不如网络级防火墙。应用级网关有较好的访问控制，是目前最安全的防火墙技术，但实现困难，而且有的应用级网关缺乏“透明度”。在实际使用中，用户在受信任的网络上通过防火墙访问 Internet 时，经常会发现存在延迟并且必须进行多次登录(Login)才能访问 Internet 或 Intranet。

(3)电路级网关

电路级网关用来监控受信任的客户或服务器与不受信任的主机间的 TCP 握手信息，这样来决定该会话(Session)是否合法，电路级网关是在 OSI 模型中会话层上来过滤数据包，这样比包过滤防火墙要高二层。

电路级网关还提供一个重要的安全功能：代理服务器(Proxy Server)。代理服务器是设置在 Internet 防火墙网关的专用应用级代码。这种代理服务准许网管员允许或拒绝特定的应用程序或一个应用的特定功能。包过滤技术和应用网关是通过特定的逻辑判断来决定是否允许特定的数据包通过，一旦判断条件满足，防火墙内部网络的结构和运行状态便“暴露”在外来用户面前，这就引入了代理服务的概念，即防火墙内外计算机系统应用层的“链接”由两个终止于代理服务的“链接”来实现，这就成功地实现了防火墙内外计算机系统的隔离。同时，代理服务还可用于实施较强的数据流监控、过滤、记录和报告等功能。代理服务技术主要通过专用计算机硬件(如工作站)来承担。

(4)规则检查防火墙

该防火墙结合了包过滤防火墙、电路级网关和应用级网关的特点。它同包过滤防火墙一样，规则检查防火墙能够在 OSI 网络层上通过 IP 地址和端口号，过滤进出的数据包。它也像电路级网关一样，能够检查 SYN 和 ACK 标记和序列数字是否逻辑有序。当然它也像应用级网关一样，可以在 OSI 应用层上检查数据包的内容，查看这些内容是否能符合企业网络的安全规则。

规则检查防火墙虽然集成前三者的特点，但是不同于一个应用级网关的是，它并不打破客户机/服务器模式来分析应用层的数据，它允许受信任的客户机和不受信任的主机建立直接连接。规则检查防火墙不依靠与应用层有关的代理，而是依靠某种算法来识别进出的应用层数据，这些算法通过已知合法数据包的模式来比较进出数据包，这样从理论上就能比应用级代理在过滤数据包上更有效。

7.3.3　入侵检测系统

7.3.3.1　入侵检测 IDS 概念

入侵检测系统IDS(Intrusion Detection System)是一种主动保护自己免受攻击的一种网络安全技术。作为防火墙的合理补充,入侵检测技术能够帮助系统对付网络攻击,使网络安全管理员清楚地了解网络上发生的事件,并能够采取行动阻止可能的破坏,提高了信息安全基础结构的完整性。它从计算机网络系统中的若干关键点收集信息,并分析这些信息。入侵检测被认为是防火墙之后的第二道安全闸门,在不影响网络性能的情况下能对网络进行监测,它可以防止或减轻上述的网络威胁。

7.3.3.2　IDS系统的作用

在安全体系中,IDS是唯一一个通过数据和行为模式判断其是否有效的系统,防火墙就像一道门,它可以阻止一类人群的进入,但无法阻止同一类人群中的破坏分子,也不能阻止内部的破坏分子;访问控制系统可以不让低级权限的人做越权工作,但无法保证高级权限的做破坏工作,也无法保证低级权限的人通过非法行为获得高级权限;漏洞扫描系统可以发现系统存在的漏洞,但无法对系统进行实时扫描。

(1)防范透过防火墙的入侵。

①利用应用系统漏洞及后门实施的入侵;

②利用防火墙配置失误实施的入侵。

(2)防范来自内部网的入侵。

①内部网的攻击占总的攻击事件的70%;

②没有监测的内部网是内部人员的"自由王国"。

(3)对网络行为的审计,防范无法自动识别的恶意破坏。

7.3.3.3　IDS系统主要功能

(1)先进的数据流截取和重组技术。采用专用的接口直接从操作系统内核快速截取数据包,高效进行数据流重组,以数据流为对象进行分析。轻松处理分片和乱序数据包。

(2)强大的攻击事件检测和防御。可对1000多种攻击进行检测、报警、记录、切断。并可方便的升级以检测最新的攻击。

(3)高效的网络应用恢复。可对HTTP、SMTP、POP3、FTP、TELENT等协议进行恢复和重放,并可自定义协议,便于扩充。

(4)完整的网络事件记录。可对网络中发生的所有事件进行记录,是完整的网络审计日志。

(5)灵活的查询,报表功能。可对网络中的攻击事件,访问记录进行灵活的查询,并可根据查询结果输出优美的报表。

(6)丰富的辅助工具。集成网络嗅探器和扫描器等网络分析工具,便于管理员查看当前网络状况,分析网络问题。

(7)实时的网络连接察看,切断功能。实时查看网络当前连接状况,对可疑连接可立即切断,最大限度的保证用户的安全。

(8)简便的管理。客户/服务器结构,提供便于使用的图形界面来进行远程管理。自动进行自身的数据和策略的默认维护,不需人为干预,使用极其简便。内置权限管理,方便不同权限的用户进行不同操作。

(9)全面的网络信息收集。采取多种方法全面收集网络用户信息,方便管理员快速了解当前网络用户状态。

(10)多样的报警方法。用户可选择界面显示,记录到数据库。发送电子邮件等不同的方式进行报警。

7.3.3.4　IDS 的优点和缺陷

(1)IDS 系统的优点

①实时检测网络系统的非法行为;

②网络 IDS 系统不占用系统的任何资源;

③网络 IDS 系统是一个独立的网络设备,可以做到对黑客透明,因此其本身的安全性高;

④它既是实时监测系统,也是记录审计系统,可以做到实时保护,事后分析取证;

⑤主机 IDS 系统运行于保护系统之上,可以直接保护,恢复系统;

⑥通过与防火墙的联动,可以更有效地阻止非法入侵和破坏。

(2)IDS 系统的缺点

①交换器的大量使用,使网络 IDS 失去对全部网络的控制;

②网络 IDS 会因为处理速度慢而丢失重要的网络数据;

③主机 IDS 会占用主机系统的资源。

7.3.4　防水墙技术

7.3.4.1　什么是防水墙

防火墙通过隔离来防止外部网对内部网进行攻击，它被动地检查所有流过的网络数据包，以阻断违反安全策略的通信。防火墙的工作都基于一个基本假设：它位于内外网的接入点，并且内外网间不存在其他旁路，正是基于这个假设，防火墙才成为内网的保护神。但是，很明显，对于内部的安全问题，防火墙无能为力。

防水墙是用来加强信息系统内部安全的重要工具，它处于内部网络中，是一个内网监控系统，可以随时监控内部主机的安全状况。其着重点是用技术手段强化内部信息的安全管理，利用密码、访问控制和审计跟踪等技术手段对公司信息实施安全保护，使之不被非法或违规的窥探、外传、破坏、拷贝、删除，从本质上阻止了机密信息泄漏事件的发生。

7.3.4.2 防水墙的组成

防水墙系统是由互联网访问安全控制、计算机端口安全控制、程序使用安全控制、文件拷贝安全控制、光驱刻录安全控制、文件打印安全控制、非法入侵安全控制、硬件资源安全控制、操作行为管理、远程监视、病毒黑客木马自免疫和一个集中管理平台组成。

7.3.4.3 防水墙的功能

防水墙一般具有以下几大功能：

(1)信息泄漏防范：防止在内部网主机上，通过网络、存储介质、打印机等媒介，有意或无意的扩散本地机密信息；

(2)系统用户管理：记录用户登录系统的信息，为日后的安全审计提供依据；系统资源安全管理，限制系统软硬件的安装、卸载，控制特定程序的运行，限制系统进入安全模式，控制文件的重命名和删除等操作；

(3)系统实时运行状况监控：通过实时抓取并记录内部网主机的屏幕，来监视内部人员的安全状况，威慑怀有恶意的内部人员，并在安全问题发生后，提供分析其来源的依据，在必要时，也可直接控制涉及安全问题的主机的I/O设备，如键盘、鼠标等；

(4)信息安全审计：记录内网安全审计信息，并提供内网主机使用状况、安全事件分析等报告。

防水墙是对防火墙、入侵检测系统、虚拟专用网等多种安全设备所提供安全服务的有效补充。对整体安全系统来说，它也是不可或缺的一部分。

7.3.5　网络隔离技术

传统防御技术如防火墙、IDS 等技术已经应用了十年左右的时间，其安全效能正在下降；最新的病毒、黑客攻击已经使传统防御技术防不胜防，因为这些病毒和攻击技术正是针对防火墙、IDS 的弱点进行攻击和传播的。面对新型网络攻击手段的出现和高安全度网络对安全的特殊需求，全新安全防护防范理念的网络安全技术——“网络隔离技术”应运而生。

网络隔离技术的目标是确保把有害的攻击隔离，在可信网络之外和保证可信网络内部信息不外泄的前提下，完成网间数据的安全交换。网络隔离技术是在原有安全技术的基础上发展起来的，它弥补了原有安全技术的不足，突出了自己的优势。

7.3.5.1　网闸的概念

如今，网络隔离技术已经得到越来越多的重视，重要的网络和部门均开始采用隔离网闸产品来保护内部网络和关键点的基础设施。目前世界上主要有三类隔离网闸（物理隔离交换/SGAP）技术：SCSI 技术，双端口 RAM 技术和物理单向传输技术。SCSI 是典型的拷盘交换技术，双端口 RAM 也是模拟拷盘技术，物理单向传输技术则是二极管单向技术。

随着互联网上黑客病毒泛滥、信息恐怖、计算机犯罪等威胁日益严重，防火墙的攻破率不断上升，在政府、军队、企业等领域，由于核心部门的信息安全关系着国家安全、社会稳定，因此迫切需要比传统产品更为可靠的技术防护措施。物理隔离网闸最早出现在美国、以色列等国家的军方，用以解决涉密网络与公共网络连接时的安全。在电子政务建设中，我们会遇到安全域的问题，安全域是以信息涉密程度划分的网络空间。涉密域就是涉及国家秘密的网络空间。非涉密域就是不涉及国家的秘密，但是涉及到本单位，本部门或者本系统的工作秘密的网络空间。公共服务域是指不涉及国家秘密也不涉及工作秘密，是一个向互联网络完全开放的公共信息交换空间。我们国家有关文件就严格规定，政务的内网和政务的外网要实行严格的物理隔离。政务的外网和互联网络要实行逻辑隔离，按照安全域的划分，政府的内网就是涉密域，政府的外网就是非涉密域，互联网就是公共服务域。国家有关研究机构已经研究了安全网闸技术，以后根据需求，还会有更好的网闸技术出现。通过安全网闸，把内网和外网联系起来；因此，网闸成为电子政务信息系统必须配置的设备，由此开始，网闸产品与技术在我国快速兴起，成为我国信息安全产业发展的一个新的增长点。

实际上网闸是比防火墙更安全的技术选择。表 7—1 给出了网闸与防火墙的技术特点对比。

表 7—1　防火墙和网闸对比

对比项目	防火墙	网闸(SGAP)
安全机制	采用包过滤、代理服务等安全机制，安全功能相对单一	在 GAP 技术的基础上，综合了访问控制、内容过滤、病毒查杀等技术，具有全面的安全防护功能
硬件设计	防火墙硬件设计可能存在安全漏洞，遭受攻击后导致网络瘫痪	硬件设计采用基于 GAP 技术的体系结构，运行稳定，不会因网络攻击而瘫痪
操作系统设计	防火墙操作系统可能存在安全漏洞	采用专用安全操作系统作为软件支撑系统，实行强制访问控制，从根本上杜绝可被黑客利用的安全漏洞
网络协议处理	缺乏对未知网络协议漏洞造成的安全问题的有效解决办法	采用专用映射协议代替原网络协议实现 SGAP 系统内部的纯数据传输，消除了一般网络协议可被利用的安全漏洞
遭攻击后果	被攻破的防火墙只是个简单的路由器，将危及内网安全	即使系统的外网处理单元瘫痪，网络攻击也无法触及内网处理单元
可管理性	管理配置有一定复杂性	管理配置简易
与其他安全设备联动性	缺乏	可结合防火墙、IDS、VPN 等安全设备运行，形成综合网络安全防护平台

网闸又被称作安全隔离与信息交换系统，是新一代高安全度的企业级信息安全防护设备，它依托安全隔离技术为信息网络提供了更高层次的安全防护能力，不仅使得信息网络的抗攻击能力大大增强，而且有效地防范了信息外泄事件的发生。

网闸是使用带有多种控制功能的固态开关读写介质连接两个独立主机系统的信息安全设备。由于物理隔离网闸所连接的两个独立主机系统之间，不存在通信的物理连接、逻辑连接、信息传输命令、信息传输协议，不存在依据协议的信息包转发，只有数据文件的无协议“摆渡”，且对固态存储介质只有“读”

和“写”两个命令。所以，物理隔离网闸从物理上隔离、阻断了具有潜在攻击可能的一切连接，使“黑客”无法入侵、无法攻击、无法破坏，实现了真正的安全。

第一代网闸的技术原理是利用单刀双掷开关使得内外网的处理单元分时存取共享存储设备来完成数据交换的，实现了在空气缝隙隔离（Air Gap）情况下的数据交换，安全原理是通过应用层数据提取与安全审查达到杜绝基于协议层的攻击和增强应用层安全的效果。

第二代网闸是在吸取了第一代网闸优点的基础上，创造性地利用全新理念的专用交换通道PET（Private Exchange Tunnel）技术，在不降低安全性的前提下能够完成内外网之间高速的数据交换，有效地克服了第一代网闸的弊端，第二代网闸的安全数据交换过程是通过专用硬件通信卡、私有通信协议和加密签名机制来实现的，虽然仍是通过应用层数据提取与安全审查达到杜绝基于协议层的攻击和增强应用层安全效果的，但却提供了比第一代网闸更多的网络应用支持，并且由于其采用的是专用高速硬件通信卡，使得处理能力大大提高，达到第一代网闸的几十倍之多，而私有通信协议和加密签名机制保证了内外处理单元之间数据交换的机密性、完整性和可信性，从而在保证安全性的同时，提供更好的处理性能，能够适应复杂网络对隔离应用的需求。

7.3.5.2　网闸工作原理

隔离网闸是在保证两个网络安全隔离的基础上实现安全信息交换和资源共享的技术。它采用独特的硬件设计并集成多种软件防护策略，能够抵御各种已知和未知的攻击，显著提高内网的安全强度，为用户创造无忧的网络应用环境。

GAP源于英文的“Air Gap”，GAP技术是一种通过专用硬件使两个或者两个以上的网络在不连通的情况下，实现安全数据传输和资源共享的技术。GAP中文名字叫做安全隔离网闸，它采用独特的硬件设计，能够显著地提高内部用户网络的安全强度。

GAP技术的基本原理是：切断网络之间的通用协议连接；将数据包进行分解或重组为静态数据；对静态数据进行安全审查，包括网络协议检查和代码扫描等；确认后的安全数据流入内部单元；内部用户通过严格的身份认证机制获取所需数据。

安全隔离与信息交换系统SGAP一般由三部分构成：内网处理单元、外网处理单元和专用隔离硬件交换单元。系统中的内网处理单元连接内部网，外网处理单元连接外部网，专用隔离硬件交换单元在任一时刻点仅连接内网处理单元或外网处理单元，与两者间的连接受硬件电路控制高速切换。这种独特设计保证了专用隔离硬件交换单元在任一时刻仅连通内部网或者外部网，既满足了内部网与外部网网络物理隔离的要求，又能实现数据的动态交换。SGAP系统的嵌入式软件系统里内置了协议分析引擎、内容安全引擎和病毒查杀引擎等多种安全机制，可以根据用户需求实现复杂的安全策略。SGAP系统可以广泛应用于银行、政府等部门的内部网络访问外部网络，也可用于内部网的不同信任域间的信息交互。

7.3.5.3　网闸的应用定位

网闸可以用于下列情况：

(1)涉密网与非涉密网之间

(2)局域网与互联网之间(内网与外网之间)

有些局域网络，特别是政府办公网络，涉及政府敏感信息，有时需要与互联网在物理上断开，用物理隔离网闸是一个常用的办法。

(3)办公网与业务网之间

由于办公网络与业务网络的信息敏感程度不同，例如，银行的办公网络和银行业务网络就是很典型的信息敏感程度不同的两类网络。为了提高工作效率，办公网络有时需要与业务网络交换信息。为解决业务网络的安全，比较好的办法就是在办公网与业务网之间使用物理隔离网闸，实现两类网络的物理隔离。

(4)电子政务的内网与专网之间

在电子政务系统建设中要求政府内网与外网之间用逻辑隔离，在政府专网与内网之间用物理隔离。现常用的方法是用物理隔离网闸来实现。

(5)业务网与互联网之间

电子商务网络一边连接着业务网络服务器，一边通过互联网连接着广大民众。为了保障业务网络服务器的安全，在业务网络与互联网之间应实现物理隔离。

7.3.5.4　网闸的应用领域

由于网闸可以实现两个物理层断开网络间的信息摆渡，构建信息可控交换“安全岛”，所以在政府、军队、电力等领域具有极为广阔的应用前景。网闸也会突破电子政务外网与内网之间数据交换的瓶颈，并消除政府部门之间因安全造成的信息孤岛效应。目前网闸大都提供了文件交换、收发邮件、浏览网页等基本功能。此外，网闸产品在负载均衡、冗余备份、硬件密码加速、易集成管理等方面需要进一步改进完善，同时更好地集成入侵检测和加密通道、数字证书等技术，也成为新一代网闸产品发展的趋势。

目前国外有 Whale 公司的 e－GAP 系统、Spearhead 公司的 NetGAP 等网闸产品，在军政、航天、金融等部门被采用。Whale 公司将 e－GAP 系统定位为应用层的防护设备。该产品通过隔离服务器、数据暂存区、隔离开关(Air GAP Switch)、并结合应用层安全控制来达到整体安全。它集成了加密技术、授权认证、PKI、HTTP 镜像、规则过滤、Air GAP(空气隔离)等多种安全技术构成软硬一体化平台。

Spearhead 公司的 NetGAP 直接连接两个网络。通过插在 PCI 槽的安全电路板与 LVDS 总线一起实现了“Reflective GAP”技术，每一个安全电路板包含一对双开关结构，双开关结构确保了在两个网络之间一个完全的链路层隔断。数据包从外网传至内网需要经理会话终止、剥离数据、编码、恶意代码扫描、传输恢复、会话再生等过程，确保内网的安全性。另外，NetGAP 还提供了入侵监测、负载均衡和容错等扩展功能。

从当前应用情况来看，国内目前网闸市场也已经具备一定规模，用户主要集中在政府、公安、电力等对安全性要求很高的重要部门。总之，安全网闸适用于政府、军队、公安、银行、工商、航空、电力和电子商务等有高安全级别需求的网络，当然网闸也可用来隔离保护主机服务器或专门隔离保护数据库服务器。统计部门目前也在尝试使用网闸技术来保证其统计系统的安全。

7.4　VPN 技术

7.4.1　VPN 的定义

虚拟专用网络 VPN(Visional Private Network)是就是在 Internet 网络中建立一条虚拟的专用通道。它可以帮助远程用户、公司分支机构、商业伙伴等建立穿越开放的公用网络的安全隧道，并在其上传递资料而不会被外界干扰或窃听，从而保证了资料传送的安全，却不必支付高昂的长途专线费用。

VPN在Internet上得到了应用。基于Internet的企业VPN与实际的专用网络相比，成本可以大幅度地降低。VPN还可用于移动用户的Internet接入，商业伙伴之间的安全连接等。VPN通过数据加密、数据认证、身份认证、访问控制等手段实现安全连接。其中，认证和加密手段是主要的，而访问控制相对比较复杂，与控制策略和所用技术关系密切。为了保证VPN的安全性，认证、加密和访问控制必须紧密结合。

VPN是一种连接，表面上看像是专用连接，但实际上是在共享网络上实现的。它采用隧道技术，建立点到点的连接，提供数据分组通过公用网络的专用隧道。来自不同信息源不同网络协议的分组经由不同的隧道在同一体系结构上传输。具体地讲，所谓隧道技术，就是将原始分组加密和协议封装后放在另一种协议的数据分组之中在公用网络中传输。经过这样的处理，原始分组在公用网络的传递过程中是被密封的，只有到了目的端才被开封，因此好像是在隧道中传输一样。

7.4.1.1 虚拟专用网络应用模型

图7—7给出了一个VPN应用的示例。

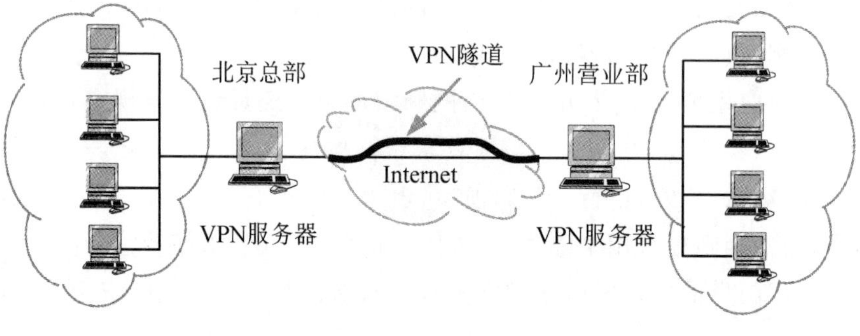

图7—7 VPN示例

北京总部的VPN服务器后面保护的是由运行MRPII系统的生产模块的所有主机和服务器组成的子网，从而使从该子网出去的数据和到达该子网的数据都通过VPN主机的处理，确保数据的安全性。

广州营业部的VPN服务器后面保护的是由运行销售系统模块的所有主机和服务器组成的子网，从而使从该子网出去的数据和到达该子网的数据都通过 VPN 主机的处理，确保数据的安全性。

7.4.1.2 VPN 优点

信息的安全性：虚拟专用网络采用安全隧道（Secure Tunnel）技术向用户提供无缝（Seamless）的和安全的端到端连接服务确保信息资源的安全。可以利用加密技术对经过隧道传输的数据进行加密，以保证数据仅被制动的发送者和接收者了解，从而保证了数据的私有性和安全性。

方便的扩充性：用户可以利用虚拟专用网络技术方便地重构企业专用网络（Private Network），实现异地业务人员的远程接入，加强与客户、合作伙伴之间的联系，以进一步适应虚拟企业的新型企业组织形式。

方便的管理：VPN 可以将大量的网络管理工作放到互联网络服务提供者ISP 一起来统一实现，从而减轻了企业内部网络管理的负担。同时 VPN 也提供信息传输、路由等方面的智能特性及其与其他网络设备相独立的特性，也便于用户进行网络管理。

显著的成本效益：利用现有互联网络发达的网络构架组建企业内部专用网络，从而节省了大量的投资成本及后续的运营维护成本。

7.4.2 VPN 的用途

7.4.2.1 内部网络 VPN

内部网络（Intranet）VPN 是通过公用网络将一个组织各个分支机构的局域网连接起来而形成的网络。这种 VPN 的基础是各个需要连接的局域网内部是可信的，因此主要问题是如何提供安全地穿越公用网络的隧道。由于相互通信的两端都是可信的，因此只要能够做到很好的认证和加密就可以保证安全。通过认证，可以确认通信伙伴，通过加密，可以防止双方交换的信息在公用网络上不被他人窃听。

7.4.2.2 远程访问 VPN

在互联网络上，用户可以远程访问内部网络，如，用户可以在家里访问自己公司的内部网络。远程访问（Remote Access）VPN 就是为这类远程访问提供安全隧道。

远程访问 VPN 的客户端应简单易用，以便普通用户就能建立一条虚拟专用信道。而服务器端要管理大量的用户，因此需要比较复杂的功能和集中管理。

远程访问 VPN 应提供“透明的访问策略”，使远程用户能够用与在公司一样的方式访问公司的资源和提供信息。

实现远程访问 VPN 需要进行端到端的数据加密，并要对远程用户进行认证。

7.4.2.3 外联网络 VPN

外联网络(Extranet)VPN 为公司的合作伙伴、顾客、供应商和外地雇员提供安全隧道。它要保证各种应用层服务的安全，如 E－mail、HTTP、FTP 等。同时也要保证一些应用程序如 Java、Active X 的安全。因为各个公司的网络环境是不同的，一个可行的外联网络 VPN 方案需要适用于各种操作系统、协议、认证方案及加密算法。

外联网络 VPN 的主要目标是保证数据在传输过程中不被修改，包含网络资源不受侵扰。它是一个由加密、认证和访问控制综合集成的系统，这些安全手段被配置在代理服务器上。通常代理服务器被放在一个防火墙之后。

外联网络 VPN 并不假定连接的双方存在信任关系，因此需要采用尽可能多的数据来控制对网络资源的访问，这些数据包括源地址、目的地址、应用程序的用途、采用的加密和认证类型、个人身份、工作组、子网等。系统还要能够对用户的个人身份进行认证。

7.5 计算机病毒防范技术

7.5.1 计算机病毒

7.5.1.1 计算机病毒的定义

计算机病毒就是能够通过某种途径潜伏在计算机存储介质(或程序)里，当达到某种条件时即被激活的具有对计算机资源进行破坏作用的一组程序或指令集合。

7.5.1.2 计算机病毒的特点

计算机病毒一般具有传染性、隐蔽性、潜伏性、破坏性、欺骗性、可触发性、非授权性及不可预见性等特点。

(1)传染性

计算机病毒的传染性是指病毒具有把自我复制传播或通过其他途径进行

传播的特性。病毒能使自身的代码强行传染到一切符合其传染条件的未受到传染的程序之上。

计算机病毒是人为编制的计算机程序代码，这种程序代码一旦进入计算机并在适合的条件下得以激活或执行，它就会搜寻其他符合其传染条件的程序或存储介质，确定目标后再将自身代码复制到其中，达到自我繁殖的目的。只要计算机中的某一个文件感染了病毒，如没有得到及时的处理，那么病毒就会在这台计算机上迅速扩散，其中的大量符合感染条件的文件（一般是可执行文件）都会被感染。同样，被感染的文件又成了新的传染源再进行传播。如果某台电脑再与其他的电脑进行数据交换或通过网络等渠道进行接触，病毒还会继续传播感染其他的电脑。

传染性是计算机病毒最重要的特征，是判断一段程序代码是否为计算机病毒的依据。由于目前计算机网络日益发达，计算机病毒可以在极短的时间内，通过像 Internet 这样的网络传遍世界。

（2）隐蔽性

病毒一般是具有很高编程技巧、短小精悍的可执行程序。通常附在正常程序中或磁盘的较隐蔽的地方，也有个别的以隐含文件形式出现，目的是不让用户发现它的存在。如果不经过代码分析，病毒程序与正常程序是不容易区别开来的。一般在没有防护措施的情况下，计算机病毒程序取得系统控制权后，可以在很短的时间里传染给大量程序。而且受到传染后，计算机系统通常仍能正常运行，使用户不会感到任何异常。

正是由于隐蔽性，计算机病毒得以在用户没有察觉的情况下扩散到计算机中。大部分的病毒的代码之所以设计得非常短小，也是为了隐藏。病毒一般只有几百个字节，这相对于电脑的文件存取速度显得微不足道，所以病毒转瞬之间便可将这短短的几百字节附着到正常程序之中而不易被察觉。

（3）潜伏性

计算机病毒具有依附于其他媒体而寄生的能力，这种媒体我们称之为计算机病毒的宿主。依靠病毒的寄生能力，病毒传染合法的程序和系统后，不立即发作，而是悄悄隐藏起来，然后在用户没有察觉的情况下进行传染。这样，病毒的潜伏性越好，它在系统中存在的时间也就越长，病毒传染的范围也越广，其危害性也越大。最令人心有余悸的便是 26 日发作的 CIH 病毒了。这些病毒平时十分隐蔽，只有在符合发作时间条件的情况下才会露出本来面目。

(4)破坏性

无论何种病毒只要侵入系统，都会对系统及应用程序产生不同程度的影响。轻者会降低计算机工作效率，占用系统资源，重者可导致系统崩溃或者直接损毁电脑中的数据。

由病毒的破坏特性可将病毒分为良性病毒与恶性病毒。良性病毒可能只显示一些干扰用户的画面或播放音乐、无聊的语句等等，或者根本没有任何破坏动作，只是会占用系统资源，减低电脑的运行效率。恶性病毒一般有明确的目的，或捣毁计算机系统，或破坏数据、删除文件，或加密磁盘、往往可能对数据造成不可挽回的破坏。

(5)非授权性

一般正常的程序是由用户调用，再由系统分配资源，完成用户交给的任务。其目的对用户是可见的、透明的。而病毒不仅具有正常程序的一切特性，而且它是隐藏在合法的程序或数据中的，当用户调用正常程序时，病毒程序也可能被激活运行，进而窃取系统的控制权，并先于正常程序执行。病毒的这种行为是用户未知的，是未经授权的。

(6)不可预见性

从对病毒检测的角度来看，病毒还有不可预见性。不同种类的病毒，它们的代码千差万别，但有些操作是共有的(如驻内存，改中断号)。有些人利用病毒的这种共性，制作了声称可查所有病毒的程序，这种程序的确可查出一些新病毒，但由于目前的软件种类极其丰富，且某些正常软件程序也使用了类似病毒的操作甚至借鉴了某些病毒的技术。所以使用这种方法对病毒进行检测势必会造成较多的误报情况。此外，病毒的制作技术也在不断的提高，何况病毒对于反病毒软件而言永远是超前和不可预见的。

(7)可触发性

计算机病毒一般都有一个或者几个触发条件。满足其触发条件或者激活病毒的传染机制，使之进行传染；或者激活病毒的表现部分或破坏部分。触发的实质是一种条件的控制，病毒程序可以依据设计者的要求，在一定条件下实施攻击。这个条件可以是敲入特定字符，使用特定文件，某个特定日期或特定时刻，或者是病毒内置的计数器达到一定次数等。

7.5.1.3　计算机病毒的分类

目前全球有20多万种病毒，按照基本类型划分，可分为引导型病毒、可执行文件病毒、宏病毒、混合型病毒、特洛伊木马型病毒和Internet语言病毒六种类型。

(1)引导型病毒

引导型病毒主要是感染软盘、硬盘的引导扇区或主引导扇区。在用户对软盘、硬盘进行读写动作时进行感染活动。在我国流行的引导型病毒有Anti－CMOS、GENP/GENB、Stone、6.4、Torch、Monkey等。

引导型病毒感染软盘时并不理会该软盘是否为可启动的系统盘，因此一般的数据盘也会被感染。在系统重新启动时首先尝试读A:盘，当染有引导区病毒的软盘插在A:驱动器中，只要软盘的引导扇区内容被读进PC机，即使启动不成功，病毒也已经驻留在内存中，可以继续去感染硬盘和其他未染病毒的软盘了。

(2)可执行文件病毒

可执行文件病毒主要是感染可执行文件(对于DOS或Windows来说是感染COM和EXE等可执行文件)。被感染的可执行文件在执行的同时，病毒被加载并向其他正常的可执行文件传染。像在我国流行的Die_Hard、DIR Ⅱ和感染Windows操作系统的CIH、HPS、Murburg。

文件型病毒与引导型病毒工作的方式是完全不同的，在各种PC机病毒中，文件型病毒占的数目最大，传播最广，采用的技巧也多。而且，各种文件型病毒的破坏性也各不相同，如令中国用户大受损失的CIH病毒，是通过感染系统的可执行文件，同时利用Windows系统的VxD技术，破坏计算机BIOS，使计算机无法启动。

(3)宏病毒

宏病毒是利用宏语言编制的病毒，与前两种病毒存在很大的区别。宏病毒充分利用宏命令的强大系统调用功能，实现某些涉及系统底层操作的破坏。宏病毒仅向Word、Excel和Access、PowerPoint、Project等办公自动化程序编制的文档进行传染，而不会传染给可执行文件。在我国流行的宏病毒有：TaiWan1、Concept、Simple2、ethan、“7月杀手”等，蠕虫病毒也应纳入宏病毒范围。蠕虫病毒能通过网络邮件系统快速自动扩散传播，在短时间内造成大面积网络阻塞。

(4)混合型病毒

混合型病毒是以上几种病毒的混合。混合型病毒的目的是为了综合利用以上3种病毒的传染渠道进行破坏。在我国流行的混合型病毒有One_half、Casper、Natas、Flip等。

混合型病毒不仅传染可执行文件而且还传染硬盘引导区,被这种病毒传染的系统用Format命令格式化硬盘都不能消除病毒。

(5)特洛伊木马型病毒

特洛伊木马型病毒也叫"黑客程序"或后门病毒,应该属于文件型病毒的一种。但是由于我国公安部门已于1998年底向全国发出通告,提醒广大计算机用户注意防范此类特洛伊木马病毒,所以在此我们将其单独列为一种。一般此种病毒分成服务器端和客户端两部分,如计算机网络中服务器端被此程序感染,别人可通过网络任意控制此计算机,并获得重要文件。在我国流行的此类病毒有BO、Netspy等。

(6)Internet语言病毒

随着Internet的发展,Java、VB和ActiveX的网页技术逐渐被广泛使用,某些不良用心的人便利用Java、VB和ActiveX的特性来撰写病毒。这些病毒虽然从现在的发展情况来看并不能破坏硬盘上的资料,但是如果用户使用浏览器来浏览含有这些病毒的网页,使用者就在神不知鬼不觉的状态下,让病毒进入机器进行复制,并通过网络窃取宝贵的个人秘密信息或使计算机系统资源利用率下降,造成死机等现象。

7.5.2 木马病毒

7.5.2.1 什么是木马(Trojan)病毒

"木马"病毒是目前比较流行的病毒文件程序,与一般的病毒不同,它不会自我繁殖,也并不"刻意"地去感染其他文件,它通过将自身伪装吸引用户下载执行,向施种木马者提供打开被种者电脑的门户,使施种者可以任意毁坏、窃取被种者的文件,甚至远程操控被种者的电脑。"木马"与计算机网络中常常要用到的远程控制软件有些相似,但由于远程控制软件是"善意"的控制,因此通常不具有隐蔽性;"木马"则完全相反,木马要达到的是"偷窃"性的远程控制,如果没有很强的隐蔽性的话,那就是"毫无价值"的。

木马是指通过一段特定的程序来控制另一台计算机。木马通常有两个可执行程序：一个是客户端，即控制端，另一个是服务端，即被控制端。植入被种者电脑的是“服务器”部分，而所谓的“黑客”正是利用“控制器”进入运行了“服务器”的电脑。运行了木马程序的“服务器”以后，被种者的电脑就会有一个或几个端口被打开，使黑客可以利用这些打开的端口进入电脑系统，安全和个人隐私也就全无保障了！木马的设计者为了防止木马被发现，而采用多种手段隐藏木马。木马的服务一旦运行并被控制端连接，其控制端将享有服务端的大部分操作权限，例如给计算机增加口令，浏览、移动、复制、删除文件，修改注册表，更改计算机配置等。

随着病毒编写技术的发展，木马程序对用户的威胁越来越大，尤其是一些木马程序采用了极其狡猾的手段来隐蔽自己，使普通用户很难在中毒后发觉。

7.5.2.2　木马的种类

(1)网络游戏木马

随着网络在线游戏的普及和升温，我国拥有规模庞大的网游玩家。网络游戏中的金钱、装备等虚拟财富与现实财富之间的界限越来越模糊。与此同时，以盗取网游账号密码为目的的木马病毒也随之发展泛滥起来。

网络游戏木马通常采用记录用户键盘输入、Hook 游戏进程 API 函数等方法获取用户的密码和账号。窃取到的信息一般通过发送电子邮件或向远程脚本程序提交的方式发送给木马作者。

网络游戏木马的种类和数量，在国产木马病毒中都首屈一指。流行的网络游戏无一不受网游木马的威胁。一款新游戏正式发布后，往往在一到两个星期内，就会有相应的木马程序被制作出来。大量的木马生成器和黑客网站的公开销售也是网游木马泛滥的原因之一。

(2)网银木马

网银木马是针对网上交易系统编写的木马病毒，其目的是盗取用户的卡号、密码，甚至安全证书。此类木马种类数量虽然比不上网游木马，但它的危害更加直接，受害用户的损失更加惨重。

网银木马通常针对性较强，木马作者可能首先对某银行的网上交易系统进行仔细分析，然后针对安全薄弱环节编写病毒程序。如 2004 年的“网银大盗”病毒，在用户进入工行网银登录页面时，会自动把页面换成安全性能较差、但依然能够运转的老版页面，然后记录用户在此页面上填写的卡号和密码；“网银大盗 3”利用招行网银专业版的备份安全证书功能，可以盗取安全证书；2005 年的“新网银大盗”，采用 API Hook 等技术干扰网银登录安全控件的运行。

随着我国网上交易的普及，受到外来网银木马威胁的用户也在不断增加。

(3)即时通讯软件木马

现在，国内即时通讯软件百花齐放。QQ、新浪 UC、网易泡泡、盛大圈圈等。常见的即时通讯类木马一般有三种：

①发送消息型。通过即时通讯软件自动发送含有恶意网址的消息，目的在于让收到消息的用户点击网址中毒，用户中毒后又会向更多好友发送病毒消息。此类病毒常用技术是搜索聊天窗口，进而控制该窗口自动发送文本内容。发送消息型木马常常充当网游木马的广告，如“武汉男生 2005”木马，可以通过 MSN、QQ、UC 等多种聊天软件发送带毒网址，其主要功能是盗取传奇游戏的账号和密码。

②盗号型。主要目标在于即时通讯软件的登录账号和密码。工作原理和网游木马类似。病毒作者盗得他人账号后，可能偷窥聊天记录等隐私内容，或将账号卖掉。

③传播自身型。2005 年初，“MSN 性感鸡”等通过 MSN 传播的蠕虫泛滥了一阵之后，MSN 推出新版本，禁止用户传送可执行文件。2005 年上半年，“QQ 龟”和“QQ 爱虫”这两个国产病毒通过 QQ 聊天软件发送自身进行传播，感染用户数量极大。从技术角度分析，发送文件类的 QQ 蠕虫是以前发送消息类 QQ 木马的进化，采用的基本技术都是搜寻到聊天窗口后，对聊天窗口进行控制，来达到发送文件或消息的目的。只不过发送文件的操作比发送消息复杂很多。

(4)网页点击类木马

网页点击类木马会恶意模拟用户点击广告等动作，在短时间内可以产生数以万计的点击量。病毒作者的编写目的一般是为了赚取高额的广告推广费用。此类病毒的技术简单，一般只是向服务器发送 HTTP GET 请求。

(5)下载类木马

这种木马程序的体积一般很小，其功能是从网络上下载其他病毒程序或安装广告软件。由于体积很小,下载类木马更容易传播,传播速度也更快。通常功能强大、体积也很大的后门类病毒,如“灰鸽子”、“黑洞”等,传播时都单独编写一个小巧的下载型木马,用户中毒后会把后门主程序下载到本机运行。

(6)代理类木马

用户感染代理类木马后,会在本机开启 HTTP、SOCKS 等代理服务功能。黑客把受感染计算机作为跳板,以被感染用户的身份进行黑客活动,达到隐藏自己的目的。

首先找到感染文件,其手动方法是结束相关进程然后删除文件,但是现在有很多木马专杀的软件．可以借助软件删除。

7.5.3 流氓软件

7.5.3.1 流氓软件的定义

“流氓软件”是介于病毒和正规软件之间的软件。

计算机病毒指的是:自身具有、或使其他程序具有破坏系统功能、危害用户数据或其他恶意行为的一类程序。这类程序往往影响计算机使用,并能够自我复制。

正规软件指的是:为方便用户使用计算机工作、娱乐而开发,面向社会公开发布的软件。

“流氓软件”介于两者之间,同时具备正常功能(下载、媒体播放等)和恶意行为(弹广告、开后门),既有一定的实用价值,也会给用户带来种种干扰,甚至会给用户带来实质危害。

7.5.3.2 流氓软件的分类

根据不同的特征和危害,困扰广大计算机用户的流氓软件主要有如下几类:

(1)广告软件(Adware)

广告软件是指未经用户允许,下载并安装在用户电脑上;或与其他软件捆绑,通过弹出式广告等形式牟取商业利益的程序。

广告软件的危害主要是:会强制安装并无法卸载;在后台收集用户信息牟利,危及用户隐私;频繁弹出广告,消耗系统资源,使其运行变慢等。

例如当用户安装了某下载软件后,会一直弹出带有广告内容的窗口,干扰正常使用。还有一些软件安装后,会在 IE 浏览器的工具栏位置添加与其功能不相干的广告图标，普通用户很难清除。

(2)间谍软件(Spyware)

间谍软件是一种能够在用户不知情的情况下，在其电脑上安装后门、收集用户信息的软件。

间谍软件会利用“后门程序”捕获用户的隐私数据和重要信息，并将其发送给黑客、商业公司等。这些“后门程序”甚至能使用户的电脑被远程操纵，组成庞大的“僵尸网络”，这是目前网络安全的重要隐患之一。

例如某些软件会获取用户的软硬件配置，并发送出去用于商业目的。

(3)浏览器劫持

浏览器劫持是一种恶意程序，通过浏览器插件、BHO(浏览器辅助对象)、Winsock LSP 等形式对用户的浏览器进行篡改，使用户的浏览器配置不正常，被强行引导到商业网站。

当用户在浏览网站时会被强行安装此类插件，普通用户根本无法将其卸载，被劫持后，用户只要上网就会被强行引导到其指定的网站，严重影响正常上网浏览。

例如一些不良站点会频繁弹出安装窗口，迫使用户安装某浏览器插件，甚至根本不征求用户意见，利用系统漏洞在后台强制安装到用户电脑中。这种插件还采用了不规范的软件编写技术(此技术通常被病毒使用)来逃避用户卸载，往往会造成浏览器错误、系统异常重启等。

(4)行为记录软件(Track Ware)

行为记录软件是指未经用户许可，窃取并分析用户隐私数据，记录用户电脑使用习惯、网络浏览习惯等个人行为的软件。

行为记录软件会危及用户隐私，可能被黑客利用来进行网络诈骗。

例如一些软件会在后台记录用户访问过的网站并加以分析，有的甚至会发送给专门的商业司或机构，此类机构会据此窥测用户的爱好，并进行相应的广告推广或商业活动。

(5)恶意共享软件(malicious shareware)

恶意共享软件是指某些共享软件为了获取利益，采用诱骗手段、试用陷阱等方式强迫用户注册，或在软件体内捆绑各类恶意插件，未经允许即将其安装到用户机器里。

恶意共享软件会使用“试用陷阱”强迫用户进行注册,否则可能会丢失个人资料等数据。软件集成的插件可能会造成用户浏览器被劫持、隐私被窃取等。

例如用户安装某款媒体播放软件后,会被强迫安装与播放功能毫不相干的软件(搜索插件、下载软件)而不给出明确提示;并且用户卸载播放器软件时不会自动卸载这些附加安装的软件。

又比如某加密软件,试用期过后所有被加密的资料都会丢失,只有交费购买该软件才能找回丢失的数据。

7.5.4　计算机病毒防范技术重点措施

在现今网络时代,计算机病毒的防治策略应注重以下几方面:

7.5.4.1　依法治毒

我国在 1994 年颁布实施了《中华人民共和国信息系统安全保护条例》和 1997 年出台的新《刑法》中增加了有关对制作、传播计算机病毒进行处罚的条款。2000 年 5 月,公安部颁布实施了《计算机病毒防治管理办法》,进一步加强了我国对计算机的预防和控制工作。我们的开展病毒防治工作要严格遵循这些标准和法规,这样才能有效地保障我国的计算机病毒防治水平。

7.5.4.2　建立一套行之有效的病毒防治体系

根据计算机病毒的特点,和多年病毒防治工作的经验来看,从根本上完全杜绝和预防计算机病毒的产生和发展是不可能的。我们目前面临的计算机病毒的攻击事件不但没有减少,而是日益增多,并且,病毒的种类越来越多,破坏方式日趋多样化。每出现一种新病毒,就要有一些用户成为病毒的受害者。面对此种形势,我们不能坐以待毙,而是要寻求一种解决方案,力争将计算机病毒的危害性降至最低。因此,急需建立一种快速的预警机制,能够在最短的时间内发现并捕获病毒,向计算机用户发出警报,提供计算机病毒的防治方案。为遭受计算机病毒攻击、破坏的计算机信息系统提供数据恢复方案,保障我国计算机信息系统和网络的安全。为此,公安部和国家计算机网络与安全管理中心,在建立在天津的计算机病毒防治产品检验中心的基础之上,将建立国家计算机病毒应急处理中心。该中心是我国计算机应急体系(CERT)中的一部分。国内从事病毒研究的机构和病毒防治产品的开发厂家,以及各省市公共信息网络安全监察部门都是应急体系的成员,CERT 遵循的工作原则是

“积极预防、及时发现、快速反应、确保恢复”。他们一旦发现计算机病毒，就及时向应急中心报告，对在我国发现的计算机病毒事件进行快速反应和处置，对重大计算机病毒疫情将报告公安部，向社会发布病毒疫情，减少计算机病毒对我国计算机信息系统和网络的破坏。

7.5.4.3 制定严格的病毒防治技术规范

(1)重要部门的计算机，尽量专机专用与外界隔绝。

(2)不要随便使用在别的机器上使用过的可擦写存储介质(如软盘、硬盘、可擦写光盘等)。

(3)坚持定期对计算机系统进行计算机病毒检测。

(4)坚持经常性的数据备份工作。这项工作不要因麻烦而忽略，否则后患无穷。

(5)坚持以硬盘引导，需用软盘或光盘引导，应确保软盘或光盘无病毒，

(6)对新购置的机器和软件不要马上投入正式使用，经检测后，试运行一段时间，未发现异常情况再正式运行。

(7)严禁玩电子游戏。

(8)对主引导区、引导扇区、FAT 表、根目录表、中断向量表、模板文件 Winsock.DLL、WSOCK32.DLL 和 Kernek32.DLL 等系统重要数据做备份。

(9)定期检查主引导区，引导扇区，中断向量表、文件属性(字节长度、文件生成时间等)、模板文件和注册表等。

(10)局域网的机器尽量使用无盘(软盘)工作站。

(11)对局域网络中超级用户的使用要严格控制。

(12)在网关、服务器和客户端都要安装使用病毒防火墙，建立立体的病毒防护体系。

(13)一旦遭受病毒攻击，应采取隔离措施。

(14)不要使用盗版光盘上软件。

(15)安装系统时，不要贪图大而全，要遵守适当的原则。

(16)接入 Internet 的用户，不要轻易下载使用免费的软件。

(17)不要轻易打开电子邮件的附件。

(18)对如下文件注册表的键值作经常性检查，

HKLM\SOFTWARE\Microsoft\Windows\CurrentVersion\Run

HKLM\SOFTWARE\Microsoft\Windows\CurrentVersion\RunServices

同时，要对 Autoexec. bat 文件的内容进行检查，防治病毒及黑客程序的侵入。

(19)要将 Office 提供的安全机制充分利用起来，将宏的报警功能打开。

(20)发现新病毒及时报告国家计算机病毒应急中心和当地公共信息网络安全监察部门。

随着计算机网络的发展，计算机病毒对信息安全的威胁日益严重，我们一方面要掌握对当前的计算机病毒的防范措施，另一方面要加强对未来病毒发展趋势的研究，真正做到防患于未然。

7.6　网络信息安全管理技术

长期以来，人们对保障信息安全的手段偏重于依靠纯技术，从早期的加密技术、数据备份、防病毒到近期网络环境下的防火墙、入侵检测、身份认证等等。厂商在安全技术和产品的研发上不遗余力，新的技术和产品不断涌现；消费者也更加相信安全产品，把仅有的预算也都投入到安全产品的采购上。但事实上，在当今这个信息化社会中，一方面，硬件平台，操作系统平台，应用软件等 IT 系统已变得越来越复杂和难以统一管理；另一方面，现代社会生活对网络的高度依赖，使保障网络的通畅、可靠又显得尤其重要。仅仅依靠技术和产品保障信息安全和网络畅通的愿望却往往难尽人意，许多复杂、多变的安全威胁和隐患靠产品也无法消除。因此将各种安全技术手段进行整合的技术——信息安全管理技术成为网络技术中人们公认的关键技术。

信息安全管理技术使各种安全技术手段成为一个体系，处于统一的管理中。信息安全管理是信息安全的核心技术。信息安全管理思想提倡在确定了整体的管理方案后，再进行技术的开发或应用。信息安全管理可以用一个公式表示：

信息安全管理＝管理(构架)＋技术(部件)

这种思想不仅不会束缚网络的发展，而且还大大促进网络的发展。因此管理就成了保障信息安全的另一个有效的途径。“管理出效益”,“三分技术,七分管理”等一些在其他领域总结出来的实践经验和原则,在信息安全领域也同样适用,有些还更加适用。

7.6.1 信息安全管理体系

信息安全管理体系是指通过计划、组织、领导、控制等措施以实现组织信息安全目标的相互关联或相互作用的一组要素。这些要素通常包括信息安全组织机构、信息安全管理体系文件、控制措施、操作过程和程序以及相关资源等。

7.6.1.1 信息安全管理体系的职能

计划:组织通过计划确定信息安全方针、目标和任务;确定实现目标的措施和程序;确定实现信息安全目标的预算和进度表,并形成文件。

组织:根据组织信息安全的方针、目标和内外环境设计信息安全组织结构,并为不同岗位配置适合岗位要求的人力资源,为其提供信息安全意识和能力的培训,具体实施信息安全管理体系,实现组织信息安全目标。

领导:通过信息安全职责、权限的分配,对组织成员施加影响,以推动其实现组织信息安全目标。

控制:对信息安全管理体系运行的效果和效率进行衡量和评审,以提出持续改进计划和措施。

7.6.1.2 信息安全管理中的重要原则

一个组织信息安全的好坏与该组织最高领导的重视与否有很大关系。一方面组织的信息安全的方针和目标需要由最高领导来确定;另一方面最高领导还要承诺提供足够的资源以保证信息安全目标的实现,比如做出预算,配备足够的人员并给予其相应的权力和培训。如果组织的最高领导不重视,组织的信息安全就没有方向和目标,没有预算也就很难保障其信息安全。

人是信息安全目标实现的主体,也是客体。信息安全系统性和动态性的特点,决定了只有靠组织内各部门、各岗位的员工共同参与才能实现,信息安全目标实现的程度和效果取决于参与信息安全的全体人员的意识、能力和主动性。如何提高全体人员的信息安全意识和能力,提高全体人员的积极性和主动性是组织实现其信息安全目标的关键。

信息安全是动态的,实现信息安全的目标是一个不断循环的过程。首先根据信息安全的需求制订计划，建立信息安全管理体系；然后根据计划组织资源开始实施；在实施的过程中检查效果和效率；如有不足则改进或提供改进和预防措施；然后根据变化了的需求再计划，进入下一次循环。这就是著名的PDCA循环（也称戴明循环）“计划（Plan）—实施（Do）—检查（Check）—改进（Act）”，PDCA循环适用于所有的过程处理，同样也适用于信息安全管理过程。

信息安全管理体系的建设和实施是一个发展的过程，从无到有，从不完善到完善，直至更好。组织应该建立一个机制保持信息安全管理体系的持续改进，这也是信息安全动态性的要求，不断变化的信息安全需求和环境要求有不断改进的信息安全管理体系与之适应。一劳永逸的信息安全措施永远不会存在，持续改进应该是组织信息安全永恒的目标。

组织实施信息安全管理的所有过程包括建设信息安全管理体系，都应该形成文件，这是所有管理体系的成功经验。形成文件有许多好处，首先使组织在实现信息安全目标的过程中有章可循，有据可查；其次便于组织员工之间的沟通，为学习和培训提供依据；文件和记录还为评价信息安全管理体系的效果提供证据；文档化和记录贯穿信息安全管理过程的始终，体系文件应该包括如信息安全手册、规范、指南、记录、表格等。

7.6.2　网络安全管理技术

7.6.2.1　网络安全管理现状与需求

目前，在网络应用的深入和技术频繁升级的同时，非法访问、恶意攻击等安全威胁也在不断推陈出新，愈演愈烈。防火墙、VPN、IDS、防病毒、身份认证、数据加密、安全审计等安全防护和管理系统在网络中得到了广泛应用。虽然这些安全产品能够在特定方面发挥一定的作用，但是这些产品大部分功能分散，各自为战，形成了相互没有关联的、隔离的“安全孤岛”；各种安全产品彼此之间没有有效的统一管理调度机制，不能互相支撑、协同工作，从而使安全产品的应用效能无法得到充分的发挥。

从网络安全管理员的角度来说，最直接的需求就是在一个统一的界面中监视网络中各种安全设备的运行状态，对产生的大量日志信息和报警信息进行统一汇总、分析和审计；同时在一个界面完成安全产品的升级、攻击事件报警、响应等功能。

但是，一方面，由于现今网络中的设备、操作系统、应用系统数量众多、构成复杂，异构性、差异性非常大，而且各自都具有自己的控制管理平台，网络管理员需要学习、了解不同平台的使用及管理方法，并应用这些管理控制平台去管理网络中的对象(设备、系统、用户等)，工作复杂度非常之大。

另一方面，应用系统是为业务服务的；企业内的员工在整个业务处理过程中处于不同的工作岗位，其对应用系统的使用权限也不尽相同，网络管理员很难在各个不同的系统中保持用户权限和控制策略的全局一致性。

另外，对大型网络而言，管理与安全相关的事件变得越来越复杂；网络管理员必须将各个设备、系统产生的事件、信息关联起来进行分析，才能发现新的或更深层次的安全问题。

因此，用户的网络管理需要建立一种新型的整体网络安全管理解决方案——统一安全管理平台，来总体配置、调控整个网络多层面、分布式的安全系统，实现对各种网络安全资源的集中监控、统一策略管理、智能审计及多种安全功能模块之间的互动，从而有效简化网络安全管理工作，提升网络的安全水平和可控制性、可管理性，降低用户的整体安全管理开销。

7.6.2.2　网络安全管理技术及功能简介

安全管理 SM(Security Management)是企业管理 EM(Enterprise Management)的一个重要组成部分。从信息管理的角度看，安全管理涉及到策略与规程，安全缺陷以及保护所需的资源，防火墙，密码加密问题，鉴别与授权，客户机/服务器认证系统，报文传输安全以及对病毒攻击的保护等。

实际上，安全管理不是一个简单的软件系统，它包括的内容非常多，主要涵盖了安全设备的管理、安全策略管理、安全风险控制、安全审计等几个方面。

安全设备管理：指对网络中所有的安全产品，如防火墙、VPN、防病毒、入侵检测(网络、主机)、漏洞扫描等产品实现统一管理、统一监控。

安全策略管理：指管理、保护及自动分发全局性的安全策略，包括对安全设备、操作系统及应用系统的安全策略的管理。

安全分析控制：确定、控制并消除或缩减系统资源的不定事件的总过程，包括风险分析、选择、实现与测试、安全评估及所有的安全检查(含系统补丁程序检查)。

安全审计：对网络中的安全设备、操作系统及应用系统的日志信息收集汇总，实现对这些信息的查询和统计；并通过对这些集中的信息的进一步分析，可以得出更深层次的安全分析结果。

7.6.2.3 安全管理主要解决的问题

(1)集中化的安全策略管理 CSPM(Centralized Security Policy Management)

企业的安全保障需要自上而下的制定安全策略，这些安全策略会被传送并装配到不同的执行点中。

(2)实时安全监视 RTSA(Real－Time Security Awareness)

企业用户实时了解企业网络内的安全状况。

(3)安全联动机制 CM(Contain Mechanism)

安全设备之间需要具备有中心控制或无中心控制的安全联动机制，即当IDS 发现在某网段有入侵动作时，它需要通知防火墙阻断此攻击。

(4)配置与补丁管理(Configuration and Patching Management)

企业用户可以通过对已发现的安全缺陷快速反应，大大提高自己抵抗风险的能力。

(5)统一的权限管理(Privilege Management across the Enterprise)

通过完善的权限管理和身份认证实现对网络资源使用的有效控制和审计。

(6)设备管理(Device Management)

属于传统的网络管理功能的继承，实现对安全设备的重点管理。

7.6.2.4 安全管理的发展现状

在 20 世纪 90 年代中后期，随着互联网的发展以及社会信息化程度越来越高，各种安全设备在网络中的应用也越来越多，市场上开始出现了独立的安全管理产品。

相对而言，国外计算机网络安全管理的需求多样，起步较早，已经形成了较大规模的市场。有一部分产品逐渐在市场上获得了用户的认可。近年来，国内厂商也开始推出网络安全管理产品，但一般受技术实力限制，大多是针对自己的安全设备开发的集中管理软件，安全审计系统等。

由于各种网络安全产品的作用体现在网络中的不同方面，统一的网络安全管理平台必然要求对网络中部署的安全设备进行协同管理，这是统一安全管理平台的最高追求目标。但这并非是一个单纯而简单的技术问题，它涉及到行业标准和联盟。目前，已有部分厂商开始操作一些相关工作。防火墙厂商 CheckPoint 公司有自己的 OpenSec 协议，天融信有 TopSec 协议，这些安全设备管理产品和网络管理软件类似，对安全设备的信息采集主要建立在 SNMP 基础上，而特定的信息还需要其他网络协议的支持。CA 公司的 eTrust 产品对安全策略管理支持比较成功；而 IBM 的 Tivoli 套件中的 Risk Manager 软件是目前比较优秀的风险管理软件。另外，联想的 LeadSec Manager 在安全设备的管理、安全策略管理、安全风险控制及集中安全审计方面都做了十分有效的工作。

统一安全管理产品，近两年已经成为众目所瞩。虽然此类技术和产品的应用还远没有达到成熟的地步，然而可以断言，统一安全管理技术发展的春天已经来临。

7.6.3 信息安全等级保护

7.6.3.1 什么是信息安全等级保护

信息安全等级保护是国家信息安全保障的基本制度，等级保护的整体实施工作包括系统定级、系统安全建设与整改、系统安全运维、等级测评等几个阶段。定级是等级保护实施的基础性工作，是进行相应等级安全建设的依据。用户完成定级工作之后，更主要的是依据等级保护基本要求，进行等级化安全体系的设计与建设，最终符合国家等级保护的基本要求。用户必须在深入理解定级的根本要求、充分调查评估信息资产价值和安全风险的基础上才能完成准确定级，形成整改初步方案，最终顺利通过专家评审。

按照《计算机信息系统安全保护等级划分准则》规定的规定，我国实行五级信息安全等级保护。

第一级为自主保护级，适用于一般的信息系统，其受到破坏后，会对公民、法人和其他组织的合法权益产生损害，但不损害国家安全、社会秩序和公共利益。

第二级为指导保护级，适用于一般的信息系统，其受到破坏后，会对社会秩序和公共利益造成轻微损害，但不损害国家安全。

第三级为监督保护级，适用于涉及国家安全、社会秩序和公共利益的重要信息系统，其受到破坏后，会对国家安全、社会秩序和公共利益造成损害。

第四级为强制保护级，适用于涉及国家安全、社会秩序和公共利益的重要信息系统，其受到破坏后，会对国家安全、社会秩序和公共利益造成严重损害。

第五级为专控保护级，适用于涉及国家安全、社会秩序和公共利益的重要信息系统的核心子系统，其受到破坏后，会对国家安全、社会秩序和公共利益造成特别严重损害。

计算机信息系统安全等级保护标准体系包括：信息系统安全保护等级划分标准、等级设备标准、等级建设标准、等级管理标准等，是实行等级保护制度的重要基础。

等级保护不仅是对信息安全产品或系统的检测、评估以及定级，更重要的是，等级保护是围绕信息安全保障全过程的一项基础性的管理制度，是一项基础性和制度性的工作。通过将等级化方法和安全体系方法有效结合，设计一套等级化的信息安全保障体系，是适合我国国情、系统化地解决大型组织信息安全问题的一个非常有效的方法。

7.6.3.2　为什么要进行等级保护

对信息系统分级实行保护是国际上通行的做法，西方国家已经对涉及到国家安全、社会稳定的重要部门实施强制监管，他们使用的操作系统必须有三级以上的信息安全保护。随着信息技术的高速发展和网络应用的迅速普及，我国国民经济和社会信息化进程全面加快，信息系统的基础性、全局性作用日益增强，信息资源已经成为国家经济建设和社会发展的重要战略资源之一。保障信息安全，维护国家安全、公共利益和社会稳定，是当前信息化发展中迫切需要解决的重大问题。

目前我国的信息安全保障工作尚处于起步阶段，基础薄弱，水平不高，存在的突出问题有：信息安全意识和安全防范能力薄弱，信息安全滞后于信息化发展；信息系统安全建设和管理的目标不明确；信息安全保障工作的重点不突出；信息安全监督管理缺乏依据和标准，监管措施有待到位，监管体系尚待完善。

实施信息安全等级保护，能够有效地提高我国信息和信息系统安全建设的整体水平，有利于在信息化建设过程中同步建设信息安全设施，保障信息安全与信息化建设相协调；有利于为信息系统安全建设和管理提供系统性、针对性、可行性的指导和服务，有效控制信息安全建设成本；有利于优化信息安全资源的配置，对信息系统分级实施保护，重点保障基础信息网络和关系国家安全、经济命脉、社会稳定等方面的重要信息系统的安全；有利于明确国家、法人和其他组织、公民的信息安全责任，加强信息安全管理；有利于推动信息安全产业的发展，逐步探索出一条适应社会主义市场经济发展的信息安全模式。

7.6.3.3 等级保护将如何实施

信息安全等级保护涉及政府机构中多个部门的职能，因此，其实施应当在国家网络与信息安全协调小组的领导下，地方各级人民政府、信息安全监管职能部门、信息系统的主管部门和运营、使用单位要明确各自的安全责任，建立协调配合机制，分别制定详细的实施方案，积极推进信息安全等级保护制度的建立，推动信息安全管理运行机制的建立和完善。开展信息安全等级保护工作要突出重点、分级负责、分类指导、分步实施，按照谁主管谁负责、谁运营谁负责的要求，明确主管部门以及信息系统建设、运行、维护、使用单位和个人的安全责任，分别落实等级保护措施。信息安全监管职能部门负责监督、检查、指导。

7.6.4 信息安全审计

7.6.4.1 信息安全审计的含义

随着2002年美国安然公司和世通的财务欺诈案爆发后，美国紧急出台了萨班斯法案(SOX)，赋予了"审计"新的意义。《萨班斯·奥克斯利法案(2002Sarbanes-Oxley Act)》的第302条款和第404条款中，强调通过内部控制加强公司治理，包括加强与财务报表相关的IT系统内部控制，其中，IT系统内部控制就是面向具体的业务，它是紧密围绕信息安全审计这一核心的。同时，2006年底生效的巴赛尔新资本协定(Basel II)，要求全球银行必须针对其市场、信用及营运等三种金融作业风险提供相应水准的资金准备，迫使各银行必须做好风险控管，而这部"金融作业风险"的防范也正是需要业务信息安全审计为依托。"信息安全审计"成为企业内控、信息系统治理、安全风险控制等的不可或缺的关键手段。美国信息系统审计的权威专家Ron Weber又将它定义为"收集并评估证据以决定一个计算机系统是否有效做到保护资产、维护数据完整、完成目标，同时最经济的使用资源"。

信息安全审计与信息安全管理密切相关，信息安全审计的主要依据为信息安全管理相关的标准，例如ISO/IEC 17799、ISO 17799/27001、COSO、CO-

BIT、ITIL、NIST SP800 系列等。这些标准实际上是出于不同的角度提出的控制体系，基于这些控制体系可以有效地控制信息安全风险，从而达到信息安全审计的目的，提高信息系统的安全性。

7.6.4.2　信息安全审计的范围

信息安全审计正好包含标识事件、分析事件、收集相关证据等活动，从而为策略调整和优化提供依据。

信息安全审计的范围至少应该包括：

(1)安全策略的一致性检查

(2)人工操作的记录与分析(操作审计)

(3)程序行为的记录与分析(日志分析与审计)

当前信息安全审计主要为合规性审计。对银行来说，这意味着要符合所有适用的法案、条约等。例如萨班斯·奥克斯利法案(SOx Act)与巴塞尔协议(Basel)都对风险控制有明确的要求。其中前者侧重操作风险控制，后者侧重业务风险(金融交易风险)控制。如前所述，由于银行业务对 IT 系统的依赖性越来越高，操作风险导致业务风险的案例屡见不鲜，因此有效地控制操作风险是业务风险控制的重要内容。

如今，信息技术越来越多的应用于企业业务的各个环节，并成为推动业务发展的关键因素，如何保证企业中所有信息系统的良好运作，怎样有效的实施安全审计项目将成为企业面临的最大挑战。

附 录

网络安全应用案例

黑龙江省政府率先在国内成功建设了省级电子政务网络。而网络安全在电子政务网建设中也是十分重要的。

一、背景及需求分析

电子政务运用信息以及通信技术打破行政机关的组织界限，构建一个完全电子化的虚拟机关，使得公众摆脱传统的层层关卡以及书面审核的作业方式；密切了政府与社会各界的联系，向人们提供有针对性的服务，从应用、服务及网络通道等三个层面进行电子化政府基本架构的规划。入世后省政府机构转变管理职能,转变工作方式与工作作风,提高工作质量和效率,建立办事高效、运转协调、行为规范的行政管理体制势在必行。

近几年来,黑龙江省政府的政务信息化建设和应用工作发展迅速,现在省内每个厅局都已经兴建了各自系统范围内的网络,像公安、交通、农业、税务系统,并取得了一定成绩。面对新的市场环境,黑龙江省政府意识到应该兴建一个跨厅局、地市的全省范围的电子政务网,以信息化带动省工业化的发展,实现黑龙江的跨越式腾飞。

建立起以省政府为枢纽,上联国家党政机关和各省市(区),下联各市(地)、县、乡(镇)各级党政机关,横向连接省直属单位的全省政务专用宽带高速计算机多级网络系统,实现"三网一库"为基本架构的全省政务信息化网络。到 2005 年,建成较为完善的计算机网络体系和内容丰富的综合信息资源库,形成电子政府的雏形,实现信息资源数字化、办公自动化、管理现代化、决策科学化、政务公开化,全面提高党政机关的工作效率。

建成后的网络纵向将通达黑龙江 13 个地市和 66 个县,横向将通达省级 67 个委办厅局以及地市级城市和县级城市的所有政府部门,建起统一的政务信息资源库,实现跨行业、跨部门的信息资源共享。

二、方案选型

如何把各种通信及数据网络系统在符合省政务的组织形式和工作方式的基础上整合为一,为各种应用提供一个可靠、高效和安全的统一网络接入平台,是黑龙江省政务网建设的关键所在。思科与黑龙江省政府及省电信携手,共同为网络方案选型献计献策。两者一致认为要想建设成性能优良的、具有很强扩展能力和升级能力的大型电子政务网络,那么在网络的设计中必须采用层次化的网络设计原则和 VPN 的技术,才能满足电子政务网在应用中的实际需求。

黑龙江省电子政务网采用 MPLS(Multi Protocol Label Switching) VPN 技术设计建造,完全可以满足省厅局间的办公方式,既有独立性,又能在统一领导下协调工作,真正起到了"神经系统"的功能,进一步加强了政府的领导职能。采用 MPLS VPN 技术建造的网络,能将黑龙江省政府应对洪灾、火灾等突发性事件的能力提升到最高。在公用网络平台上构筑虚拟企业专用网 VPN,与构建专用网络相比更加节省投资,更易于扩展,网络管理简便,省政府可以对 VPN 进行独立自主的管理和规划。思科产品及解决方案的先进性、稳定性、良好兼容性、丰富的大型项目实施经验、完善的售后服务赢得了用户的信任。

三、方案实施

根据黑龙江政务数据网络的具体需求和网络现状，新建成的省级政务信息网中心平台可实现省、13 个地市政务中心平台的纵向互连，实现 67 个省直厅局，省委、人大、政协和纪检等信息网络的横向互连，共享政务信息资源。网络系统的建设应本着高起点，统一全面规划，便于日常维护工作，又要为将来的扩展与新技术的融合打下基础，设计方案遵循高性能、高可靠性、安全性、易维护、适应性、兼容性、开放性、可扩展性和易于升级、可管理性、流量优化的设计原则。从目前黑龙江省政务的应用出发，建设政府政务系统、政务办公系统、行政、政务电话系统和视频会议系统。

黑龙江电子政务网采用核心路由器及三层交换机为骨干，构成新政务中心核心子网，从而提高政府等各应用系统网络的效率；采用 MPLS VPN 技术以使政务中心的本地子网达到符合政府要求的技术指标；另外以原有部分网络设备构成网络备用支持，确保网络高可靠性。同时以面向全省的 ATM 光纤骨干网为基础，同时建立面向全省地市政府的广域网络系统，并改进各地市政府的局域网系统。

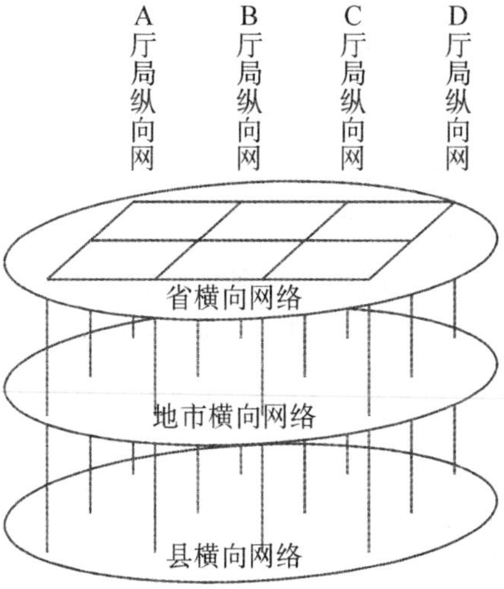

图 7—8　黑龙江省电子政务网络结构体系

黑龙江省政务核心网络采用 MPLS VPN 技术。覆盖省内 67 个厅局构成 67 专用网络即纵向网；外加一个统一的政务网络即横向网络，共计 68 个 MPLS VPN 网络。

黑龙江省电子政务广域网接入设计在目前的通讯基础之上，构造可同时满足数据、语音、视频的多服务开放性网络，实现任务到任务的通信、远程数据库访问、视频会议、文件传输、虚拟终端、远方作业、企业内部 Web 浏览、电子邮件、网络管理等应用。

整个黑龙江省电子政务网络体系结构分为以下三个层次：由省政府组成的核心网；由各个地市政府组成的骨干网；由各个县级政府组成的接入网。

广域网以黑龙江省政务信息化数据网为核心，地市、区县政府的数据子网为节点部分构成。黑龙江省政务信息网包括骨干层、汇聚层、接入层和各级政府、厅、局、委、办局域网节点四个层次。局域网新网络在技术上选择了具有可复用性、效率高、性能价格比高等优点的异步传输模式（ATM）。另外，黑龙江省政务信息网将直接通过信息港经一条 128K 专线与互联网连接。采用基于 IP 技术实现 QoS 是成功实现黑龙江省电子政务网多业务传输质量的保障。

建成后的整个网络以思科网管平台为依据，包括管理代理（Agent）、网管软件、网管平台及网管工作站四个部分。通过网管软件，可对黑龙江电子政务全网进行实时监控。

安全性在黑龙江电子政务网中尤为重要。因此思科在设计网络时充分考虑信息的安全性，主要目标是防病毒、防黑客，从应用安全、网络层安全、链路层安全、物理层安全方面进行考虑。在系统实际运行中，还应及时更新防范，不断完善系统的安全策略，确保网络固若金汤。

此外，黑龙江省电子政务网还有很多优势：用于业务分类 IP 优先权，用允许访问速率管理带宽，用于拥塞管理的随机早期预测，基于服务类的拥塞管理，根据服务类别加权公平排队等，这些措施可以保证多业务传输的质量，保证政府工作的畅通。

四、实施效果

黑龙江省电子政务系统结构复杂，多达 68 个 MPLS VPN 网络，但性能优越，操作维护简单。通过该网络，黑龙江省政府可以实现电子化政府采购招标、电子化福利支付、电子化公文、电子化资料库、电子化办公。不但实现了跨部门跨平台的办公互动，实现了政府网上信息发布、信息交换及信息服务，从而大大提高了政府的办事效率，节省了开支；而且促进了政府和社会各界的交流，增加了政府工作透明度，大大提升了政府形象。

黑龙江电子政务系统的成功经验不但使黑龙江省走在了全国政府信息化的前列，成为全国各地实施政府信息化过程中的样板和典范，而且将推动 MPLS VPN 技术在电子政务中的广泛应用。

第 8 章

电子政务与统计

信息技术的发展，特别是网络技术的发展，改变着人们几千年来形成的信息传递方式、人际间的沟通方式和社会管理的组织方式，并深刻地影响着社会生活和政府运作的方式。从世界范围来看，信息已成为战略性资源，信息资源管理和知识管理，成为各行业的核心管理领域。在国民经济和社会信息化过程中，政府信息化处在关键和核心的位置。为迎接信息社会的挑战，不少国家及地区积极发展国家信息基础设施，致力于政府信息化，利用信息技术改革政府，构建电子政府，"以电子政务求发展"成为了一个全球性趋势，并将其列入国家级重要事项。

8.1 电子政务概述

8.1.1 电子政务概念

"政务"在《现代汉语词典》中的解释是"关于政治方面的事务，也指国家的管理工作"。其含义有两个，一是指"关于政治方面的事务"；二是指"国家的各类行政管理活动，即专指政府部门的管理和服务活动"。电子政务中"政务"的含义是侧重于后面的含义。

政府是社会的上层建筑，它主要的工作目的是：

- 协调社会各个部门的工作，调整社会资源的再分配；
- 与公众广泛联系，服务于公众等。

关于电子政务 E－Government（Electronic Government）的概念，国内外有多种多样的提法，如电子政府、计算机化电子政府、数字政府、网络政府、政府—公民电子商务、政府—企业电子商务等。这些提法从不同的角度揭示了电子政务的概念与特征。

随着时代的发展，电子政府的概念和内涵还在不断深化和拓展，但其基本的内涵是一样的。即“电子政务是政府机构利用网络通讯与计算机等现代信息技术将其内部和外部的管理和服务职能进行无缝隙集成，在政府机构精简、工作流程优化、政府资源整合，政府部门重组后，通过政府网站将大量频繁的行政管理和日常事务按照设定的程序在网上实施，从而打破时间、空间及部门分割的制约，全方位地为社会及自身提供一体化的规范、高效、优质、透明、符合国际惯例的管理和服务”。

根据上述定义、电子政务至少包括了三层含义：

- 政务是核心，政府的两大职能是管理和服务，电子政务只是提高效率的手段。电子政务必须借助信息技术和数字网络技术，依赖于信息基础设施和相关软件的发展。

- 电子政务并不是简单地将传统政府服务流程电子化，而是要对其进行组织结构重组和业务流程再造。电子政务的建设是一项复杂的系统工程，是对传统政府管理的重组、整合和创新，不仅是技术创新，而是包括管理创新、制度创新在内的社会的全面创新。

- 电子政务的目的是要大力利用网络通讯与计算机等现代信息技术更好地履行政府职能，塑造一个更有效率、更精简、更公开、更透明的政府，为公众、企业和社会提供跨越空间、时间和部门限制的沟通和协作渠道，提高政府的管理水平和服务水平，最终构建政府、企业、公民和社会和谐互动的关系。

电子政务首先是观念的转变，是认识上的提高，这也是建设电子政务的关键因素，电子政务堪称政府管理的革命。

8.1.2　电子政务的基本模式

在信息化社会中，与电子政务相关的行为主体主要有政府、企业和居民。政府的业务活动也主要围绕着这些行为主体展开。政府与政府之间的互动、政府与企(事)业的互动、政府与居民的互动构成了电子政务、电子商务和电子社区，构成信息化领域的主要方面。电子政务根据服务对象不同，主要业务模式相应的有 G2G、G2B、G2C 和 G2E 四种。

8.1.2.1 政府对政府 G2G

政府对政府 G2G(Government to Government)指政府(Government)与政府(Government)之间的电子政务,即上下级政府、不同地方政府和不同政府部门之间实现的电子政务活动。G2G 模式是电子政务的基本模式,具体的实现方式可分为:政府内部网络办公系统、电子法规、政策系统、电子公文系统、电子司法档案系统、电子财政管理系统、电子培训系统、垂直网络化管理系统、横向网络协调管理系统、网络业绩评价系统、城市网络管理系统等,亦即传统的政府与政府间的大部分政务活动都可以通过网络技术的应用高速度、高效率、低成本地实现。

8.1.2.2 政府对企业 G2B

政府对企业 G2B(Government to Business)是指政府(Government)与企业(Business)之间的电子政务,即政府通过网络进行采购与招标,快捷迅速地为企业提供各种信息服务;企业通过网络进行税务通报、办理证照、参加政府采购、对政府工作的意见反馈等;政府向企业事业单位发布的各种方针、政策、法规、行政规定等。对政府来说 G2B 电子政务的形式主要包括以下几种:电子采购与招标、电子税务、电子证照办理、电子外经贸管理、中小企业服务、综合信息服务等。

8.1.2.3 政府对公众 G2C

政府对公众 G2C(Government to Citizen)是指政府(Government)与公众(Citizen)之间的电子政务,是政府通过电子网络系统为公民提供各种服务。G2C 电子政务所包含的内容十分广泛,主要的应用包括:公众信息服务、电子身份认证、电子税务、电子社会保障服务、电子民主管理、电子医疗服务、电子就业服务、电子教育、培训服务、电子交通管理等。G2C 电子政务的目的是除了政府给公众提供方便、快捷、高质量的服务外,更重要的是可以开辟公众参政、议政的渠道,畅通公众的利益表达机制,建立政府与公众的良性互动平台。

8.1.2.4 政府对公务员 G2E

政府对公务员 G2E(Government to Employee)指政府(Government)与政府公务员即政府雇员(Employee)之间的电子政务,也有学者把它称之为内部效率效能电子政务模式。G2E 电子政务是政府机构通过网络技术实现内部电子化管理的重要形式，也是G2G、G2B和G2C电子政务模式的基础。G2E电子政务主要是利用Intranet建立起有效的行政办公和员工管理体系，为提高政府工作效率和公务员管理水平服务。

电子政务的实施为推动政府的职能转变，规范政务，优化政府运行机制，提高行政效率和信息资源利用，增强回应公众呼声和社会需求能力，提升政府管理水平等方面起着重要的作用。从本质上讲，政府所需要的并不是一套网络，而是要达到以下目的：

- 适应形势，转变职能：从“管理主导型”向“服务主导型”转变，适应社会主义市场经济的发展需要；
- 提高效率，精简机构：配合转变职能，裁减冗员，节约成本；
- 政务公开，廉政建设：加强政务公开程度，提高政府透明度；
- 加强行业管理和规范：加强行业监管，稳定社会、经济、生活和生产秩序；
- 科学决策，提高执政水平：依靠科学数据，预测和规避风险；
- 政策宣传和民众教育：加强法律法规宣传，提高国民素质。

8.1.3　全球电子政务的发展状况

随着信息技术的不断进步和信息技术在政府部门应用的不断深入，“以电子政务求发展”成为了一个全球性趋势，并将其列入国家级重要事项。在全球倡导的“五大信息高速公路”建设中，电子政务位居首位。但由于信息化程度、基础设施、人力资源、技术能力等方面存在差异，各个国家着手实施电子政务的起始时间不同，全球电子政务发展水平存在着不平衡性。总的来看，发达国家电子政务起步要早于发展中国家，其电子政务发展水平也大大高于发展中国家。

8.1.3.1　国外电子政务的发展

(1)北美地区在全球的电子政务发展中处于领先地位

美国是电子政务的先驱，也是被公认的政府网站建设得最成熟，电子政务开展得最彻底的国家。早在1994年，美国政府信息技术服务小组提出“政府信息技术服务的远景”的报告，强调美国应建立注重公民服务导向的服务型政府。经过多年实践，美国政府在法律、组织机构、资金渠道及思想意识上形成电子政府全面的信息资源体系和较为完整的电子政府管理体系，使美国的电子政务真正走上了正轨。目前,美国联邦政府一级机构和州一级政府已经全部上网,几乎所有城市都已建立了自己的站点。美国的政府网站内容非常丰富,以人口调查站点为例,用户可以通过直观地图的形式,查看到州一级,甚至市一级的极其详尽的统计数据,包括当地从事某种职业的人口组成。目前美国政府正在将一个个独立的网站连起来,做到网络和网络相联,以便进行更加有效的管理和利用。

加拿大与美国相比,加拿大在联邦政府与地方政府的协同和互动方面做得丝毫不逊色。1999 年,加拿大总理发布了国家电子政府战略计划——“政府在线”,2004 年底实现政府所有的信息和服务全部上网。

(2)欧盟及英国、法国电子政务基本情况

欧盟电子政务发展概况

欧盟认为,电子政务的成功至少取决于三个要素,简洁的界面,即方便企业、公众进入一个界面后,就容易进入其他界面;信任和保密,即信息安全、保密和保护私人信息;可进入性,即服务对所有公民开放,特别是对弱势群体和低收入阶层。电子政务的四阶段是:利用互联网提供信息、单向互动式服务、双向互动式服务和交易阶段。

20 世纪 90 年代初以来欧洲电子政务发展的主要阶段:1990～1994 年,主要着眼于中央级政府部门的电子政务工作;1994～1998 年,开始面向公民、企业以及所有行政机关的信息交换;1998～2002 年,向政府职能整合的较高层次的电子政务发展。近年来,欧洲电子政务发展很快,欧洲国家各级政府大部分都有自己的网站,但信息接受是被动的,下一步努力的方向是使网站具有互动性。

欧盟在电子政务建设中所做的主要工作:支持相关的 50 项电子政务科研项目;制订并实施“E 欧洲 2002”行动计划以及“E 欧洲 2005”行动计划;制定并完善电子政务相关的法规;研究并推行欧盟成员国行政部门间信息交换,即 IDA 项目。IDA 项目是欧盟成员国之间各行政部门的数据交换项目,也是欧盟整个电子政务计划的一个主要组成部分。它的目的是要改变目前欧盟各部门及成员国政府各部门之间只有纵向的信息数据交流,而缺少横向交流的状况。该项目由欧盟企业管理署所属信息中心负责,欧盟各署都有人员配合此项工作。该中心的工作,就是要将欧盟各部门的数据信息,通过技术手段联接在一起。其主要内容包括:实现跨部门的网络联系;实现欧盟各成员国之间的资源共享等。

“E欧洲”概念及主要内容。2000年,欧盟提出“E欧洲”概念,即帮助欧洲从信息管理转化为知识管理。“E欧洲2005”行动计划中确定的电子政务目标是:2003年底之前,实现政府部门间的双向互动;2004年底之前,实现公共服务的双向互动。同时,在网上实现政府采购。

英国电子政务概况

1994年开始进行“政府信息服务”实验,英国政府先在互联网上建立“英国政府信息中心”,为用户提供政府、学术机构、企业等网址查询。2005年为每个市民提供使用互联网的方式。为此,政府责成每个部门和机构制定自己的电子政务策略,与有能力的技术公司建立伙伴关系,电子政务发展走向成熟。

法国电子政务概况

在西方发达国家中,法国是电子政务发展相对较晚的国家。其主要原因是,担心因特网的发展,会对法国传统文化造成冲击。但从1998年起,法国政府开始重视政府信息化的发展,并制定了一系列相应的计划。1999年1月,法国政府宣布实施一个“为法国进入信息社会做准备”的政府项目,其中一个重要的内容就是利用信息技术使公共服务现代化,法国政府提出,要让所有的政府机关都联网,资助企业上网,要让法国人通过网络,更简便地办理各种事务。为了加快政府信息化的步伐,围绕电子化政府建设,法国政府主要制定了以下一些措施:一是行政管理部门提供的各种窗口服务,必须进入网络,将政府信息对外开放;二是为了使农村及偏僻地区使用互联网,国家和地方政府增设一些公共网点,帮助信息产品进入家庭;三是增加网上教育的内容,鼓励学校等机构更多地应用网络;四是推动网络政府的国际合作,提高政府在国际社会中的竞争力等。

(3)新加坡的电子政务发展

新加坡从1981年起就发展电子政务。在亚洲,新加坡的电子政务建设独树一帜,现在已成为世界上电子政务最发达的国家之一,是其他国家电子政务建设借鉴的典范。新加坡电子政府建设最引人注目之处在于,在建设过程中注重部门差异性以调动积极性,同时也十分注重整体规划。

实施政府主导、制定国家信息化战略为电子政务提供坚实的基础。新加坡的电子政务建设全部由政府投资,统一引导。2000年新加坡政府宣布一项

《电子政府行动计划》,计划斥资150亿美元三年内建成电子政府,2003年又启动e政府的第二次行动计划,计划在2006年实现100%的政府服务电子化。新加坡政府还出台一个GeBIZ计划,为商业交易活动创建的一个“一站式”、全天候的网络中心,在2000年底已投入全面运营。GeBIZ只是新加坡处于世界上电子政府领先地位的一个榜样。新加坡政府目前正加紧整合“ICT21规划”(Information Communication Technology即信息通讯技术),希望以此使新加坡在2010年前发展成为一个拥有繁荣发达的网络经济、充满活力的“信息通讯技术之都”。

(4)日本的电子政务发展

日本从1993年开始集中推进电子政府建设至今,日本电子政务建设获得了飞速发展,取得了显著的成果,如构筑了中央和地方互联的政府内部网络平台,建成了统一的政府门户网站,搭建了多个支撑系统,基础环境比较完善等,这些成果最终表现在日本政府已经具备了向用户提供高质量的电子政府公共服务的能力。日本政府在2005年以前让政府各部门的主要业务全部通过互联网进行,这标志着日本全面进入办公电子化、无纸化的时代。但是,过快的建设也存在许多问题如实际利用率低下、公众对电子政府的认同度和信任度不高、业务流程仍然存在繁琐重叠问题等。因此,2006年1月正式出台的《IT新改革战略》提出,今后若干年,日本政府应致力于解决上述问题,努力健全财政体制,提高行政效率和政府服务水平,最大限度地利用信息通信技术进行业务改革和行政改革。

《IT新改革战略》提出了日本信息化建设下一步的基本理念、目标和政策等,电子政府是其中重要的一部分。它既强调提出了电子政务现实可行的建设目标与具体政策,也强调对政策执行情况进行评估。

总结发达国家在电子政务发展上的经验,主要包括:

- 制定出各自发展电子政务的愿景与战略;
- 确定推进电子政务的重点与优先顺序;
- 提出有关的政策,甚至通过新的法律法规;
- 制定统一的规划,同时设立相应的机构监督管理规划的实施,以此来规范电子政务的健康发展;

- 做出相应的组织安排，乃至新建相关的领导机构；
- 为电子政务发展做出安排并相应投人资源，等等。

这些措施不仅涉及政府对信息通信技术的应用，而且还涉及改造和整合政府流程，乃至改进电子政务发展所需的环境。

(5)其他地区和国家的电子政务

南美、中东地区在全球的电子政府发展中处于中等水平，许多国家都在稳步发展，各国的发展也不平衡。亚太地区除少数国家，其他大多数国家发展电子政府的环境十分薄弱。中美、加勒比海和非洲属全球较低水平。

8.1.3.2 我国电子政务的发展

我国电子政务可以分为初期的缓慢发展和近几年的快速发展两个阶段。

初期发展主要表现在两个方面。一是20世纪80年代末期，中央和地方党政机关所开展的办公自动化(OA)工程，建立了各种纵向和横向内部信息办公网络，为利用计算机和通信网络技术奠定了坚实的基础。二是1993年底启动的“三金工程”，即金桥工程、金关工程和金卡工程，这是中央政府主导的以政府信息化为特征的系统工程，重点是建设信息化的基础设施，为重点行业和部门传输数据和信息。这些都还只是电子政务发展的雏形，是电子政务发展的初级阶段。

到20世纪90年代末期，由于信息网络技术的快速发展和信息基础设施的不断完善，电子政务的发展进入快车道，突破了部门和地域限制，向交互性和互联网方向发展。

我国的电子政务建设发展过程大体可分为办公自动化系统、专业领域信息化、政府上网工程实施和全面电子政务建设四个阶段。

第一阶段，从20世纪80年代至90年代中期为办公自动化阶段。这一阶段，政府办公使用计算机、传真、打印、复印机等现代办公设备和计算机技术、通讯技术、网络技术等协助处理信息，从而提高办公效率和质量。

第二阶段，从1993年至1998年为专业领域信息化阶段。此阶段是政府为推动国民经济信息化和社会发展信息化而提出的计算机联网、应用工程在专业领域的应用，主要表现为金字工程建设，如“金桥”、“金关”、“金卡”等等。

第三阶段，从1999至2002年是政府上网工程阶段。1999年1月22日由中国电信和国家经贸委联合40多家部委办局发起召开的“政府上网工程启动大会”，标志着我国正式启动了政府上网工程，并把当年确定为“政府上网年”，中国电子政务发展进入了实质性建设阶段。

第四阶段，2002 年底至今为全面建设和理性发展电子政务阶段。

2002 年 8 月，中共中央、国务院办公厅以中办发[2002]17 号文件转发了《国家信息化领导小组关于我国电子政务建设指导意见》，对十五期间我国电子政务的指导思想、建设原则、目标、任务和措施等做出具体部署，我国电子政务开始以战略性的地位纳入政府行动计划，即全面建设电子政务阶段。

2003 年，国家信息化领导小组第三次会议讨论通过了《国家信息化领导小组关于加强信息安全保障工作的意见》，进一步提出要抓紧推行电子政务，按照统一规划、突出重点、整合资源、统一标准、保障安全的原则，逐步建成电子政务体系的基本框架。中国电于政务建设在办公自动化和重点业务系统建设已经取得成绩的基础上，进入了统筹规划、整合创新、稳步推进的阶段。

《2005 中国信息化发展报告》明确提出，2005 年中国电子政务建设的重点任务是构建国家电子政务总体框架，明确现阶段中国电子政务的战略定位和在未来国家行政体制改革中的作用及两者之间的关系，明确中央与地方在电子政务建设中的关系原则，理顺电子政务运行管理体制。在继续推进重点电子政务工程建设的同时，逐步完善电子政务系统运行管理体制，加快制定电子政务建设项目管理办法，规范项目立项、招投标、工程监理等，保证项目建设质量和效益。至此，中国电子政务建设也由此进入了一个相对平稳和理性发展的阶段。

2006 年 5 月中共中央办公厅、国务院办公厅印发了《2006～2020 年国家信息化发展战略》，并发出通知要求各地区各部门结合实际，认真贯彻落实。《国家信息化发展战略》是我国信息化建设的第一个系统化、纲领性“白皮书”，它描述了全球信息化发展的基本趋势和我国信息化发展的基本形势，提出了未来 15 年我国信息化发展的指导思想、战略目标、战略重点，并制定了推进信息化的战略行动计划和保障措施。这在我国信息化的发展进程中具有里程碑式的意义，必将对我国信息化的快速推进产生深远的影响。

近年来我国电子政务开始向更高层次发展，主要表现在以下三个方面：

首先，许多地方政府的数字化城市或数码港逐步形成，其中电子政务的建设是数字城市建设的核心内容之一。

其次，专业化的政府服务网站日益增多，服务内容更加丰富，功能不断增强，互动性得到很大提高。中央与地方的工商、海关、国税和地税等部门已经实行各种网上办公业务。

第三，电子政务的发展极大地促进了我国软件业的发展，安全性不断提高。电子政务的特殊性为民族软件企业的发展提供了一个难得的机遇。目前，国内许多 IT 企业都在纷纷推出各自的电子政务解决方案，与各级政府和部门合作，积极地推进有中国特色的电子政务办公系统的发展与完善。

无论怎样划分电子政务的发展阶段，其实质上都是按照网络建设从简单到复杂、低级向高级的逻辑顺序划分的，即按照从静态的、单向信息发布到动态的、双向互动的信息交流这样一个逻辑顺序划分，相应地，电子政务的广度和深度也随着信息建设阶段性发展程度而递增。图 8－1 给出了电子政务发展阶段。

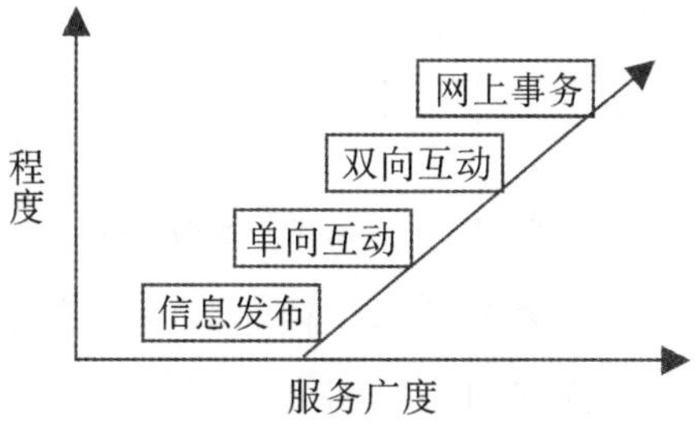

图 8－1　电子政务发展的阶段

8.2　电子政务框架结构

开展电子政务建设与发展涉及经济状况、技术应用、人力资源、管理模式、政务理念以及公众对政务信息需求等各个方面，之外还有一个重要的核心问题是构造一个与政府职能结构相适应的电子政务框架结构。

8.2.1　电子政务逻辑框架结构

电子政务所包含的内容极为广泛，几乎可以包括传统政务活动的各个方面，电子政务系统是一个条块结合、纵横交错的网状立体交叉结构。既有横向的按行政划分的不同的各级地方政府部门（如北京、上海这样的行政省、市），又有纵向的按行业划分的不同的具体职能部门（如公安、司法机构、税务、海关等等)。由这种横向、纵向之间既相互独立又相互联系的结构关系构建了一个能有效涵盖各政府职能部门各种纵向、横向业务的电子政务框架系统。

从政务层次看和政务部门看,电子政务系统分为国家级电子政务系统、省级电子政务系统、地(市)级电子政务系统和县级电子政务系统四个层面。

横向的电子政务系统主要侧重同一层面上的各级政府机关和业务系统之间的行政管理和协作。

纵向各政府职能部门按业务层次序列构成电子政务系统,如图 8—2 所示。

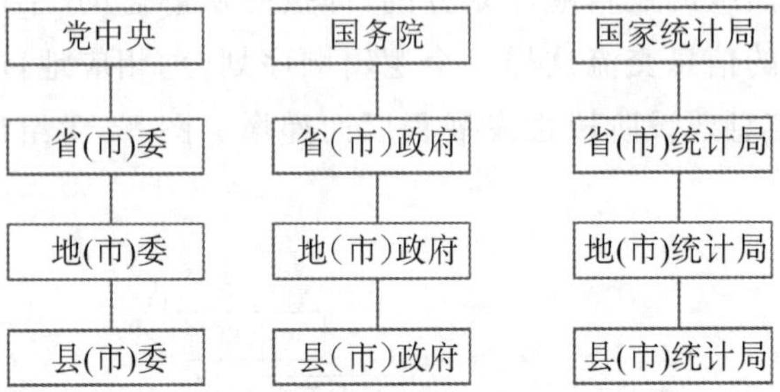

图 8—2 各政府电子政务系统

纵向的电子政务系统主要侧重同一种业务中的各级政府和业务系统之间的业务处理。它的每一个横向的块块和纵向的条条之间既相互独立又相互联系,条块之间的关系相当复杂。比如某地民政系统的电子政务系统,既隶属于当地政府,同时又需要向国家民政部负责,另外民政系统又需和当地的工商、税务、公安等其他职能部门的电子政务系统有着直接和间接的联系,这就要求我们发展电子政务时首先要进行流程的再造。图 8—3 给出了我国电子政务的逻辑框架。

8.2.2 电子政务技术框架结构

电子政务是信息技术发展的产物,电子政务功能和模式的具体实现技术上依靠信息系统的发展。20 世纪 30 年代出现的办公自动化 OA(Office Automation)是电子政务的雏形,OA 是指借助技术手段,将人的部分业务转交给各种设备来处理,并由这些设备和办公人员共同完成办公业务。随着信息技术的不断发展,20 世纪 60 年代出现了管理信息系统(MIS),MIS 是一个由人和计算机软硬件资源组成的人机系统,能进行管理信息的收集、传递、加工、保存、维护和使用,提供信息支持单位的运行、管理和决策的功能。管理的核心

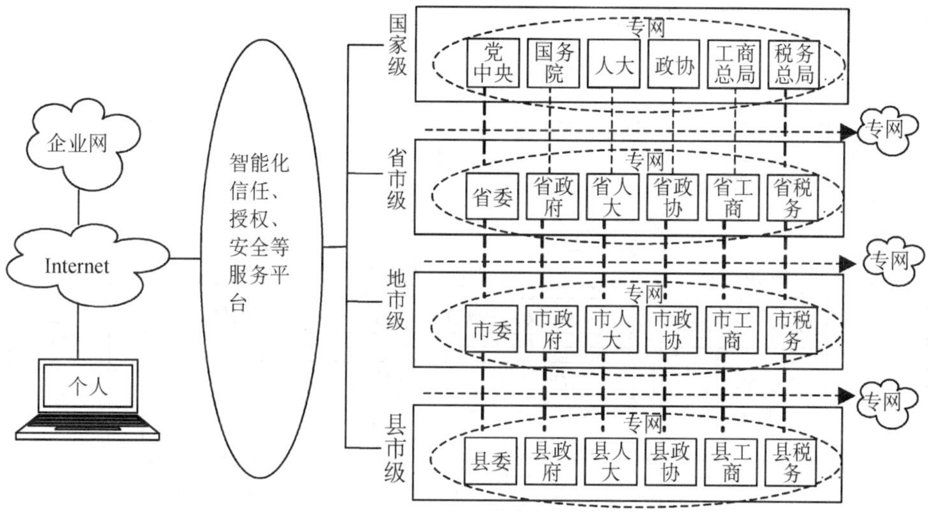

图 8—3　我国电子政务逻辑框架

在于决策，之后的决策支持系统(DSS)的开发为管理者的决策提供更为科学的依据。近二十年来，研究机构及各国政府一直在致力于将最新的信息技术应用于政府办公，随着网络技术的发展和成熟，尤其是随着互联网的普及，电子政务才真正在技术上成为现实，形成了电子政务系统概念。电子政务系统包括软件系统和硬件系统。

从物理技术层面看，电子政务系统繁琐、体系构架比较冗杂，各种技术应用也比较多，即使在同一个电子政务系统内部，其应用也是相当复杂的。目前，基于电子政务的 OA 系统技术已经成熟，而网络的普及以及技术实现方法的丰富发展了电子政务技术，越来越多的电子政务软件得到开发和使用。现有的电子政务方式大多是一个应用对应着一种应用平台，而每一种应用平台又大都以一个服务器硬件平台和与之相对应的信息存储平台组成。每增加一类应用，就会相应增加一些硬件平台和信息存储平台，这样的发展模式就导致硬件平台和信息存储平台的不断地衍生扩大。所以，需要采取先进的网络架构原理和软件技术将多个信息存储集中在一个统一的平台上，形成统一的电子政务技术架构平台以提高政务信息使用的效率。

图 8—4 给出了电子政务技术框架结构。

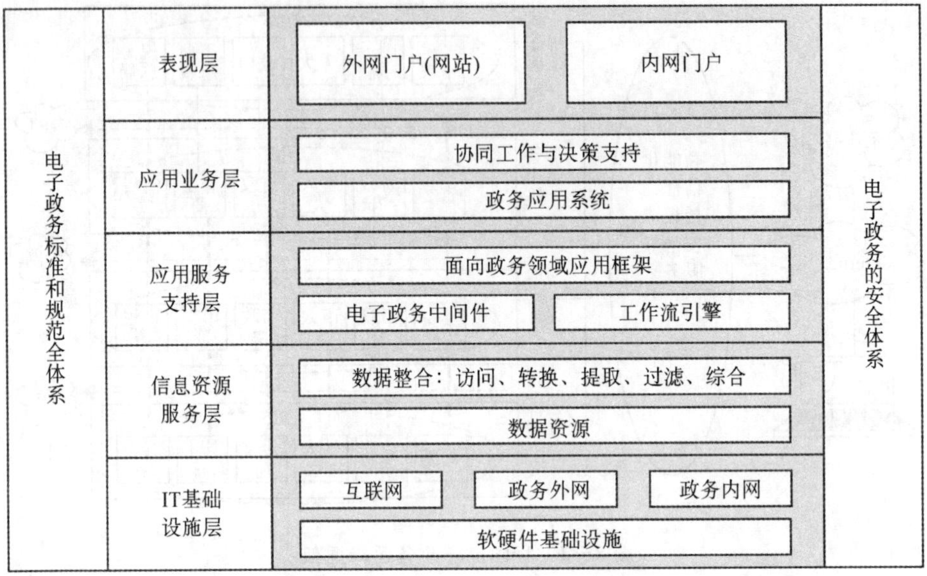

图 8—4 电子政务技术框架结构

现将各层技术简述如下：

- IT 基础设施层提供电子政务系统网络通信和系统服务技术支持平台，电子政务网络由政务内网和政务外网构成，两网之间物理隔离，政务外网与互联网之间逻辑隔离。

- 信息资源服务层提供管理存放政府各类基础数据的技术，通过数据转换、加工、提取和过滤等过程，向应用服务层提供数据。该平台包括数据库和数据库管理系统技术。

- 应用服务支持层包括工作流引擎和电子政务中间件。

中间件支持跨平台的分布式异构数据的访问，从而向应用业务层提供统一的数据服务。工作流系统通过工作流引擎驱动数据在应用业务层的各种应用之间流转，以便根据分工，合理、高效和完整地分配信息。通过上一层的应用系统完成各种具体的政务应用。

- 业务应用层包括电子政务各个应用系统。如办公自动化、决策支持、一站式电子政务办公服务系统和行业应用系统等。

- 表现层主要包括外网门户即网站、内网门户等。它的主要任务是通过信息交互完成政府沟通等职能。

● 电子政务标准和规范体系分为总体标准、网络基础设施标准、应用支撑标准、应用标准、信息安全标准和管理标准等。这个标准和规范体系为实施电子政务系统建设提供标准依据。

● 电子政务的安全体系包括安全法规以及安全策略、安全管理、安全技术产品、安全基础设施、安全服务等信息安全保证措施。该体系保障整个电子政务系统的安全、可靠地运行。

8.2.3　电子政务应用系统框架结构

8.2.3.1　电子政务服务对象分类

随着电子政务的逐步发展，它的服务对象也逐步清晰和细分，目前国际上通常将电子政务的服务对象划分为四类：公众、企业、非盈利组织和政府内部，英文缩写为 G2C、G2B、G2O、G2G。

(1)公众：这是政府服务的主体。公众是一个非常复杂的群体，不同的职业、不同年龄、不同目的的公众对政府的服务要求差异也非常大。

(2)企业：企业一方面为政府提供产品，一方面接受政府监管和服务。各种企业由于其产业领域、规模、地域和产品等特征对政府的服务需求也不一样。

(3)非盈利组织：非盈利组织是指那些不以盈利为主要目的，而是旨在通过努力，完成某项事业或使命的组织。如社会团体(消费者协会、个体经济协会、工会、妇女权益保护协会等)和事业单位(学校、医院、图书馆、新闻媒体、出版社、文艺团体、科研院所、体育机构等)。随着社会的发展，这部分机构越来越多，情况也越来越复杂多样，对政府服务的需求差异也非常大。政府对非盈利组织的服务内容和形式也有别于其他对象。

(4)政府内部：主要对上下级政府、不同地方政府和不同部门之间提供服务。电子政务将有利于打破各政府部门的垄断和封锁，加速政府内信息的流转和处理。

8.2.3.2　电子政务提供的服务

电子政务对以上不同的服务对象提供的不同服务内容。

(1)面向公众的服务：如公共信息服务、教育培训服务、电子医疗服务、就业服务、社会保障服务、交通管理服务、电子税务服务和电子证件服务等。

(2)面向企业的服务：主要包括电子采购与招标、电子证照办理、中小企业电子服务、提供创办企业有关的服务、与纳税有关的服务、信息咨询服务、企业年检等监督服务、员工招聘、培训、福利措施等服务、市场规范、市场运行秩序管理等服务、企业价值评估、信用评估服务等。

(3)面向非盈利组织的服务:与面向公众和企业的服务内容有相似之处,如主要是公共信息服务和相关办事服务。

(4)面向政府部门的服务:如政府本身的各种内部办公信息,公文流转、档案保存与共享、政府部门财务管理、针对公务员的各种培训和业绩评价服务等。

8.2.3.3 电子政务应用系统框架结构

完成如此多面的服务需求,电子政务应该有相应的应用系统作为支撑和工具。没有功能完善的应用系统,就没有提供完善服务的电子政务。图 8-5 展示电子政务应用系统框架结构。

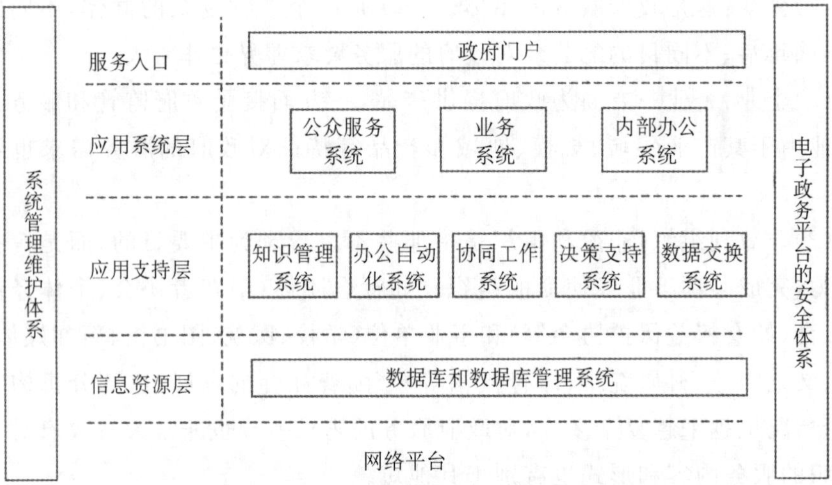

图 8-5 电子政务应用系统框架结构

(1)电子政务网络平台

电子政务网络平台的主要功能是为电子政务系统通信和系统基础设施提供服务,它是保障各级政府业务系统互联互通的计算机网络通信平台。统一、安全的网络基础平台建设是电子政务的基础工程,也是电子政务系统的关键支撑体系,它将电子政务的各个子系统和零部件连接成一个有机的整体。为此,网络平台的建设需要考虑以下基本要求。一是在功能和性能上,要前瞻性地满足各项业务的需要,具有可扩展性。二是要准确界定内外网平台的边界和运行的主要业务。三是网络平台方案要认真研究和解决部门网络与地方网络的关系。

(2)政务信息资源层

政务信息资源数据库是指依托完善的信息管理体制与服务制度，通过信息采集、交换和整合等手段，广泛开发各种资源数据，为领导和各级部门提供准确、科学的管理和决策支持。特别是一些可以广泛共享并对国民经济、社会应用影响重大的数据库建设。政府是社会信息资源的最大拥有者、生产者、使用者和传送者，对社会信息资源的开发与利用起着主导作用。

(3)电子政务的主要应用系统

电子政务的业务应用系统是电子政务的重点，它主要包括 G2G、G2B、G2C 等模式下的政务应用系统、协同工作系统以及决策支持系统等。

图 8—6 给出了电子政务应用系统结构。

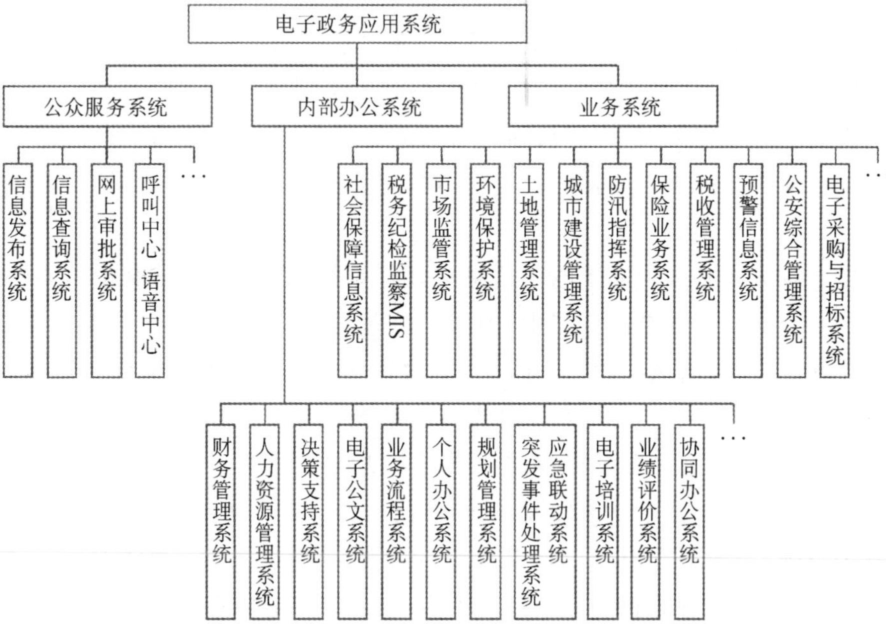

图 8—6　电子政务应用系统结构

(4)政府门户网站

政府门户网站是指在各政府部门的信息化建设基础之上，建立起跨部门的、综合的业务应用系统，居民、企业与政府工作人员都能通过政府门户网站快速、便捷地接入所有相关政府部门的业务应用、组织内容与信息，并获得个性化的服务。这里要强调的是，所有的政府门户网站都是政府网站，政府门户网站一般具有如下功能：

①发布政府的各种政务信息；

②提供公众与政府部门交流的平台；

③提供公众访问网上政务应用系统的应用接口。

正确处理政府门户网站、政务信息资源数据库、业务系统以及统一网络平台四者的关系，加强应用系统开发建设将促进电子政务体系的整体协调发展。

8.3 电子政务的相关技术

电子政务是政府机构利用网络通讯与计算机等现代信息技术将其内部和外部的管理和服务职能进行无缝隙集成，在政府机构精简、工作流程优化、政府资源整合，政府部门重组后，通过政府网站大量频繁的行政管理和日常事务按照设定的程序在网上实施，从而打破时间、空间及部门分割的制约，全方位的为社会及自身提供一体化的规范、高效、优质、透明、符合国际惯例的管理和服务。

电子政务是必须借助于电子信息化硬件系统、数字网络技术和相关软件技术的一个综合服务系统。其中：硬件部分包括计算机系统、内部局域网、外部互联网、系统通信系统和专用线路等；软件部分包括大型数据库管理系统、信息传输平台、权限管理平台、文件形成和审批上传系统、新闻发布系统、服务管理系统、政策法规发布系统、用户服务和管理系统等等系统。

计算机和网络技术迅速发展，从硬件技术看，CPU 速度越来越高，处理能力越来越强；从软件技术看，应用程序的规模不断扩大，特别是 Internet 及 WWW 的出现，使计算机的应用范围更为广阔，许多应用程序需在网络环境的异构平台上运行。这一切都对电子政务应用系统开发提出了新的要求。在这种分布异构环境中，通常存在多种硬件系统平台（如 PC，工作站，小型机等），在这些硬件平台上又存在各种各样的系统软件（如不同的操作系统、数据库、语言编译器等），以及多种风格各异的用户界面，这些硬件系统平台还可能采用不同的网络协议和网络体系结构连接。如何把这些系统集成起来，使其达到技术的无缝隙集成，需要关注以下技术。

8.3.1　多媒体文档管理技术

8.3.1.1　多媒体文档管理数据库

办公自动化处理信息的载体大多是以文件、报表、信函、传真等形式出现，因此办公自动化系统是典型的文档处理系统。处理的信息是“非结构化数据”和“复合文档数据”，因此办公自动化系统对符合数据处理必须以文档数据库为核心建立数据管理系统。

文档数据库是用来管理文档。在传统的数据库中，信息被分割成离散的数据段，而在文档数据库中，文档是处理信息的基本单位。文档可以很长、很复杂、可以无结构，与字处理文档类似。

文档数据库属于数据库范畴。具有数据库数据和程序相互独立的特点。文档数据库不同于关系数据库，关系数据库是高度结构化的，而文档数据库允许创建许多不同类型的非结构化的或任意格式的字段，与关系数据库的主要不同在于，它不提供对参数完整性和分布事务的支持，但和关系数据库也不是相互排斥的，它们之间可以相互交换数据，从而相互补充、扩展。

所有信息大体上可以分为两类：一类信息能够用数据或统一的结构加以表示。例如成本、费用、人员、工资以及员工业绩等，都可以用数字或文字来描述或表达。这类信息具有相同的层次或网络结构，我们称之为结构化数据；有一类信息无法用数字或者统一的结构表示，例如图像、声音等，我们称之为非结构化数据。这些非结构化数据既可以是一段包含大量附加信息（如排版信息）的文字信息，也可能是一段声音、图像，甚至是影像。非结构化数据包括结构化数据，结构化数据属于非结构化数据，是非结构化数据的特例。一般来说，关系数据库最主要的特征就是数据的结构化，文档数据库中的文档可以同时包含结构化的和非结构化的信息，所以，文档数据库能够存储和管理类似文档这样的非结构化数据，如表格（可以是从某个关系数据库或电子表软件中得到的）、格式化文本、WWW 的页面、图形、OLE 对象、或扫描的图像以及传真件、声频或视频信号这样的多媒体信息。

8.3.1.2　Web 数据库

Internet 是目前全球最大的计算机通信网，它遍及全球几乎所有的国家和地区。WWW 系统是一个大型的分布式超媒体信息数据库，它极大地推动了 Internet 的发展，已经成为 Internet 中最流行、最主要的信息服务方式。它能够把各种类型的信息资源，如静态图像、文本、数据、视频和音频有机地结合起来，使用户能够在 Internet 上浏览、查询和共享建立在 WWW 服务器所有站点上的超媒体信息。

将 Web 技术与数据库管理系统（DBMS）相互融合，将两者取长补短，发挥各自的优势，使用户可以在 Web 浏览器上方便地检索数据库的内容，即 Web 数据库管理系统是指基于 Web 模式的 DBMS 的信息服务，充分发挥 DBMS 高效的数据存储和管理能力，以 Web 这种浏览器/服务器（B/S）模式为平台，将客户端融入统一的 Web 浏览器，为 Internet 用户提供使用简便、内容丰富的服务。Web 技术与数据库技术相结合彻底改变了传统的以专用客户程序访问数据库的方式，使人们通过统一的浏览器便可以访问不同的数据库。

8.3.2 中间件技术

8.3.2.1 中间件概念

中间件（middleware）是为了解决分布异构问题提出的，中间件是一种独立的系统软件或服务程序，分布式应用软件借助这种软件在不同的技术之间共享资源，中间件位于客户机服务器的操作系统之上，如图 8－7 所示，这些服务具有标准的程序接口和协议，用于管理系统资源和网络通信。针对不同的操作系统和硬件平台，它们可以有符合接口和协议规范的多种实现。

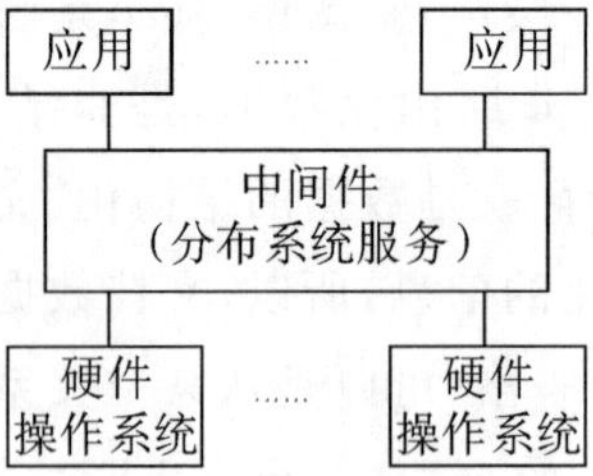

图 8－7 中间件

8.3.2.2 中间件的特点

中间件应具有如下的一些特点：

- 满足大量应用的需要；
- 运行于多种硬件和OS平台；
- 支持分布计算，提供跨网络、硬件和OS平台的透明性的应用或服务的交互；
- 支持标准的协议；
- 支持标准的接口。

由于标准接口对于可移植性和标准协议对于互操作性的重要性，中间件已成为许多标准化工作的主要部分。对于应用软件开发，中间件远比操作系统和网络服务更为重要，中间件提供的程序接口定义了一个相对稳定的高层应用环境，不管底层的计算机硬件和系统软件怎样更新换代，只要将中间件升级更新，并保持中间件对外的接口定义不变，应用软件几乎不需任何修改，从而保护了企业在应用软件开发和维护中的重大投资。

8.3.2.3　主要中间件的分类

中间件所包括的范围十分广泛，针对不同的应用需求涌现出多种各具特色的中间件产品。因此，在不同的角度或不同的层次上，对中间件的分类也会有所不同。根据中间件在系统中所起的作用和采用的技术不同，将中间件大致划分以下几类：

- 数据库中间件 DM(Database Middleware)

数据中间件是一种应用广泛，技术成熟的中间件，一个最典型的例子就是ODBC，ODBC是一种给予数据库的中间件标准，它允许应用程序和本地或异地的数据库进行通信，并提供了一系列的应用程序接口API(Application Programming Interface)，当然，在多数情况下这些API是隐藏在开发工具中，不被程序员直接使用。

不过在数据库中间件处理模型中，数据库是信息存储的核心单元，中间件完成通信的功能，这种方式虽然灵活，但是并不适合于一些高性能处理得场合，因为他需要大量的数据通信，而且当网络发生故障时，系统将不能正常工作。

- 远程过程调用 RPC(Remote Procedure Call)

远程过程调用是一种广泛使用的分布式应用程序处理方法。一个应用程序使用RPC来“远程”执行一个位于不同地址空间里的过程，并且从效果上看和执行本地调用相同。

RPC的灵活性使得它可以应用在更复杂的客户/服务器计算环境中。远程过程调用的灵活性还体现在它的跨平台性上面，它不仅可以调用远端的子程序，而且这种调用是可以跨不同操作系统平台的，而程序员在编程时并不需要考虑这些细节。

● 面向消息的中间件MOM(Message－Oriented Middleware)

MOM指的是利用高效可靠的消息传递机制进行平台无关的数据交流，并基于数据通信来进行分布式系统的集成。通过提供消息传递和消息排队模型，它可在分布环境下扩展进程间的通信，并支持多通讯协议、语言、应用程序、硬件和软件平台。目前流行的MOM中间件产品有IBM的MQSeries、BEA的MessageQ等。

● 对象请求代理ORB(Object Request Brokers)

随着对象技术与分布式计算技术的发展，两者相互结合形成了分布对象计算，并发展为当今软件技术的主流方向。它的作用在于提供一个通信框架，透明地在异构的分布计算环境中传递对象请求。与RPC所支持的单纯的Client/Server结构相比，ORB可以支持更加复杂的结构。

● 事务处理中间件TPM(Transaction Processing Monitor)

事务处理中间件是一个复杂的中间件产品，是针对复杂环境下分布式应用的速度和可靠性要求而实现的。它给程序员提供了一个事务处理的API，程序员可以使用这个程序接口编写高速而且可靠的分布式应用程序——给予事务处理的应用程序。

事务处理中间件向用户提供一系列的服务，如应用管理控制，以及应用程序间的消息传递等。常见的功能包括全局事务协调、事务的分布式两段提交、资源管理器支持、故障恢复、高可靠性、网络负载平衡，等等。

8.3.2.4 中间件的优点

世界著名的咨询机构Standish Group在一份研究报告中归纳了中间件的十大优越性：

(1)缩短应用的开发周期。

(2)节约应用的开发成本。

(3)减少系统初期的建设成本。

(4)降低应用开发的失败率。

(5)保护已有的投资。

(6)简化应用集成。

(7)减少维护费用。

(8)提高应用的开发质量。

(9)保证技术进步的连续性。

(10)增强应用的生命力。

具体地说,中间件屏蔽了底层操作系统的复杂性,使程序开发人员面对一个简单而统一的开发环境,减少程序设计的复杂性,将注意力集中在自己的业务上,不必再为程序在不同系统软件上的移植而重复工作,从而大大减少了技术上的负担。

中间件带给应用系统的,不只是开发的简便、开发周期的缩短,也减少了系统的维护、运行和管理的工作量,还减少了计算机总体费用的投入。Standish 的调查报告显示,由于采用了中间件技术,应用系统的总建设费用可以减少 50%左右。

其次,中间件作为新层次的基础软件,其重要作用是将不同时期、在不同操作系统上开发应用软件集成起来,彼此像一个天衣无缝的整体协调工作,这是操作系统、数据库管理系统本身做不了的。中间件的这一作用,使得在技术不断发展之后,我们以往在应用软件上的劳动成果仍然物有所用,节约了大量的人力、财力投入。

8.3.3　工作流技术

工作流技术是办公自动化及电子政务应用系统协同办公功能实现的核心技术。

8.3.3.1　工作流概念

工作流(Workflow)就是工作流程的计算模型,即将工作流程中的工作如何前后组织在一起的逻辑和规则在计算机中以恰当的模型进行表示并对其实施计算。

简单地说工作流就是一系列相互衔接、自动进行的业务活动或任务,是针对工作中具有固定程序的常规活动而提出的一个概念。通过将工作活动分解成定义良好的任务、角色、规则和过程来进行执行和监控,达到提高生产组织水平和工作效率的目的。

工作流要解决的主要问题是:为实现某个业务目标,在多个参与者之间,利用计算机,按某种预定规则自动传递文档、信息或者任务。

工作流管理WFM(Workflow Management)是人与电脑共同工作的自动化协调、控制和通讯,在电脑化的业务过程上,通过在网络上运行软件,使所有命令的执行都处于受控状态。在工作流管理下,工作量可以被监督,分派工作到不同的用户达成平衡。

一个工作流包括一组活动及它们的相互顺序关系,还包括过程及活动的启动和终止条件,以及对每个活动的描述。它与工作流执行者(人、应用)交互,推进工作流实例的执行,并监控工作流的运行状态。工作流需要依靠工作流管理系统来实现。

工作流管理系统WFMS(Work Flow Management System)指运行在一个或多个工作流引擎上用于定义、实现和管理工作流运行的一套软件系统,主要功能是通过计算机技术的支持去定义、执行和管理工作流,协调工作流执行过程中工作之间以及群体成员之间的信息交互。

在最高层上,WFMS应能提供以下三个方面的功能支持:

- 建造功能:对工作流过程及其组成活动定义和建模;
- 运行控制功能:在运行环境中管理工作流过程,对工作流过程中的活动进行调度;
- 运行交互功能:指在工作流运行中,WFMS与用户(业务工作的参与者或控制者)及外部应用程序工具交互的功能。

工作流属于计算机支持的协同工作CSCW(Computer Supported Cooperative Work)的一部分。后者是普遍地研究一个群体如何在计算机的帮助下实现协同工作的。

8.3.3.2 工作流系统的主要组成部分

(1)过程定义工具:被用来创建计算机可处理的业务过程描述。它可以是形式化的过程定义语言或对象关系模型,也可以是简单地规定用户间信息传输的一组路由命令。

(2)过程定义:过程定义(数据)包含了所有使业务过程能被工作流执行子系统执行的必要信息。这些信息包括起始和终止条件、各个组成活动、活动调度规则、各业务的参与者需要做的工作、相关应用程序和数据的调用信息等。

（3）工作流执行子系统（WES）和工作流引擎：工作流执行子系统也称为（业务）过程执行环境，包括一个或多个工作流引擎。工作流引擎是WFMS的核心软件组元。它的功能包括：解释过程定义；创建过程实例并控制其执行；调度各项活动；为用户工作表添加工作项；通过应用程序接口（API）调用应用程序；提供监督和管理功能等。工作流执行子系统可以包括多个工作流引擎，不同工作流引擎通过协作共同执行工作流。

（4）工作流控制数据：指被WES和工作流引擎管理的系统数据，例如工作流实例的状态信息、每一活动的状态信息等。

（5）工作流相关数据：指与业务过程流相关的数据。WFMS使用这些数据确定工作流实例的状态转移，例如过程调度决策数据、活动间的传输数据等。工作流相关数据既可以被工作流引擎使用，也可以被应用程序调用。

（6）工作表和工作表处理程序：工作表列出了与业务过程的参与者相关的一系列工作项，工作表处理程序则对用户和工作表之间的交互进行管理。工作表处理程序完成的功能有：支持用户在工作表中选取一个工作项，重新分配工作项，通报工作项的完成，在工作项被处理的过程中调用相应的应用程序等。

（7）应用程序和应用数据：应用程序可以直接被WFMS调用或通过应用程序代理被间接调用。通过应用程序调用，WFMS部分或完全自动地完成一个活动，或者对业务参与者的工作提供支持。与工作流控制数据和相关数据不同，应用数据对应用程序来讲是局部数据，对WFMS的其他部件来说是不可见的。

工作流技术重点研究内容包括：工作流引擎、工作流管理集成机制、建模工具、协同工作机制、流程设计器和流程监控工具等。

8.4 统计信息化与统计电子政务

我国自20世纪80年代末期开始，经历了近二十年电子政务的建设发展，随着网络技术的快速发展和信息基础设施的不断完善，电子政务的发展进入快车道，已经突破了部门和地域限制，向交互性和互联网方向发展。国家统计部门作为社会经济信息的主体部门，肩负着为党和政府决策管理提供依据，为企事业单位经营管理提供信息，为社会公众了解国情、参与社会经济活动提供资料，为科学研究、国际合作提供数据的任务，因此统计电子政务建设必将成为国家电子政务建设的重要组成部分。

统计电子政务的建设是对传统统计工作的改造，包括统计观念上、技术上、方法上和统计流程上的改造，这些都需要通过长期的一个一个阶段的信息化工程项目实施来积累完成。一方面，我国统计部门二十多年各个阶段信息化项目的成功无疑都推进统计电子政务的发展；另一方面，每个信息化项目实施，除了要求统计工作人员掌握信息技术之外，还要求统计工作人员具有与现代化工作手段相适应的意识和思维观念，以便把技术创新与管理创新结合起来，才能更好促进统计电子政务建设。

8.4.1 统计信息化建设

8.4.1.1 统计信息化为统计电子政务建设创造基础条件

我国统计信息化建设经过二十多年不断探索和实践，在硬件建设和统计信息系统建设取得了显著成绩：

(1)形成了能够基本满足统计工作需要、保证统计数据流程正常运转和传输的安全可靠的网络环境。1996 年，国家统计局开始建设互联网，1998 年，国家统计局完成了连接全国共 64 个节点的统计信息工程主干网的建设任务。随后几年，各省、区、市抓紧网络节点的延伸工作，到目前为止，全国 300 多个地市、1/3 的县级统计局都已经连网。

(2)统计网络直报环境已经形成。目前，已经有 25000 家大中型工业企业、3000 家房地产企业、240 家企业集团、728 家制造业经理等基层单位，通过网络直接上报数据，随着统计改革的进一步发展，网络直接上报范围还将继续扩大。

(3)统计内网、外网以及 OA 系统也得到较快发展。数据传输、信息交换、网上办公等统计业务应用在网上全面展开，网络化的工作方式已经成为统计部门数据生产和交换、公文处理、信息共享的主要方式和途径。

(4)通过第一次全国农业普查、第五次全国人口普查和第一次全国经济普查等大型普查项目，研制并成功开发了一批通用的网络版应用软件，成功地采用光电录入技术，为统一平台的建立打下了基础，积累了宝贵经验。

(5)规范了软件开发标准,并进行了若干个重大信息工程项目规划,改善了统计业务的应用环境,向统一业务平台逐步迈进。

(6)经过多年信息化建设,各地方统计数据库具有丰富内容。

(7)建立统计门户网站,通过国家及地方的统计门户网站,为公众提供统计信息交流的平台,向公众网民发布统计信息以及提供统计新闻,使公众从多种渠道获取多元信息。

以上统计信息化成果为统计电子政务形成提供了良好的支持和基础保障。

8.4.1.2 统计信息化为统计电子政务建设创造基本环境

经过二十多年统计信息化建设,我国已经充分利用现代统计信息技术实现了统计电子化、网络化,同时,新技术的使用也在不断改变着统计原有的工作模式,深刻影响着统计的管理方式和管理水平,逐步变革传统统计管理理念,成为统计电子政务建设推动力。

(1)统计信息化建设深刻影响着统计管理方式

信息化建设本质上不仅仅是技术问题,事实上不断成熟的统计信息技术和统计信息系统使统计工作变得更高效、更规范,促进统计管理全方位的变化,如合理调整组织机构和工作模式以适应信息系统建设。实践证明,任何的技术革命必然导致管理变革。

(2)统计信息化建设促进统计职能从管理型转向管理服务型

统计部门是社会信息的收集者和拥有者,向社会公众提供更广泛、更便捷的信息与服务,提供满足公众特殊服务的需要将成为统计工作的中心工作,促使统计职能从管理型转向管理服务型的转变。

(3)统计信息化建设促进于统计工作标准化和规范化

因为统计信息化建设过程是一个用网络统计替代传统统计的过程,这个过程需要进行统计标准化和规范化建设,包括方法制度标准化、业务管理流程标准化、统计指标标准化、统计数据标准化、数据处理平台标准化等等。

(4)统计信息化建设促进统计信息技术的集成

统计信息化过程逐步把统计事务处理规范化,形成结构化的事务处理或信息数据结构,逐渐解决了信息化初期应用系统多乱的问题,利用统计信息系统将同构或异构系统进行有效的集成,包括数据的集成,软件的集成等。

(5)统计信息化建设促进了统计信息资源共享

从本质上看，统计工作的核心就是数据(或者信息)的采集、分析和处理，信息化建设使得统计数据的采集到发布变得越来越透明、快速。信息技术的发展促使统计部门与政府各部门间的广泛合作，达到优势互补和资源共享的目的。

(6)统计信息化建设促进统计从业人员信息化

统计信息化建设促使统计从业人员依靠不断学习，掌握更多的信息化知识，提升信息素质来适应现代电子统计和网络统计工作，充实了一批即精通信息技术又了解统计业务的技术人员，培养了一批即精通统计业务又熟练掌握统计信息技术的管理人员。

8.4.1.3 加大统计信息化力度打造统计电子政务平台

统计信息化建设从上世纪 80 年代起，到今天已经取得很大成就，新的统计工作模式正在逐步走向成熟。但要形成统计电子政务，还需变革现行统计工作：

(1)变革现行统计工作模式

我国政府组织结构是条块分割的二维模式，是纵向层级制和横向职能制的矩阵结构。纵向层级制的行政组织系统由纵向的若干层次构成，每一下级层次对上一层次负责。横向职能制的组织结构由横向的若干部门构成，甲部门不对乙部门负责，每一部门均直接对管理对象实施管理，每一部门行使不同的且多是单一和专门的管理职能。这样的结果，就使得每一部门在全国范围内均构成一个相对独立的系统，这些系统内部则实施垂直领导。

现行的统计机构设置继承我国政府组织结构的条块分割的二维模式，纵向统计系统有国家统计局、省(区、市)统计局、地(市)统计局、县(市、区)统计局四个不同层次，横向按专业设置统计机构和职能，分专业设计和实施统计制度，统计信息资源分散管理与垄断、封锁并存，制约了信息共享，同时统计应用系统建设缺乏网络条件下的统计工作整体的规划和设计，应用软件由各专业分头开发，固化了专业分割，影响了信息生产过程的整合。由不同部门、不同专业重复开发功能相似的应用系统和数据库系统，也造成了不应有的浪费。

计划经济体制下这种“条块分割”的统计机构设置满足了以行政管理职能为主，公共服务职能为辅的需要；显然市场经济发展到今天统计职能的重心已经转变为以公共服务为主，以行政管理为辅，这样的政府工作模式已经不适应社会发展。因此加大统计信息化力度，调整、改革不适应的组织机构，进一步优化统计工作流程是解决统计电子政务的唯一出路。

(2)规范信息化建设，重视标准化体系建设

现代信息技术之所以能发挥显著的作用，其前提就是要求生产领域必须规范化和生产流程必须标准化，目前，统计信息化尚未制定统一的信息化标准体系，统计信息系统的信息编码、技术标准、规范也不统一。没有统一的信息技术标准长期建立的应用系统以及数据库系统只能自成体系，其结果必然导致系统不能集成、资源不能共享的局面，阻碍了统计数据的共享与交流，制约了统计信息化建设和应用。没有统一标准使得应用程序难于维护、数据加载的困难，软件的生命周期必然短暂，耗费了许多人力、物力、财力开发建设的信息系统和数据库相互脱节、互不兼容，以致某些数据库成了“死库”，许多宝贵的信息资源散失，造成了资源浪费。显然，由于信息技术的迅猛发展和社会环境的不断变化要短期内统一规范统一标准也是不现实的，因此，统计信息化过程需要整体规划，重视标准体系建立：

首先，形成统计信息化中长期发展战略的科学规划，明确信息化方向，制定一个科学性和可操作性强的规划；

其次，充分考虑统计信息化纵向横向建设衔接问题，加强统筹规划、整合统计系统上下之间以及与各部门之间信息资源，避免资源浪费，加强信息共享；

第三，促进统计工作规范化建设、解决各专业数据无法衔接，标准、制度不统一的矛盾。包括统计指标体系、技术标准、管理规范以及元数据库的建立等。

(3)培养现代统计信息技术人员

统计信息化建设是一项信息知识含量高、信息技术要求高的工作，对统计从业人员的素质要求比较高，因此，统计人员的掌握信息技术是开展电子政务活动的基本保障。统计和计算机、网络技术是两门专业性非常强、完全不同的学科，统计事业的发展离不开人才，统计信息化建设同样需要高素质的人才，能够将统计专业与信息化联系起来的复合型人才更是统计信息化建设急需的人才。因此积极搞好统计培训和教育工作，通过培训解决好统计信息化中人才短缺问题。这里存在三个方面的培训工作：

首先统计基层人员的培训，按照统计信息的特性来看，统计信息是社会经济信息的主体，它权威地反映国民经济社会科技总体情况，因此必须重视的是原始信息收集，保证信息的真实客观，而大量的基础收集工作来源于基层统计人员，培训工作任务是使基层统计人员认识到位和使统计人员掌握基本的信息处理技术；

其次是IT人员能力培训，在全球信息技术发展突飞猛进的今天，专业计算机技术人员要在几个应用领域全面跟踪计算机发展的最新成果是非常困难的，甚至是不可能的，而良好技术人员素质是统计信息化建设保证，因此继续教育和培训就尤为重要，必须适时培养和造就一支包含有数据库专家、网络专家、通讯专家和系统分析员的高水平、高素质的技术队伍，使每个成员真正成为统计信息化的推进者；

再者是统计信息技术人员能力的培训，面对浩瀚的信息海洋，培养各级应用者熟练使用计算机技术，科学运用统计分析的方法和模型，识别、掌握、挖掘和利用各种统计信息的能力，使原始数据通过科学的分析与综合产生出新的集成信息，充分利用统计信息，有效地支持国民经济建设。

总之，要科学合理的安排对各类人员的培训，加快培养既懂计算机信息技术又精通统计信息技术的复合型人才。

8.4.2 整合统计信息资源推进统计电子政务建设

统计经历了二十多年的信息化建设，今天已基本形成网络环境统计，进一步进行统计信息资源的整合，完成网络通讯与计算机等现代信息技术与统计管理和服务职能的无缝隙集成，精简机构、优化工作流程、通过网络完成大量频繁的行政管理和日常事务，从而打破时间、空间及部门分割的制约，用统计门户网站全方位地为社会及自身提供一体化的规范、高效、优质、透明、符合国际惯例的管理和服务将成为统计信息化的终极目标。

统计信息资源整合是指对统计信息、统计信息技术、统计信息设备以及统计信息人员的有层次、有重点、有规划地进行和推动相关资源整合，同时还包括统计制度、统计政策、统计法规、统计标准以及统计信息安全等环境整合。

按照电子政务本质含义来界定统计电子政务，统计信息资源整合应该达到以下目的：

- 借助信息技术和数字网络技术，依赖于信息基础设施和相关软件，高效率完成统计的信息服务、咨询和监督职能。

● 借助统计信息系统的建设，完成组织结构重组和业务流程再造，完成对传统统计管理的重组、整合和创新(包括技术创新、管理创新、制度创新)。

● 充分利用计算机、网络、数据挖掘等现代信息技术塑造一个更有效率、更精简、更公开、更透明的统计形象，为公众、企业和社会提供无空间、时间和部门限制服务平台。

8.4.2.1　数据资源的整合

(1)统一数据规划，完成数据字典和元数据库系统建设

早期的统计数据，由于来源于不同的专业报表，首先是数据文件格式的不尽相同，其次是数据字典(或称初级元数据)的缺失。虽然完成了当时报表数据处理的任务，但是随着时间的流逝，数据或者读不出来或者读出来后因为缺少数据描述而无法解释数据内容，造成数据的慢性丢失。

(2)数据资源的三个层次

对于统计数据我们已经熟悉了微观数据、宏观数据，但是对于中观数据，应该说既熟悉、又陌生。熟悉，无非是因为它是微观数据忽略个性特征的一种聚合；陌生，是因为在已进行了数据资源整合的发达国家和地区统计机构里，它是以跨专业的主题面目出现，且主要用于填充用现代信息技术建立起来的统计数据中心，且为各种各样的数据库、数据仓库的综合查询、挖掘分析系统，提供规范的、海量的、源源不断数据来源。微观数据、中观数据、宏观数据的资源管理，都以元数据为统领，以数据集目录为纲目。在这种意义下，微观数据、中观数据、宏观数据的构成比例，就从传统的“金字塔”形结构向底小而中部隆起的现代的“馒头型”结构转变。

(3)建立统计数据中心

统计数据中心的建设包括以下内容：

● 元数据目录：包括报表数据集与主题数据集的数据字典目录；

● 报表数据集与主题数据集的实体及管理系统；

● 数据整合应用软件系统，包括数据的抽取、转换、净化、整理过程，即常见的英文缩写 ETCL；

● 用户定义及权限管理系统，系统环境定义及管理系统；

● 相关的基础性存储系统。

统计元数据的管理建设包括三个层次：一是制度信息管理，即面向报表制度信息的概念元数据；二是报表元数据管理，即面向报表数据集的数据元数据；最后是集成为元数据库及ETCL工具软件系统，即面向数据中心运行的操作元数据。

统一的统计基本单位名录（数据）库是各种基础性统计数据处理软件或应用系统的基础构成，为避免重复开发、重复建设、内涵冲突，也应该统一开发建设，分专业维护、分层次应用，而且是共享应用。

随着法规、制度、体制、组织及相关业务管理职能的配套完善，由报表数据集及相关数据字典管理，逐步发展到数据中心的元数据、基础数据的集中管理、整理，逐步实现面向主题的、集成的、与时间相关的、不可修改的数据集合的管理目标。这是一段时间里，统计数据中心发展建设的典型路程。

8.4.2.2　应用软件资源的整合

（1）基本统计应用软件的体系构成

统计应用软件的核心软件大致划分为：前端报表数据报送处理、统计数据中心框架建设、数据库应用系统三层系统结构，及若干组件构成，以统筹安排，分步解决，逐步完善的原则组织实施为宜。

首先，低成本的软件规范化入围软件、扫描识别应用系统、PDA数据采集系统、网上直报系统、电话辅助调查以及多用户操作系统和数据库管理系统为特征的高端数据处理系统，都是数据中心的前端工作系统，为之组织、提供源源不断的基础数据来源。

其次，数据库、数据仓库系统，甚至文件管理系统，都可以作为数据中心的数据集实体管理、操作工具软件，为数据库应用系统提供有组织的、有主题的、源源不断的中观、宏观数据；数据字典、元数据库，是不同层次的元数据管理系统；该体系的建立、完善，需要建立、健全兼容的技术业务标准规范。

再次，数据库应用管理系统具备了丰富的统计数据查询、展示功能，报告、报表、图表、地图并举，方便、快捷、准确地满足使用者的需要。

（2）基本应用规范及数据质量控制流程与规范

统计的基本应用规范以及数据质量控制流程与规范，是任何统计应用软件需求分析和功能设计的基础。没有高水平的业务规范和技术标准，就不会有高水平的应用软件。在这方面，国家统计局信息化部门正在组织编写相应的规范，力求缩小专业、地域间的差异，提高相关规范的标准化水平，像许多发达国家统计机构一样，使同类统计应用软件“越长越像”，减轻用户的培训成本和使用负担，也为软件的开发和推广使用创造较好的标准、政策和市场环境。

另外，问卷式行业（企业）一套表的推行，也在两个方面强化统计业务规范的建设，完善国内统计应用软件的功能，促进数据资源的建设。一是从社会工程学的角度进行报表设计，做到标识清晰、指标有用，细化并协调报表间数据的粒度；二是强化数据质量控制，便于引进并大力推行符合国际惯例的数据质量控制流程与规范，才能真正做到统计数据质量控制的“关口前移”。

（3）统计应用软件的功能化、模块化、组件化

按照软件工程标准开发统计应用软件。软件工程的内涵是应用计算机科学、数学及管理科学等原理，借鉴传统工程的原则、方法来创建软件，从而达到提高质量、降低成本的目的；软件工程的目标是研制开发与生产出具有良好的软件质量和费用合理的产品。软件质量可用功能性、可靠性、易使用性、有效性、可维护性和易移植性六个特性来评价。具体到统计应用系统，功能化、模块化、组件化从以下几个方面具体体现：

- 数据与元数据分离；
- 数据与软件分离；
- 软件开发与软件质检、资产管理的分离（做到后期开发队伍与维护队伍的分离，自家队伍与外聘队伍职能侧重的不同）；
- 业务规范与应用功能的分离（独立的功能模块）；
- 系统开发与（二次）应用开发的分离；
- 技术标准、安全标准与开发习惯的分离。

这样，统计应用软件的开发与管理工作，才可能做风格突出，质量一流。

8.4.2.3　核心设备资源整合

统计信息系统的核心设备资源，是统计系统标志性的公共资源，要实行科学、有效的管理，要做到账物清楚、监控到位、调度有序。

（1）一机多用到专用专管。核心设备资源的整合，首先，要逐步摒弃按专业进行设备分配、使用和管理的概念，回归到按技术功能配置的规范；其次，相关设备的配置，要按功能配置、按安全域划分、按综合保障需求，逐步实现专管专用，建立规范、稳定、安全的系统资源环境。

(2)三维整合策略。对我们现有的系统资源环境,特别是按统计部门划分的系统资源环境,一定要按技术功能进行相应的归类和整合,建立三维的系统核心资源整合架构。这里,系统资源环境的内涵包括:网络、服务器、线路等硬件设备,操作系统、数据库、应用等软件系统,工作流程、作业规范、开发、测试、生产工作环境,以及存储备份、空气动力保障设施及管理策略的总和。其中,第一维度,按典型的四层结构系统功能划分,即网络接入、核心业务、数据库和数据中心的功能等;第二维度,按环境的用途划分,即按开发环境、测试环境、备份环境和生产环境,将相关核心设备分类管理、使用;第三维度,按综合保障功能划分,即存储方式、集群(包括服务器和网络交换设备等)、温湿度及动力保障等综合保障措施分类。这样,针对不同的环境,可以建立不同的管理策略,完善核心设备资源的分层、分类管理。

(3)存储备份系统的建立。将分批采购的、作为服务器外部设备的存储设备,按存储区域网或相关技术重新整合,形成网络存储,成为网络、服务器之后的独立的第三类核心设备资源,以支持系统高效、安全、合理的运行。

针对以上三维整合管理的思路,系统资源环境的配置,可以考虑以下策略:

● 用核心的、新购的设备、系统组成相对独立的环境,支持统计生产性应用;系统开发阶段工作可安排其他设备和系统进行;

● 主要应用要与相关专用的设备匹配,形成特定的设备环境;

● 按应用类型划分独立子区域,如网上直报、WEB 等;设定独立的 VLAN 支持特定的数据处理任务,如大型普查类数据处理;按安全域划分,将公共应用与内网、业务专网分离,确保安全;

● 对特定的管理区域,如特定(7×24)的管理区域提供特定的综合保障、维保策略;

● 制定系统资源环境调度管理制度,保证相关资源高效、安全的使用;制定相关的维护策略,节省费用,提高资源利用率、互用率。比如,建立新系统运行环境的管理规范,建立新环境中开发一测试一备份规范,建立新应用、新系统上线(生产)规范,建立新环境的生产运行管理调度规范,等等。

8.4.2.4 非技术资源的整合

实现统计信息资源整合,还有非常重要的内容即非技术资源的整合。所谓非技术资源整合，主要包括以下方面：

(1)人力资源

总体上讲，统计信息技术人才严重匮乏。要实行有效的人力资源管理，培养造就多类型、多层次、多规格的高素质人才，同时还要用好、保住人才，并能吸引、争取人才。

(2)政策法规、标准规范

从统计信息化的规划制定、项目管理、实施指导、系统建设、应用开发、数据管理、安全管理、运维管理、人力资源等方面，都涉及相关的政策、法规、制度、标准、规范等非技术资源要素。目前，统计系统内的这些内容，有的盘根错节，有的老死不相往来，也有许多需要整合的工作要做，否则，统计信息化的发展建设，很难得到较好的支持保障。

(3)其他资源整合

其他资源整合比如信息安全、系统安全、环境安全，即协调统一的统计信息系统大安全观下的资源整合问题；又比如用户管理，目前，用户信息、用户权限的管理分散在各职能部门，如不能充分整合、协调管理，相关的门户系统就难以建立，相关的安全管理也难以实施；如果把用户资源的整合再进一步，逐步建立健全关于各种报表数据集和应用系统的授权与安全管理，统计信息系统中一套重要的管理机制，信息访问机制的整合就为时不远了。

统计信息资源整合，是统计信息化发展建设的一个嬗变过程。只有充分认识才能逐步解决，才能最终实现完美的统计电子政务。

8.4.3　建设统计电子政务战略规划

我国通过前期二十年的统计信息化建设，已经为统计电子政务的建设奠定了良好基础，2006 年制定了《"十一五"国家统计信息化建设规划纲要》，《纲要》中明确定义统计信息化是指，充分利用信息技术，开发建设统计信息资源，促进统计信息的共享，改造传统的统计工作方式，提高统计工作现代化水平，促进统计改革和发展，提高统计信息化在国家信息化建设中的地位和作用。

《"十一五"国家统计信息化建设规划纲要》将是建设统计电子政务的过程中关键性指导文件。

通过"十一五"国家统计信息化建设，预期达到以下目标：

- 带动统计生产与服务方式的根本变革。

- 带动统计工作重心的调整、完善。
- 带动统计机构组织生态的转变。

由此可见,"十一五"统计信息化建设规划将成为我国统计工作模式转变的战略规划。

8.4.3.1 建设目标

以规范的行业统计报表一体化体系、统计信息标准、统计业务流程为基础,以管理机制和工作规章为保证,通过信息化建设,有规划、有重点、分阶段进行统计数据资源建设和系统资源整合,建立健全一个面向统计调查对象、统计工作者、政府相关部门和社会公众的国家统计信息系统,推动并促进统计事业的改革发展。

(1)完善统计工作方式

建立与信息化建设发展相互适应的统计工作方式,初步理顺政府综合统计与部门统计在统计调查项目协调、数据交换、信息发布等方面的工作关系,完善法律法规、工作制度,避免重复调查、减轻基层负担,协调主要统计数据口径范围,保证宏观调控、公共服务中相关统计数据的一致性。在更大范围保证政府统计数据资源的建设,保证政府统计信息的公共服务水平。

加强基层基础统计工作,逐步解决困扰基层基础统计工作的相关问题。大力推动统计电子报表的应用,实现统计报表的设计、下发、报送、催报、处理、综合管理和发布等统计工作全过程的网络化,推动统计改革创新,明确并保证新型统计工作方式下的角色和流程转变。

(2)建立健全统计信息化标准规范

通过统计设计的标准化,从标准规范角度规范统计表式设计,参照国际统计界通行规范并兼顾国情,研究设计针对不同调查对象类别的统计报表一体化体系,通过统计设计的工程化,从信息工程角度研究设计统计数据规划,建立统计制度设计、统计数据管理和相关技术业务标准的元数据库及维护机制,从源头上消除业务壁垒和信息孤岛,保证微观、中观与宏观数据的一致性,定义并规范新型统计工作方式下的表式、规则和授权。

统计设计标准化三个面向及侧重:

- 面向社会、经济、统计涵义的业务性设计,如:统计的核算体系、指标体系、标准分类体系、方法体系、统计报表的内容设计。

● 面向数据处理的技术性设计，如：统计报表的表式设计、处理系统设计、支撑环境及安全系统设计。

● 面向数据资源的技术一业务性设计，如：数据规划、元数据设计、统计指标与分类编码规则和编码体系设计、统计数据交换接口规范、统计调查数据处理及编辑规范，等等。

加快统计信息化标准规范的研究和发布，包括：统计指标与分类编码规则和编码体系设计、统计数据交换接口规范、统计调查数据处理及编辑规范、网上直报软件规范及其他功能性统计应用软件功能规范，以及统计应用软件开发规范，网络接入与运维管理标准、统计信息系统和安全规范等。

8.4.3.2 建立统计数据库体系框架

建立面向宏观决策、公共服务，以统计数据中心为基础，由相关综合数据库、主题数据库构成的统计数据库体系，为国家基础数据库之一的宏观经济数据库提供有力支撑；通过中央与地方的政务网络资源，提供权威、丰富的统计信息及多样、方便的检索查询服务功能。

统计数据库体系构成如图8—8所示。

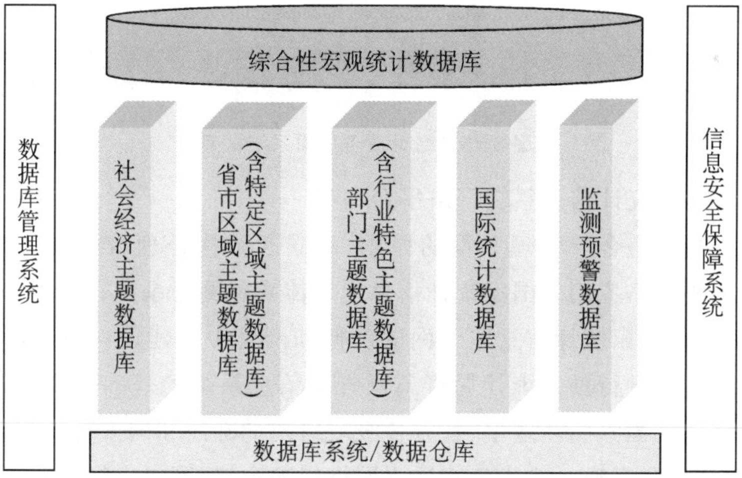

图8—8 统计数据库体系构成

8.4.3.3 搭建统计业务应用系统框架结构

通过大力推动统计应用软件的规范化工作，实现数据与软件的分离、应用与软件的分离，实现统计应用软件的功能化、模块化、组件化、系列化，搭建起标准规范统一、功能模块清晰、方便基层工作、支持统计核心业务的统计业务应用平台。

统计业务应用系统框架如图 8－9 所示。

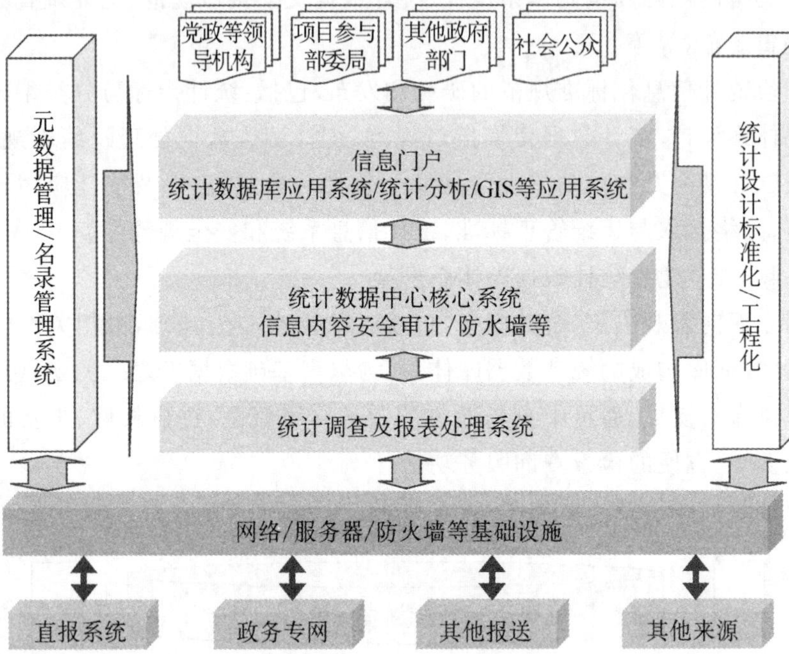

图 8－9　统计业务应用系统框架

8.4.3.4　统计信息系统网络平台构架

坚持建设、整合与管理并重的原则，建立起结构合理、覆盖面广、安全可靠，支持多种网络应用的国家统计信息网络体系和网管系统。

分级进行国家统计信息主干网的延伸和网管中心建设，形成双星一环的网络结构，同步进行国家统计局直属调查队信息系统的基础设施和应用系统建设，最终实现国家、省、地市、县区各级政府统计部门和国家统计局派出的调查队网络的互联互通。逐步建立远程网络视频会议、网上直报、网上教育等应用子系统。

根据国家政务网络的整合管理政策，与中央和地方的政务网络互联互通、共享安全；建立健全网络基础设施的运维管理机制，外网、专网隔离运行，保证网络系统稳定、高效、安全运行。

8.4.3.5　规划建立统计信息门户网站

按照信息门户的基本规范，结合统计工作实践，整合信息访问机制，建立内容板块丰富、功能模块完整、管理功能完善、人机界面友好，支持统计业务、政务管理、公共服务，具有标准架构和定制规范的国家统计统一门户网站框架。

实施时，可分为专网门户网站和外网门户网站。

8.4.3.6　建立信息系统大安全保障系统

建立与 IT 系统、业务系统平行的安全系统，在工作环境－网络管理－应用系统－应用权限－用户行为－数据内容的安全等方面，建立健全风险评估－等级保护－监控管理的“大安全”管理职能；建立存储管理及备份系统和专用机房设施。制定相关政策、制度、规划、标准和安全域，建立稳定、高效的信息系统大安全保障系统。

附录一

中共中央办公厅、国务院办公厅关于转发《国家信息化领导小组关于我国电子政务建设指导意见》的通知

中办发[2002]17 号

各省、自治区、直辖市党委和人民政府，中央和国家机关各部委：

《国家信息化领导小组关于我国电子政务建设指导意见》已经党中央、国务院领导同志同意，现转发给你们，请结合本地区、本部门实际，认真贯彻落实。

中共中央办公厅

国务院办公厅

2002 年 8 月 5 日

国家信息化领导小组关于我国电子政务建设指导意见

国家信息化领导小组决定，把电子政务建设作为今后一个时期我国信息化工作的重点，政府先行，带动国民经济和社会发展信息化。落实这一决定，对于应对加入世界贸易组织后的挑战，加快政府职能转变，提高行政质量和效率，增强政府监管和服务能力，促进社会监督，实施信息化带动工业化的发展战略，具有十分重要的意义。

随着改革开放和社会主义现代化建设的进一步推进，我国电子政务建设已经起步。20世纪90年代初以来，国务院有关部门相继建设了一批业务系统，"金关"和"金税"工程取得显著成效，办公自动化、政务信息化也取得较大成绩。但从总体上看，我国电子政务建设仍处于初始阶段，存在一些问题，主要是：网络建设各自为政，重复建设，结构不合理；业务系统水平低，应用和服务领域窄；信息资源开发利用滞后，互联线通不畅，共享程度低；标准不统一，安全存在隐患，法制建设薄弱。对此，我们必须高度重视，采取有力措施加快解决。电子政务建设事关信息化发展的全局，为做好"十五"期间电子政务建设的各项工作，现提出以下意见。

一、电子政务建设的指导思想和原则

"十五"期间，我国电子政务建设的指导思想是：以邓小平理论和"三个代表"重要思想为指导，适应改革开放和现代化建设对政务工作的要求，转变政府职能，提高工作效率和监管的有效性，更好地服务人民群众；以需求为导向，以应用促发展，通过积极推广和应用信息技术，增强政府工作的科学性、协调性和民主性，全面提高依法行政能力，加快建设廉洁、勤政、务实、高效的政府，促进国民经济持续快速发展和社会全面进步。

根据这一指导思想，我国电子政务建设要坚持以下原则：

——统一规划，加强领导。电子政务建设必须按照国家信息化领导小组的统一部署，制定总体规划，避免重复建设。各级党政主要领导同志要亲自抓，防止各自为政。要正确处理中央与地方、部门与部门的关系，明确各自的建设目标和重点，充分发挥各方面的积极性，分类指导，分层推进，分步实施。

——需求主导，突出重点。电子政务建设必须紧密结合政府职能转变和管理体制改革，根据政府业务的需要，结合人民群众的要求，突出重点，稳步推进。要讲求实效，坚持经济效益和社会效益相统一。当前要重点抓好建设统一网络平台、建立标准、健全法制，建设和整合关系国民经济和社会发展全局的业务系统。

——统一标准，保障安全。加快制定统一的电子政务标准规范，大力推进统一标准的贯彻落实。要正确处理发展与安全的关系，综合平衡成本和效益，一手抓电子政务建设。一手抓网络与信息安全，制定并完善电子政务网络与信息安全保障体系。

二、电子政务建设的主要目标和任务

“十五”期间，我国电子政务建设的主要目标是：标准统一、功能完善、安全可靠的政务信息网络平台发挥支持作用；重点业务系统建设取得显著成效；基础性、战略性政务信息库建设取得重大进展，信息资源共享程度明显提高；初步开成电子政务网络与信息安全保障体系，建立规范的培训制度，与电子政务相关的法规和标准逐步完善。这些工作完成后，中央和地方各级党委、政府部门的管理能力、决策能力、应急处理能力、公共服务得到较大改善和加强，电子政务发展奠定坚实的基础。

“十五”期间，电子政务建设的主要任务是：

（一）建设和整合统一的电子政务网络。为适应业务发展和安全保密的要求，有效遏制重复建设，要加快建设和整合统一的网络平台。电子政务网络由政务内网和政务外网构成，两网之间物理隔离，政务外网与互联网之间逻辑隔离。政务内网主要是副省级以上政务部门的办公网，与副省级以下政务部门的办公网物理隔离。政务外网是政府的业务专网，主要运行政务部门面向社会的专业性服务业务和为需在内网上运行的业务。要统一标准，利用统一，促进各个业务系统的互联互通、资源共享。要用一年左右的时间，基本形成统一的电子政务内外网络平台，在运行中逐步完善。

（二）建设和完善重点业务系统。为了提高决策、监管和服务水平，逐步规范政府业务流程，维护社会稳定，要加快12个重要业务系统建设：继续完善已取得初步成效的办公业务资源系统、金关、金税和金融监管（含金卡）4个工程，促进业务协同、资源整合；启动和加快建设宏观经济管理、金财、金盾、金审、社会保障、金农、金质、金水等8个业务系统。业务系统建设要统一规划，分工负责，分阶段推进。党的工作业务系统建设方案由中共中央办公厅研究提出。

（三）规划和开发重要政务信息资源。为了满足社会对政务信息资源的迫切需求，国家要组织编制政务信息资源建设专项，设计电子政务信息资源目录体系与交换体系；启动人口基础信息库、法人单位基础信息库、自然资源和空间地理基础信息库、宏观经济数据库的建设。

（四）积极推进公共服务。各级政务部门要加快政务信息公开的步伐。在内部业务网络化的基础上，充分发挥部门和地方政府的积极性，推动各级政府开展对企业和公众的服务，逐步增加服务内容、扩大服务范围、提高服务质量。近两年重点建设并整合中央和地方的综合门户网站、促进政务公开、行政审批、社会保障、教育文化、环境保护、“防伪打假”、“扫黄打非”等服务。

（五）基本建立电子政务网络与信息安全保障体系。要组织建立我国电子政务网络与信息安全保障体系框架，逐步完善安全管理体制，建立电子政务信任体系，加强关键性安全技术产品的研究和开发，建立应急支援中心和数据灾难备份基础设施。

（六）完善电子政务标准化体系。逐步制定电子政务建设所需的标准和规范。今年要优先制定业务协同、信息共享和网络与信息安全的标准，加快建立健全电子政务标准实施机制。

（七）加强公务员信息化培训和考核。要发挥各级各类教育培训机构的作用，切实有效地开展公务员的电子政务知识与技能培训，制定考核标准和制度。今年要制定公务员信息技术知识与技能的培训标准和培训计划，编制培训教材，落实培训机构。

（八）加快推进电子政务法制建设。适时提出比较成熟的立法建议，推动相关配套法律法规的制定和完善。加快研究和制定电子签章、政府信息公开及网络与信息安全、电子政务项目管理等方面的行政法规和规章。基本形成电子政务建设、运行维护和管理等方面有效的激励约束机制。

三、加快电子政务建设的主要措施

（一）统一认识，加强领导。推进电子政务建设，必须按照国家信息化领导小组的决策，统一部署，稳步推进。电子政务建设协调小组负责研究和协调电子政务建设中的重大问题。国务院信息化工作办公室负责制定总体规划，协调、指导和推进电子政务建设，建立科学的审议和评估机制。

（二）明确分工，各司其职。电子政务建设具体项目要按照国家基本建设项目审批程序审批，做好前期审议、可行性研究、采购招标、监理和验收工作。电子政务网络平台建设，由电子政务建设协调小组负责协调、指导，具体工作由国务院办公厅牵头，组织有关部门研究提出实施方案；业务系统和信息库建设，由各部门按照分工组织实施；为了保证电子政务建设的顺利进行，国务院信息化工作办公室要在近期内，协同或组织有关部门，加快电子政务建设的标准体系和安全规范的制定，明确提出统一的地址、域名、路由、信任和授权体系、项目管理等方面的规范，为各部门和地方的电子政务建设创造基础条件。

（三）稳步推进，严禁重复建设。各部门、各地区要按照本指导意见，统一认识，加强领导，制定规划，积极稳妥地做好电子政务建设工作，特别要加快信息资源开发和业务系统建设；要从实际出发，逐步规范业务流程，增加网上业务，加强公共管理和服务。各地要按照统一要求，加快整合分散的业务系统和信息资源，建成或调整为与中央政务网络标准一致的政务统一网络平台，要充分利用现有资源和现有网络平台条件，严禁重复建设。

（四）利用统一网络平台。各部门已经建设的业务系统和网络，要按照统一规划和标准，抓紧调整，逐步规范和完善，实现原有系统与统一网络平台的互联互通，新建的业务系统，原则上要利用统一的网络平台。

（五）规范试点。国务院信息化工作办公室要根据指导意见组织电子政务建设的试点与示范工作。要明确重点、抓出实效，防止一哄而起、盲目追风。有关部门已经开展的电子政务试点示范工程，要根据指导意见提出的任务和要求，纳入电子政务建设的总体规划。

（六）保证建设和运行资金。电子政务建设所需资金，采取中央政府和地方政府分别负担的方式予以解决。中央电子政务系统的建设资金，从中央预算内基本建设资金安排；中央电子政务系统建成之后的运行经费，由财政部商有关部门在预算中予发安排。地方电子政务系统的建设运行经费，由地方政府负担。对确有困难的地区，国央财政给予一定补助。

（七）创造有利电子政务发展的外部环境。要加快制定电子政务建设技术政策，实施有利于国内信息产业发展的政府采购政策，创造良好的外部环境，促进国内软件和系统集成产业的发展；制定电子政务项目概算标准，保障运行维护和培训经费，特别要合理确定和提高软件费用占项目总投资的比重；研究建立电子政务绩效评估机制。

附录二

中共中央办公厅、国务院办公厅关于印发《2006～2020 年国家信息化发展战略》的通知

中办发[2006]11 号

各省、自治区、直辖市党委和人民政府，中央和国家机关各部委，解放军各总部、各大单位，各人民团体：

《2006～2020 年国家信息化发展战略》已经党中央、国务院同意，现印发给你们，请结合实际认真贯彻落实。

中共中央办公厅
国务院办公厅
2006 年 3 月 19 日

2006～2020 年国家信息化发展战略

信息化是当今世界发展的大趋势，是推动经济社会变革的重要力量。大力推进信息化，是覆盖我国现代化建设全局的战略举措，是贯彻落实科学发展观、全面建设小康社会、构建社会主义和谐社会和建设创新型国家的迫切需要和必然选择。

一、全球信息化发展的基本趋势

信息化是充分利用信息技术，开发利用信息资源，促进信息交流和知识共享，提高经济增长质量，推动经济社会发展转型的历史进程。20 世纪 90 年代以来，信息技术不断创新，信息产业持续发展，信息网络广泛普及，信息化成为全球经济社会发展的显著特征，并逐步向一场全方位的社会变革演进。进入 21 世纪，信息化对经济社会发展的影响更加深刻。广泛应用、高度渗透的信息技术正孕育着新的重大突破。信息资源日益成为重要生产要素、无形资产和社会财富。

信息网络更加普及并日趋融合。信息化与经济全球化相互交织，推动着全球产业分工深化和经济结构调整，重塑着全球经济竞争格局。互联网加剧了各种思想文化的相互激荡，成为信息传播和知识扩散的新载体。电子政务在提高行政效率、改善政府效能、扩大民主参与等方面的作用日益显著。信息安全的重要性与日俱增，成为各国面临的共同挑战。信息化使现代战争形态发生重大变化，是世界新军事变革的核心内容。全球数字鸿沟呈现扩大趋势，发展失衡现象日趋严重。发达国家信息化发展目标更加清晰，正在出现向信息社会转型的趋向；越来越多的发展中国家主动迎接信息化发展带来的新机遇，力争跟上时代潮流。全球信息化正在引发当今世界的深刻变革，重塑世界政治、经济、社会、文化和军事发展的新格局。加快信息化发展，已经成为世界各国的共同选择。

二、我国信息化发展的基本形势

（一）信息化发展的进展情况

党中央、国务院一直高度重视信息化工作。20 世纪 90 年代，相继启动了以金关、金卡和金税为代表的重大信息化应用工程；1997 年，召开了全国信息化工作会议；党的十五届五中全会把信息化提到了国家战略的高度；党的十六大进一步作出了以信息化带动工业化、以工业化促进信息化、走新型工业化道路的战略部署；党的十六届五中全会再一次强调，推进国民经济和社会信息化，加快转变经济增长方式。“十五”期间，国家信息化领导小组对信息化发展重点进行了全面部署，作出了推行电子政务、振兴软件产业、加强信息安全保障、加强信息资源开发利用、加快发展电子商务等一系列重要决策。各地区各部门从实际出发，认真贯彻落实，不断开拓进取，我国信息化建设取得了可喜的进展。

——信息网络实现跨越式发展，成为支撑经济社会发展重要的基础设施。电话用户、网络规模已经位居世界第一，互联网用户和宽带接入用户均位居世界第二，广播电视网络基本覆盖了全国的行政村。

——信息产业持续快速发展，对经济增长贡献度稳步上升。2005 年，信息产业增加值占国内生产总值的比重达到 7.2%，对经济增长的贡献度达到 16.6%。电子信息产品制造业出口额占出口总额的比重已超过 30%。掌握了一批具有自主知识产权的关键技术。部分骨干企业的国际竞争力不断增强。

——信息技术在国民经济和社会各领域的应用效果日渐显著。农业信息服务体系不断完善。应用信息技术改造传统产业不断取得新的进展，能源、交通运输、冶金、机械和化工等行业的信息化水平逐步提高。传统服务业转型步伐加快,信息服务业蓬勃兴起。金融信息化推进了金融服务创新,现代化金融服务体系初步形成。电子商务发展势头良好,科技、教育、文化、医疗卫生、社会保障、环境保护等领域信息化步伐明显加快。

——电子政务稳步展开,成为转变政府职能、提高行政效率、推进政务公开的有效手段。各级政务部门利用信息技术,扩大信息公开,促进信息资源共享,推进政务协同,提高了行政效率,改善了公共服务,有效推动了政府职能转变。金关、金卡、金税等工程成效显著,金盾、金审等工程进展顺利。

——信息资源开发利用取得重要进展。基础信息资源建设工作开始起步,互联网上中文信息比重稳步上升,信息资源开发利用水平不断提高。

——信息安全保障工作逐步加强。制定并实施了国家信息安全战略,初步建立了信息安全管理体制和工作机制。基础信息网络和重要信息系统的安全防护水平明显提高,互联网信息安全管理进一步加强。

——国防和军队信息化建设全面展开。国防和军队信息化取得重要进展,组织实施了一批军事信息系统重点工程,军事信息基础设施建设取得长足进步,主战武器系统信息技术含量不断提高,作战信息保障能力显著增强。

——信息化基础工作进一步改善。信息化法制建设持续推进,信息技术标准化工作逐步加强,信息化培训工作得到高度重视,信息化人才队伍不断壮大。

我国信息化发展的基本经验是:坚持站在国家战略高度,把信息化作为覆盖现代化建设全局的战略举措,正确处理信息化与工业化之间的关系,长远规划,持续推进。坚持从国情出发,因地制宜,把信息化作为解决现实紧迫问题和发展难题的重要手段,充分发挥信息技术在各领域的作用。坚持把开发利用信息资源放到重要位置,加强统筹协调,促进互联互通和资源共享。坚持引进消化先进技术与增强自主创新能力相结合,优先发展信息产业,逐步增强信息化的自主装备能力。坚持推进信息化建设与保障国家信息安全并重,不断提高基础信息网络和重要信息系统的安全保护水平。坚持优先抓好信息技术的普及教育,提高国民信息技术应用技能。

(二)信息化发展中值得重视的问题

当前我国信息化发展也存在着一些亟待解决的问题,主要表现在:第一,思想认识需要进一步提高。我国是在工业化不断加快、体制改革不断深化的条件下推进信息化的,信息化理论和实践还不够成熟,全社会对推进信息化的重要性、紧迫性的认识需要进一步提高。第二,信息技术自主创新能力不足。核心技术和关键装备主要依赖进口。以企业为主体的创新体系亟待完善,自主装备能力急需增强。第三,信息技术应用水平不高。在整体上,应用水平落后于实际需求,信息技术的潜能尚未得到充分挖掘;在部分领域和地区应用效果不够明显。第四,信息安全问题仍比较突出。在全球范围内,计算机病毒、网络攻击、垃圾邮件、系统漏洞、网络窃密、虚假有害信息和网络违法犯罪等问题日渐突出,如应对不当,可能会给我国经济社会发展和国家安全带来不利影响。第五,数字鸿沟有所扩大。信息技术应用水平与先进国家相比存在较大差距。国内不同地区、不同领域、不同群体的信息技术应用水平和网络普及程度很不平衡,城乡、区域和行业的差距有扩大趋势,成为影响协调发展的新因素。第六,体制机制改革相对滞后。受各种因素制约,信息化管理体制尚不完善,电信监管体制改革有待深化,信息化法制建设需要进一步加快。

经过多年的发展,我国信息化发展已具备了一定基础,进入了全方位、多层次推进的新阶段。抓住机遇,迎接挑战,适应转变经济增长方式、全面建设小康社会的需要,更新发展理念,破解发展难题,创新发展模式,大力推进信息化发展,已成为我国经济社会发展新阶段重要而紧迫的战略任务。

三、我国信息化发展的指导思想和战略目标

(一)指导思想和战略方针

我国信息化发展的指导思想是:以邓小平理论和"三个代表"重要思想为指导,贯彻落实科学发展观,坚持以信息化带动工业化、以工业化促进信息化,坚持以改革开放和科技创新为动力,大力推进信息化,充分发挥信息化在促进经济、政治、文化、社会和军事等领域发展的重要作用,不断提高国家信息化水平,走中国特色的信息化道路,促进我国经济社会又好又快地发展。

我国信息化发展的战略方针是:统筹规划、资源共享,深化应用、务求实效,面向市场、立足创新,军民结合、安全可靠。要以科学发展观为统领,以改革开放为动力,努力实现网络、应用、技术和产业的良性互动,促进网络融合,实现资源优化配置和信息共享。要以需求为主导,充分发挥市场机制配置资源的基础性作用,探索成本低、实效好的信息化发展模式。要以人为本,惠及全民,创造广大群众用得上、用得起、用得好的信息化发展环境。要把制度创

新与技术创新放在同等重要的位置，完善体制机制，推动原始创新，加强集成创新，增强引进消化吸收再创新能力。要推动军民结合，协调发展。要高度重视信息安全，正确处理安全与发展之间的关系，以安全保发展，在发展中求安全。

（二）战略目标

到2020年，我国信息化发展的战略目标是：综合信息基础设施基本普及，信息技术自主创新能力显著增强，信息产业结构全面优化，国家信息安全保障水平大幅提高，国民经济和社会信息化取得明显成效，新型工业化发展模式初步确立，国家信息化发展的制度环境和政策体系基本完善，国民信息技术应用能力显著提高，为迈向信息社会奠定坚实基础。具体目标是：

促进经济增长方式的根本转变。广泛应用信息技术，改造和提升传统产业，发展信息服务业，推动经济结构战略性调整。深化应用信息技术，努力降低单位产品能耗、物耗，加大对环境污染的监控和治理，服务循环经济发展。充分利用信息技术，促进我国经济增长方式由主要依靠资本和资源投入向主要依靠科技进步和提高劳动者素质转变，提高经济增长的质量和效益。

实现信息技术自主创新、信息产业发展的跨越。有效利用国际国内两个市场、两种资源，增强对引进技术的消化吸收，突破一批关键技术，掌握一批核心技术，实现信息技术从跟踪、引进到自主创新的跨越，实现信息产业由大变强的跨越。

提升网络普及水平、信息资源开发利用水平和信息安全保障水平。抓住网络技术转型的机遇，基本建成国际领先、多网融合、安全可靠的综合信息基础设施。确立科学的信息资源观，把信息资源提升到与能源、材料同等重要的地位，为发展知识密集型产业创造条件。信息安全的长效机制基本形成，国家信息安全保障体系较为完善，信息安全保障能力显著增强。

增强政府公共服务能力、社会主义先进文化传播能力、中国特色的军事变革能力和国民信息技术应用能力。电子政务应用和服务体系日臻完善，社会管理与公共服务密切结合，网络化公共服务能力显著增强。网络成为先进文化传播的重要渠道，社会主义先进文化的感召力和中华民族优秀文化的国际影响力显著增强。国防和军队信息化建设取得重大进展，信息化条件下的防卫作战能力显著增强。人民群众受教育水平和信息技术应用技能显著提高，为建设学习型社会奠定基础。

四、我国信息化发展的战略重点

（一）推进国民经济信息化

推进面向“三农”的信息服务。利用公共网络，采用多种接入手段，以农民普遍能够承受的价格，提高农村网络普及率。整合涉农信息资源，规范和完善公益性信息中介服务，建设城乡统筹的信息服务体系，为农民提供适用的市场、科技、教育、卫生保健等信息服务，支持农村富余劳动力的合理有序流动。

利用信息技术改造和提升传统产业。促进信息技术在能源、交通运输、冶金、机械和化工等行业的普及应用，推进设计研发信息化、生产装备数字化、生产过程智能化和经营管理网络化。充分运用信息技术推动高能耗、高物耗和高污染行业的改造。推动供应链管理和客户关系管理，大力扶持中小企业信息化。

加快服务业信息化。优化政策法规环境，依托信息网络，改造和提升传统服务业。加快发展网络增值服务、电子金融、现代物流、连锁经营、专业信息服务、咨询中介等新型服务业。大力发展电子商务，降低物流成本和交易成本。

鼓励具备条件的地区率先发展知识密集型产业。引导人才密集、信息化基础好的地区率先发展知识密集型产业，推动经济结构战略性调整。充分利用信息技术，加快东部地区知识和技术向中西部地区的扩散，创造区域协调发展的新局面。

（二）推行电子政务

改善公共服务。逐步建立以公民和企业为对象、以互联网为基础、中央与地方相配合、多种技术手段相结合的电子政务公共服务体系。重视推动电子政务公共服务延伸到街道、社区和乡村。逐步增加服务内容，扩大服务范围，提高服务质量，推动服务型政府建设。

加强社会管理。整合资源，形成全面覆盖、高效灵敏的社会管理信息网络，增强社会综合治理能力。协同共建，完善社会预警和应对突发事件的网络运行机制，增强对各种突发性事件的监控、决策和应急处置能力，保障国家安全、公共安全，维护社会稳定。

强化综合监管。满足转变政府职能、提高行政效率、规范监管行为的需求，深化相应业务系统建设。围绕财政、金融、税收、工商、海关、国资监管、质检、食品药品安全等关键业务，统筹规划，分类指导，有序推进相关业务系统之间、中央与地方之间的信息共享，促进部门间业务协同，提高监管能力。建设企业、个人征信系统，规范和维护市场秩序。

完善宏观调控。完善财政、金融等经济运行信息系统，提升国民经济预测、预警和监测水平，增强宏观调控决策的有效性和科学性。

（三）建设先进网络文化

加强社会主义先进文化的网上传播。牢牢把握社会主义先进文化的前进方向，支持健康有益文化，加快推进中华民族优秀文化作品的数字化、网络化，规范网络文化传播秩序，使科学的理论、正确的舆论、高尚的精神、优秀的作品成为网上文化传播的主流。

改善公共文化信息服务。鼓励新闻出版、广播影视、文学艺术等行业加快信息化步伐，提高文化产品质量，增强文化产品供给能力。加快文化信息资源整合，加强公益性文化信息基础设施建设，完善公共文化信息服务体系，将文化产品送到千家万户，丰富基层群众文化生活。

加强互联网对外宣传和文化交流。整合互联网对外宣传资源，完善互联网对外宣传体系建设，不断提高互联网对外宣传工作整体水平，持续提升对外宣传效果，扩大中华民族优秀文化的国际影响力。

建设积极健康的网络文化。倡导网络文明，强化网络道德约束，建立和完善网络行为规范，积极引导广大群众的网络文化创作实践，自觉抵御不良内容的侵蚀，摈弃网络滥用行为和低俗之风，全面建设积极健康的网络文化。

（四）推进社会信息化

加快教育科研信息化步伐。提升基础教育、高等教育和职业教育信息化水平，持续推进农村现代远程教育，实现优质教育资源共享，促进教育均衡发展。构建终身教育体系，发展多层次、交互式网络教育培训体系，方便公民自主学习。建立并完善全国教育与科研基础条件网络平台，提高教育与科研设备网络化利用水平，推动教育与科研资源的共享。

加强医疗卫生信息化建设。建设并完善覆盖全国、快捷高效的公共卫生信息系统，增强防疫监控、应急处置和救治能力。推进医疗服务信息化，改进医院管理，开展远程医疗。统筹规划电子病历，促进医疗、医药和医保机构的信息共享和业务协同，支持医疗体制改革。

完善就业和社会保障信息服务体系。建设多层次、多功能的就业信息服务体系，加强就业信息统计、分析和发布工作，改善技能培训、就业指导和政策咨询服务。加快全国社会保障信息系统建设，提高工作效率，改善服务质量。

推进社区信息化。整合各类信息系统和资源，构建统一的社区信息平台，加强常住人口和流动人口的信息化管理，改善社区服务。

（五）完善综合信息基础设施

推动网络融合，实现向下一代网络的转型。优化网络结构，提高网络性能，推进综合基础信息平台的发展。加快改革，从业务、网络和终端等层面推进"三网融合"。发展多种形式的宽带接入，大力推动互联网的应用普及。推动有线、地面和卫星等各类数字广播电视的发展，完成广播电视从模拟向数字的转换。应用光电传感、射频识别等技术扩展网络功能，发展并完善综合信息基础设施，稳步实现向下一代网络的转型。

建立和完善普遍服务制度。加快制度建设，面向老少边穷地区和社会困难群体，建立和完善以普遍服务基金为基础、相关优惠政策配套的补贴机制，逐步将普遍服务从基础电信和广播电视业务扩展到互联网业务。加强宏观管理，拓宽多种渠道，推动普遍服务市场主体的多元化。

（六）加强信息资源的开发利用

建立和完善信息资源开发利用体系。加快人口、法人单位、地理空间等国家基础信息库的建设，拓展相关应用服务。引导和规范政务信息资源的社会化增值开发利用。鼓励企业、个人和其他社会组织参与信息资源的公益性开发利用。完善知识产权保护制度，大力发展以数字化、网络化为主要特征的现代信息服务业，促进信息资源的开发利用。充分发挥信息资源开发利用对节约资源、能源和提高效益的作用，发挥信息流对人员流、物质流和资金流的引导作用，促进经济增长方式的转变和资源节约型社会的建设。

加强全社会信息资源管理。规范对生产、流通、金融、人口流动以及生态环境等领域的信息采集和标准制定，加强对信息资产的严格管理，促进信息资源的优化配置。实现信息资源的深度开发、及时处理、安全保存、快速流动和有效利用，基本满足经济社会发展优先领域的信息需求。

（七）提高信息产业竞争力

突破核心技术与关键技术。建立以企业为主体的技术创新体系，强化集成创新，突出自主创新，突破关键技术。选择具有高度技术关联性和产业带动性的产品和项目，促进引进消化吸收再创新，产学研用结合，实现信息技术关键领域的自主创新。积聚力量，攻克难关，逐步由外围向核心逼近，推进原始创新，力争跨越核心技术门槛，推进创新型国家建设。

培育有核心竞争能力的信息产业。加强政府引导，突破集成电路、软件、关键电子元器件、关键工艺装备等基础产业的发展瓶颈，提高在全球产业链中的地位，逐步形成技术领先、基础雄厚、自主发展能力强的信息产业。优化环境，引导企业资产重组、跨国并购，推动产业联盟，加快培育和发展具有核心能力的大公司和拥有技术专长的中小企业，建立竞争优势。加快“走出去”步伐，鼓励运营企业和制造企业联手拓展国际市场。

（八）建设国家信息安全保障体系

全面加强国家信息安全保障体系建设。坚持积极防御、综合防范，探索和把握信息化与信息安全的内在规律，主动应对信息安全挑战，实现信息化与信息安全协调发展。坚持立足国情，综合平衡安全成本和风险，确保重点，优化信息安全资源配置。建立和完善信息安全等级保护制度，重点保护基础信息网络和关系国家安全、经济命脉、社会稳定的重要信息系统。加强密码技术的开发利用。建设网络信任体系。加强信息安全风险评估工作。建设和完善信息安全监控体系，提高对网络安全事件应对和防范能力，防止有害信息传播。高度重视信息安全应急处置工作，健全完善信息安全应急指挥和安全通报制度，不断完善信息安全应急处置预案。从实际出发，促进资源共享，重视灾难备份建设，增强信息基础设施和重要信息系统的抗毁能力和灾难恢复能力。

大力增强国家信息安全保障能力。积极跟踪、研究和掌握国际信息安全领域的先进理论、前沿技术和发展动态，抓紧开展对信息技术产品漏洞、后门的发现研究，掌握核心安全技术，提高关键设备装备能力，促进我国信息安全技术和产业的自主发展。加快信息安全人才培养，增强国民信息安全意识。不断提高信息安全的法律保障能力、基础支撑能力、网络舆论宣传的驾驭能力和我国在国际信息安全领域的影响力，建立和完善维护国家信息安全的长效机制。

（九）提高国民信息技术应用能力，造就信息化人才队伍

提高国民信息技术应用能力。强化领导干部的信息化知识培训，普及政府公务人员的信息技术技能培训。配合现代远程教育工程，组织志愿者深入

老少边穷地区从事信息化知识和技能服务。普及中小学信息技术教育。开展形式多样的信息化知识和技能普及活动,提高国民受教育水平和信息能力。

培养信息化人才。构建以学校教育为基础,在职培训为重点,基础教育与职业教育相互结合,公益培训与商业培训相互补充的信息化人才培养体系。鼓励各类专业人才掌握信息技术,培养复合型人才。

五、我国信息化发展的战略行动

为落实国家信息化发展的战略重点,保证在“十一五”时期国家信息化水平迈上新的台阶,按照承前启后、以点带面的原则,优先制定和实施以下战略行动计划。

(一)国民信息技能教育培训计划

在全国中小学普及信息技术教育,建立完善的信息技术基础课程体系,优化课程设置,丰富教学内容,提高师资水平,改善教学效果。推广新型教学模式,实现信息技术与教学过程的有机结合,全面推进素质教育。

加大政府资金投入及政策扶持力度,吸引社会资金参与,把信息技能培训纳入国民经济和社会发展规划。依托高等院校、中小学、邮局、科技馆、图书馆、文化站等公益性设施,以及全国文化信息资源共享工程、农村党员干部远程教育工程等,积极开展国民信息技能教育和培训。

(二)电子商务行动计划

营造环境、完善政策,发挥企业主体作用,大力推进电子商务。以企业信息化为基础,以大型重点企业为龙头,通过供应链、客户关系管理等,引导中小企业积极参与,形成完整的电子商务价值链。加快信用、认证、标准、支付和现代物流建设,完善结算清算信息系统,注重与国际接轨,探索多层次、多元化的电子商务发展方式。

制定和颁布中小企业信息化发展指南,分类指导,择优扶持,建设面向中小企业的公共信息服务平台,鼓励中小企业利用信息技术,促进中小企业开展灵活多样的电子商务活动。立足产业集聚地区,发挥专业信息服务企业的优势,承揽外包服务,帮助中小企业低成本、低风险地推进信息化。

(三)电子政务行动计划

规范政务基础信息的采集和应用,建设政务信息资源目录体系,推动政府信息公开。整合电子政务网络,建设政务信息资源的交换体系,全面支撑经济调节、市场监管、社会管理和公共服务职能。

建立电子政务规划、预算、审批、评估综合协调机制。加强电子政务建设资金投入的审计和监督。明确已建、在建及新建项目的关系和业务衔接，逐步形成统一规范的电子政务财政预算、基本建设、运行、维护管理制度和绩效评估制度。

（四）网络媒体信息资源开发利用计划

开发科技、教育、新闻出版、广播影视、文学艺术、卫生、“三农”、社保等领域的信息资源，提供人民群众生产生活所需的数字化信息服务，建成若干强大的、影响广泛的、协同关联的互联网骨干网站群。扶持国家重点新闻网站建设。鼓励公益性网络媒体信息资源的开发利用。

制定政策措施，引导和鼓励网络媒体信息资源建设，开发优秀的信息产品，全面营造健康的网络信息环境。注重研究互联网传播规律和新技术发展对网络传媒的深远影响。

（五）缩小数字鸿沟计划

坚持政府主导、社会参与，缩小区域之间、城乡之间和不同社会群体之间信息技术应用水平的差距，创造机会均等、协调发展的社会环境。

加大支持力度，综合运用各种手段，加快推进中西部地区的信息网络建设，普及信息服务。把缩小城乡数字鸿沟作为统筹城乡经济社会发展的重要内容，推进农业信息化和现代农业建设，为建设社会主义新农村服务。逐步在行政村和城镇社区设立免费或低价接入互联网的公共服务场所，提供电子政务、教育培训、医疗保健、养老救治等方面的信息服务。

（六）关键信息技术自主创新计划

在集成电路（特别是中央处理器芯片）、系统软件、关键应用软件、自主可控关键装备等涉及自主发展能力的关键领域，瞄准国际创新前沿，加大投入，重点突破，逐步掌握产业发展的主动权。

在具有研发基础、市场前景广阔的移动通信、数字电视、下一代网络、射频识别等领域，优先启用具有自主知识产权的标准，加快产品开发和推广应用，带动产业发展。

六、我国信息化发展的保障措施

为了保持我国信息化发展的协调性和连续性，顺利部署我国信息化发展的战略重点和战略行动，提出以下保障措施。

（一）完善信息化发展战略研究和政策体系

紧密跟踪全球信息化发展进程，适应经济结构战略性调整、产业升级换代和转变经济增长方式的需要，持续深化信息化发展战略研究，动态调整信息化发展目标。

把推广信息技术应用作为修订和完善各类产业政策的重要内容。明确重点，保障资金，把工业化提高到广泛应用智能工具的水平上来，提高我国产业的整体竞争力。

按照西部大开发、东北地区等老工业基地振兴改造、中部崛起以及有关国家产业基地和工业园区的部署，把信息化作为促进区域协调发展、增进区域之间优势互补、实现区域比较优势的平衡器和助推器。

制定并完善集成电路、软件、基础电子产品、信息安全产品、信息服务业等领域的产业政策。研究制定支持大型中央企业的信息化发展政策。

（二）深化和完善信息化发展领域的体制改革

完善市场准入和退出机制，规范法人治理结构，推动运营服务市场的公平有效竞争。鼓励和推广各种形式的宽带终端和接入技术。鼓励业务创新，提供市场许可、资源分配、技术标准、互联互通等方面的支持。

研究探索适应网络融合与信息化发展需要的统一监管制度。以创造公平竞争环境和保护消费者利益为重点，加快转变监管理念。防范和制止不正当竞争。逐步建立以市场调节为主的电信业务定价体系。

（三）完善相关投融资政策

根据深化投资体制改革和金融体制改革的要求，加快研究制定信息化的投融资政策，积极引导非国有资本参与信息化建设。研究制定适应中小企业信息化发展的金融政策，完善相关的财税政策。培育和发展信息技术转让和知识产权交易市场。完善风险投资机制和资本退出机制。

健全和完善招投标、采购政策，逐步完善扶持信息产业发展的产业政策。加大国家对信息化发展的资金投入，支持国家信息化发展所急需的各类基础性、公益性工作，包括基础性标准制定、基础性信息资源开发、互联网公共服务场所建设、国民信息技能培训、跨部门业务系统协同和信息共享应用工程等。完善并严格实施政府采购政策，优先采购国产信息技术产品和服务，实现技术应用与研发创新、产业发展的协同。

（四）加快制定应用规范和技术标准

加强政府引导，依托重大信息化应用工程，以企业和行业协会为主体，加快产业技术标准体系建设。完善信息技术应用的技术体制和产业、产品等技术规范和标准，促进网络互联互通、系统互为操作和信息共享。加快制定人口、法人单位、地理空间、物品编码等基础信息的标准。加强知识产权保护。加强国际合作，积极参与国际标准制定。

（五）推进信息化法制建设

加快推进信息化法制建设，妥善处理相关法律法规制定、修改、废止之间的关系，制定和完善信息基础设施、电子商务、电子政务、信息安全、政府信息公开、个人信息保护等方面的法律法规，创造信息化发展的良好法制环境。根据信息技术应用的需要，适时修订和完善知识产权、未成年人保护、电子证据等方面的法律法规。加强信息化法制建设中的国际交流与合作，积极参与相关国际规则的研究和制定。

（六）加强互联网治理

坚持积极发展、加强管理的原则，参与互联网治理的国际对话、交流和磋商，推动建立主权公平的互联网国际治理机制。加强行业自律，引导企业依法经营。理顺管理体制，明确管理责任，完善管理制度，正确处理好发展与管理之间的关系，形成适应互联网发展规律和特点的运行机制。

坚持法律、经济、技术手段与必要的行政手段相结合，构建政府、企业、行业协会和公民相互配合、相互协作、权利与义务对等的治理机制，营造积极健康的互联网发展环境。依法打击利用互联网进行的各种违法犯罪活动，推动网络信息服务健康发展。

（七）壮大信息化人才队伍

研究和建立信息化人才统计制度，开展信息化人才需求调查，编制信息化人才规划，确定信息化人才工作重点。建立信息化人才分类指导目录。确定信息化相关职业的分类，制定职业技能标准。

尊重信息化人才成长规律，以信息化项目为依托，培养高级人才、创新型人才和复合型人才。发挥市场机制在人才资源配置中的基础性作用，高度重视“走出去，引进来”工作，吸引海外人才，鼓励海外留学人员参与国家信息化建设。

（八）加强信息化国际交流与合作

密切关注世界信息化发展动向，建立和完善信息化国际交流合作机制。坚持平等合作、互利共赢的原则，积极参与多边组织，大力促进双边合作。准确把握我国加入世界贸易组织后过渡期的新情况，统筹国内发展与对外开放，切实加强信息技术、信息资源、人才培养等领域的交流与合作。

（九）完善信息化推进体制

切实加强领导，凡涉及信息化的重大政策和事项要经国家信息化领导小组审定。要抓紧研究建立符合行政体制改革方向、分工合理、责任明确的信息化推进协调体制。加大政府部门间的协调力度，明确中央、地方政府在信息化建设上的事权，加强对地方的业务指导。

各地区各部门要贯彻落实党的十六大和十六届三中、四中、五中全会精神，因地制宜，加快编制信息化发展规划，制定科学的信息化统计指标体系，改进信息化绩效评估方法，完善国民经济和社会发展的统计核算体系，使信息化融会到国民经济和社会发展的中长期规划之中。

附录三

国家统计局关于印发《"十一五"国家统计信息化建设规划纲要》的通知

国统字〔2006〕173号

各省、自治区、直辖市统计局，新疆生产建设兵团统计局，国家统计局各调查总队：

根据《2006～2020年国家信息化发展战略》的有关精神和具体要求，为进一步落实党中央、国务院领导同志关于统计改革发展和统计信息化建设的指示精神，加快实现以信息化改造传统的统计工作方式，提高统计工作的现代化水平，充分发挥统计信息资源开发利用在国家信息化建设中的重要作用，特制定《"十一五"国家统计信息化建设规划纲要》印发给你们。

《“十一五”国家统计信息化建设规划纲要》是指导“十一五”期间统计信息化建设的纲领性文件，是统计信息化建设项目立项的依据，请你们根据规划纲要的精神和要求，编制本地区统计信息化建设规划，落实相关建设项目，做好统计信息化建设工作。

国家统计局

2006年8月15日

“十一五”国家统计信息化建设规划纲要

为进一步落实党中央、国务院领导同志关于统计改革发展和统计信息化建设的指示要求，根据《2006～2020年国家信息化发展战略》精神及相关文件要求，特制定本规划纲要。

本规划纲要所称统计信息化是指，充分利用信息技术，开发建设统计信息资源，促进统计信息的共享，改造传统的统计工作方式，提高统计工作现代化水平，促进统计改革和发展，提高统计信息化在国家信息化建设中的地位和作用。

一、现状

经过全国统计系统二十年，特别是“十五”期间五年的统计信息化建设，连接国家—省（区、市）—重点城市及部分县区的统计信息主干网已初步建成并投入使用，基层统计调查部门的设备配备、网络连通情况有了明显改观，网络化工作方式已逐步成为统计部门数据交换、信息共享的主要途径；统计信息网站已逐步成为统计部门信息交流和为各级党委、政府、社会公众信息服务的重要窗口，通过网络发布的统计信息在数量上、质量上和及时性方面有了明显提高；统计信息系统的核心设备能力明显增强；在重大国情国力调查及常规统计报表的数据采集、处理和应用系统开发等方面的能力继续提高，软件规范化工作初见成效；办公自动化系统的全面推行，在提高统计政务工作的效率和管理水平方面发挥着越来越大的作用。总之，统计业务对信息技术的依存度继续提高，统计信息化基础建设已初具规模，在应用推广方面迈出了坚实的步伐。

但是，统计信息化建设还存在着一些问题，主要表现在：对统计信息化建设目标、建设任务认识不足，统计职能设置、法律法规、制度方法、业务规范和工作流程还存在不尽合理的地方，制约了信息技术的应用；统计信息化资金投入不足，导致统计信息化建设起步早、发展慢，基层统计部门的信息化装备水平较低；统计信息化管理相对薄弱，统计应用系统仍然存在着低水平重复开发，统计软件和应用秩序较乱，统计数据资源的采集、管理、服务共享机制仍不健全；长效机制没有建立，运行维护经费与实际工作需要存在较大差距；网络和信息的安全保障仍不足，没有建立存储备份机制；信息技术人才短缺，统计队伍的信息技术技能还不能适应统计工作的发展要求等。

二、指导思想和建设原则

统计信息化已经进入了全面发展的新阶段。要从统计发展战略高度认识统计信息化是关系到统计改革发展全局的战略举措，处理好业务发展与信息化建设的关系，长远规划、持续推进。要更新发展理念，破解发展难题，创新发展模式，真正把统计信息化建设当作统计改革发展的重要而迫切的战略任务。

统计信息化建设的指导思想是：大力推动现代信息技术应用，改造传统的统计工作方式，以信息化推动统计体制、制度方法的改革创新，促进统计工作的现代化，促进统计信息资源的开发利用，更好地支持党和政府的决策管理、为社会公众提供优质的统计信息服务，努力做到数据准确及时，信息集中共享，系统规范开放，应用方便快捷。

统计信息化的建设原则是：

(一)统一规划、协调一致。统计工作的复杂性决定了统计信息化建设是一项高度复杂的系统工程，各级政府统计部门和国家统计局派出的调查队必须在国家统计局的统一领导下，按照统一规划、统一标准、统一建设、统一管理的原则，进行统计信息系统的开发建设和应用管理，特别是网络平台、应用平台和数据资源的开发建设，保证国家统计信息系统的一致性和协调性。

(二)分工负责、协同实施。国家管理体制和统计管理体制决定了统计信息化建设不可能通过高度集中的投资建设一蹴而就，要根据统一规划，明确并处理好中央与地方的分工、综合统计部门与部门行业统计部门的分工、综合技术部门与统计业务部门的分工，根据具体情况明确重点、分工负责、协同实施、整体推进。同时，与中央和地方电子政务建设重点项目协调一致，避免重复建设。统计信息化建设还要与统计工作管理体制的改革协同配套，相互促进和发展。

(三)数据共享、优质服务。统计信息化建设必须以提高统计整体功能为目标，创新统计业务和政务管理方式，通过强化统计信息资源管理建设、统计信息服务体系建设，提高统计数据质量，使统计信息开发建设成为国家信息资源开发建设的重点领域，提高共享程度，提供优质服务，回报社会。

（四）规范流程、整合资源。制定相关业务、应用、网络、安全方面的标准规范，并推动相关资源的整合，加强应用开发和基础建设，提高业务工作流程和应用规范的标准化水平，着眼未来，深化应用。

（五）务求实效、安全可靠。网络平台、应用系统和数据资源的建设及重点项目的建设，要始终把成本、效益作为重要的尺度，稳步推进，务求实效；要建立健全安全保密制度、信息安全管理措施和必要的设施，确保国家统计信息资源和运行环境的安全。

三、统计信息化建设目标

“十一五”期间，统计信息化建设的目标：以规范的统计报表一体化体系、统计信息标准、统计业务流程为基础，以管理机制和工作规章为保证，通过信息化建设，有规划、有重点、分阶段进行统计数据资源建设和系统资源整合，建立健全一个面向统计调查对象、统计工作者、政府相关部门和社会公众的国家统计信息系统，推动并促进统计事业的改革发展。为此，提出以下分项建设目标：

（一）建立与信息化建设发展相互适应的统计工作方式。根据党的十六届三中全会有关“完善统计体制”的要求，初步理顺政府综合统计与部门行业统计在统计调查项目协调、数据交换、信息发布等方面的工作关系，完善法律法规、工作制度，避免重复调查、减轻基层负担，协调主要统计数据口径范围，保证相关统计数据的一致性。同时，在更大范围内保证政府统计数据资源的建设，保证政府统计信息的公共服务。

加强基层基础统计工作，逐步解决困扰基层基础统计工作的相关问题。大力推动统计电子报表的应用，实现统计报表的设计、下发、报送、催报、审核、处理、综合管理和发布等统计工作过程的网络化，推动统计改革创新。

（二）实现统计设计管理的标准化、工程化。从标准规范角度规范统计表式设计，参照国际通行规范并兼顾国情，研究设计针对不同调查对象类别的统计报表一体化体系；从信息工程角度研究设计统计数据规划，建立统计制度设计、统计数据管理和相关技术业务标准的元数据库及维护机制，从源头上消除业务壁垒和信息孤岛，保证统计数据中心、统计数据库应用系统的建设维护，保证微观、中观与宏观数据的一致性。

统计设计管理的标准化、工程化既要包括政府综合，还要包括基层统计和部门行业统计。通过完善相关工作机制和工作规范，健全基本单位名录的管理、应用及维护机制。

加快统计信息化标准规范的研究和发布，包括：统计指标与分类编码规则和编码体系设计、统计数据交换接口规范、统计调查数据处理及编辑规范、网上直报软件规范及其他功能性统计应用软件功能规范，以及统计应用软件开发规范，网络接入与运维管理标准、统计信息系统和安全规范等。

（三）完成统计信息化工程建设。到 2010 年前后，重点建立起一个统计数据库体系、整合好统计应用软件和网络两个平台，规划建设好一个统计信息门户系统和一个统计信息系统的安全保障系统（简称"1211"工程）。要把信息资源开发建设当作提高统计业务与信息技术融合度的突破点，进一步提高统计数据的准确性、及时性、完整性，保证统计工作有序、高效、统一，完善统计的整体功能，使各级统计部门真正成为政府的信息职能部门和决策支持部门。

四、统计信息化建设工程重点任务

统计信息化建设工程的重点任务包括：

（一）统计数据库体系。建立面向宏观决策和公共服务，以统计数据中心为基础，由相关综合数据库、主题数据库构成的统计数据库体系，为国家基础数据库之一的宏观经济数据库提供有力支撑，通过中央与地方的政务网络资源，提供权威、丰富的统计信息及多样、方便的检索查询服务功能。为此，应着力建设统计数据中心。

统计数据中心是对统计数据实行科学、规范的管理，上联统计报表数据处理环节，下接统计数据库体系，对现有统计工作流程起着补充、完善、规范和优化的作用。它以统计数据规划为依据、元数据为标准，对完成当期数据处理过程的数据进行抽取、转换、净化、加载（英文简称 ETCL）和后期的整理维护，以及完备的统计信息内容审计，用户权限、共享范围管理，最终提供系统、丰富、权威、可靠的数据应用目录，以及基础数据集和主题数据集。

（二）统计业务应用平台。通过大力推动统计应用软件的规范化工作，实现数据与软件的分离、应用与软件的分离，努力做到统计应用软件的功能化、模块化、组件化、系列化，提高稳定性、易用性，降低综合使用成本，初步建立起标准规范统一、功能模块清晰、方便基层使用、支持核心业务的统计业务应用平台。

1. 数据采集和处理系统。统计数据采集、处理系统是统计业务的核心应用系统之一。通过统计设计的标准化、工程化，通过统计应用软件的规范化，对多种来源、多种数据采集方式提供规范统一、标准开放的应用软件，支持基层数据的录入、网上报送、编辑审核、汇总制表、分类整理和统一管理，满足多层管理需要，逐步实现与国际通行规范接轨。这是统计业务应用平台建设的重点。

2. 统计分析和辅助决策支持系统。依托统计数据中心和统计数据库体系，建立包括多元统计分析、时间序列、数据挖掘等方法、图形分析工具和多种应用模型在内的辅助决策支持系统，按不同需求对统计数据进行多目标、多角度、深层次的加工、分析和展示，对国民经济运行和社会发展态势进行分析预测。

3. 其他应用服务系统。开发、完善其他与统计工作相关的应用系统，如地理信息系统、卫星遥感、网络及移动通讯等技术在统计工作中的应用系统；解决统计业务应用平台与部门统计信息系统的衔接问题。

通过完善配套工作制度，建立健全包括设备配置、软件更新、应用支持、安全管理等环节的统计信息技术服务体系。

（三）网络平台。坚持建设、整合与管理并重的原则，建立起结构合理、覆盖面广、安全可靠，支持多种网络应用的国家统计信息网络体系和网管系统。

分级进行国家统计信息主干网的延伸和网管中心建设，形成双星一环的网络结构，同步进行国家统计局直属调查队信息系统的基础设施和应用系统建设，最终实现国家、省、地市、县区各级政府统计部门和国家统计局派出的调查队网络的互联互通。逐步建立远程网络视频会议、网上直报、网上教育等应用子系统。

根据国家政务网络的整合管理政策，与中央和地方的政务网络互联互通、共享安全；建立健全网络基础设施的运维管理机制，外网、专网隔离运行，保证网络系统稳定、高效、安全运行。

（四）统计信息门户网站。按照信息门户的基本规范，结合统计工作实践，整合信息访问机制，建立内容板块丰富、功能模块完整、管理功能完善、人机界面友好，支持统计业务、政务管理、公共服务，具有标准架构和定制规范的国家统计统一门户网站框架。实施时，可分为专网门户网站和外网门户网站。

（五）统计信息化的安全保障系统。严格遵循国家有关安全保密法律法规、信息安全保障制度，明确并完善统计数据、统计信息的安全域划分和安全管理保障，完善统计信息的监察、安全审计等保密系统建设，健全入侵监测、等级保护机制；建立存储管理及备份系统和专用机房设施。从制度建设、管理措施、技术手段等方面逐步健全统计信息化安全保障系统。

五、保障措施

（一）加强领导，提高认识。统计信息化建设是国民经济和社会发展信息化的重要组成部分，是我国政府信息资源开发建设的重点领域，是统计现代化建设的核心，事关统计改革与发展的全局，是当前和今后统计部门的一项长期战略性任务。因此，统计信息化建设要按照百年大计工程进行统筹规划和统一管理，加强整体性考虑。

各级政府统计部门要主动争取当地政府对统计信息化建设工作的重视和支持，将其纳入本地区信息化重点规划项目之中，加强领导、加大投入。凡由中央统一规划和投资进行的分布式应用系统建设，各级地方均应进行同步配套。

（二）科学管理，健全机制。树立科学发展观，创新机制、创新方法、创新制度。各级统计部门都要成立由“一把手”挂帅的统计信息化建设领导小组，加强对统计信息化的发展方向、建设规划、重大项目的决策管理，加强对基层单位和部门统计信息化建设相关业务的指导和协调，建立长效机制。在各级统计信息化建设领导小组领导下，完善统计信息化管理体制建设，明确管理职责，树立管理权威。凡涉及统计信息化建设应用的重大政策和事情，要由统计信息化建设领导小组审定方可实施。

建立健全与数据中心、网上直报功能对应的业务岗位或职能机构。建立由监察和纪检部门牵头的统计信息化建设监督机制，监督检查相关规划方案、标准规范、政府采购和项目合同的执行，受理相关质疑、举报。

加强技术标准管理、技术项目管理、技术合同管理、技术咨询顾问等技术管理制度和执行监管机制建设，对统计信息化开发建设项目生命周期的各个阶段实行全过程的有效监管。加强统计信息化开发建设项目相关的预算管理、招投标、代建制、政府采购、外包、托管等知识学习和工作管理，充分保护公共资产和用户利益，提高项目管理的科学性、规范性和执行力，降低工作成本。建立国家、省级统计部门、国家统计局派出的调查队重大开发建设项目的协调会商机制，统一规划协调，分类指导实施，集中力量办大事，避免重复浪费。

（三）完善法规，加强考核。根据国家信息化相关法律法规，参照国际通行规则，制定、修订和实施统计信息化有关的规章制度，推进统计信息化进程，保障统计信息系统和信息资源的开发、运行和管理。

制定相关制度，对统计信息化发展建设情况定期进行检查和考核评估，建立一种反馈激励的持续机制，避免统计信息化建设的大起大落，解决统计信息化要素建设中可能出现的“短板”问题。

（四）落实责任，保障投入。多渠道集资仍然是统计信息化建设资金筹措的主要策略。本着中央和地方事权、财权分级管理的原则安排资金的使用。统计信息化建设资金的投入，要达到与应用系统规模相当的政府部门的平均水平。国家和省级统计部门对贫困地区的统计信息化建设项目，视财力给予必要的补助。规范统计工作经费预算科目，努力将统计信息化系统的运行和维护费用纳入各级统计事业费预算。

（五）加强技术研究和技能培训。积极研究并促进现代信息技术在统计工作中的应用，采取多种形式推动信息技术应用成果的交流。制定统计信息技术培训规划、考核标准和在职培训制度，组织编写培训教材，利用多种形式、多种途径积极推进信息技术教育工作，加大力度，并逐步制度化、规范化和法制化，为统计工作的改革发展和信息化建设提供人才保障。信息技术培训考核成绩将逐步纳入晋升行政和技术职务的重要条件。

第 9 章

统计信息系统开发技术

信息系统开发是指根据组织管理的战略目标、内容、规模、性质等具体情况，建立起一套以计算机为基础的软硬件结合的信息系统或信息工程项目。系统开发的核心是软件的开发，还有相关的基础性建设。

信息系统的开发通常要涉及到组织内部各级机构、管理人员和组织面临的外部环境，现代社会经济与科学技术发展迅速，统计工作面临内外部环境复杂多变，因此，统计系统开发者必须十分重视组织面临的内、外部环境及发展趋势，深刻理解统计自身管理体制、管理思想、管理方法和管理手段，充分考虑我国统计现行制度和运行惯例，合理规划系统目标、规模、功能和实施步骤，有效利用先进信息技术方法和现代科学管理成果，建设一个与我国经济社会发展环境相适应的、促进统计水平提高的信息系统。

9.1　统计信息系统开发涉及的基本问题

9.1.1　信息系统开发特点

信息系统开发是一个庞大的系统工程，从工程角度需要明确的是系统需要完成什么任务？用什么方法完成这些任务？采用什么方法开发系统？用多少时间多少费用等等问题。纵观信息系统开发历史，可见管理信息系统开发有如下特点：

9.1.1.1　系统开发的内容复杂

信息系统是一个复杂人机系统，人员包含组织内高层决策者、中层职能人员和基层业务人员，机器包含各种计算机硬件、软件、各种办公设备和通信软件。信息系统的开发涉及的知识面广、部门多，不仅涉及先进的技术和方法，如计算机技术、数字通信技术、网络技术、各种控制与决策方法以及人工智能技术等；而且涉及到管理业务和组织行为，如管理水平、职工业务水平职工素质和能力、组织文化、组织规章、制度、惯例等，因此，组织的信息系统涉及的内容复杂。

9.1.1.2 系统开发的环境复杂多变

由于现代社会经济与科学技术迅猛发展，以网络为基础、以技术为动力、以创新为灵魂、以全球为舞台的社会环境逐步形成，信息技术和网络技术的渗透，改造传统社会结构，时空障碍大大缩小，世界利益相互依存，相互关联，使全球经济发展一体化成为必然，企业创新速度快，社会环境充满求新、求快、求变的特点，组织自身也会随市场的变化不断调整机构，而且调整幅度也是前所未有的，组织面临的内外环境在不断发展变化，信息系统必须适应企业环境的变化，系统目标、功能既要适应企业当前的发展水平和能力，又要适应企业管理体制、管理思想、管理方法和手段的变化，从而提高企业的管理水平，增强竞争力，实现管理目标。

9.1.1.3 系统开发的技术手段复杂

信息系统是先进的信息技术和先进管理理念相结合的产物，它涉及计算机软件、硬件技术、通信与网络技术、各种信息采集与存储技术，数据库技术、各种控制与决策方法、建模与仿真技术以及人工智能技术等，如何掌握这些技术和方法，合理地应用以达到预期效果，也是管理信息系统建设的主要任务之一。

9.1.1.4 质量要求高

一方面，信息系统作为一个软件产品的角度来说，不允许有任何错误，任何一个语法错误或语义错误，都会使运行中断或出现错误的处理结果；另一方面，基于计算机的信息系统产品，不仅须完成原手工系统的全部功能，而且要满足用户提出的一些新的、更高的要求，有创新、有突破，解决手工系统难以完成的问题。否则，将会导致系统的开发失败。

9.1.2 信息系统开发的原则

为了保证信息系统的成功开发，在系统开发中应遵循一定的原则。主要包括：

9.1.2.1　完整性

信息系统是由各子系统组成的整体，具有系统的整体性特征。手工方式下，由于处理手段的限制，信息处理采用各职能部门分别收集和保存信息、分散处理信息的形式。计算机化的信息系统必须从系统总体出发，克服手工信息分散处理的弊病，各子系统的功能要尽可能规范，数据采集要统一，语言描述要一致，信息资源要共享。保证各子系统协调一致地工作，避免信息的大量重复(冗余)，寻求系统的整体优化。

9.1.2.2　相关性

组成信息系统的各子系统各有其独立功能，同时又相互联系，相互作用。通过信息流把它们的功能联系起来，某一子系统发生了变化，其他子系统也要相应的进行调整和改变，因此，在信息系统开发中，不能不考虑系统的相关性，即不能不考虑其他子系统而孤立地设计某一子系统。

9.1.2.3　适应性

信息系统应对外界条件的变化有较强的适应能力。不能适应环境变化的系统是没有生命力的。由于信息系统是一个很复杂的系统工程，故要求系统的结构具有较好的灵活性和可塑性。这样，当组织管理模式或计算机软硬件等发生变化时，系统才能够容易地进行修改、扩充等功能。

9.1.2.4　可靠性

只有可靠的系统才能得到用户的信任。因此在设计系统时，要保证系统软硬件设备的稳定性；要保证数据采集的质量；要有数据校验功能；要有一套系统的安全措施。只有这样，系统的可靠性才能得到充分保证。系统的可靠性是检验系统成败的主要指标之一。

9.1.2.5　经济性

经济性是衡量系统值不值得开发的重要依据。开发过程中，尽可能节省开支和缩短开发周期。新系统投入运行后，尽快回收投资，以提高系统的经济效益和社会效益。

9.1.3　信息系统开发的人员组织

在信息系统的开发过程中，必须建立一支由既懂计算机又懂管理的计算机技术人员和业务管理人员两方面人员组成的开发队伍，只有计算机技术人员和业务管理人员的紧密配合，才能开发出一个良好的信息系统。缺乏业务管理人员参与开发的信息系统，即使设计、编码工作做得很出色，至多只是代替手工、完成部分手工劳动的系统。这支队伍包括：系统分析员、系统设计员、程序员、操作员、系统维护人员、系统控制和管理人员。

9.1.3.1 系统分析员

负责系统分析，在信息系统开发过程中，系统分析员是开发队伍中的领军人物，起着举足轻重的作用，他要主持整个系统开发，确定工作目标及确定实现目标的具体方案。系统分析员的知识水平和能力决定了信息系统的质量，系统分析员必须具备广博的知识，不仅懂得计算机硬件、软件知识，还应该掌握经济及现代管理知识，具有较强组织管理能力、人际交往能力，对信息高度敏感，能正确理解各级管理人员提出的要求，通过分析、抽象，将这些需求转换为计算机系统的逻辑模型。一定意义上讲，系统分析员的水平将影响到信息系统开发的质量，甚至成败。

9.1.3.2 系统设计员

负责系统设计，系统设计员应具有扎实的信息技术方面的知识，在信息系统的开发中，其主要任务是根据系统的逻辑模型要求，完成系统的物理模型设计工作。

9.1.3.3 程序员

负责应用程序设计，根据系统物理模型中的要求，负责系统的程序设计、调试和转换工作。程序员应具有较强的逻辑思维能力，精通程序设计语言和编程技巧，掌握系统测试的原理和方法。

9.1.3.4 操作员

包括硬件操作和数据录入人员。

9.1.3.5 系统维护人员

负责系统维护，包括平台维护、软件维护、数据维护等维护工作，是信息系统正常运行的保障。系统维护人员应具有一定的信息技术知识，了解组织的运作过程和管理方式。

9.1.3.6 信息控制和管理人员

负责系统开发、运行和维护的组织与领导工作，这类人员在系统开发过程中起着非常重要的作用。控制和管理人员负责向分析人员准确、全面地表达需求，对系统的功能进行客观的评价，与开发人员进行沟通，对系统的不足进行改进。参加系统开发的管理。

9.1.4　信息系统成功的条件

9.1.4.1　领导重视

信息系统开发周期长，耗资大，且涉及管理方法的变革，必须主要领导亲自抓才能成功。信息系统的开发是一项庞大的系统工程，它涉及组织日常管理工作的各个方面，需要领导出面组织力量，协调各方面的关系。没有领导的支持，信息系统开发将面临巨大的阻碍，系统的开发很难成功。实践证明，系统开发失败的一个重要原因是：领导不是参加者，而是旁观者。

9.1.4.2　业务管理部门的支持

开发好信息系统，各业务管理部门的支持是十分重要的。各级业务部门应有熟悉本部门的业务流程及信息需求的管理人员参与开发工作，这样他们才能对信息系统构成和应有的功能提出自己的看法。为真正开发出一个适应部门管理要求的信息系统打下基础。

9.1.4.3　管理基础工作的规范化

没有一个好的管理基础工作，信息系统是不可能成功的。信息系统的开发是“三分技术，七分管理，十二分数据”，只有在合理的管理体制、完善的规章制度、规范化的报表体系、科学的管理方法和可靠完整的数据资料的基础之上，才能有效地开发信息系统。为了适应信息系统开发的要求，必须完善管理的基础工作，实现基础管理的规范化，管理业务的程序化，指标和定额的科学化，报表文件的统一化，代码名称的标准化。

9.1.4.4　建立专门的组织机构

建立信息系统开发的组织机构，也就是成立由组织领导亲自挂帅的系统开发领导小组（信息委员会），它是系统开发的最高决策机构。领导小组的负责人应由组织主要负责人担任，成员应包括有关部门的负责人、有经验的管理专家、系统分析员。

9.1.4.5　具备一定的资金能力

信息系统开发要有一定的物质基础。信息系统开发是一项投资大、风险大的系统工程，企业在信息系统开发过程中，需要购买机器设备，购买软件，消耗各种材料，发生人工费用、培训费用以及在开发过程发生的其他各种费用。

这些对企业来说是一个不小的负担。为了保证信息系统开发的顺利进行，开发前应有一个总体规划，进行可行性论证，对所需资金应有一个正确的预算，制定资金筹措计划，保证资金的按期到位，开发过程中要加强资金管理，防止浪费现象的发生。

9.2 统计信息系统开发技术概述

近几十年，相关专家、学者以及企业、组织不断研究实践，提出和应用了不同的信息系统开发方法，综观信息系统开发的主流方法，其侧重点均有所不同，有的强调的是计算机信息系统开发过程的组织、管理和控制，属于系统开发生命周期的范畴；有的则强调开发方法的驱动对象，属于方法论的范畴；有的则是支持某种方法论的技术，属于技术的范畴；尽管信息系统的开发方法很多，但任何一种方法都有一定的适用范围，不可能一种方法适合各种应用环境，我们看到不同的方法在系统开发的不同阶段对系统建设都有不同的帮助，统计信息系统开发方法也离不开这些常用方法。

9.2.1 信息系统开发组织

要开发好信息系统，组织是关键。建立适应信息系统开发需要的专门组织机构是信息系统开发成功的保证。

成立由企业领导亲自挂帅的系统开发领导小组（信息委员会），它是系统开发的最高决策机构。领导小组的负责人应由企业主要负责人担任，成员应包括有关部门的负责人、有经验的管理专家、系统分析员。开发领导小组不负责开发的具体技术工作，其主要职责包括：提出和确定新系统的目标、规划和总策略；对开发项目的目标、预算、进度、工作质量等进行监督和控制；审查和批准系统开发各阶段的工作报告；协调系统开发中有关的各项工作；向上级组织报告系统开发的进展情况；组织系统的验收；负责主要成员的任用和规定各成员的职责范围等。

设立系统开发小组负责具体的开发技术工作。系统开发小组由系统分析员负责，其任务是根据系统目标和系统开发领导小组的指导开展具体工作。具体工作包括：系统开发方法的选择；各类调查的设计和实施；调查结果的分析；撰写可行性报告；系统的逻辑设计；系统的物理设计；系统的具体编程和实施；制定新旧系统的交接方案；监控新系统的运行；协助组织进行新的组织机构变革和新的管理规章制度的制定等。图 9－1 表示系统开发的组织。

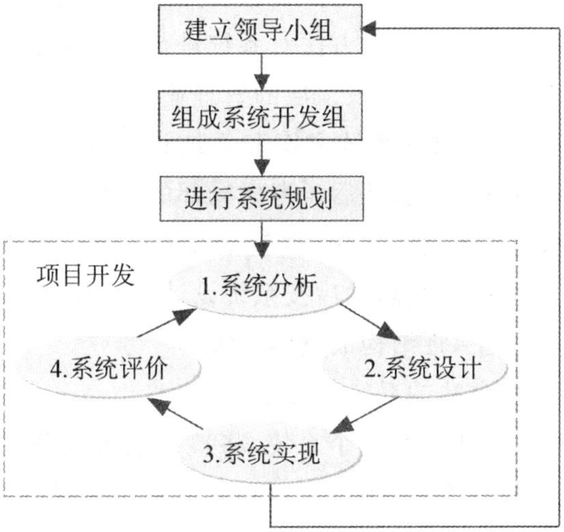

图 9－1　信息系统建设流程图

其中：

系统分析是完成呈交服务请求、评价服务请求、组织可行性研究队伍、识别约束、提供现有系统文件、调查技术转换、完成建议系统的初步设计、定义项目范围、准备收益/成本分析、做出对可行性研究的决策、选定开发队伍、估计和做出人员委托、训练人员、建立详细进度计划、和用户人员交谈、确定数据库要求、建立控制和回转手续等等任务。

系统设计要完成详细计划、进行用户和信息服务预排、选择硬件、准备草图、描述数据实体说明、准备程序说明、指定主要程序员、分配程序优先级、调度程序准备、编写调试和文件化程序等等任务。

切换和实现要完成切换计划、进行系统接收测试、开发用户手册、交用户培训计划、创造和转换文件/数据库、完成并且运行等等任务。

实现后评价是准备系统评价计划并且进行实现后的评价任务。

9.2.2　结构化生命周期法

9.2.2.1　结构化系统开发方法的基本思想

结构化系统开发方法的基本思想是:用系统工程的思想和工程化的方法，按用户至上的原则,结构化、模块化、自顶向下地对系统进行分析与设计。

具体来说,就是先将整个管理信息系统开发过程划分出若干个相对比较独立的阶段,如系统规划、系统分析、系统设计、系统实施等阶段,在系统规划、分析和设计阶段采用自顶向下的方法对系统进行结构化划分,也就是说,在系统调查和理顺管理业务时,应从最顶层的管理业务入手,层层逐步深入至最基层。如果在系统分析,提出新系统方案和系统设计时,应从宏观整体考虑入手,即先考虑系统整体的优化,然后再考虑局部的优化问题;在系统实施阶段,采用自底向上的方法逐步组织实施,也就是按照前几个阶段设计的模块组织人力从最基层的模块开始编程,然后按系统设计的结构,将模块一个个拼接到一起进行调试,自底向上,逐渐构成整体系统。

9.2.2.2　结构化方法的系统开发步骤

结构化系统开发方法开发一个系统,将整个系统划分成五个首尾相连的阶段,称之为系统开发周期,如图 9－2 所示,只有前一阶段完成之后,才能开始下一阶段的工作,每个阶段都有由明确的标准化图表和文字组成的文档,以便于在开发中实行管理和控制。

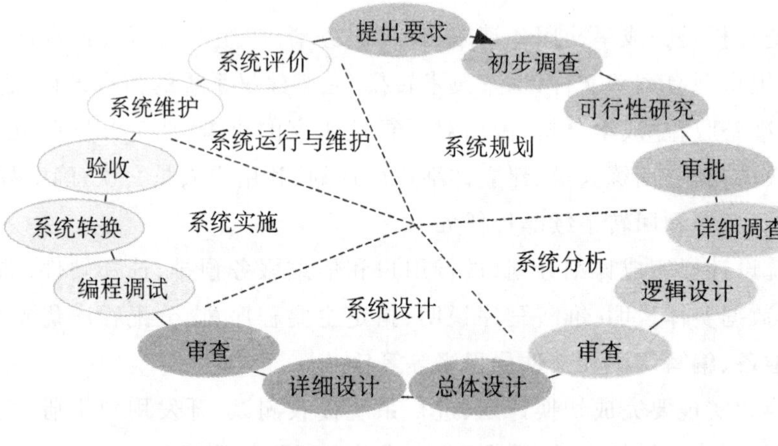

图 9－2　系统开发步骤

(1)系统规划阶段

系统规划阶段的工作是根据系统开发请求,完成初步调查,研究当前存在的问题，以及存在的问题是否可以通过一个新的信息系统或修改现行系统就能解决。提出系统开发规划，对用户设想管理信息系统达到的目标，系统的功能范围、基本工作过程以及对关键性的问题做出明确的描述。同时，还要进行可选方案的经济、技术和社会可行性分析研究，提出可行性分析报告。

(2)系统分析阶段

系统分析阶段的任务是在可行性分析的基础上，针对现行系统进行全面的调查，分析企业的业务流程，分析数据和数据流程，分析功能与数据之间的关系，并通过使用一系列的图表工具，构造出新系统的逻辑模型。

(3)系统设计阶段

系统设计阶段的任务是根据新系统的逻辑模型建立系统的物理模型，也就是根据新系统逻辑功能的要求，考虑系统的规模和复杂程度等实际条件，进行若干具体设计，包括总体结构设计；代码设计；数据库/文件设计；输入输出设计；可靠性设计；模块结构与功能设计；根据总体设计要求购置与安装设备，最终给出系统实施方案。

(4)系统实施阶段

系统实施阶段是具体实现系统设计阶段的物理模型。它主要包括软、硬件准备，程序设计，数据收集与准备，人员培训，系统测试，系统转换(即新、旧系统的交接)等内容。

(5)系统运行与维护阶段

系统交付使用投入运行后：要进行系统的日常运行管理、评价、建立审计三部分工作。需要不断进行维护，修改程序，增加系统功能以适应变化。系统运行一段时间后，要对系统的工作质量和经济效益进行综合评价，整理成系统评价报告，作为系统验收和改进质量的依据。

9.2.2.3　结构化系统开发方法的主要原则

(1)用户参与原则

由于信息系统本身建设工作的复杂性，用户需求不容易一次表达清楚，随着建设进程的推移和工作的深入，用户需求的表达和系统建设的专业人员对需求的理解才能逐步明确、深入和细化。因此用户作为信息系统建设的主要参与者参与开发信息系统，是保证信息系统开发成功的重要原因之一。

(2)严格划分工作阶段,“先逻辑、后物理”的原则

为了系统建设的科学秩序,保证系统建设的质量和效率,结构化方法严格按照系统生命周期划分工作阶段。每个工作阶段的活动内容、工作任务、所用方法、工具、准则都有明确的规定,每个阶段的成果也有具体要求。结构化方法总结了过去信息系统建设成功与失败的经验,强调在进行技术设计和实施之前,要进行充分的调查、分析、论证,进行逻辑方案的探索,弄清系统要解决什么问题,要“做什么”。

(3)“自顶向下”的分析原则

在系统分析、系统设计、系统实施各个阶段,结构化强调在工作中贯彻执行“自顶向下”的原则,先把握系统的总体目标和功能,然后逐级分解,逐步细化。系统测试也从总体功能开始,先检查有关总体的问题,然后再逐级向下测试。这一原则使建设者在系统建设的整个过程中始终把握全局,致力于总体目标与功能的实现,把以下各级作为实现总体目标和功能的保证,这有利于各部分的合理分工、协调与正确配置。

(4)工作成果描述标准化原则

结构化方法强调各个阶段成果描述的标准化。每一个阶段成果,必须用明确的文字、图形和图表完整、准确的进行描述,这不仅作为一个阶段工作完成的标志和管理决策的依据,并且作为系统建设必须的文件进行交流和积累存档,有的文档是下一阶段工作的依据。

结构化方法对每一阶段规定其任务、工作流程、管理目标及要编制的文档,使开发工作易于管理和控制,形成一个可操作的规范。结构化生命周期法长期以来一直是信息系统特别是大型系统的主流方法。

9.2.2.4 结构化系统开发方法的优缺点

(1)优点

结构化系统开发方法采用系统观点和系统工程方法,自顶向下进行分析与设计并自下而上进行实施。开发过程阶段清楚,任务明确,并有标准的图、表、说明等组成各阶段的文档资料。生命周期法引入了用户观点,适用于大型信息系统的开发,将逻辑设计与物理设计分开。

(2)缺点

系统的开发周期太长,有时系统开发尚未完成,而内外环境已经发生了变

化，对系统的需求也发生了变化。

这种方法要求系统开发者在调查中就充分地掌握用户需求、管理状况以及预见可能发生的变化，这不大符合人们循序渐进地认识事物的规律性。

需要大量的文档和图表，这方面的工作劳动量非常大，有时会造成效率低、成本高的问题。

9.2.2.5　结构化系统开发方法的目标

结构化系统开发方法的目标有：

- 使开发工作标准化，减少随意性
- 做到有序、高效和减少错误
- 建立标准的文档

9.2.3　原型法开发方法

原型就是模型，而原型系统就是应用系统的模型。它是待构筑的实际系统的缩小比例模型，但是保留了实际系统的大部分性能。这个模型可在运行中被检查、测试、修改，直到它的性能达到用户需求为止。因而这个工作模型很快就能转换成原样的目标系统。

9.2.3.1　原型法开发方法的基本思想

原型法是在 20 世纪 80 年代中期为了快速开发系统而推出的一种开发模式，旨在改进传统的结构化生命周期法的不足，缩短开发周期，减少开发风险。与结构化系统开发方法不同，原型法不注重对管理系统的全面、系统的详细调查与分析，而是本着系统开发人员对用户需求的理解，先快速实现一个原型系统，然后通过反复修改来实现管理信息系统。

原型法的基本思想是在获取一组基本需求之后，快速地构造出一个能够反映用户需求的初始系统原型，让用户看到未来系统概貌，以便判断哪些功能是符合要求的，哪些方面还需要改进，不断地对这些需求进一步补充、细化和修改，依次类推，反复进行，直到用户满意为止并由此开发出完整的系统，参见图 9—3。

原型法的开发过程是：分析、设计、编程、运行和评价这几个环节多次反复进行，不断演进，最后生成一个较为理想的信息系统。所以，原型化方法依据的基本模型是循环或迭代模型。

9.2.3.2　原型法开发步骤

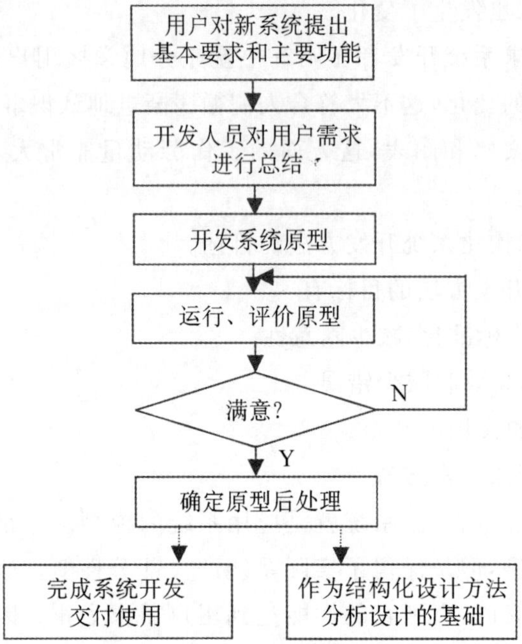

图 9—3 原型法的基本思想

原型法开发步骤如下：

- 用户提出系统要求
- 开发人员识别、归纳上述要求
- 开发一个模型/原型
- 运行、评价模型
- 模型不可行处理
- 模型不满意处理
- 修改模型
- 确定模型后的处理
- 实际系统开发、运行、维护等

9.2.3.3 原型法的优缺点

(1)优点

符合人们认识事物的规律；改进了用户和系统设计者的信息交流方式，用有意识的反复迭代取代了无计划的重复和反复；能调动用户参与的积极性，用户满意程度提高;能及早暴露系统实施后潜在的一些问题,开发风险降低;减少了用户培训时间;简化了管理;开发成本降低,开发效率高。

(2)缺点

开发工具要求高;解决复杂系统和大系统问题很困难;不适合大量运算及逻辑性强的模块;对原企业基础管理工作要求较高。

9.2.4　面向对象开发方法

面向对象是近20年来国内外IT行业最为关注的技术之一,面向对象技术是一种按照人们对现实世界习惯的认识论和思维方式来研究和模拟客观世界的方法学。它将现实世界中的任何事物都视为"对象",将客观世界看成是由许多不同种类的对象构成的,每一个对象都有自己的内部状态和运动规律,不同对象之间的相互联系和相互作用就构成了完整的客观世界。面向对象方法OO(Object Oriented)克服了传统的功能分解方法只能单纯反映管理功能的结构状态、数据流程模型只侧重反映事物的信息特征和流程、信息模拟只能被动地迎合实际问题需要等缺点,构成以系统对象为研究中心,为信息管理系统的分析与设计提供了一种全新的方法。

9.2.4.1　面向对象法的基本思想

基本思想是:系统开发人员首先根据用户的需求,找出和确定问题领域对象和类,对其进行静态的结构描述和动态行为描述,然后建立解决领域的模型,用问题领域对象和类、接口对象和类、运行对象和类以及基础与实用对象和类去构成一个体系结构,通过不断地反复与累增,尽可能直接描述现实世界,实现模块化、可重用,完全而准确地满足用户的所有要求。

以对象为主体的面向对象方法可以简单解释为:

(1)客观事物都是由对象(OBJECT)组成的,对象是在原事物基础上抽象的结果。任何复杂的事物都可以通过对象的某种组合构成。

(2)对象由属性和方法组成。属性(ATTRIBUTE)反映了对象的信息特征,如特点、值、状态等等,方法(METHOD)则是用来定义改变属性状态的各种操作。

(3)对象之间的联系主要是通过传递消息(MESSAGE)来实现的,传递的方式是通过消息模式(MESSAGE PATTERN)和方法所定义的操作过程来完成的。

(4)对象可按其属性进行归类(CLASS)。类有一定的结构,类上可以有超类(SUPERCLASS),类下可以有子类(SUBCLASS)。这种对象或类之间的层次结构是靠继承关系维系着的。

(5)对象是一个被严格模块化了的实体,称之为封装(ENCAPSULATION)。这种封装了的对象满足软件工程的一切要求,而且可以直接被面向对象的程序设计语言所接受。

9.2.4.2 面向对象法(OO)的开发过程

面向对象法的四大开发阶段:

(1)系统调查和需求分析:对系统将要面临的具体管理问题以及用户对系统开发的需求进行调查研究。即先弄清要干什么的问题。

(2)分析问题的性质和求解问题(OOA):是在系统调查资料基础上,对面向对象方法所需的素材进行归类分析和整理。它建立在对象及其属性、类及其成员、整体及其部分等概念之上,以对象及其交互关系为手段,将非形式化的需求说明表述为明确的软件系统需求。面向对象分析模型从对象模型、动态模型和功能模型三个侧面进行描述,主要肩负三大任务:其一,通过对问题空间的分析,识别出问题所涉及的对象、对象间的关系和服务,建立对象模型;其二,以对象模型为基础,完成相应需求描述;其三,对需求描述进一步作需求评审。OOA 步骤为标识对象、标识结构、定义属性和定义服务。

(3)整理问题(OOD):从 OOA 到 OOD 是一个逐渐扩充模型的过程,OOA 模型反映问题域和系统任务,OOD 模型则进一步反映需求的一种实现,即在 OOA 模型中,根据所应用的开发环境功能的强弱程度,填入和扩展有关实现方面的软件设计信息。OOD 工作内容主要有:主体部件设计和数据管理部件设计。

(4)程序实现(OOP):OOP 任务是实现 OOD 预定各对象应完成的功能,分为可视化设计和代码设计两个阶段。这一阶段一般被称之为面向对象的程序。

9.2.4.3 面向对象法的优缺点

(1)优点

以对象为中心,利用特定的软件工具直接完成从对象客体的描述到软件结构的转换,解决了传统结构化方法中客观世界描述工具与软件结构的不一致问题,缩短了开发周期。也利于软件的重用和维护。

(2)缺点

需要一定的软件支撑,并且在大型开发中不进行自顶向下的整体划分,直接采用自底向上的开发,同样会造成系统结构不合理,对分析设计人员要求也较高。

9.2.5　计算机辅助软件工程(CASE)方法

CASE 方法是计算机技术在系统开发活动、技术和方法中的应用,是软件工具与开发方法的结合体,是 20 世纪 80 年代末期从计算机辅助编程工具、第四代语言(4GLS)和绘图工具发展而来的一个大型综合计算机辅助软件工程开发环境。随着技术的发展和人们认识的深化,CASE 已逐渐朝着可以进行各种需求分析、功能分析、结构图表生成(如数据流程图、结构图、实体联系图等),进而成为支持整个系统开发全过程的一种大型综合系统。

CASE 工具是指能够支持或使结构化系统开发生命周期法中一个或多个阶段自动化的计算机程序(软件)。

CASE 的目的使开发支持工具与开发方法学统一和结合起来;通过实现分析、设计与程序开发、维护的自动化,提高管理信息系统开发的效率和管理信息系统的质量,最终实现系统开发自动化。

9.2.5.1　CASE 环境的特点

(1)既支持自顶向下的结构化开发方法,又支持自底向上的面向对象和原型化开发方法;

(2)解决了由现实世界到软件系统的直接映射问题,强有力地支持软件/信息系统开发的全过程;

(3)简化了软件管理维护,使开发者从繁杂的分析设计图表和编程工作中解放出来;

(4)自动生成文档和程序代码,使系统产生了统一的标准化文档。

尽管 CASE 工具在系统开发的一些方面提供了方便,它能够加快分析和设计的速度,利于重新设计,但它并不能做到系统设计的自动化,并且无法使业务上的需求自然而然地得到满足。系统分析和设计工作仍然要依靠分析与设计者的分析技能。

9.2.5.2　CASE 采用的软件工具

(1)查询语言

(2)报表生成器

(3)图表软件

(4)决策支持系统生成器

(5)应用软件包等

9.2.5.3 计算机辅助开发方法体系结构

由于所有的信息系统开发方法都有其不完整和不成熟性,往往实际系统开发过程中,我们通常集中方法交叉使用,在结构化方法开发的时候,部分采用原型法、面向对象方法和CASE方法;在用面向对象方法时,也结合结构化方法、原型法和CASE方法。

计算机信息系统开发方法体系结构如图9—4所示。

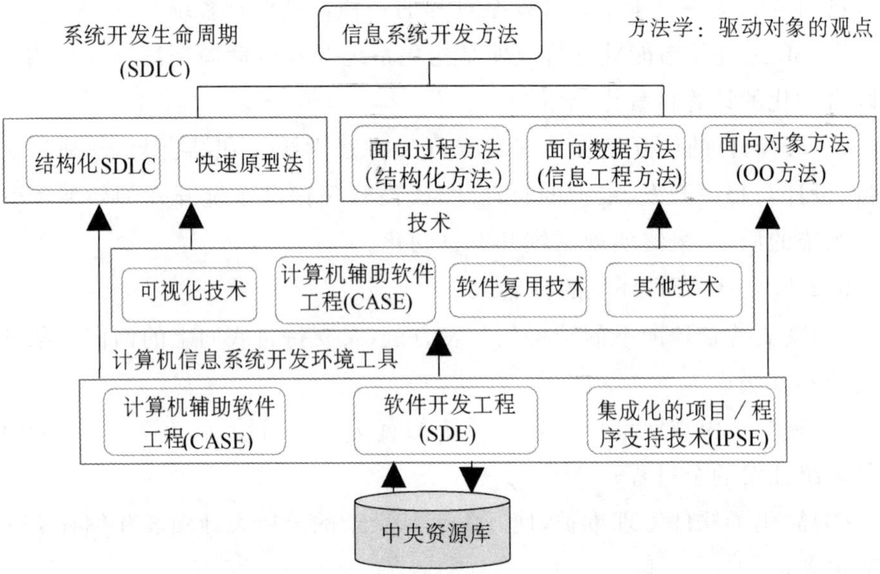

图9—4 计算机信息系统开发方法体系结构

9.3 统计信息系统开发策略

9.3.1 信息系统发展的阶段模型

将一个计算机系统应用于一个组织的管理中,一般都要经历从初级到成熟的过程。虽然各个企事业单位不同的发展阶段开发的信息系统不同,关注的业务问题不同，采用的信息技术不同，也必然存在着不同的开发策略和方法，但信息系统的发展过程都体现着一定的规律性。这方面有代表性的成果是美国哈佛大学的理查德·诺兰(Richard Nolan)教授提出的管理信息系统阶段划分理论，该理论通称为“诺兰模型”。诺兰模型把企业管理信息系统开发建设划分为六个阶段：初始阶段、蔓延阶段、控制阶段、集成阶段、数据管理、成熟阶段，见图 9—5。

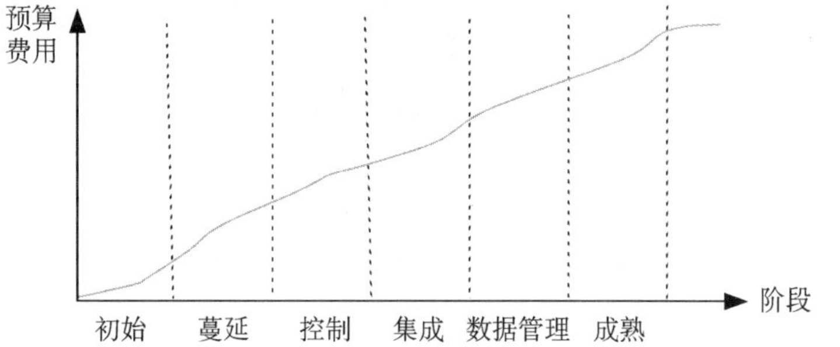

图 9—5　诺兰模型

第一阶段是初始阶段。在初始阶段，计算机的作用被初步认识，个别人具有了初步使用计算机的能力，计算机刚刚引进企业，比较普遍的应用方式就是用计算机完成一些报表统计、数学计算、打字办公等工作。信息系统建设停留在一个低水平上。

第二阶段是蔓延阶段。在蔓延阶段，企业相关人员对计算机有所了解，希望使用计算机来解决自己应用中的问题。这一阶段是数据处理发展最快的一个阶段，用户感到计算机在事务处理上的好处，计算机利用率不断提高，各部门都开发了大量应用程序。这个时候，应用种类迅速增加，但出现比较盲目地购买机器、开发软件的现象，缺少计划和规划，因而应用水平仍旧不高。

第三阶段是控制阶段。在控制阶段，高层管理人员用投入产出的法则审视计算机的应用，发现现实并不如开发前设想的那样美好，甚至是花钱多，效益少。因而开始对计算机信息系统的开发使用实行控制，并做出规划。希望首先用好现有设备和系统，然后在计划指导下发展。这个阶段是实现从以计算机管理为主向以数据管理为主转换的关键，一般发展较慢。

第四阶段是集成阶段。在集成阶段，系统设计人员努力把一个机构内部不同的计算中心和信息系统集成在一个系统当中，比如采用统一的主机系统、统一的数据技术、统一的处理标准等，使得整个企业能够做到资源共享。在控制基础上开始按联机响应方式重新装备和设计应用系统，建立集中式数据库。

第五阶段是数据管理阶段。在数据管理阶段，不仅有了数据库，而且要建立统一的数据管理体系和数据库管理方法，真正做到对整个机构的数据进行统一的规划和应用。数据真正成为企业的重要资源。计算机作为日常数据处理工具的作用开始发挥出来，投资开始见效。

第六阶段是成熟阶段。在这个阶段才真正有效地把计算机信息系统同整个管理过程比较好地结合起来，真正地把机构内部和外部的数据资源很好地规划利用，为机构的管理和决策服务。信息系统的成熟表明它可以满足企业各个管理层次的要求，从操作层的事务处理到中间管理层的控制管理，到支持高级管理层的决策支持，真正实现信息资源的管理。

诺兰模型虽然是在20世纪80年代提出的，但是对目前我国计算机信息系统的开发仍然具有重要的参考价值和指导意义。诺兰阶段模型理论在信息系统建设中有两方面的重要应用：一是诊断信息系统当前所处的阶段，有利于选择信息系统开发的时机；二是对系统的规划做出安排，控制系统发展的方向，同时对处于不同阶段上的各个子系统制定不同的发展策略。

用诺兰模型衡量我国统计信息系统现状，我们看到，我国统计信息系统建设应该处于第三、第四阶段，准备向第五阶段过渡。因此，统计信息系统建设要达到成熟阶段还有相当长的路需要我们摸索着前行。

著名信息系统专家米歇(Mische)研究的米歇(Mische)模型(如图9－6所示)克服了诺兰模型没有指出信息系统成长过程的内在机理的缺陷，将信息技术应用的连续发展分为四个阶段，各阶段的特征不只表现在技术进展方面，还要涉及知识、管理、文化、人员素质等综合水平及其在组织的经营管理中的作用，以及信息技术服务机构提供成本效益和准时性解决方案的能力。这四个发展阶段是：

- 起步阶段(20世纪60年代、70年代)；
- 增长阶段(20世纪80年代)；
- 成熟阶段(20世纪80年代、90年代)；

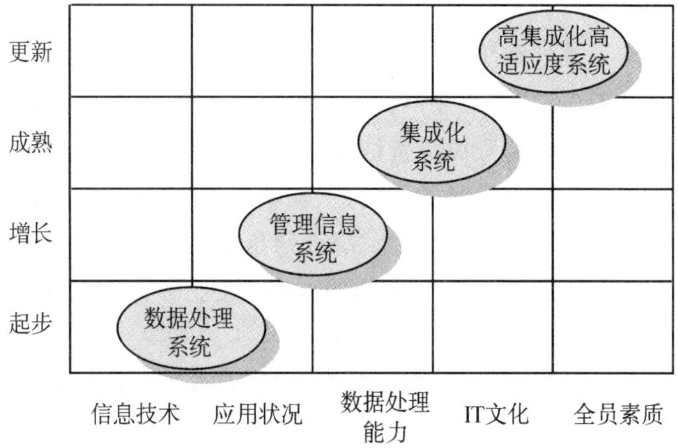

图 9—6 米歇(Mische)模型

- 更新阶段(20 世纪 90 年代中期,21 世纪初期)。

决定这些阶段的特征有五个方面,包括:

- 技术(技术状况);
- 应用(代表性应用和集成程度);
- 数据(数据整体规划和存取能力);
- IT 文化(信息技术组织和文化);
- 全员素质(全员文化素质、态度和信息技术视野)。

米歇模型帮助组织单位把握自己的发展水平,了解自己的信息化应用在信息系统发展阶段中所处的位置,同时也帮助组织单位认识信息系统体系结构和制定变革的途径,找准组织单位开发信息系统的出发点和建设现代信息系统的发展目标。

总之,信息系统建设应该与组织单位的业务基础、管理基础和技术基础相适应,这就是信息系统的发展规律。所以,信息化是一个不断发展和深化的过程,而不是一个项目,信息化不能一蹴而就,那些期望利用一个高精尖的、大而全的信息系统解决所有问题的想法是违背信息化建设规律的。当然通过主观努力和创新,信息系统建设可以在一定的条件下实现跨越式发展。

我国统计信息系统还不成熟,现阶段统计信息系统建设处于第三、第四阶段,准备向第五阶段过渡,统计信息化发展中同样存在第三阶段、第四阶段普遍存在问题，如：

一是缺乏统一规划和统一技术标准，信息系统建设一哄而起，造成大量的重复建设和信息孤岛，某些地方不切实际地追求大而全，盲目追求设备的先进性，造成花钱多、效益少的资源浪费情况。

二是统计信息化建设中只关注资金、软硬件等“硬投入”，而忽视行政组织结构的调整和行政业务流程的再造。统计信息化的本质是要推动政府治理的改革与创新，如果只是对现有体制、管理模式及业务流程简单地“信息化复制”，就可能使统计信息化建设走偏了方向。

三是对已有的已经建立的“条块分割”的行业或部门信息系统没有进行有效整合。多年来各部门办公自动化各自为政的建设，已经形成了较为雄厚的统计信息化基础设施，但资源共享程度低，目前统计信息资源的共享基础关键是资源整合和集成。

四是在政府信息化建设中，重监管、轻服务，重视统计内部的信息系统建设，忽视政府对企业、公众服务的信息化。这将达不到建立“管理服务型”电子政府的目标，也不能使公众从统计信息化建设中受益。

信息化建设过程中解决以上问题，必须有科学的态度，严格遵守信息化发展规律，调整组织机构和业务流程，完成以数据为中心的管理目标，进一步统一数据技术、统一处理标准，建立统一的数据管理体系和数据库管理方法，真正做到对整个统计系统的数据进行统一的规划和应用。使得统计数据真正成为社会经济发展的重要资源。

9.3.2 统计信息系统开发方式选择

信息系统开发方式可以选择自行开发方式、委托开发方式、联合开发方式和直接购买商品化软件包。

9.3.2.1 自行开发方式

自行开发方式是指基层单位或行业主管部门自己组织技术力量进行信息系统的开发工作。

优点：

● 组织建设自己的信息系统的动力来源于自身的需求；

● 开发费用少，容易开发出适合本单位需要的系统，系统建成后推广应用迅速；

- 便于规划整个信息系统的建设工作；
- 方便维护和扩展，有利于培养自己的系统开发人员。

自行开发方式具有许多优点，但对开发队伍的素质要求很高，如果不具备一定条件，在开发过程中将会存在以下问题：

- 一般自行开发信息系统时容易忽视成本、收益分析；
- 人员组成结构不合理；
- 由于不是专业开发队伍，除缺少专业开发人员的经验和熟练水平外，还容易受业务工作的限制；
- 系统整体优化不够，开发水平较低。

自行开发需要特别注意的是：

- 需要大力加强领导，实行“一把手”原则；
- 向专业开发人士或公司进行必要的技术咨询，或聘请他们作为开发顾问。

9.3.2.2　委托开发方式

由使用单位（甲方）委托通常是有丰富开发经验的机构或专业开发人员（乙方），按照用户的需求承担系统开发的任务。

优点：省时、省事，开发的系统技术水平较高。

缺点：

- 费用高，系统维护与扩展需要开发单位的长期支持，不利于本单位的人才培养。
- 开发出来的应用软件实用性差，难以满足企业的需要。
- 系统目标往往难以实现。同时，软件的时间适用性差。
- 很多使用单位一开始对系统分析认识不充分，难以提出较好的需求。

委托开发应注意：

- 使用单位（甲方）的业务骨干要参与系统的论证工作；
- 开发过程中需要开发单位（乙方）和使用单位（甲方）双方及时沟通，进行协调和检查。

9.3.2.3　联合开发方式

由使用单位（甲方）和有丰富开发经验的机构或专业开发人员（乙方），共同完成开发任务。

采用联合开发方式，单位技术部门可以学习专业软件公司的开发方法，同时由软件公司负责解决技术难点，对开发进程进行科学的安排和控制，单位技术人员负责编制代码。这样就可回避了单位学习系统开发队伍开发经验少，技术低下的问题。同时又在联合开发中锻炼和培训了技术人员，所以联合开发方式的效果一般好于自行开发。

优点：

- 相对于委托开发方式比较节约资金；
- 可以培养、增强使用单位的技术力量，便于系统维护工作；
- 系统的技术水平较高。

缺点：

双方在合作中沟通易出现问题，因此，需要双方及时达成共识，进行协调和检查。

9.3.2.4 直接购买商品化软件包

软件包是预先编制好的、能完成一定功能的、供出售或出租的成套软件系统。

目前我国已有不少专门从事信息系统软件开发的单位，他们开发的软件在性能上较注意通用性和易学易用性，在开发的管理和技术力量上具有较大的优势，软件质量相对较高。但现在我国自行开发的通用软件产品还是较少，而引进的国外软件产品价格昂贵又不太适合我国国情，因此，这种方式目前还不是主要的开发方式。

优点：

- 能缩短开发时间；
- 节省开发费用；
- 技术水平比较高；
- 系统可以得到较好的维护。

缺点：

- 功能比较简单，通用软件的专用性比较差，难以满足特殊要求；
- 需要有一定的技术力量根据使用者的要求做软件改善和编制必要的接口软件等二次开发的工作。

统计部门进行了长期的信息化建设，形成了一批实用性很强的应用系统，而且培养了一批拥有较高水平的统计信息技术专家，目前，更多地应该考虑统计信息资源整合，今后一个阶段应集中统计系统的人才资源，统一组织开发重点应用系统，不仅可以保证软件的高起点、高水平和高质量，而且可以缩短开发周期，在短期内全面提升全国统计系统的应用水平，避免因再次的重复开发造成的资金和人员的浪费。统一组织开发，并不意味完全自主开发，而是集中力量在充分进行可行性研究的基础上，搞好科学的总体规划和总体设计方案，并在广泛调研和征求各方面意见的基础上制定详细的应用需求，或利用现有的优秀软件产品、或与有关软件厂商合作等等形式开发系统。

9.3.3　统计信息标准化

统计信息标准化是围绕信息技术开发、信息设备研制和信息系统建设、运行和管理，而进行的一系列标准化工作的总称。从信息技术方面看，它包括统计信息的产生、识别、采集、分类编码、存储、处理、传输、交换、服务等环节。信息技术标准化是确保信息资源共享的根本保证，是建设统计信息系统的基本前提。

随着网络技术的迅速发展，统计信息系统朝着互连、互通、互操作的方向发展，统计信息标准化问题就成了重要的问题，由于我国统计信息标准化相对滞后，造成了在统计信息系统建设中信息标准贫乏，信息处理工作不规范，难以进行信息交换、共享、统计、分析等加工处理，软件开发不规范，各自为政，重复开发，严重制约了统计信息的有效利用和信息化建设的发展。因此，加强信息标准化工作是一个非常重要和迫切的问题。

9.3.3.1　统计信息标准化建设意义

统计信息标准化工作是统计信息系统建设中的一项基础性的系统工程，具有十分重要的现实意义和深远的历史意义。

(1)统计信息标准化有利于提高统计信息质量

影响统计信息质量的因素是多方面的，而统计调查指标和分类变动频繁，调查方法、数据处理等工作标准化程度低等，是影响信息质量的原因之一。因此，只有规范包括统计调查内容、调查方法和数据处理等在内的统计工作，使之科学化、标准化，统一化，才能为统计信息质量提供科学的保障。

(2)统计信息标准化是统计信息化建设的基础

统一、规范和科学的标准体系，是实现全国范围统计业务数据交换，资源共享和对接的前提，可以从整体到局部全程指导统计信息化工程的开展和实施；可以保证统计部门各业务应用系统在各层面和各环境下能够进行正确的数据交换，实现数据共享和对接，标准规范贯穿整个信息化过程，是信息化实施的准绳。

(3)统计信息标准化有利于避免低水平重复开发

目前，我国统计信息化建设经过了二十多年的时间，已经有了相当投入，开发完成了相当数量的信息系统和应用软件，并取得了一批研究成果，部分系统和软件达到了较先进的水平，但低水平，重复性开发的现象仍然比较严重，这不但造成资源的很大浪费，而且严重地阻碍了信息化进程的发展。造成信息系统和软件重复开发的一个重要原因是缺乏标准化，导致信息系统和应用软件移植和推广的困难，所以，在信息化建设中必须重视和加强标准化工作，建全和完善信息系统、数据与信息以及应用软件的标准和规范，以提高信息系统和应用软件的可重复性，避免低水平的重复开发，加快整个行业的信息化进程。

(4)统计信息标准化有利于统计信息的共享

由于国内统计信息标准化工作相对滞后，信息化建设中缺乏统一的信息规范与标准，存在各自为政的现象，导致不同信息系统之间难以进行信息交流和实现信息共享，产生了填报统计数据重复现象，这不但增加了统计基层单位负担，而且容易产生数据不一致性，严重地制约了信息资源的有效利用，所以，遵循国际信息标准，并以其为基础制定信息的国家标准和行业标准，实现信息资源开发和利用的标准化已成为当务之急。

(5)标准化有利于提高应用系统的开发质量

随着网络和计算机的广泛应用，软件开发由以前手工作坊的工作方式向集体协作开发方式转移，在集体协作的开发模式下，如果没有一套统一的，完整的规范来加以约束，开发出的信息系统或应用软件必定漏洞百出甚至无法集成，所以，在信息系统开发过程中，必须要遵守统一的软件工程设计规范，实现信息系统开发标准化，以提高信息系统和应用软件的可靠性、易维护性。

(6)统计信息标准化是统计对外交流的必然要求

经济全球化使各国经济形成互动，也使各国间加强了统计往来。加强统计信息系统标准化建设，对我国统计参与国际交流是必不可少的，一是加强了统计数据信息的交流与共享；二是加强统计信息化建设领域的国际合作，为政府统计数据收集、整理和传播搭建全球化的信息技术平台。

9.3.3.2　统计信息标准化建设的主要内容

统计信息标准化是通过元数据库的建立，对于统计应用系统涉及统计业务流程的每个环节，如报表的定制、数据采集、处理、存储与管理以及数据的提供等环节的信息标准进行描述和定义，包括数据结构、应用环境、处理规则、过程控制、指标分组、报表生成以及用户角色等定义的描述信息进行规范，作为统一的信息系统的标准，并予公布。这就可以保障统计信息系统的开发遵循统一的标准，便于应用系统间无缝连接和信息的共享，保证统计信息系统具有良好的通用性和可维护性。在信息标准化建设中，主要涉及两个方面：一是统计信息描述和处理标准，这是我国统计数据集中管理的基本前提；二是信息系统开发标准化，这是保证信息应用系统开发目标的实现和达到信息资源共享的基础工作。

(1)涉及统计信息描述和处理的相关标准

- 统计报表、统计指标、统计标准、分类、目录编码规则
- 用户分类与服务标准
- 统计数据中心数据目录
- 统计数据元数据标准
- 统计数据 ETL 规范
- 数据处理应用规范
- 统计数据库应用系统功能规范
- 数据审计规范

(2)涉及软件开发和接口的相关标准

- 统计信息化建设项目管理规范
- 信息化标准规范总体框架
- 硬件体系架构
- 系统架构配置规范
- 统计应用软件支撑软件架构
- 统计应用软件架构
- 统计应用软件开发规范

- 网上直报软件功能规范
- 统计数据接口基本规范
- 统计分析预测软件基本功能、算法精度标准规范
- 网络相关标准
- 运行质量标准
- 用户安全、应用安全、数据/信息安全、风险评估、等级保护、系统安全、网络安全等标准

9.3.3.3　统计系统信息技术标准化建设需要解决的问题

(1)统一各环节的硬件标准,创造硬件集成条件

硬件设备的标准化是保证信息能够共享的重要环节。由于各省市经济发展的不平衡,导致统计部门不同地区的硬件设备上有很大的差异。尽快实现全国统计信息硬件设备的统一,建立主要包括计算机网络协议、输入设备、数据传输、数据文件接口和安全等方面的标准、规范和指南,为将来的统计信息共享做好前期准备工作。

(2)加快软件设计标准建设,增强软件共享能力

软件设计是信息化的基础性工作,没有一个很好的应用软件,就谈不上什么信息化。目前,统计部门由于没有统一软件开发和应用标准,各业务部门开发有各自的专业数据处理软件,包括基层统计部门自己开发的类似软件多而乱,解决这个突出问题最主要的方法是统一应用平台标准,建立数据管理和使用、文件编制、操作程序、程序设计语言、软件工程、软件维护、验证、测试和认证等方面的标准、规范和指南,提高统计部门整体信息化水平。

(3)建立标准化管理机构,促进统计信息技术应用水平

在信息化方面,行业和部门的信息技术应用水平的提高与部门内部有否完善的标准化体系密不可分。因此,统计系统应组建一个自己的信息技术标准化管理机构,负责组织、协调、制定和管理包括统计制度、数据处理、数据发布在内的所有统计标准化工作。对一些专业性较强的,如数据处理、数据发布等标准可由相关业务单位配合研制,统计标准管理机构可起到组织、协调、审核和管理的作用。

9.3.3.4　统计信息标准化的指导原则和工作方法

由于信息技术是一门非常活跃的高新技术,它具有发展快、变化快和更新

快等特点，这些特点既要求摆脱传统化观点的束缚，又要求冲破某些现行标准化程序的限制，使信息技术标准化向更加灵活的柔性化方向发展，具体表现如下：

(1)根据信息技术发展的需要，首先将那些急需的内容加以标准化，然后根据实际情况不断进行补充和追加。

(2)考虑到信息技术的迅速变化，使统计标准化工作与统计信息化过程同步进行。统计标准化是为使统计达到最佳社会效益，而对统计工作整体实行的科学、规范、统一的管理。根据统计工作的流程，统计标准化主要应包括统计制度标准化、统计数据处理标准化和统计数据发布标准化三部分。

①统计制度标准化

统计制度标准化就是使统计制度做到科学、规范、统一、稳定和简化，并以国家标准、行业标准或行政法规的形式加以确定，以避免频繁变动和受到人为干扰。

统计调查(项目)是统计制度的龙头，它是否科学、规范、稳定，反映了一个国家的统计水平。除统计调查(项目)外，统计范围、统计对象、统计指标、计算方法、统计分类、调查方法、数据采集方式、报送时间、报告时间、调查频率和调查表式等内容都应实行标准化，使其科学、规范、稳定和统一。

②数据处理标准化

数据处理标准化就是改变数据处理各自为政，处理方式不统一，处理程序不一致，统计资源浪费严重、资源共享难以实现等问题，使数据处理能高效、规范、统一和稳定地运行。

数据处理标准化首先是数据处理流程的标准化，也就是从数据采集、上报到最终数据出版的全过程，应有一套科学、规范、高效和统一的标准流程。其次是数据处理各个环节的标准化，包括数据录入、数据传输、数据加工、数据汇总、数据反馈、数据查询、数据共享和数据存储等的标准化。第三是数据处理基础工作的标准化，它主要有计算机、网络和程序的标准化。

数据处理标准化，对各部分内容可根据情况采用国家标准、行业标准或部门规章的形式加以固定并对外公布。

③数据发布标准化

数据发布标准化就是规范中国统计年鉴、统计公报和其他数据发布的内容、程序和方法，使其更加科学、合理，以达到最优的社会效果。标准化的数据发布应明确以下内容：

● 发布内容，指数据发布的具体内容应以标准的形式固定下来。

● 数据的口径和范围，指发布数据的指标和分类应严格按照标准化的口径执行，尽可能不附加特殊的说明和解释。

● 数据的来源渠道和采集方式，指发布统计数据要明确数据的来源渠道，以及采用何种方法搜集的。

● 发布时间和频率，指国家发布的统计数据应规定严格的时间和发布频率，不能随意变动。

● 数据知情权和透明度，指所发布的数据应明确知情范围，数据发布由哪一级审批，哪一级的单位或个人可首先得到数据，社会公众何时得到数据都应有统一、明确的规定，并让社会公众知情。

数据发布实行标准化，可采用行政法规或国家标准的形式对外公布，以便公众监督。

(3)对统计信息标准化工作的建议

更新观念，开展宣传教育，统一思想，提高认识，注意克服如下倾向：

● 因信息标准化工作存在量大、耗时、费力及不能立即收效等特点，而产生畏难情绪。

● 认为搞不搞信息标准化工作无所谓，轻视这一工作的重要性。

● 等上级标准和同级部门标准完成后，搬来使用。忽视了统计部门自身的特点。

9.4 统计信息系统规划

随着科学技术的进步和社会经济的发展，国际社会和国内信息化进程不断向前推进，信息系统建设的要求日趋紧迫。尽管信息系统已经有很大的发展，但已经建成或正在建设的系统普遍面临一系列问题，其中的主要问题如下：

● 系统建设与组织发展的目标和战略不匹配。

● 不能适应环境变化和组织变革的需要。

- 组织结构陈旧，管理落后。
- 系统使用人员的素质较低。
- 系统开发以及运行维护的标准、规范混乱。
- 资源短缺，投入太少，而对系统的期望又过高。

可见，统计信息系统发展到今天，也不同程度存在以上问题，按照“诺兰模型”规律，这些问题是信息系统发展过程中必然问题，一个主要原因是人们更多关心的是怎样从技术上建设一个信息系统，而对建立一个怎样的信息系统关注不够，对总体方案和发展战略不够重视，在系统建设中缺乏科学的、有效的系统规划。因此，要建立一个长效的、稳定的信息系统，我们应该进行总体的、全面的规划。

9.4.1　统计信息系统规划阶段任务

系统规划是信息系统开发的第一阶段，这一阶段的主要目标是制定系统的长期发展方案，决定系统的发展方向、规模和发展进程。主要任务是：

- 制定统计信息系统的发展战略：关键是要使统计信息系统的战略与我国统计电子化的战略和目标协调一致，即明确统计信息化的终极目标应该是实现统计电子政务，并且明确统计信息化建设阶段性目标。

- 确定统计应用的主要信息需求，形成信息系统的总体方案，安排项目开发计划：也就是：第一要确定统计事务处理和统计决策支持方面的信息需求，制定所开发统计信息系统的总体结构方案；第二制定主发展计划，确定具体的应用系统和应用项目的开发次序和时间安排。

- 制定系统建设的资源分配计划：制定为实现主开发计划而需要的硬、软件资源，数据通讯设备、人员技术、服务、资金等计划，提出整个系统建设的概算。

系统规划是一个管理决策问题，同时系统规划也是技术与管理相结合的过程，它确定利用现代化信息技术有效地支持管理决策的总体方案。其工作环境是组织管理环境，高层管理人员是工作的主体。系统规划人员对管理与技术的理解程度，对管理与技术发展的见识，以及开创精神与求实态度是规划工作的决定因素。规划工作的结果是描绘出系统的总体概貌和发展进程，系统规划必须纳入整个组织的发展规划，并应定期滚动。

我们知道，统计信息系统建设是一个耗资巨大、历时长久、技术复杂及涉及面广的一个复杂工程，系统规划的思想将直接影响到整个统计信息系统建设的效果。因此我们应该充分重视系统规划工作，关注这一阶段所具有的特点和应该注意的一些关键问题。以提高系统规划工作的科学性和有效性。

9.4.2 统计信息系统战略规划内容

信息系统战略规划是组织信息化建设中长期的计划，一般是3～5年，也可能是10～20年。战略规划主要是描述组织领导者关于组织发展的一些概念的集合，包括：

- 组织的环境
- 组织的方向
- 组织的目标和达到目标的战略

一般来说，信息系统战略规划包含以下主要内容：

9.4.2.1 信息系统的目标、约束和结构

信息系统的战略规划应根据组织的战略目标，内、外约束条件，来确定信息系统的总目标、发展战略规划和信息系统总体结构等。其中信息系统总目标描述了信息系统的发展方向，而发展战略规划提出了完成工作的具体衡量标准。信息系统的总体结构规定了信息的主要类型以及主要的子系统，为系统开发提供框架。

9.4.2.2 了解当前的能力状况

包括硬件状况、软件状况；应用系统及现有人员状况；各项费用状况、项目进展情况及评价。

9.4.2.3 对影响计划的信息技术发展的预测

信息系统战略规划受到当前和未来信息技术发展的影响，而这一影响应该在战略规划中有所反映，特别是软件的可用性、方法论的变化、技术环境的变化以及它们对信息系统产生的影响也应该考虑。

9.4.2.4 近期计划

在战略规划中，应当对近一段时间做出相当具体的安排。

战略问题是关于一个组织生存发展的全局性、关键性和长期性的问题。信息系统的战略问题通常包括主要发展目标、发展重点、实现目标的途径和措施等。如何使一个组织中的信息系统发展战略与组织本身的发展战略保持一

致是信息系统战略规划工作的核心问题之一。

信息系统的战略规划并不是一成不变的，事实上，各种因素的变化都有可能随时影响整个规划的适应性。

我国从第八个五年计划开始，每五年，都会制定国家统计信息化建设规划纲要，各省市也会参照国家规划纲要制定符合地区发展的信息化建设规划纲要，这些纲要是我国统计信息化建设的方向性指导意见，不同的统计应用系统开发一定依据这些规划进行建设，这样才能有利于克服我们前面提到的系统建设的普遍问题，做到规范开发，减少浪费。

9.5　统计信息系统分析及相关技术

在系统规划完成后，要进行的工作是信息系统开发，即根据规划所确定的系统总体结构方案和项目开发计划，将拟定的项目开发成可以运行的实际系统，这是信息系统建设中任务最为繁重、耗费资源最多的一个阶段，这个阶段又可划分成系统分析、系统设计和系统实施三个阶段。

系统分析的目标是按照系统规划所定的开发项目范围内明确系统开发的目标，提出系统逻辑方案。

随着统计信息化的不断深入，今天任何一个统计应用系统的开发都会涉及到具体统计业务、涉及到复杂的统计管理背景以及复杂的统计与信息技术背景，因此统计信息系统分析必须由信息技术人员、统计管理人员和业务人员共同承担，按照系统观点，在对现有统计工作系统深入调查和需求分析的基础上，综合运用系统科学、管理科学、计算机科学、通信网络技术和软件工程等多学科知识，深入描述及研究现行统计系统的活动和各项工作及统计应用的各种需求，使用一系列分析工具与技术按照规划阶段总体规划要求绘制一组描述系统总体逻辑方案的图表，建立目标系统逻辑模型。

9.5.1　统计信息系统分析阶段任务

系统分析是项目开发的第一个阶段，是对开发项目进行系统的、按层次的、结构化的、按部就班的研究分析。

统计信息系统分析包含：分析了解专业统计数据的输入、处理、输出等业务过程；提出用计算机实现和改进过程的思想和逻辑方案。由此可见，统计信息系统分析本身包含两个步骤：一是清楚的理解现行统计工作模式下的统计业务流程和统计数据流程；二是提出在网络环境下用现代统计信息技术如何优化统计业务流程和如何高效处理统计数据的逻辑方案。

为了实现系统逻辑模型，我们可以把统计信息系统分析阶段需要完成的任务进一步划分成：

- 统计业务调查；
- 业务流程分析；
- 数据流程分析；
- 功能/数据分析；
- 系统逻辑方案设计等。

需要特别强调的是统计信息系统分析应该侧重于从统计业务全过程的角度进行分析。

9.5.2 系统分析方法和工具

系统分析面向组织管理问题，这类问题非结构化程度高，不确定因素多，系统分析人员的大量工作是与单位中各类人员进行交流，明确系统开发的目标、现行系统的问题及应用系统单位信息需求。这些工作都应该有计划、有步骤地进行，尽可能采用科学的方法。

按照结构化方法的基本思路，将系统分析这个阶段分解成四项主要活动，每项活动完成若干任务，应用一系列工具，绘制一组描述系统总体逻辑方案的图表，建立目标系统逻辑模型。分析阶段的四项主要活动和完成任务是：

- 初步调查：通过初步调查，明确系统开发的目标和规模。如果需要并可以开发系统，还需提出系统的主要功能和初步设想并且粗略估计所需资源，形成系统开发建议书。

- 可行性研究：通过可行性研究进一步明确系统的目标、规模和主要功能，提出系统开发的初步方案与计划。并进行系统开发的技术、经济、营运的可行性研究，完成系统开发的初步方案与开发计划的制订。形成可行性研究报告、系统开发（设计）任务书（含计划）。

- 现行系统详细调查：通过详细调查现行系统的工作过程，建立现行系统的逻辑模型，发现现行系统存在的主要问题，并完成现行系统结构、功能和数据流的详细分析以及具体问题的认定。形成现行系统的调查报告。

● 新系统逻辑方案的提出：明确系统信息需求，提出逻辑方案。完成用户需求分析和新系统逻辑模型的建立。形成系统说明书。

结构化分析的有关工具：

● 数据流程图 DFD(Data Flow Diagram)
● 数据词典 DD(Data Dictionary)
● 结构化语言
● 决策树
● 决策表

采用结构化系统分析的工具建立的系统逻辑模型一般具有以下特点：

● 表达方式规范，表达内容确切、无二义
● 形式简洁，易理解，易于与非专业人员交流
● 易于查询，检索，易维护
● 便于计算机辅助建模
● 系统分析具有抽象性和概括性
● “自顶向下”的工作原则
● 强调逻辑结构而不是物理实现

9.5.2.1　数据流程图

数据流程图 DFD 是进行数据流程分析的主要工具，也是描述系统逻辑模型的主要工具。数据流程图用几种基本符号反映了信息在系统中的流动、存储和处理。

数据流程分析是把数据在原系统内部的流动情况抽象地独立出来，舍去了具体组织机构、信息载体、处理工作、物资、材料等，单从数据流动过程来考查实际业务的数据处理模式。主要包括对信息的流动、传递、处理、存储等的分析。

数据流程分析的目的是要发现和解决数据流通中的问题，如：数据流程不畅、前后数据不匹配、数据处理过程不合理等等。

一个畅通的数据流程是今后新系统用以实现这个业务处理过程的基础。

(1)数据流程图的基本符号

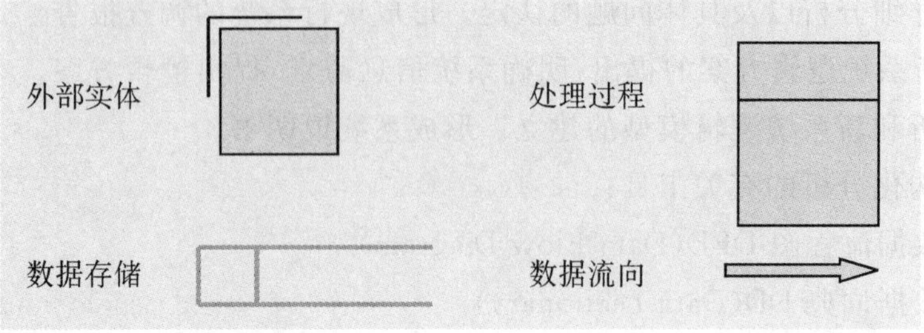

(2)数据流程图的绘制

绘制数据流程图的一般步骤：

①确定与本系统有关的外部实体，即确定与本系统有关的单位、部门和人。

②确定系统的处理逻辑。

③确定系统的存储单元，即确定系统中需要存储的文件和数据。

④绘制顶层的数据流程图。

⑤绘制低层的数据流程图。

⑥组织单位领导、管理人员和业务人员等各方面代表反复讨论、分析、比较，直到得到一个用户和开发人员都能理解的、满意的数据流程图。

(3) 分层数据流程图(如图 9－7 所示)

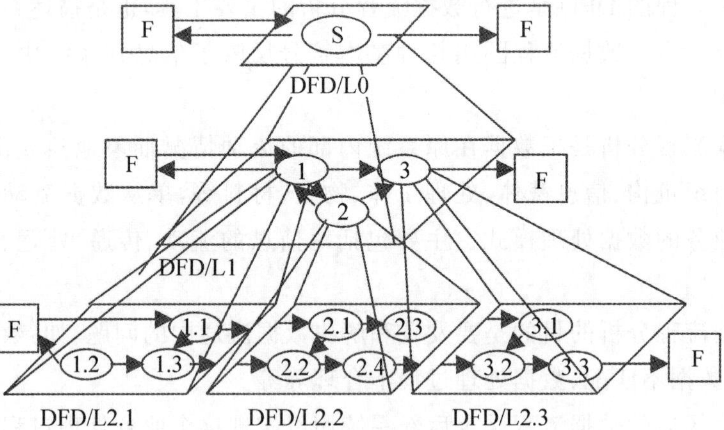

图 9－7　分层数据流程图

(4)绘制数据流程图的注意事项

①数据流是现实环境中传递的一组数据，是由一组数据项组成的。

②加工处理是对数据进行处理的单元。

③数据流方向从文件到加工处理表示读文件，数据流方向从加工处理到文件表示写文件。

④关于层次的划分。

⑤需要说明的是数据流程图的表示方法不是唯一的。

(5)数据流程图的用途

①利用它系统分析人员可以自顶向下地分析整个系统的信息流程。

②根据逻辑存储，可以进一步做数据分析，向数据库设计过渡。

③根据数据流向，确定存储方式。

④可以在流程图上标出需要计算机处理的部分。

⑤对应一个处理过程，用相应的程序语言、判断表等工具来表达处理方法，向程序设计过渡。

9.5.2.2　数据字典

所谓数据字典是以特定格式记录下来的、对系统的数据流程图中各个基本要素(数据流、加工、存储和外部实体)的内容和特征所作的完整的定义和说明。对系统分析中其他需要说明的问题进行定义和说明。

它是结构化系统分析的重要工具之一，是对数据流程图的重要补充和说明。

数据字典的内容包括六个方面：

- 数据项：数据的最小单位，描述数据的静态特性。
- 数据结构：描述某些数据项之间的关系。
- 数据流：由一个或一组固定的数据项组成。
- 处理逻辑：仅对数据流程图中最底层的处理逻辑加以说明。
- 数据存储：是数据结构保存的场所，它在数据字典中只描述数据的逻辑存储结构，而不涉及它的物理组织。
- 外部实体：包括外部实体编号、名称、描述及有关数据流的输入输出。

9.5.2.3　表达处理逻辑的工具

(1)结构化查询语言

结构化语言允许三种基本语句，即：

简单的祈使语句

判断语句:IF---THEN---ELSE---EDNIF,CASE---OF---ENDCASE

循环语句:DO---WHILE---ENDDO,REPEAT---UNTIL

(2)决策树

因为图的形状像树,所以被称为决策树,与决策矩阵表示法相比,决策树表示法有许多优点。如决策矩阵表示法只能表示单极决策问题,且要求所有行动方案所面对的自然状态完全一致。当利用决策树表示法时,决策矩阵表示法的缺点均能被克服,同时决策树表示法还方便简捷、层次清楚,能形象地显示决策过程。

决策树的结构如图 9—8 所示。图中的方块代表决策节点,从它引出的分枝叫方案分枝。每条分枝代表一个方案,分枝数就是可能的相当方案数。圆圈代表方案的节点,从它引出的概率分枝,每条概率分枝上标明了自然状态及其发生的概率。概率分枝数反映了该方案面对的可能的状态数。末端的三角形叫结果点,注有各方案在相应状态下的结果值。

决策树又称判断树,是用来表示逻辑判断问题的一种图形工具。它用“树”来表达不同条件下的不同处理,比用语言的方式更为直观。

判断树的左边为树根,从左向右依次排列各种条件,左边的条件比右边的优先考虑。根据每个条件的取值不同,树可以产生很多分支,各分支的最右端(即树梢)即为不同的条件取值状态下采取的行动(也称策略)(如图 9—8 所示)。

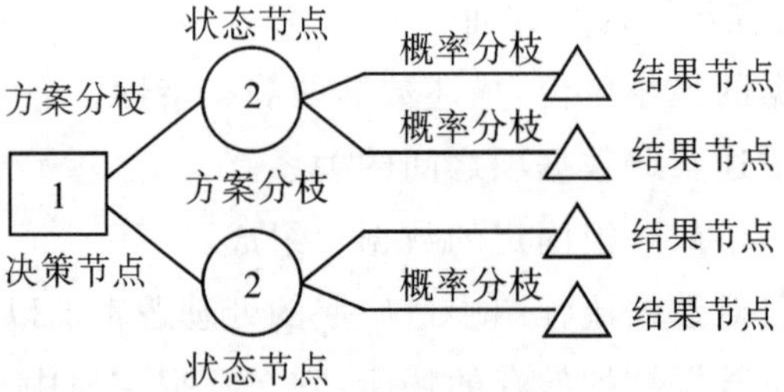

图 9—8 决策树结构

(3)决策表

决策表也称判断表,也是一种表达逻辑判断的工具,它以表格的形式给出各种条件的全部组合以及在各种组合下应采取的行动。当条件的个数较多。每一条件的取值有若干个、相应的动作也很多的情况下,使用决策表比决策树更加有效和清晰。

决策表分成四大部分，左上角为条件说明，左下角为行动说明，右上角为各种条件的全部组合，右下角为各种条件组合下采取的行动。如图 9－9 所示：

条件说明	条件组合
行动说明	采取行动

图 9－9　决策表结构

9.5.2.4　非结构化图形工具

(1)组织结构图

组织结构图是一张反映组织内部之间隶属关系的树状结构图。如图 9－10 所示。

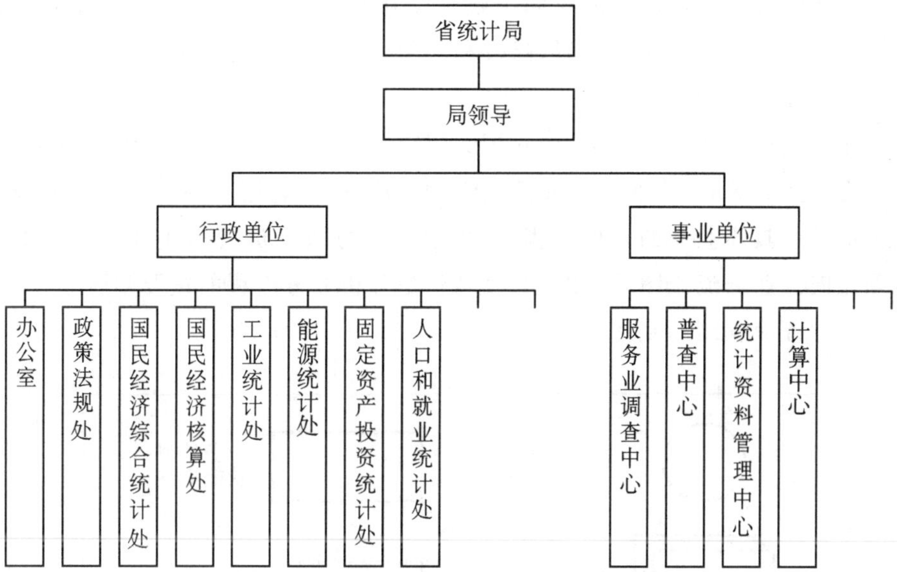

图 9－10　组织结构图

(2)功能分解图

功能分解图也可用一张反映功能模块之间关系的树状结构图来表示(如图 9－11 所示)。

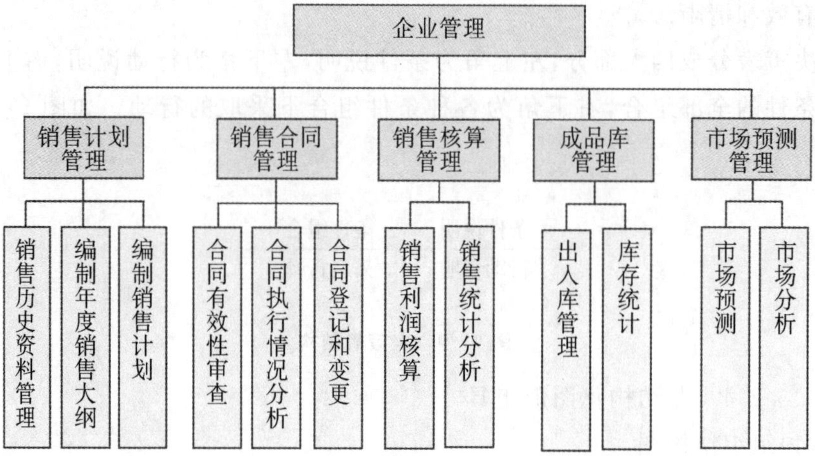

图 9－11　功能分解图

(3)业务流程图

业务流程分析可以帮助我们了解某项业务的具体处理过程，发现和处理系统调查工作中的错误和疏漏，修改和删除原系统的不合理部分，在新系统基础上优化业务处理流程。

业务流程图 TFD(Transition Flow Diagram)是一种描述系统内各单位、人员之间业务关系、作业顺序和信息流动的流程图，它用一些规定的符号及连线表示某个具体业务的处理过程，它可以帮助分析人员找出业务流程中的不合理流向。业务流程图易于阅读和理解，是分析业务流程的重要步骤。

①业务流程图的基本符号

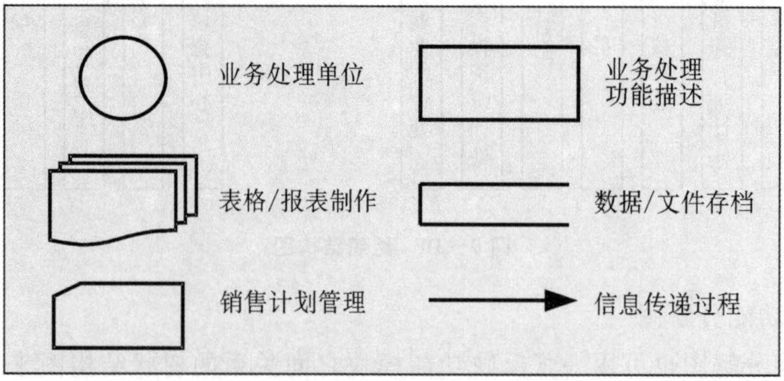

②业务流程图绘制举例

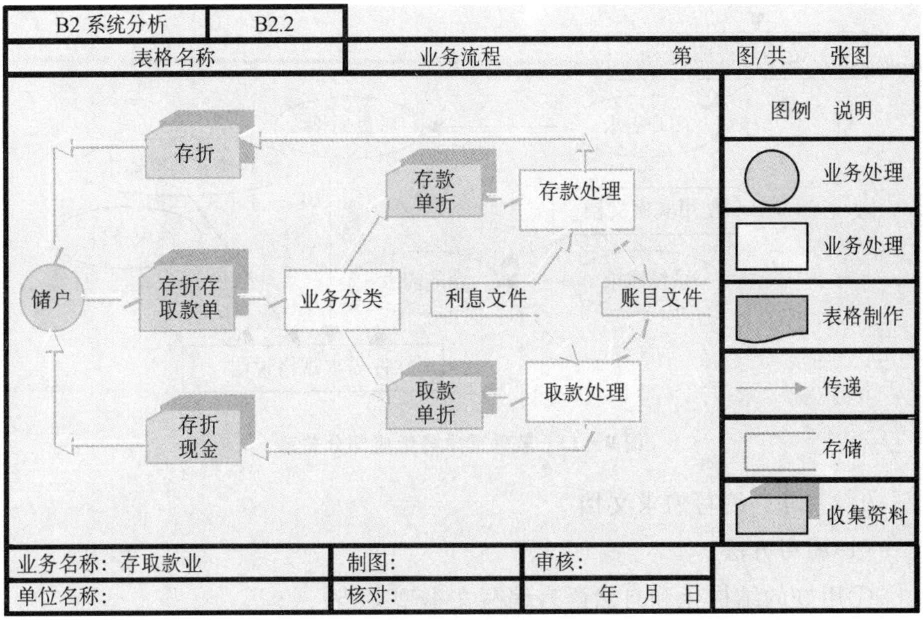

图 9—12　银行存取款业务流程图

9.5.3　信息系统需求分析及调研

9.5.3.1　需求分析的内容

需求包括以下几个方面：

- 确定软件的用户类，获取每个用户的需求；
- 了解实际用户任务和目标以及这些任务所支持的业务需求；
- 了解任务需求、功能需求、业务规则、质量属性、建议解决方法和附加信息；
- 划分子系统，并将需求中的一部分分配给软件组件；讨论得出实施优先级；
- 将所收集的用户需求编写成需求文档（含规格说明和模型）；
- 评审需求规格说明和模型，确保与用户达成共识。

软件需求的各组成部分如图 9—13 所示。

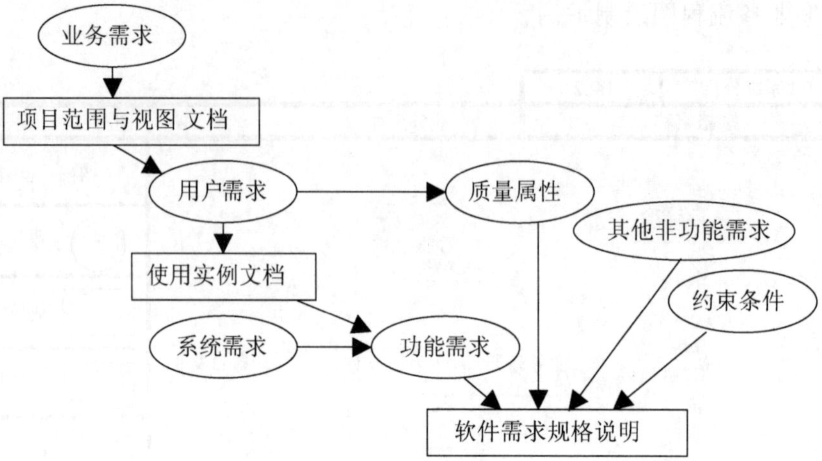

图 9—13 软件需求各组成部分关系

9.5.3.2 编写需求文档

(1)编写方法

①用好的结构化和自然语言编写文本型文档;

②建立图形化模型,这些模型可以描绘转换过程、系统状态、和它们之间的变化、数据关系、逻辑流或对象类和它们的关系;

③编写成需求规格说明和模型、编写形式化规格说明,这可以通过使用数学上精确的形式化逻辑语言来定义需求。

多种编写方法可在同一个文档使用,根据需要选择,或互为补充,以能够把需求说明白为目的。

(2)成果类型

①原系统各个业务工作流程文字说明;

②原系统各个业务工作流程图;

③原系统各个业务环节输入输出表单、数据来源;

④目标软件系统功能分解图(示意图及文字说明);

⑤目标软件系统中各业务流程文字说明;

⑥目标软件系统中各业务流程图(模型);

⑦目标软件系统中各业务环节数据、数据采集方式、数据间的内在联系分析以及数据流程图;

⑧目标软件系统用户界面图、系统逻辑模型图及说明等。

9.5.3.3　需求分析的任务与过程

需求分析的任务是借助于当前系统的物理模型(待开发系统的系统元素)导出目标系统的逻辑模型(只描述系统要完成的功能和要处理的数据),解决目标系统“做什么”的问题。

(1)需求分析工作内容

①描述软件的功能和性能,确定软件设计的限制和软件同其他系统的接口细节,定义软件的其他有效性需求,描述软件处理的数据,提供数据设计、结构设计和过程设计的逻辑描述。

②必须全面理解用户的各项要求,对于计算机系统无法实现的要求进行合理调整,其中模糊的要求要进一步澄清,最后将软件的需求准确地表达出来,形成软件需求说明书。

(2)需求分析工作实现步骤

如图 9－14 所示。

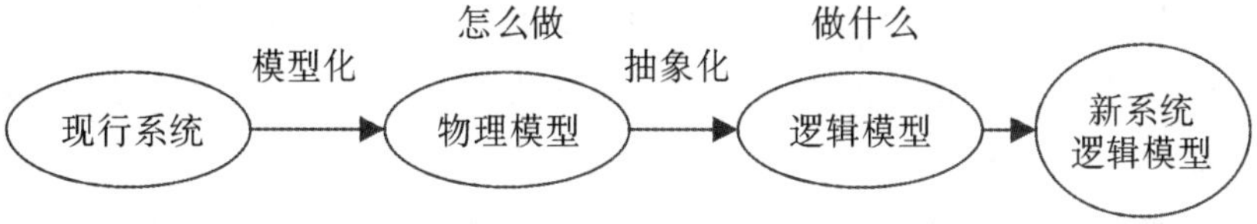

图 9－14　由当前系统建立目标系统模型

①获得当前系统的物理模型

首先分析、理解当前系统是如何运行的,了解当前系统的组织机构、输入输出、资源利用情况和日常数据处理过程,并用一个具体的模型来反映自己对当前系统的理解。此步骤也可以称为“业务建模”,其主要任务是完成组织机构的调查,理解需求及未来系统要解决的问题。

②抽象出当前系统的逻辑模型:在理解当前系统“怎样做”的基础上,抽取出“做什么”的本质。

③对逻辑模型的补充,如用户界面、启动和结束、出错处理、系统输入输出、系统性能、其他限制等等,获得新系统逻辑模型。

(3)需求分析中关键过程

①问题识别:解决目标系统做什么,做到什么程度。需求包括:功能、性

能、环境、可靠性、安全性、保密性、用户界面、资源使用、成本、进度。同时建立需求调查分析所需的通信途径。

②分析与综合：从数据流和数据结构出发，逐步细化所有的软件功能，找出各元素之间的联系、接口特性和设计上的限制，分析它们是否满足功能要求并剔除不合理部分，综合成系统解决方案，给出目标系统的详细逻辑模型。

(4)常用的需求分析方法

面向数据流的结构化分析方法：描述工具有数据流程图 DFD、数据词典 DD、加工逻辑说明；描绘系统数据关系的实体关系图 ERD；面向数据结构的 JSD 方法；面向对象分析方法 OOA(主要用 UML)；对于有动态时序问题的软件可以用形式化技术，包括有穷状态机 FSM 的状态迁移(转换)图 STD、时序图、Petri 网或 Z。每一种分析建模方法都有其优势和局限性，可以兼而有之以不同角度分析。

9.5.3.4 需求调研

需求调研工作是以系统分析人员为核心，成立调研组织，尽量吸收原系统业务骨干和管理工作人员参加。只有对现行系统进行了充分的调查了解，掌握了现行系统的运行情况和存在问题，明确用户需求，才能为系统的开发打下坚实的基础。

需求调研是系统分析阶段中工作量大、牵涉人员广，也是整个系统开发的基础工作。通过调研，了解到单位的领导人员以及主要的管理人员对信息管理系统的要求与设想，再根据目前的资源，包括提供系统开发的资金、人员与设备等，开发人员才可以初步提出一个企业管理信息系统的系统目标，以及各子系统的目标。

(1)需求调研方法

①会谈、询问：是需求调研中最常用的方式之一。围绕软件目标提出具体问题，可以与参加会议人员自由地交谈，对系统提出各方面的意见与想法。

②调查表：这是一种比较广泛的调查方式，它要求设计出目的明确、清楚的信息调查表。调查项目一般都是要求较明确的具有共性的项目，由于通过调查表只能收集表面上的信息，如果要了解较为深入的、特殊的情况，还需要采用访问的调查方式。

③阅读与分析现有系统的资料：主要是通过查阅各业务部门的文件、年

报、总结、计划、规章制度、上报资料等，收集分析使用的各种表格、有关工作责任、工作流程、工作规范、相关数据标准、业务标准的各种文字资料来了解组织的概况等基本情况。

④收集同类相关产品的宣传资料、技术资料、演示程序或软件程序。

⑤直接参加管理业务的实践：为了了解系统的实况，开发人员可以有目的、有选择的参加某些实际的业务工作，可以通过跟班工作，深入地了解信息的发生、传递、加工与存储的各个信息处理的环节，把握现有系统的功能、效率以及存在的问题。从而可以与管理人员共同研究出解决问题的想法和建议。

⑥可视化方法：结合情景分析，利用画用户界面图、业务流程图、功能结构图、时序图等图形与客户进行讨论。

(2)调研基本内容

①组织机构调研：是指对完成系统开发过程有关的组织机构的调查，调查内容包括：领导层次关系、业务流动关系、信息流动关系。

可采用组织机构图等工具进行用户结构的分析工作。

②管理业务流程调研：为了更进一步地反映系统业务的详细情况，对现行业务的流程需要进行细致的调查调研，集中描述各个环节的业务处理内容、处理顺序、处理时间等要求，调查各个环节需要的信息、信息的来源、信息的去向、信息的处理方法等。

以部门职责为基础搞清各种现有业务、所有表簿册文档报表等，其数据来源及去向。

以业务为主线，搞清每个业务的每个环节的流程关系、涉及部门、输入输出项。

以数据为主线，搞清数据采集方式、数据流向、数据之间的内在联系。

常用的工具有业务流程图、数据流程图、数据字典等。

③系统功能调研：系统功能调研是为了达到新系统的目标要求，分析现系统是否具备新系统的功能，同时让用户提出对新系统的要求。系统功能分析一般通过功能层次图进行功能结构分析，通过功能关联图进行功能之间的关系分析。

④搞清哪些业务或数据是已建系统的，它们和新系统的关系是衔接还是替换。

9.5.4 系统调研分析步骤

9.5.4.1 企业级信息系统调研分析步骤

企业级信息系统即着眼于整个企业的信息系统，是一个覆盖企业所有业务领域、适应企业不断发展的综合信息系统，它是一个统一的整体，数据具有一致性，可以提高系统的综合利用效率。

A. 规划阶段

(1)构建高层次的企业模型

①调查组织结构、建立组织关系层次图；

②调查企业的任务、目标、战略重点和关键成功因素并予以分类；

③识别每个目标和关键成功因素所需的信息；

④给出每个目标完成的度量标准；

⑤分析信息技术对企业业务的潜在影响；

⑥建立高层次企业模型(描述业务处理的主题域及其关系、建立企业初始功能层次图)；

⑦与企业中高层管理人员讨论，对所得信息和分析进行补充和确认。

(2)对功能进行分解(输出:功能层次图、功能关系图、功能/组织矩阵)。

(3)进行实体分析(输出:高层实体关系图、实体类/信息需求矩阵、业务功能/实体类矩阵)。

(4)评估企业当前环境(现有系统和数据存储的清单、信息结构的范围、信息需求列表、组织、技术环境)。

(5)识别和确定预期的数据存储和业务系统，建立业务系统的结构图，确定和记录业务领域。

B. 业务领域分析阶段

(1)确定业务范围、建立组织、制订计划；

(2)进行数据分析、建立详细的数据模型(详细实体关系图)；

(3)业务活动分析(分析业务过程细节、分解业务过程、分析过程间的依赖关系、分析业务交互作用、建立业务活动模型)；

(4)现有系统分析(操作程序分解表、数据流程图、用户视图:用户感兴趣的字段集)；

(5)业务领域模型的确认(完整性、正确性、长效性)。

9.5.4.2　结构化方法分析步骤

(1)画出数据流程图。设计数据流程图必须逐步求精；

(2)决定哪些部分需要计算机化和怎样计算机化(取决于用户投资限制和自身技术限制)；

(3)描述数据流细节，大型软件可以使用数据字典描述所有数据元素；

(4)定义处理逻辑(加工逻辑：每个加工处理做什么)；

(5)定义数据存储，即定义每个存储的确切内容及其表示法(格式)；

(6)定义物理资源，如是文件需指定：文件名、组织结构(排序、索引等)、存储介质和记录；如是数据库需指定每个表的相关信息；

(7)确定输入输出规格说明，如输入内容、输入屏幕、打印输出格式、输出长度等等；

(8)确定硬件所需有关数值，如输入量、打印频率、CPU、记录大小、数据量大小、文件大小等等；

(9)确定软硬件接口和环境需求。

9.5.4.3　UML 方法分析步骤

一般的应用系统又是各组成部分：问题论域、人机界面、数据管理、任务管理，在 OOA 阶段重点对问题论域进行分析，对人机界面、数据管理、任务管理等问题，OOA 一般较少或没有分析，而是留待 OOD 阶段解决。

(1)调研、识别系统需求。

(2)分析问题领域：主要任务是充分理解领域问题和项目投资者及用户的需求，对需求进行抽象，提出高层次的解决方案。

①确定系统范围和系统边界；

②确定系统的约束(环境和条件)；

③定义活动者；

④确定系统的综合要求(功能、性能、运行)；

⑤确定系统的数据要求(名称、范围、类型、数量、特点)；

⑥建立 USE CASE 模型、绘制 USE CASE 图；

⑦绘制主要交互图。

(3)建立静态结构模型(对象类图、数据库模型、包图)。

(4)建立动态行为模型(顺序图、协同图、状态图、活动图)。

(5)建立系统物理模型(组件图、配置图)。

9.5.5 系统的逻辑模型和分析报告

系统逻辑模型的建立是系统分析阶段的最终成果,是下一阶段工作的基础。系统的逻辑模型主要包括数据流程图和系统说明书(系统分析报告)两个方面。数据流程图是系统说明书的基础和依据,系统说明书是对数据流程图的详细说明和解释,两者相互联系、相互补充,构成系统的逻辑模型。

目标系统逻辑模型的提出,要以现行系统的数据流程图为基础,并以目标系统的目标为依据,逐层修改现行系统的数据流程图来实现。

9.5.5.1 现行系统概况

A. 现行系统现状调查说明:包括组织机构图、系统目标、功能一览表、业务流程图、业务流量、存在的薄弱环节等。

B. 系统需求说明:用户需求及主要存在的问题等。

9.5.5.2 目标系统的逻辑方案

(1)目标系统拟定的业务流程及业务处理方式;

(2)目标系统拟定的数据指标体系和数据流程;

(3)目标系统的逻辑结构及数据资源分布;

(4)目标系统拟采用的管理方式、算法或模型;

(5)与新系统相适应的管理制度和运行体制建立;

(6)系统开发资源与时间进度估计。

9.6 统计信息系统设计及相关技术

系统设计是目标系统的物理设计阶段,根据系统分析阶段所确定的新系统的逻辑模型,综合考虑各种约束,利用一切可用的技术手段和方法,进行各种具体设计,提出一个能在计算机上实现的目标系统的实施方案,解决"系统怎样做"的问题。

该阶段得到工作成果——系统设计说明书是下一个阶段系统实施的工作依据。

9.6.1 统计信息系统设计阶段内容和原则

系统设计是信息系统开发过程中另一个重要阶段。它是在系统分析的基础上，按逻辑模型的要求，科学合理地进行系统的总体设计和详细设计，为下一阶段系统实施提供必要的技术资料。经过系统设计，设计人员应能为程序开发人员提供完整、清楚的设计文档，并对设计规范中不清楚的地方做出解释。

目前，系统设计所使用的主要方法还是自顶向下的结构化设计方法，但在局部环节会使用原型法和面向对象方法。

从系统分析的逻辑模型设计到系统设计的物理模型的设计是一个由抽象到具体的过程，有时并没有明确的界限，甚至可能有反复。

9.6.1.1　系统设计的内容

系统设计主要包括：

(1)目标系统总体结构框架设计：包括信息系统流程图设计、功能结构图设计和功能模块图设计等。

(2)系统物理配置方案设计：系统的平台设计，包括设备配置、通信网络的选择和设计以及数据库管理系统的选择等。

(3)代码设计和设计规范的制定。

(4)计算机处理过程设计：包括输入设计、输出设计、处理流程图设计数据库或数据文件设计、模块内部的算法设计以及编写程序设计说明书等。

(5)最后写出系统设计报告。

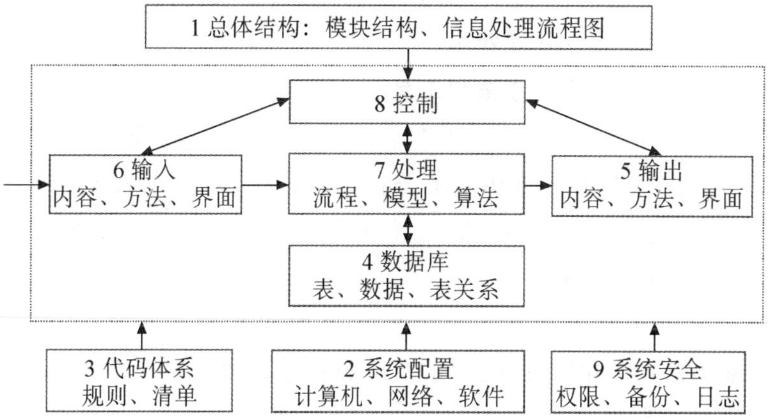

图 9—15　系统设计内容

9.6.1.2　系统设计的原则

(1)系统性

系统性是指:代码统一、设计规范标准、传递语言和传递参数要尽可能一致;对系统的数据采集要做到源出一处、全局共享,使一次输入得到多次利用。

(2)灵活性

要求系统具有很强的环境适应性,为此,系统应具有较好的开放性和结构的可变性。

在系统设计中,应尽量采用模块化结构,提高各模块的独立性;尽可能减少模块间的数据耦合,使各子系统间的数据依赖减至最低限度。这样,既便于模块的修改,又便于增加新的内容,提高系统适应环境变化的能力。即较低的数据耦合和模块耦合。

(3)可靠性

可靠性是指系统抵御外界干扰的能力及受外界干扰时的恢复能力。

一个成功的管理信息系统必须具有较高的可靠性,如安全保密性、检错及纠错能力、抗病毒能力等。

(4)经济性

经济性是指在满足系统需求的前提下,尽可能减小系统的开销。

一方面,在硬件投资上不能盲目追求技术上的先进,而应以满足应用需要为前提;

另一方面,系统设计中应尽量避免不必要的复杂化,各模块应尽量简洁,以便缩短处理流程、减少处理费用。

9.6.2 系统总体设计方法和工具

系统设计工作首先设计总体结构,然后再逐层深入,直至进行每一个模块的设计。总体设计主要是指在系统分析的基础上,对整个系统的划分(子系统)、机器设备(包括软、硬设备)的配置、数据的存贮规律以及整个系统实现规划等方面进行合理的安排。

系统划分的原则:

- 子系统要具有相对独立性:子系统的划分必须使得子系统的内部功能、信息等各方面的凝聚性较好;
- 要使子系统之间数据的依赖性尽量小:子系统之间的联系要尽量减少,接口简单、明确;
- 子系统划分的结果应使数据冗余最小:如果相关的功能数据分布在各

个不同的子系统中，会使得程序结构紊乱，数据冗余，不但给软件编制工作带来很大的困难，而且系统的工作效率也大大降低了；

- 子系统的设置应考虑今后管理发展的需要；
- 子系统的划分应便于系统分阶段实现：信息系统的开发是一项较大的工程，它的实现一般都要分期分步进行。所以子系统的划分应该考虑到这种要求。另外，子系统的划分还必须兼顾组织机构的要求以便系统实现后能够符合现有的情况和人们的习惯，更好地运行。

9.6.2.1　结构化设计方法

系统设计的工作复杂又细致，总体设计阶段需要进行系统模块结构设计，要将一个大系统分解成不同层次、多个模块组成的系统，在详细设计阶段要在模块结构设计的基础上，给出每个模块实现方法的细节，并对模块的输入、输出和处理过程作详细描述，以便在系统实施阶段进行程序设计时可以把这个描述直接"翻译"成用某种程序设计语言书写的程序。系统设计在技术上有相当的难度，为此需要使用相关设计方法和设计工具，结构化设计方法 SD(Structured Design)是较为典型的方法。

结构化设计方法运用一套标准的设计准则和工具，采用模块化的方法进行系统结构设计。该方法适用于信息系统的总体设计，可以同系统分析阶段中的结构化系统分析与实施阶段中结构化程序设计方法前后衔接起来使用。

结构化系统设计的基本思想是采用分解的方法，将系统设计成由相对独立、功能单一的模块组成的结构，它是以系统的逻辑功能和数据流关系为基础，根据数据流程图和数据字典，借助于一套标准的设计准则和图表工具，通过"自上而下"和"自下而上"的反复，把系统逐层划分为多个大小适当、功能明确、结构比较简单、具有一定独立性且容易实现的模块，从而把复杂系统的设计转变为多个简单模块的设计，使系统开发的整体工作量变小。

结构化系统设计的特点：

- 面向流程的技术，强调自顶向下分解成功能模块；
- 模块是组成系统的基本元素，是可以组合、分解和更换的单元；
- 相对独立、功能单一的模块结构；
- 任何一个处理功能都可以看成是一个模块；
- 块内联系紧密、块间联系松散；

● 采用模块结构图的描述方式。

9.6.2.2 模块结构图

模块结构图是用于描述系统模块结构的图形工具，它不仅描述了系统的子系统结构与分层的模块结构，还清楚地表示了每个模块的功能，而且直观地反映了块内联系和块间联系等特性。

(1)模块的概念

把一个系统分解成若干彼此独立，且又具有一定联系，能够完成某个特定任务的组成部分，这些组成部分就称为功能模块。一个模块的规模可大可小，它可以是一个程序，也可以是程序中的一个程序段或一个函数、过程或子程序。

模块是模块结构图中最基本、最主要的元素，具有如下属性：

①功能：描述该模块应该实现的操作；

②逻辑：描述模块内部如何实现所要求的功能；

③状态：描述该模块的使用环境、条件约束和模块之间的关系。

(2)模块结构图

运用结构化设计方法时，一个系统经过逐层分解，得到具有层次结构的模块，构成系统的功能结构，这就称为模块结构图。模块结构图是结构化设计的主要工具，也是模块结构图设计的成果。

模块结构图可以描述的几个问题：

①如何将系统划分成一个个模块；

②模块间传递什么数据；

③模块间组成层次的调用关系。

模块结构图是结构化设计中描述系统结构的图形工具，由模块、调用、数据、控制和转接等五种基本符号组成，如图 9－16 所示。

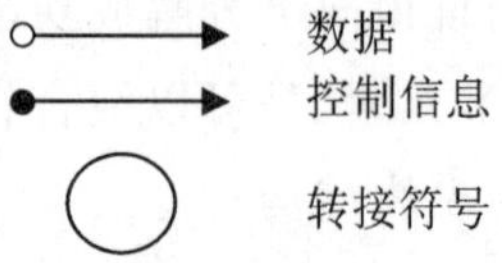

图 9－16　模块结构图的五种基本符号

图 9—17 表示模块的调用关系。

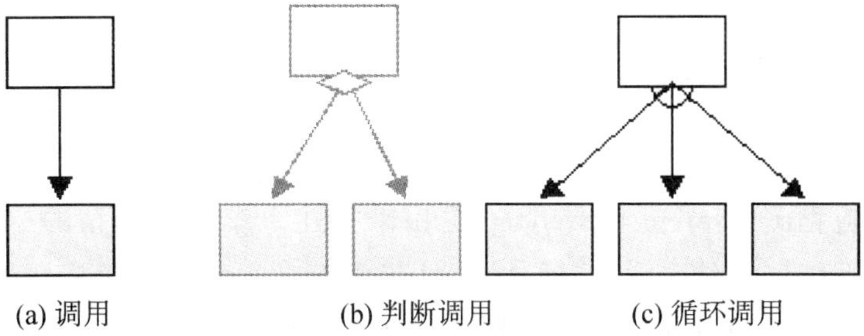

图 9—17　判定调用和循环调用

图 9—18 表示了一个计算工资的模块结构图。

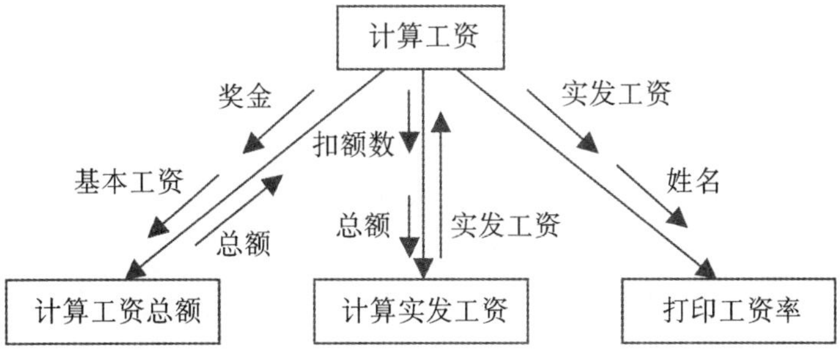

图 9—18　计算工资的模块结构图

(3)模块结构图中模块间的联系

①耦合:耦合是对一个软件结构内不同模块之间互联程度的度量。

②内聚:内聚标志着一个模块内各个元素彼此结合的紧密程度,表示模块功能的专一化程度。

③模块的扇入和扇出:

模块的扇出(Fan Out)是指模块的直属下级模块的个数。

模块的扇入是指有多少个上级模块调用它。

(4)模块结构图的特点

①模块分解的原则:提供模块的可修改性、重用性;

②每个模块本身的联系应该是高内聚的;

③模块之间的联系应该是低耦合的；

④衡量模块分解是否合理的标准是：

模块内聚：衡量一个模块内部各组成部分的操作的组合强度；

模块耦合：衡量模块之间的连接形式、接口等相互作用的方法。

9.6.2.3 系统流程图

系统流程图(system flowchart)是用来描述系统物理模型的一种传统工具。一个系统可以包含人员、硬件、软件等多个子系统。系统流程图的作用，就是在抽象等级的黑盒级上描述系统内部的主要成分(例如硬设备、程序、文字及各类人工过程等)，表达信息在各个成分之间流动的情况。系统流程图可用于描述现行系统的工作流程、新系统的工作流程以及处理功能的工作流程情况。

(1)系统流程图描绘的常用符号

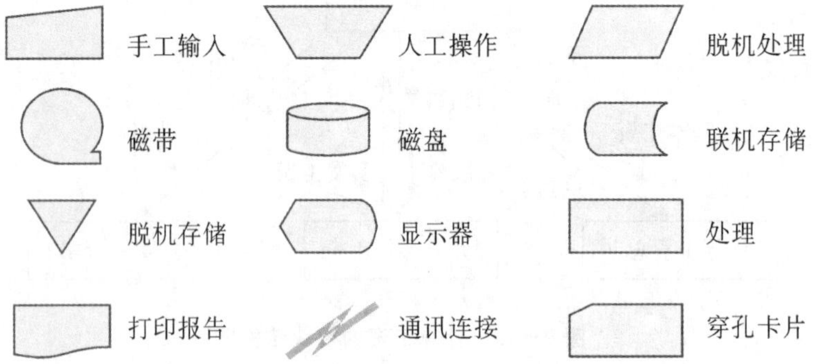

(2)信息系统流程图

功能结构图主要从功能的角度描述了系统的结构，但并未表达各功能之间的数据传送关系。事实上，系统中许多业务或功能都是通过数据文件联系起来的。例如，某一功能模块向某一数据文件中存入数据，而另一个功能模块则从该数据文件中取出数据。再比如，虽然在数据流程图中的某两个功能模块之间原来并没有通过数据文件发生联系，但为了处理方便，在具体实现中有可能在两个处理功能之间设立一个临时的中间文件以便把它们联系起来。上述这些关系在设计中是通过信息系统流程图来从整体上表达的。例如图9－19表示一个工资管理子系统的信息系统流程图，该子系统由主文件更新模块、形成扣款文件模块和计算打印模块三部分组成。

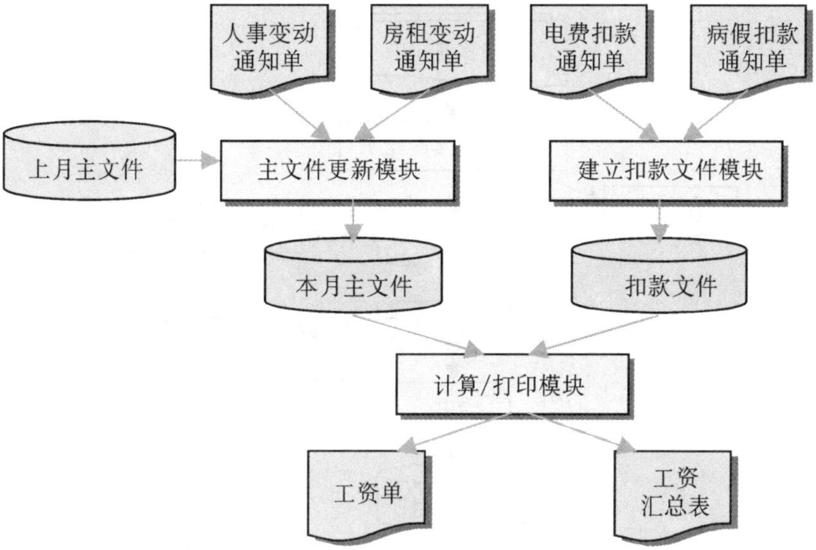

图 9－19　工资管理子系统的信息系统流程图

(3)处理流程图

信息系统流程图对每一处理功能只是列出其处理功能名称，而处理流程图则使用各种符号具体地规定了处理过程中的各个细节，包括程序名和文件名。处理流程图实际上是系统流程图的展开，属于详细设计的内容，应和处理功能的模块设计一起进行。

作为一个相对独立的部分，各个处理功能有自己的输入和输出，其设计过程也要从输入格式开始，进而设计输出格式、文件格式等。图 9－20 是工资管理子系统中建立扣款文件处理功能的处理流程图。

9.6.3　系统物理配置方案设计

系统设计主要内容之一是设计计算机物理系统配置方案，按照目标系统的目标及功能要求，综合考虑环境和资源等实际情况，进行系统物理配置。

9.6.3.1　系统物理配置方案设计依据

(1)系统吞吐量：每秒钟执行的作业数称为系统的吞吐量。系统的吞吐量越大，则系统的处理能力就越强；

(2)系统响应时间：从用户向系统发出一个作业请求开始，经系统处理后，给出应答结果的时间称为系统的响应时间；

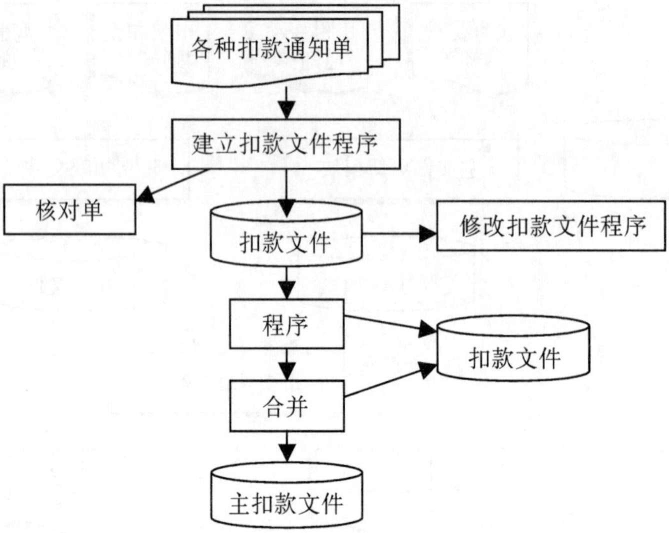

图 9—20 建立扣款文件处理功能的处理流程图

(3)系统可靠性要求：系统的可靠性可以用连续工作时间表示；

(4)系统处理方式(集中式/分布式)；

(5)地域覆盖：广域/局域；

(6)数据管理方式(文件/数据库)。

9.6.3.2 系统物理配置方案设计内容

(1)计算机硬、软件选择

A. 计算机系统(软件、硬件及其附属设备)的配置，总的原则应该是：

①技术上具有先进性；

②实现上具有可能性；

③使用上具有灵活性；

④发展上具有可扩充性；

⑤投资上具有受益性。

B. 计算机软件、硬件配置应能满足系统的要求：

①功能要求：能满足新系统的各种功能要求，包括联网要求。

②性能要求：根据用户提出的对系统的处理速度、精确度等要求，确定计算机的运行速度、网络的传输速度等指标。

③容量要求：根据新系统近期所要处理的最大数据量以及若干年以后的

发展规划，配置计算机内存、外存容量。

④安全性和可靠性的要求：应保证系统的数据、信息等资源安全可靠，防止信息的破坏和丢失，确保系统的正常运行。

C. 计算机硬、软件选择还需考虑以下内容：

①系统硬件的选择应服从于系统软件的选择，首先根据新系统的功能、性能要求，确定系统软件，再根据系统软件确定系统硬件。

②系统软件、硬件的选择在技术上应具有一定的先进性。

③系统的软件和硬件应尽量符合国际标准或某些开放系统标准，使系统便于扩充或与其他系统集成。

④系统的软件和硬件应尽量选用成熟的产品，保证系统运行的安全性和可靠性。

⑤供应厂家应具有较好的信誉和技术服务，能获得及时、有效的技术支持。

⑥坚持效益驱动的原则，设备的配置不宜贪大求全。

⑦系统配置力争做到最佳的性能/价格比。

信息系统的系统软件主要涉及操作系统、数据库管理系统、系统开发工具等。

(2)计算机网络的选择

①网络拓扑结构：网络拓扑结构一般有总线型、星型、环型、混合型等。在网络选择上应根据应用系统的地域分布、信息流量进行综合考虑。一般来说，应尽量使信息流量最大的应用放在同一网段上。

②网络逻辑设计：通常首先按软件将系统从逻辑上分为各个分系统或子系统，然后按需要配备设备，如主服务器、主交换机、分系统交换机、子系统集线器(HUB)、通讯服务器、路由器和调制解调器等，并考虑各设备之间的连接结构。

③网络操作系统：目前流行的有 UNIX、Window XP 等。

(3)数据库管理系统的选择

A. 数据库管理系统的选择是一个关键问题，信息系统的核心任务是信息的采集、存储、加工处理，选择数据库管理系统时应着重考虑：

①数据存储能力；

②数据查询速度；

③数据恢复与备份能力；

④分布处理能力以及与其他数据库的互联能力。

B. 数据库管理系统选型的主要原则：

①满足当前和未来发展的需要，着重考虑系统的应用需求；

②支持 Browser Server 模式和 Client/Server 模式，其优势在于对前端工作站的系统配置简单灵活，网络扩充性强，对离线式服务能力强大；

③支持具有分布处理资料、多线索查询和优化查询资料、联机事务处理等能力或特性；

④具有良好图形接口的开发工具包；

⑤具有较高的性能价格比；

⑥具有良好的技术支持和培训。

(4)应用软件的选择

开发工具的选择应考虑以下内容：

①考虑系统的环境，应根据所选择的体系结构、操作系统类型、数据库管理系统以及网络协议等，选择开发工具，即所选择的开发工具应支持所选择的操作系统、数据库、网络通讯协议等。

②考虑系统的开放性，开发工具本身要尽可能开放，符合开放系统标准，独立于硬件平台及系统软件平台的选择，甚至能够独立于数据库的选择，这样，才有利于系统的扩充。同时，开发工具要有与高级语言的接口，便于系统特殊功能的开发。

③开发工具应尽量面向终端用户，使用方便，使用户自己能比较容易学会，便于维护所开发的系统。

④开发工具应尽可能支持系统开发的整个生命周期。

9.6.4 代码设计

9.6.4.1 代码的概念

代码是代表事物名称、属性、状态等的符号，为了便于计算机对信息的处理，一般用数字、字母或它们的组合来表示。

9.6.4.2 使用代码的理由

(1)唯一性：可以实现对共指代的对象进行唯一的、无二义性地标识，因此它不仅为使用者提供了识别对象的可能性，还进一步提供的序化对象的依据。

(2)规范化：设计良好的代码，可以帮助使用者理解其指代对象的特定属性，可以反映客观事物的类属特征，要以将单个个体通过代码特征联结为一个整体，从而提高系统的整体性。

(3)可识别化：代码有助于采用计算机处理时，进行对处理对象的唯一性识别，因此它可以视作人和计算机的共同语言。

9.6.4.3　设计代码的原则

(1)标识性原则：一个代码必须能唯一标识其所指代的对象，能反映该对象的特定属性。

(2)结构化原则：指代复杂对象的代码，通常需要标识出该对象若干方面的关键性属性，所以可以对代码进行结构化分段或分层方式，以使其具有标识多种属性的可能。

(3)弹性化原则：代码必须具备足够的位置空间，以容纳它所需要指代的全部属性和属性值，不仅要满足当前现实的需要，还要预先考虑到将来扩充的需要。

(4)标准化原则：尽量使代码值的确定符合已有标准定义。

(5)可理解性原则：在满足标准化前提下，使代码值的含义符合人类日常约定俗成的理解。

(6)易读、易写、易查错纠错：符合人类的心理特点，便于计算机处理的查错纠错的自动化。

9.6.4.4　代码的种类

常用代码分类：

(1)顺序码(系列码)

编码方法：用连续数字代表编码对象。

优点：简短、记录定位简单、易于管理；

缺点：没有逻辑基础、代码本身的管理不便。

(2)区间码(分组码)

编码方法：

①把数据项分成若干组，每一区间代表一个组；

②码中码字的值和位置都代表一定的意义。

优点：可靠性高、信息处理简便化(排序、分类、检索等)；

缺点：码长依赖于分类属性、冗余较大、维护较困难。

(3)助记码

用文字、数字组合起来描述分类，通过联想帮助记忆。

(4)层次码

层次码也是区间码。它是代码的各数字位分成若干个区间，每一区间都规定不同的含义。因此该码中的数字和位置都代表一定意义。

例如，图 9－21 是我国公民身份证代码的编码规则。它共有 18 位，全部采用数字编码，各位数字的含义请参见图中说明，其中第 17 位数字是表示在前 16 位数字完全相同时，某个公民的顺序号，并且单数用于男性，双数用于女性。如果前 16 位数字均相同的同性别的公民超过 5 人，则可以“进位”到第 16 位。比如：有 6 位女性公民前 16 位数字均相同，并假设第 16 位数是 7，则这些女性公民的末两位编号分别为 72，74，76，78，80，82。另外，还特殊规定，最后三位数为 996，997，998，999 这 4 个号码为百岁老人的代码，这 4 个号码将不再分配给任何派出所。

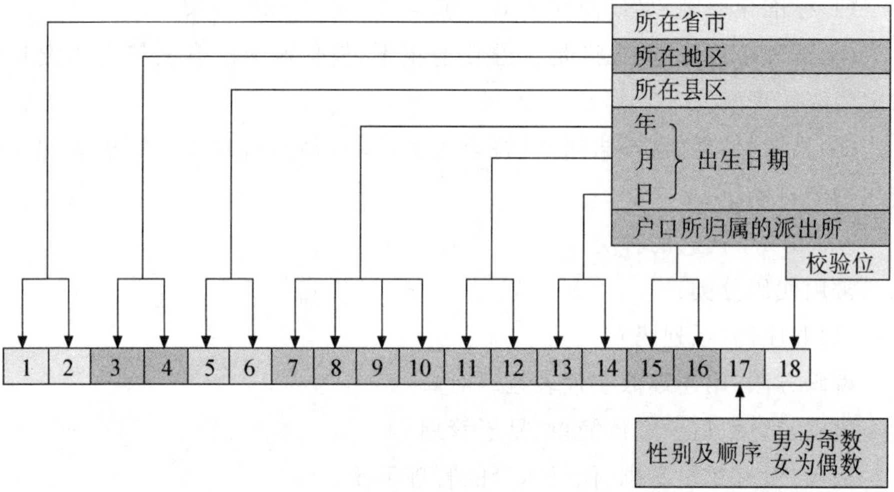

图 9－21 我国公民身份证代码的含义

层次码由于数字的值与位置都代表一定意义，因而检索、分类和排序都很方便，缺点是有时会造成代码过长。

9.6.4.5 代码设计书

确定了代码的类型及校验方法后，需要编写代码设计书，如图 9－22 所示。

9.6.5 计算机处理过程设计

9.6.5.1 输出设计

代码对象名	厂内部门				
代码类型	层次码	位数	4	校验位	1
代码数量	200	使用期限	—	使用范围	本厂内
代码结构	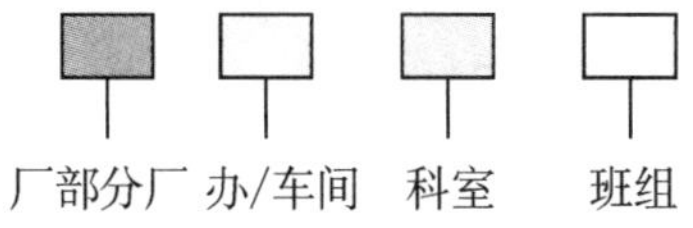				
代码示例：1024企业管理部管理办公室下的计算机组					
备注：					
设计人		审核人		年　月　日	

图 9—22　代码设计书

信息系统输出是信息系统的目的，输出信息既可以用在组织内部，也可以用在组织外部。

系统的详细设计过程对输出信息的基本要求是：准确、及时而且适用。输出设计主要考虑输出要求的确定、输出方式的选择和输出格式的设计。输出设备和介质的选择也要考虑在内。

(1)输出要求的确定：经过详细调查和分析确定一个系统究竟应输出什么信息。

(2)输出方式的选择

- 打印机：易于使用和保存
- 显示器：最快的输出方法，不易保存
- POS 终端
- 多媒体：声音、视频、图像
- E-mail
- 超级链接
- 微型胶片

(3)输出格式的设计：对输出格式设计的基本要求是：

- 规格标准化、文字和术语统一
- 使用方便，符合用户的习惯

- 美观大方，界面漂亮
- 便于计算机实现

(4)输出的四个基本原则

- 信息系统的输出应该简洁，易于阅读和解释
- 信息系统的输出应该是及时的
- 访问信息系统输出信息的用户应该是合法的
- 信息系统的输出必须是有效的

9.6.5.2 输入设计

信息系统的输入设计不是使用什么样的输入设备的问题，而是把源数据转变成计算机可读格式的过程，如何获取源数据、如何处理源数据的过程。

输入设计对系统的质量有着决定性的重要影响，如果输入数据有误，即使计算和处理十分正确，也无法获得可靠的输出信息，输入设计的重要性可以用这样一句话来形容："进去的是垃圾，出来的也还是垃圾！"

另外，输入设计是信息系统与用户之间交互的纽带，决定着人机交互的效率，输入设计的目标是：在保证输入信息正确性和满足输出需要的前提下，应做到输入方法简便、迅速、经济。

(1)输入数据的获得

在统计信息系统中，最主要的输入是向计算机输送原始数据。因此在输入的前期，应详细了解这些数据的来源，并研究、计划今后这些数据的收集时间和收集方法等。

(2)系统输入设计内容

- 输入方式设计：键盘、模/数、数/模输入、网络传送、磁/光盘读；
- 输入格式设计：数据库表文件与统计报表结构的一致性考虑；
- 校对方式设计：人工校对、二次键入校对、数据平衡校对。

(3)系统输入设计原则

在输入设计中，提高效率和减少错误是两个最根本的原则。以下是指导输入设计的几个目标：

- 控制输入量：在输入设计中，应尽量控制输入数据总量，在输入时，只需输入基本的信息，而其他可通过计算、统计、检索得到的信息则由系统自动产生。
- 减少输入错误：输入设计中应采用多种输入校验方法和有效性验证技

术，减少输入错误。

● 避免额外步骤：在输入设计时，应尽量避免不必要的输入步骤，当步骤不能省略时，应仔细验证现有步骤是否完备、高效。

● 输入过程应尽量简化：输入设计在为用户提供纠错和输入校验的同时，就保证输入过程简单易用，不能因为查错、纠错而使输入复杂化，增加用户负担。

(4)数据出错的校验方法

由人工直接检查、由计算机用程序校验以及人与计算机两者分别处理后再相互查对校验等多种方法。

常用的方法是以下几种，可单独地使用，也可组合使用。

● 重复校验：重复输入数据由计算机自动比对；
● 视觉校验：人工校验方式，其查错率为75%～85%；
● 检验位校验：采用检验位这种运算方法实现的错误校验；
● 控制总数检验：将输入数据的统计值与手工统计值进行比对；
● 数据类型校验：用预设的数据类型控制输入的数据；
● 格式校验：用格式模板对数据项及其逐位实现的校验；
● 逻辑校验：根据公知规则进行的校验，如月份、入学与出生日期；
● 界限校验：按事物本身的数值区间特征进行的校验，如价格；
● 顺序校验：以顺序号的连续性和唯一性特征完成的校验；
● 记录计数校验：以记录总个数的预知值所进行的校验；
● 平衡校验：对具有平衡逻辑的成对数间的校验，如贷方与借方；
● 对照校验：在预存值记录中查找输入记录，如用户登录。

(5)出错的改正方法

出错的改正方法应根据出错的类型和原因而异。

原始数据错：发现原始数据有错时，应将原始单据送交填写单据的原单位修改，不应由键盘输入操作员或原始数据检查员等想当然地予以修改。

机器自动检错：

①待输入数据全部校验并改正后，再进行下一步处理。

②舍弃出错数据，只处理正确的数据。这种方法适用于作动向调查分析的情况，这时不需要太精确的输出数据，例如，求百分比等。

③只处理正确的数据，出错数据待修正后再进行同法处理。

④剔出出错数据，继续进行处理，出错数据留待下一运行周期一并处理。此种方法适用于运行周期短而剔出错误不致引起输出信息正确性显著下降的情况。

(6)输入屏幕设计

通常人机对话采用：菜单式、填表法和应答式三种方式。

对话设计的原则是：

- 对话界面要美观、醒目；
- 提示要清楚、简单，不能有二义性；
- 要便于操作和学习，有帮助功能；
- 能及时反馈错误信息等。

(7)界面设计

- 菜单方式设计：方式、功能安排、优缺点分析；
- 会话管理方式设计：因果对话；
- 提示方式与权限管理：提示与帮助设计、权限设置方式；

9.6.5.3 信息系统处理流程设计

系统处理流程设计主要通过处理流程图，描述信息在计算机存储介质之间的流动、转换和存储情况，以便为程序框图设计提供详细的输入输出数据。

(1)IPO 图

IPO 图是对每个模块进行详细设计的工具，它是输入加工输出(Input Process Output)图的简称，是用来说明每个模块的输入、输出数据和数据加工的重要工具。目前常用的 IPO 图的结构如图 9－23 所示。

IPO 图的主体是算法说明部分，该部分可采用结构化语言、判定表、判定树，也可用 N－S 图、问题分析图和过程设计语言等工具进行描述，要准确而简明地描述模块执行的细节。

在 IPO 图中，输入、输出数据来源于数据词典。局部数据项是指个别模块内部使用的数据，与系统的其他部分无关，仅由本模块定义、存储和使用。注释是对本模块有关问题作必要的说明。

开发人员不仅可以利用 IPO 图进行模块设计，而且还可以利用它评价总体设计。用户和管理人员可利用 IPO 图编写、修改和维护程序。因而，IPO 图是系统设计阶段的一种重要文档资料。

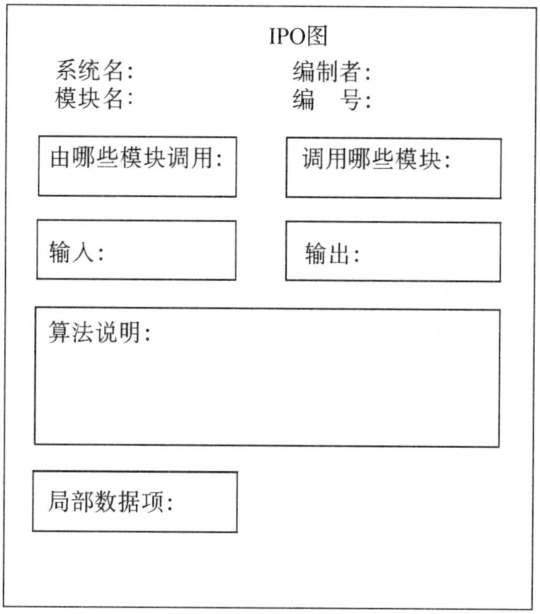

图 9－23　IPO 图的结构

IPO 图的处理过程描述较为困难。因为对于一些处理过程较为复杂的模块，用自然语言描述其功能十分困难，并且对同一段文字描述不同的人还可能产生不同的理解。

目前用于描述模块内部处理过程有如下几种方法：

- 结构化英语方法
- 决策树方法
- 判定表方法
- 算法描述语言

(2)控制流程图

控制流程图 FC(Flow Chart)又称框图，它是历史最悠久、最常使用的程序细节描述工具。

框图的三种基本成分：

①处理步骤(用矩形框表示)

②条件判断(用菱形框表示)

③控制流(用箭头表示)

图 9－24 就是使用这三种成分所表示的程序基本结构，可以把它们进行组合和嵌套，建立各种复杂的框图以表示程序的复杂逻辑关系。

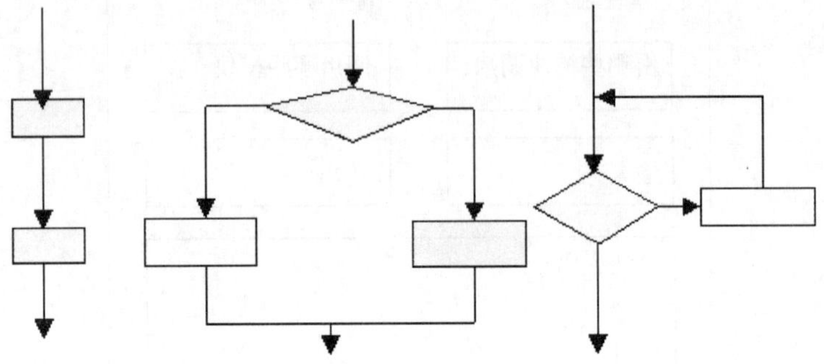

图 9－24 程序的基本结构

例如，图 9－25 描述了在数组 K 中找出最大数（Maximum）和次大数（Second）的详细处理过程。图中，数组变量 K（1），K（2），…K（N）用来存储 N 个原始数据，I 是循环变量，最后找出的最大数和次大数分别放在变量 MAXI 和 S 中。

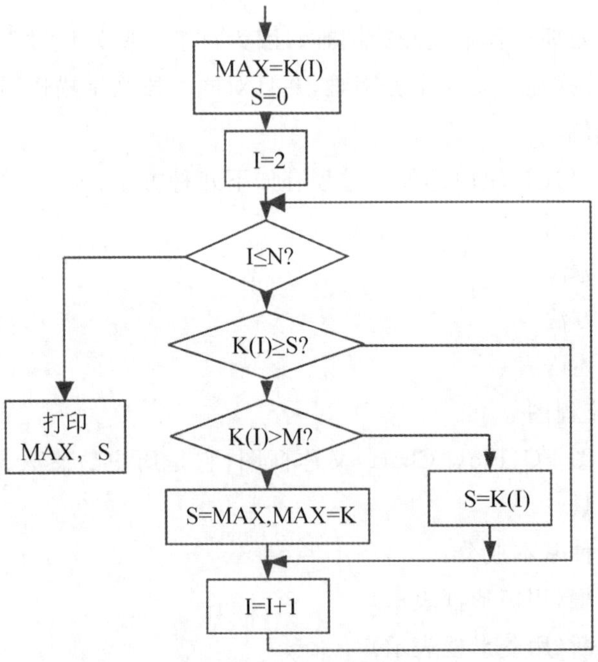

图 9－25 控制流程图示例

程序框图的设计是在处理流程图的基础上，通过对输入输出数据和处理过程的详细分析，将计算机的主要运行步骤和内容标识出来。

9.6.6　系统安全设计

系统的安全性是指系统能自动抵御来自外部和内部威胁的能力。

9.6.6.1　对系统产生威胁的方式

对系统产生威胁有三种方式：偶然的、被动的和主动。

(1)偶然的系统威胁是指那些不涉及第三者介入的威胁，包括：软件错误或故障；硬件故障。这种威胁可能造成数据丢失。采取的手段主要是数据冗余技术，便于系统修复后能够使用冗余的副本，得以恢复数据。一般数据库系统的系统软件都有关于数据恢复的工具。

(2)被动的威胁是指当系统正常地处理信息时，被动地暴露信息而产生的威胁。比如，输入、打印结果丢失、输出介质丢失等。解决这些问题的办法主要靠完善管理制度。

(3)主动的威胁是指一个成员未经允许占用系统来处理信息，使系统为其自己的目的服务。该成员可能是内部人员，也可能是外部人员，通过某种方式侵入系统。

9.6.6.2　侵入系统的形式

(1)侵入文件—获取机密文件并窃取所需要的数据；

(2)修改文件—非经许可修改和删除机密文件；

(3)修改程序—非经许可改变特定的应用程序。

9.6.6.3　系统中常用的保护措施

(1)授权控制：对于系统资源应根据用户的需要授予不同的特权。并以用户名及口令来核对和确认用户；

(2)存取控制：数据库管理员可以利用存取控制表限定用户对数据库中数据的存取；

(3)通过数据库的用户，通过局部视图控制其存取数据的范围；

(4)数据加密，保证机密数据的安全性；

(5)使用映像文件保持更新的数据。

9.6.7　程序设计说明书及系统设计报告

9.6.7.1　程序设计说明书

用以定义处理过程的书面文件，它是程序设计人员的任务书，每个处理过程书写一份程序设计说明书，书写的内容包括：

- 程序名
- 所属的系统及子系统
- 程序的功能
- 程序的输入/输出数据关系图
- 程序的输入/输出文件的格式
- 程序处理说明(计算公式、决策表及控制方式、关键性算法)

9.6.7.2 系统设计报告

系统设计报告是对系统设计阶段工作结果的说明，它是对设计结果进行审核的主要依据，系统设计报告包括以下内容：

- 系统总体设计方案
- 系统总体结构图
- 各子系统结构图
- 系统流程图
- 系统物理配置方案
- 代码设计方案
- 输入和输出设计方案
- 文件设计方案
- 程序模块说明书

系统设计说明书是系统设计阶段的主要成果，是新系统的物理模型，也是系统实施的重要依据。主要内容如下：

- 模块设计：系统中各主要功能的结构图名称和它们之间的关系、功能的简要说明、主要模块的控制结构图、过程结构图及伪码等。
- 代码设计：各类代码名称、功能、相应的编码表、使用范围、使用要求及对代码的评价。
- 输入 / 输出和对话的详细设计说明。
- 网络设计，计算机过程的设计说明。
- 数据库及文件的设计说明。
- 人工过程的有关设计：包括工作地的平面布置图，人员配备及组织机构调整建议等。

- 实施方案的总计划：对工作任务进行分解，即对项目开发中的各项工作（包括文件编制、审批、打印、用户培训、使用设备的安排等），按层次进行分解，指明每项任务的要求及负责人，对各项工作给出进度要求，做出各项实施费用的估算及总预算。
- 实施方案的审批：参加审议人员除了用户、系统研制人员、程序员外，还包括有关专家、管理人员等，最后由领导批准。

9.7 统计信息系统构建、实现和运行支持相关技术

目标系统设计方案的成功实施是信息系统中的一个重要阶段。系统实现指将目标系统设计方案转换成实际运行系统的全过程，它既是成功地实现目标系统，又是取得用户对系统信任的关键阶段。

信息系统的规模越大，实现的任务就越复杂。为此，也要制定出周密的计划，即确定出系统实现的方法、步骤、所需的时间和费用，并且要监督计划的执行，做到既有计划又有检查，以保证系统顺利实现。

统计信息系统实现的主要工作：

- 信息系统构建
- 测试
- 信息系统实现
- 信息系统运行和支持

9.7.1 信息系统构建

信息系统构建就是根据信息系统设计的结果信息系统设计规格说明书来开发、安装和测试信息系统组件的过程，也称为信息系统开发阶段，它是从信息系统构建人员的角度来描述数据、流程和接口。

9.7.1.1 建立和测试网络

计算机网络是创建和测试数据库、编写和测试程序的基础。

搭建网络相关技术：

- 网络的选型：LAN、WAN 或公共电信网等；
- 网络设备的选择：包含机柜、服务器、存储设备、网络交换机（Switch）、

集线器(Hub)、路由器(Router)的选择等。

综合布线系统 PDS:

(1)功能和目标

结构化布线技术的核心思想:系统设计模块化快捷的路由配线;方便的设备扩充。

综合布线系统 PDS(Premises Distributed System)集成了:数据(含数字图像)、语音(电话)布线,广泛包含了楼宇自控、视频(模拟图像)、有线电视、安全报警、消防等系统的混合布线。

(2)组成:每个子系统相对独立、互相配合,以构成一个完整的系统。

- 工作区子系统
- 主干子系统
- 水平子系统
- 设备间子系统
- 管理子系统

(3)确定网络的拓扑结构:

- 总线型拓扑结构
- 星型拓扑结构
- 环型网络拓扑结构
- 网状拓扑结构

(4)各类布线参数:3类、5类、超5类、多模光缆系统,在传输频率、速率和距离方面参数各异。

9.7.1.2 建立和测试数据库

数据库的建立和测试必须在编写程序之前进行,数据库中的数据是应用程序共享的资源。

9.7.1.3 安装和测试新软件包

某些系统需要购买特定的软件包,只有把这些软件包和编写的应用程序集成在一起,才能完成项目的开发。

9.7.1.4 编写程序

程序设计的主要方法:结构化程序设计、原型程序设计、面向对象程序设计。

(1)结构化程序设计方法

目前软件设计中,广泛采用结构化程序设计方法,这是一种公认的较好的程序设计方法。其主要思想可以概括为:自顶向下、逐步求精和模块化。

①结构化程序设计方法中规定了三种基本结构,即顺序结构、选择结构和循环结构。这三种基本结构在程序中都只有一个入口和一个出口,即"单入口、单出口"结构。这样就能确保不论一个程序中包含多少个控制结构,整个程序仍能保持一条清晰的线索。

顺序结构的特点是:计算机按书写的先后次序,自上而下逐条顺序执行程序语句,中间没有选择或重复执行的过程,如图 9－26 所示。

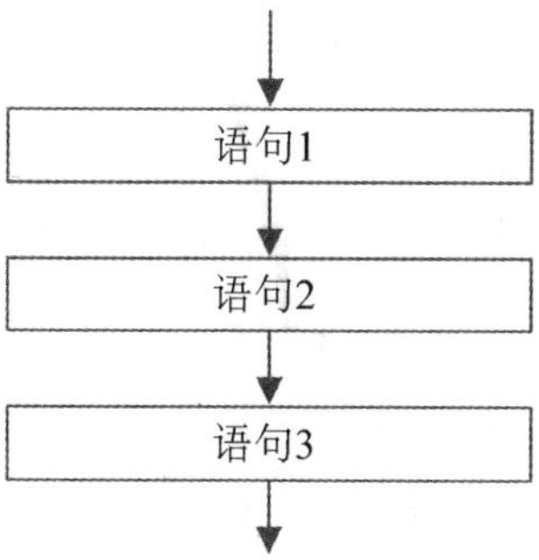

图 9－26　顺序结构的执行

选择结构的特点是:在程序执行过程中出现了分支,要根据不同情况选择其中一个分支执行。如图 9－27,图 9－27(a)是 if－else 结构,图 9－27(b)是 if 结构,if 结构没有 else 分支,也叫不平衡的分支结构。

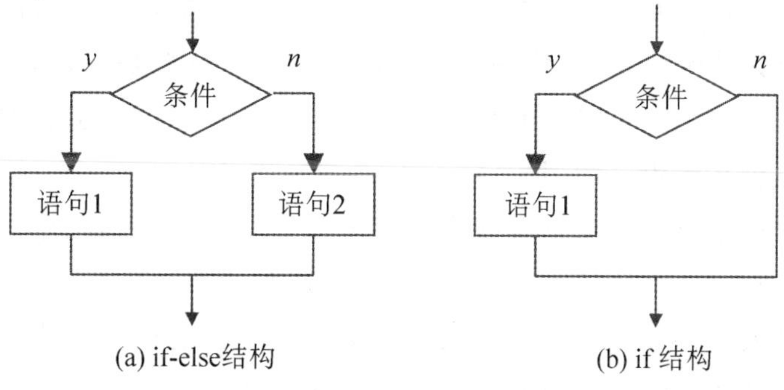

图 9－27　选择结构的执行

循环结构的特点是:在程序执行过程中,一条或多条语句被重复执行多次(包括0次),执行的次数由循环条件确定,如图9—28所示。循环结构一般可分为两种类型:while循环类型和until循环类型。

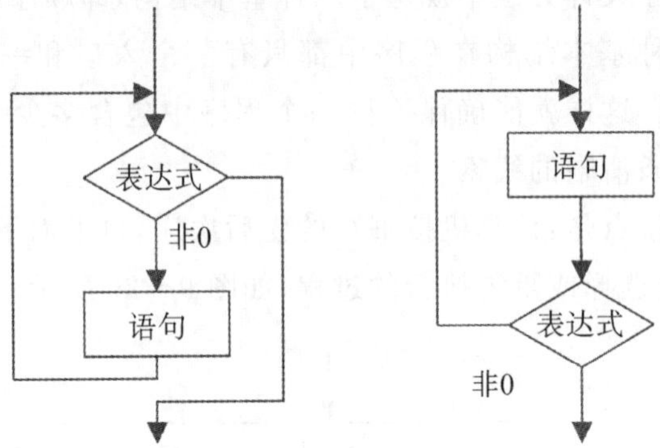

图9—28 循环结构的执行

②所谓自顶向下、逐步求精,就是指在程序设计初期,首先要对程序的功能有一个全面的理解,继而将其分解为若干个子功能,再分析每一个子功能,并继续分解直至不需再分解为止,然后对每一个子功能进行相应的算法设计,最终实现每一个子功能所需的程序结构及方法。

这种方法有助于程序员全面理解程序应完成的功能,通过子功能的分解可以使程序员掌握整个程序的结构,了解各个子功能及上、下级程序之间的数据接口。

③把一个较大的程序,分解成若干个彼此相对独立的功能模块,这个过程称为模块化。在前面讲到的将程序功能分解为子功能,最终实现时可将一个子功能分解为若干模块,或将多个子功能合并为一个模块。也就是说子功能与模块之间并非是一一对应关系。也可以将某一个多处用到的功能设计成一个独立模块供其他程序调用。

模块化程序设计能将较大的程序分解为一个个较小的程序,使程序员能够集中精力解决一个个较小的程序,继而完成整个程序的设计。模块化程序设计也使多人合作完成一个较大的程序成为可能。在模块化程序设计中,要注意模块划分的科学性。一般认为一个模块完成一个功能最好,模块的大小也应控制在一个人能够掌握的范围内。另外,还要注意模块之间的关系,模块之间应尽量保持简单的数据联系，这样有利于每一个模块进行单独调试和程序在维护中进行查错和排错。

总之，结构化程序设计方法，就是采用自顶向下、逐步求精的方法对问题进行分析、分解，实现时采用模块化的程序设计方法，采用单入口、单出口的程序结构来构造程序，使设计出的程序能正确地完成应有的功能，并且便于调试和维护。

(2)面向对象程序设计方法

结构化程序设计方法是一种面向数据处理过程的方法，它把数据和过程分离为相互独立的实体。而面向对象的程序设计方法是在本质上不同于结构化方法的一种新方法。面向对象程序设计既吸取了结构化方法的优点，又考虑了现实世界与对象空间的映射关系。

面向对象的基本程序结构被称为对象。面向对象方法将客观世界看成由许多不同种类的对象构成的。例如：可以将学校简单看作由老师和学生构成的，老师和学生就是不同的对象。每个对象都有自己的内部状态和内部运动规律，不同的对象之间相互联系相互作用，构成了完整的客观世界。通常用数据描述对象的内部状态，并规定了对数据的操作。当对象接收到其他对象发送来的消息时，可进行相应的操作，从而改变其内部状态。性质相同的对象称为类。类具有封装性、继承性和多态性。

程序员在程序设计时，将所要解决的问题分解为若干个类和对象，定义对象的属性和功能，再用消息来描述对象之间的相互联系。将问题中相互联系、相互作用的实体用对象和消息在程序中反映出来，这就是面向对象程序设计方法的主要思想。

面向对象的程序设计语言必须支持抽象数据类型。现在已经有多种语言支持面向对象的程序设计方法。而且每种语言都有完善的软件开发工具。C＋＋中有 MS C＋＋、Turbo C＋＋、Borland C＋＋、Visual C＋＋，Pascal 中有 Turbo Pascal、Object Pascal，Basic 中有 Visual Basic 等。

面向对象的设计方法具有抽象性，可重用性等特点。在今后的程序设计中将逐步占据主导地位。

(3)衡量编程工作的主要指标：

①可维护性：一个程序在其运行期间，往往会逐步暴露出某些隐含的错误

需要及时排除;同时用户也可能提出一些新的要求,这就需要对程序进行修改或扩充,使其进一步完善。可维护性是对程序设计的重要要求之一。

②可靠性:一个程序不仅应该在正常情况下正确地工作,而且在意外情况下也应便于处理,以防止造成严重的损失。

③可理解性:程序不仅要求逻辑正确,计算机能够执行,而且应当层次清楚,简洁明了,便于人们阅读。

④效率:是指计算机资源能否被有效利用。

9.7.2 信息系统调试与测试技术

程序和系统调试的目的是发现程序和系统中的错误并及时予以纠正。发现错误的方法主要有两种,即理论法和实验法。理论法:是属于程序正确性证明问题,它是利用数学方法证明程序的正确性。实验法:是目前普遍使用的程序调试方法,而且卓有成效。

9.7.2.1 程序调试

内容包括程序的语法调试和程序的逻辑检查。程序逻辑检查之前,需编造测试数据。测试数据除采用正常数据外,还应编造一些异常数据和错误数据,用来考验程序的正确性。

(1)用正常数据调试。

(2)用异常数据调试。例如用空数据文件去参加测试,检查程序能否正常运行。

(3)用错误数据调试。试验程序对错误的处理能力,包括显示出错信息以及容许修改错误的可能等。

具体检查内容如下:

①输入键号错误时(包括错的键号和不应有的键号)能否及时检出和发出出错信息,并容许修改。

②输入数据错误时(包括错误数据,不合理数据和负数)能否及时查出或发出出错信息,并容许修改。

③操作错误时(包括磁盘错误、操作步骤或方法错误)能否及时检出或发出警告讯号,并容许改正。

9.7.2.2 分调(功能调试)

系统的应用软件是按处理功能分成模块的。一个处理功能由一个或一个以上的程序构成。所以在单个程序调试成功之后，尚需进行分调，即将一个功能内所有程序按次序串联起来调试。

9.7.2.3　总调

总调由系统设计者进行，内容包括两部分：

(1)主控制和调试程序调试

这部分程序的语句不多，但逻辑控制复杂。调试时将所有控制程序与各功能模块相连的接口用“短路”程序替代原来的功能模块。

所谓“短路”程序，就是直接送出预先安排计算结果的联系程序。

调试的目的不是处理结果的正确性，而是控制往来通路和参数传送的正确性，以及发现并解决资源调度中的问题。

(2)程序的总调

经过功能模块和控制与调度程序的调试，即可开始整个系统的总调，也就是将主控制调度程序和功能模块联结起来调试，对系统各种可能的使用形态极其组合在软件中的流通情况进行可行性考试。

9.7.2.4　系统测试

测试是为了发现程序中的错误而执行程序的过程。

(1)测试方法

- 验证：证实软件正确地实现了某些功能
- 确认：证实软件能够满足用户的要求
- 阿尔法测试：在测试方有用户参与的确认测试
- 贝塔测试：在客户方由用户组织的确认测试

(2)测试技术

- 黑盒测试技术：只看输入和程序的结果，不管程序内部执行过程的测试，称为黑盒测试技术
- 白盒测试技术：程序中的每一条路经都执行一次

(3)测试目标

- 没有语法错误
- 运行应当有结果
- 典型用例结果正确
- 典型有效数据结果正确，无效数据有预防措施

• 对一切可能想到的数据不出错

(4)测试策略(如图 9－29 所示)

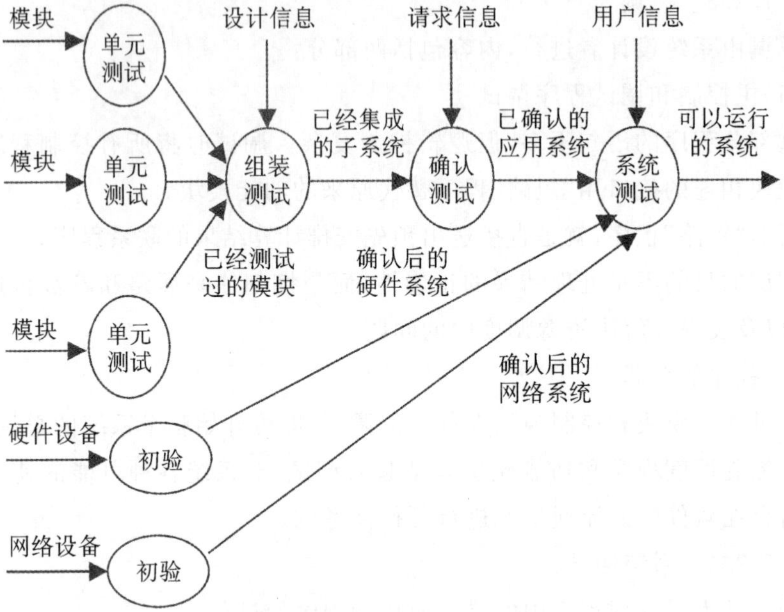

图 9－29 信息系统测试

①单元测试:以模块为单位进行测试,即测试与设计出的单个模块的正确性。

• 模块接口(信息能否正确地流进流出)
• 数据结构(内部数据的内容、形式及相互关是否正确)
• 边界条件(在边界上的数据能否正确地执行)
• 覆盖条件(能否达到满足特定的逻辑覆盖)
• 出错处理(出错处理措施是否有效)

②组装测试:在每个模块完成单元测试后,需按照设计时做出的结构图,把它们连接起来,进行组装测试。

• 各模块是否无错误地连接;
• 能否保证数据有效传输及数据的完整和一致性;
• 人机界面及各种通信接口能否满足设要求;
• 能否与硬件系统的所有设备正确连接。

③确认测试:组装测试完成后,在各模块接口无错误并满足软件设计要求

的基础上，还需进行确认测试。

- 功能方面：测试系统输入、处理、输出是否满足要求；
- 性能方面：测试系统的数据精确度、时间性（响应、更新处理、数据转换及传输及行时间等）、适应性（操作方式、运行环境、应变能力等）是否满足设计要求；
- 其他限制条件的测试，如：可使用性、安全保密性、可维护性、可移植性、故障处理能力等。

④系统测试：在软件完成确认测试后，对它与其他相关的部分或全部软硬件组成的系统进行综合测试。

- 恢复测试：使软件出错，测试其恢复的能力及时间；
- 安全测试：测试其是否有安全保密的漏洞；
- 强度测试：测试系统的极限能力；
- 性能测试：检验安装在系统内的软件运行性能与强度测试结合。

⑤验收测试

软件测试与软件开发过程的关系（图 9—30 所示）

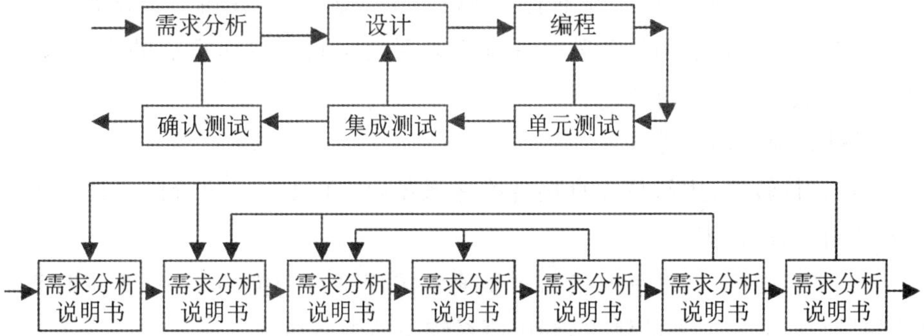

图 9—30　软件测试与软件开发过程的关系

9.7.3　信息系统实现

信息系统实现就是在真正的运行环境中实际运行所开发出来的信息系统的过程，是信息系统开发的最终目标，也称为系统实施。

9.7.3.1　执行系统测试

系统测试是把所有的软件包和应用程序安装之后进行的测试。

9.7.3.2 准备转变计划

转变计划就是把旧系统向新系统转变的过程。

安装数据库:安装数据库系统,把旧系统中的数据转变到新系统的数据库中。

9.7.3.3 转变到新系统

信息系统的所有者从信息系统的分析人员、设计人员、构建人员转变成了企业的终端用户。

9.7.4 信息系统运行和支持

9.7.4.1 系统的试运行

系统初始化、记录系统运行的数据和状况、核对新老系统输出结果;对输入方式进行考查;对系统响应速度进行实际测试。

9.7.4.2 基础数据准备

基础数据统计工作科学化;计量工具、计量方法、数据采集渠道和程序都固定下来,确保新系统运行有稳定可靠的数据来源;类统计和数据采集报表标准化、规范化。

9.7.4.3 系统切换

新系统通过测试以后,并不能立即投入正常运行,还存在一个新老系统交替的问题。系统转换的任务就是保证新老系统进行平稳而可靠的交接,最后使整个新系统正式交付使用。

系统转换有四种方式:

(1)直接转换:用新系统直接替换老系统,中间没有过渡阶段。这种方式节省费用,但风险大。

(2)平行转换:新系统取代旧系统通常采用平行转换的方法,即新旧两系统同时运行,对照两者的输出,利用原系统来检测新系统。

一般可分两步走:

第一步以原系统的作业为正式作业,新系统处理做校核用。

第二步以新系统处理为正式作业,原系统作业做校核用。

(3)试点后直接转换:某些系统可以分为几个相同部分,转换时先选择一个销售点或仓库作试点,转换成功后,其他部分可同时直接转换。这种方式风险小,试点的部分可用来示范和培训其他部分的工作人员。

(4)逐步转换:它的特点是分期分批地进行转换。既避免了直接转换的风险性，又避免了平行转换时，新老系统同时运行费用大的问题。

但是由于新老系统混合运行，需要很好地处理它们的接口，当新老系统差别太大时，则无法应用。

9.7.4.4　系统运行管理及维护

新系统正式投入运行后，为了让信息系统长期高效地工作，必须加强对信息系统运行的日常管理。信息系统的日常运行管理决不仅仅是机房环境和设施的管理，更主要的是对系统每天运行状况、数据输入和输出情况以及系统的安全性与完备性及时地如实记录和处置。

(1)系统运行的日常维护：包括数据收集、数据整理、数据录入及处理结果的整理与分发。此外，还包括硬件的简单维护及设施管理。

(2)系统运行情况的记录：整个系统运行情况的记录能够反映出系统在大多数情况下的状态和工作效率，对于系统的评价与改进具有重要的参考价值。因此信息系统的运行情况一定要及时、准确、完整地记录下来。

(3)系统程序和数据的维护：系统刚建成时所编制的程序和数据很少能一字不改地沿用下去。系统维护人员应根据外界环境的变更和业务量增减等情况及时系统进行维护。维护的内容包括：

①程序的维护：程序的维护指改写一部分或全部程序。进行程序维护时通常都充分利用旧有程序，在变更通知书上写明新旧程序不同之点。

②数据文件的维护：数据文件的维护(主文件的定期更新不算在内)有许多是不定期进行的，必须在现场要求的时间内维护好。维护时一般使用开发者提供的文件维护程序，也可以自己编写一些专用的文件维护程序。

③代码的维护：当有必要变更代码时(如订正、新设计、添加、删除等)应由代码管理部门(最好由现场业务经办人和计算机有关人员等组成)讨论新的代码系统。确定之后用书面形式贯彻。代码维护困难不在代码本身的变更，而在于新代码的贯彻。

9.8　统计信息系统建设人员培训

统计信息系统建设过程，要防止对开发商和实施商的过度依赖，目前从信息系统设计、规划到系统建设、实施、运行维护，开发商和实施商都扮演着重要作用,而开发商和实施商更多注重的是信息技术战略而非统计业务战略,因此,信息化存在很大风险,一旦开发商和实施商退出,统计信息化建设可能无法很好延续。因此,统计信息人员培训和信息化队伍建设应该与统计信息系统建设同步进行。

9.8.1 信息系统建设的人员构成

在信息系统建设中,一般需要以下几类人员。

9.8.1.1 信息系统管理人员

主要负责信息系统建设项目的组织与运行过程中的管理工作。一般由有一定行政职务的领导担任。这些管理人员应具备管理概念和意识,有业务知识和领导艺术,理解项目管理和网络环境下的业务处理规律。

9.8.1.2 信息系统维护人员

负责系统日常使用中的硬件和软件的维护工作。维护人员要通晓计算机硬件工作原理,了解软件的总体结构和数据结构,熟悉数据处理流程。因此,维护人员应该具备较强的计算机专业知识,统计知识,要熟悉统计业务流程,掌握数据库理论和应用知识、熟悉各种工具软件、网络原理及管理。

9.8.1.3 信息系统操作人员

负责日常运行中经常性工作,包括数据录入、日常业务处理。这是需要量最大的一类人员。操作人员应该熟悉本岗位的业务,具备相应的专业知识,基本的计算机操作技能,能按信息系统说明书的要求正确、熟练地操作系统。

9.8.1.4 信息系统开发人员

系统开发人员的需求是根据信息化的解决方案决定的,如果选择自行开发信息系统或者需要较多、较为经常地进行二次开发就需要拥有系统分析员、系统设计员和程序员等开发人员。

9.8.1.5 统计业务与信息技术复合人才

统计信息化特点决定了必须拥有一大批复合型人才,他们既要有统计专业知识又要具有信息技术知识,能够综合管理和解决信息化过程中的复杂问题,这类人才需要长期培养,更主要的是在长期的工程实践中成长起来,创造良好的信息化学习环境和建设环境,才会有更多的机会让更多人才不断地涌现出来,统计信息化建设才有可能顺利进行。

9.8.2 制定全员培训计划

一般而言。应根据决策层、管理层、操作层三层分别制定相应的信息化培训计划，对专门从事统计信息技术的专职人员还需进行深入的统计信息技术专业培训。

9.8.2.1　决策层的培训

培训目标：了解统计信息化的目的、意义，进行信息化观念、意识的培训，使其清楚国内外信息化现状和成果，对信息化项目能够全力支持。

9.8.2.2　管理层的培训

培训目标：熟悉统计业务环境，进行计算机和网络应用培训，了解信息资源的开发与利用以及前沿信息技术和知识。

9.8.2.3　操作层的培训

培训目标：熟悉统计基础知识和信息技术基本技能，能够完成统计软件的功能操作，提出计算机以及网络解决实际任务的应用需求。

9.8.2.4　专职技术人员的培训

培训目标：全面了解统计信息系统基本理论和基本知识（包括统计信息技术、统计业务管理、统计规章制度等），具备完成统计信息系统规划、设计、分析的能力，还应该承担统计部门信息化培训任务。

9.8.3　建立完善的培训体系

培养良好的信息化学习氛围，将有助于现代统计建设。信息化培训的过程，关系到统计理念、模式、手段和管理流程的重构，需要对统计人员进行从观念到行为的全面系统的培训，包括对统计理论的培训、统计业务流程的培训、统计产品培训。因此统计培训应该建立新型模式，进行培训创新，培训体系要求对现行的统计培训业务进行整理分析，以统计电子化、网络化以及统计电子政务为目标，重新定义统计培训功能和内容，制定培训流程、规范和规则，分析培训重点和弱点，从统计工作环节和统计过程入手，进行统计信息技术的培训。

信息系统的知识是非常广泛和复杂的，管理人员与信息系统专业人员的培训内容和时间应各有侧重，培训体系的制定不仅要对信息技术使用者进行培训，更重要的是对信息化战略制定者、信息技术规划者和业务管理者进行提前培训。

制定培训体系遵循要点：

9.8.3.1　高层次的培训应具有权威性

“以信息化带动工业化”是基本国策的重要一环，决策层必须深刻理解国家信息化战略，并根据国家政策来规划和制定本部门信息化发展纲要。高层次的培训应该注意观念问题。

9.8.3.2　不同培训层次应具有针对性

清晰定位培训对象的层次，做到培训内容有的放矢，课程设置合理。对于领导层，着重信息系统规划实施的热点、难点、重点；对于管理层，着重统计业务和信息技术的复合应用。

9.8.3.3　注意理论和实际结合

对管理人员的培训要结合业务实际，在了解与掌握基本概念的基础上，要求管理人员积极参与到信息系统的开发中去。把培训重点放在系统知识与系统规范方面，课程体系按照统计全过程电子化来设计，关注每一个关键环节，关注解决实际问题。

9.8.3.4　注意信息化的延续

培训必须与信息技术的发展以及信息化推进过程一致，同时注意培训与培训后的学习结合，避免培训的滞后和空洞。

每一个统计信息系统建设都是统计信息化过程的重要部分，培养既掌握信息技术又熟悉业务流程的复合型人才，是良好开发和使用统计信息系统建设的基本条件，也是统计信息化建设的重要保障。

参考文献

《信息经济学》靖继鹏．清华大学出版社，2004

《信息经济学》马费成．武汉大学出版社，1999

《信息经济学》乌家培等．高等教育出版社，2002

《数据库管理系统》周立柱等(译)．清华大学出版社，2002

《数据库系统概念》杨冬青等(译)．机械工业出版社，2003

《数据库系统设计实现与管理》张瑜等(译)(第 6 版)．清华大学出版社，2005

《现代数据库管理》袁方等(译)(第 7 版)．电子工业出版社，2006

《系统分析师技术指南》张友生．清华大学出版社，2006

《数据仓库工程方法论》于戈等．编东北大学出版社，2003

《数据仓库与数据挖掘技术》陈京民等编．电子工业出版社，2002

《数据仓库与决策支持系统》徐洁磬编．科学出版社，2005

《基于信息技术的统计信息系统》薛薇．中国人民大学出版社，2006

《计算机网络技术》田艳等．中国统计出版社，2005

《Oracle 9i 参考手册》机械工业出版社，2005

《Oracle 10g 宝典》电子工业出版社，2006

《信息安全理论与技术》中国信息安全产品测评认证中心，人民邮电出版社，2003

《计算机系统安全》曹天杰等．高等教育出版社，2003

《中国电子政务》公务员培训读本，中共中央党校出版社，2005

“关于构建统计信息学科体系的研究”作者：龚曙明等，《课题研究报告》

“专项调查知识”国家统计局企业调查总队戚少成，叶植材，林云玉，来源

国家统计局网站

“电话调查技术的研究”——前沿跟踪课题报告，胡浩

“稳步推进统计元数据库建设”作者：张为民（国家统计局副局长）．摘自：《中国信息报》

“论统计分析过程中统计数据的组织问题”作者：薛薇．发表于《统计与精算》2000－9

“专用数据库技术——统计数据库”《中华万有文库》

“国际元数据标准的发展和研究现状”蒋景瞳，刘若梅，贾云鹏（国家基础地理信息中心）

“我国数据仓库的应用展望”中国人民大学数据与知识工程研究所王珊，王秋月

《统计学和数据挖掘》交叉学科作者：D. J. 汉德摘自：《ACM SIGKDD》

《数据挖掘和统计学有什么联系》作者：杰罗姆．H. 弗雷德曼自《美国斯坦佛大学统计系》

“电子政务的服务与应用框架”作者：杨冰之，吴龙婷，出处：电子政务工程服务网日期：2007－5－31

“浅谈统计信息系统的资源整合” 作者：胡帆．《统计研究》2003 年第 1 期

“关于统计标准化建设的思考”作者：杨小刚．《统计制度改革研究》2004 年第 2 期